经典与解释

中国传统 经典与解释

入其國，其教可知也……其
爲人也：溫柔敦厚而不愚，則深
於《詩》者也；疏通知遠而不
誣，則深於《書》者也；廣博易
良而不奢，則深於《樂》者也；
潔靜精微而不賤，則深於《易》
者也；恭儉莊敬而不煩，則深於
《禮》者也；屬辭比事而不亂，
則深於《春秋》者也。

——《禮記·經解》

中国传统 经典与解释

Classici et commentarii

经典与解释

古学纵横

刘小枫 陈少明●主编

东晋南北朝学术编年

刘汝霖 ● 著

華東師范大学出版社

中国人民大学汉语国际推广研究所　"中国传统：经典与解释"项目

缘　起

　　晚清以降,西学入华,华夏道术分崩离析,我国学术和教育经历了史无前例的大变局——晚近十余年"奋不顾身"的现代化使得华夏学术和大学教育显得更为面目不清。整顿大学文科、重新铺展学术的基本格局,已然成为深化改革开放的重大学术课题乃至新时代的艰巨使命——太平之世必有文治。

　　问题是,如何整顿和重新铺展?

　　现代西学入华以来,我们要么不断竞相追逐西方"显学"(种种现代学说),要么与西方"魔怪"搏斗。令人深省的是,即便发扬自家传统的种种当代儒学论说,几乎无不依傍种种西方现代论说——从康德哲学出发又或依照韦伯社会理论重新解释儒家传统,一度被看作最精彩的儒学"新解",与西方学术晚近两百年来用种种现代"学说"瓦解自家古典传统别无二致——如今,这一局面因与西方后现代学术接轨而变得更为触目惊心。

　　与西方学人一样,现代之后的中国学人不得不在两条道路、两种"命运"面前作出自己的选择:要么跟从种种"后现代主义"以比现代精神更为彻底的解构方式破碎大道,要么切实回归古典学问——倘若选择后者,势必首先质疑并革除我们自"五四"以来养成的凡事以现代观点衡量古典的新传统。

如何重新获得已然丢失的古典传统,关系到中国学术未来的基本取向和大学教育的基本品质。现代中国学术的视域基于现代西学,由于对古典西学缺乏深入细致的理解,数代中国学人虽不乏开创华夏学术新气象的心愿和意气,却缺乏现代之后的学术底气和见识根底。因此,积极开拓对西学古典传统的深入理解,当是未来学术的基本方略——只有在此基础上,我们重读自家的历代经典时才会有心胸坦荡、心底踏实的学术底气,从而展开广阔、深邃的学术新气象。

晚近西方学界方兴未艾的"古典政治哲学"表明,西方学界和大学教育正在踏上回归古典学问之路——取向虽然是古典的,其生存感觉却是现代之后的。"古典政治哲学"绝非一种学说或"主义式的"论说,换言之,不是我们曾经经历过的任何"显学"一类的东西,更非所谓"新的方法论",而是一种基本的学问方向:悉心绎读经典大书,凭靠古典智慧来养育自己的心性。如此学问方向基于万世不绝的古典心性:既然是一种心性,古典学问唤起或寻找的便只会是有如此心性的学人,并激励"我们"自觉杜绝种种"盲目而热烈"的"后"学或"新"说(尼采语),挽回被现代文教体系的学科划分搞得支离破碎的学问大体,进而在我们的大学中寻回自身的地盘……在近两百年来的西方、近百年来的中国,古典心性流离失所,已然失去了自己的家园——学堂。

继"西方传统:经典与解释"系列我们推出"中国传统:经典与解释"系列,首先要表明:在现代之后的学术语境中重新收拾我们自家的传统经典,乃中国学术新气象的根底所在;其次要表明:我们志在承接清代学人的学术统绪,进一步推进百年学人的积累——如今我们能否取得世纪性的学术成就,端赖于我们是否能够在现代之后的学术语境中重新拥有自己古传的历代经典。中国古代学术以绎读经典为核心和传统,历代硕儒"囊括大典,网罗众家,删裁繁诬,刊改漏失"的学术抱负和"皓首穷经"的敬业精神,在今天需要我们从自身的语境出发重新发扬光大。

本系列不拘形式——或点校、注释尚为善本的古书,或重新绎读(疏解)历代典籍,或汇编百年来的研究成果以文集方式追踪某个专题……唯一谢绝的是中西比较之论或种种现代－后现代"主义"解释学或文化研究一类高论。

古人云:"有志者事竟成焉"。

刘小枫　陈少明
2005 年 10 月於中山大学哲学系

出版说明

  刘汝霖所著《东晋南北朝学术编年》，1936 年由商务印书馆出版，1987 年中国书店《民国丛书》影印出版。该书接《汉晋学术编年》，征引庞博，考证谨严，对研究东晋及南北朝时期的学术思想有不可忽视的参考价值，我们以《民国丛书》版为底本，重新出版，以供有关研究者参考。

  作者在"凡例"中言明："本书史料，杂采各处，须经选择删定，故对于原文，时有修改，总以不失原意为主。"以现今诸通行版本对校书中诸条目正文，可知其虽多有缀连删定各家史料而成者，但大率仍照录出处原文，仅人物称谓、时间表述等略有改易而已，自造语不多，"不失原意"。然诸史料中的人名、地名等互有差异，是书照引，遂有前后不一之处。书中颇有排印讹误，又由于缀诸家史料而以己意删定成文，亦未注明所采版本，则对校之出入属版本、排印问题还是作者原意，有时未可轻作论断。

　　为了便于读者翻检研究,现以最大限度地保留全书原貌为准则,对全书作出整理,疏失之处,望读者鉴察指正。整理内容如下:

　　一、文字的简化处理:

　　全书简体横排,以《简化字总表》及《现代汉语规范词典》、《辞海》、《汉语大字典》等权威辞书为基准对底本的繁体字和异体字进行简化和规范化,并根据古籍的特点,慎重处理容易引起混淆的文字,凡底本出现在人名中的异体字均予保留。

　　二、全书的公元纪年统一采用阿拉伯数字。

　　三、作者在征引材料时未注明版本,凡与现今诸通行版本对校后,有显著出入的,斟酌文意进行取舍,出校记说明。据考证当属底本所引版本原文有误者,保留底本原貌,一般不出校。有出入的同义字词及不影响文意的虚词,难以判断属作者本意还是印刷讹误者,尽量保留底本原貌。

　　主要参考书目:

　　《十三经注疏》,中华书局 1979 年版(据世界书局缩印本影印)。

　　二十四史,中华书局点校本。

　　《资治通鉴》,中华书局 1976 年版。

　　《新编诸子集成》,中华书局 1988 年版。

　　《大正新修大藏经》,大正一切经刊行会,新文丰出版有限公司 1983 年版。

　　《道藏》,文物出版社、上海书店、天津古籍出版社 1998 年版。

　　《全上古三代秦汉三国六朝文》,中华书局 1985 年版。

　　四、底本存在同人异名、同地异名的情况,尽量保留底本原貌。

　　五、对于明显由于出版印刷造成的错误,径改之,不出校。

　　六、条目出处的处理:

　　底本对同一出处的表述有参差之处,尽量保留原貌。个别引文在通行版本中的出处与底本所标出处有异,出校记说明。

七、对索引的处理

1、底本的索引条目与正文在表述上偶有不一致之处,因对检索影响不大,均予保留。

2、比照正文,对底本索引中的明显讹误予以校正,未能轻断者,保留底本原貌。

3、人名索引中,原仅有人名而无年份者,均补入年份;原人物名下所系年份未全者,从阙。分类索引中,个别条目标注的年份为该事发生之年,而正文于另一年的条目中述及其事,则在其后以括号文字补入见于正文何年条目,以利翻检。

八、标点的规范化

根据现行的标点符号用法和古籍整理通例,对全书进行规范化标点。底本所引文字与现今诸通行版本对校,有因标点出入而造成文意相异之处,则以保留底本原貌为主,必要时出校记说明。

目　录

自　序

　　东晋南北朝者，一中国南北分裂之时代也。自刘、石骋暴，两京覆亡，冠带之伦，退避江左。六月之驾无闻，鸿雁之歌日远，仅保荆扬之域，以安中原遗黎。草创伊始，日不暇给，庠序之教，犹有未遑。是以博士力趋于简易，太学权置于中堂。而箕踞之习，解祖之风，四本之论，哀乐之旨，仍流行于朝野，复驰辩于无穷。儒术不振，玄风犹章，有由然也。至于关河燕赵，羌胡纷争，间有乡学之主，明达之人，亦知虚襟正直，礼送经生。顾兵戈未息，国祚不长，黉舍之兴废靡定，教化之攸成难期。迨至金运告尽，刘宋代兴，学开四馆，观立总明，而劝课未博，建之匪久，盖取文具而已，不成为旷世之业也。齐梁以还，文学浸盛，叔达名列八友，深沐儒风，诏开五馆，讲论诸经。分遣博士，立学州郡；拣选胄子，受教云门。集雅士林之馆，高齐文省之士，人才济济，可谓盛矣。太清之难，盗贼纵横，典籍散绝，文武道穷。陈氏拾梁余绪，力挽颓风，而三百数尽，江左遂倾。元魏在北，初混中原，赏眷文士，广聚典坟。渐脱草昧之习,跃登文明之途。道武以后,经又百年,孝文迁洛,偃武修文。于是经术弥显,斯文郁然。及元颢西上,南人北游,乃知衣冠仕族,并在中原。民风丕变,此可知矣。属跖跋丧乱,尔朱逞凶,文章咸荡,礼乐同崩,俎豆之容中绝,弦歌之音不闻。旋永熙西迁,天平北徙,魏氏分裂,继以周齐。虽庠序渐备,学者向风,而旧日之盛,迄未复焉。

南北战乱,民生愁苦,慈悲之教,应运发扬。盖自羯石肆虐,毒焰漫天,茫茫禹域,几无宁日。佛图澄默,运用神功,化及凶暴,启彼慈悲之念,遏其杀伐之心,泽被蒸黎,实非浅鲜。天竺圣典,初化东土,夷夏不同,音韵殊隔。自非妙兼梵汉,难尽翻译之致。罗什硕学钩深,神鉴奥远,历游中土,备悉方言。深悯前译诸经,文制古质,辞旨不明,未尽美善。乃更临梵本,重为宣译。朗昼昏以慧日,觉安寝以大音。于是灵风遐扇,逸响高腾。江左浮图,肇自僧会。而世滞悠旷,苦海遐长。法灯不耀,慧日霾光。释慧远道业贞华,风才秀发,宣唱法理,开导众心,净土往生,倾动凡庶。大法已被,戒律未完,释法显誓志寻求,西渡流沙。远涉数万,卒抵灵鹫;时过星槎,方归本土。遂使毗尼之典,风靡华夏,法雷惊梦,万众厉心。南北分治,伽蓝益众,南之建康,北之洛邑,寺逾千百,僧至亿万,致使高洋崇福于洪谷,萧衍舍身于同泰,缘结震旦,亦云伟矣。惟趋向奢靡,渐失本真,重形式而遗精义,祈福泽而忘苍生。是以粟罄于惰游,货殚于泥木,吏空于官府,兵挫于行间,风俗颓败,奸宄弗胜,有识之士,怒焉忧之。然此乃传者之过,非泥洹之道然也。今游其故墟,纵览遗迹,庄严之兰若,瑰玮之雕刻,犹有存者。北之云冈,南之龙门,千佛之崖,莫高之窟,皆足使人流连忘反,徘徊弗去。想微言之要妙,知大法之无穷,功效之美,良足羡已。

余生于穷乡,典籍罕睹,仰希古烈,追踪莫由。瘝瘝忧悸,有若疾首。壮年游学,负笈名都,博观经史,泛览百家,始觉宝山炫目,望洋堪羞。念典籍之浩繁,惜纯驳之不掩,后生学子,探索匪易,遂拟整理四部,勒成专书,开来学之捷径,解千年之纠纷。十九年夏,任职女师院研究所,余师湘潭黎公,以学术编年,嘱令从事。遂广收史料,抉择真伪,厘定年代,谨于去取。荏苒三载,昼夜靡停。而国难日亟,强敌压境。隐几读书,效仲举之朗诵;近郊伐鼓,等安公之译经。当道诸公,轸怀文物。有鉴汉末之难,戒心晋初之灾。是以鹰扬未奋,兰台先移。会敌人满志,暂戢凶锋。庠序无恙,诵声复拥。乃得再事铅摘,从容杀青。念此三百年中,我先民虽处铁马金戈之里,一摘再摘之下,而固有文化,渐见倡导,盖民族意识未尝一日亡也。故终能化除异种,复我家邦。一吐炎黄之气,再振大汉之风。谚曰:往者之不忘,近事之师也。世之览者,睹其变迁之迹,庶有以鉴助于今乎!

廿四年五月廿七日刘汝霖识

凡　例

　　一、本书为编年体,将各种学术史料,考清年代,分志于各年之下。

　　一、本书所载学术史料,包涵政府、社会、个人三方面。

　　一、本书为整理史料便利起见,一例用文言体。

　　一、本书史料,杂采各处,须经选择删定,故对于原文,时有修改,总以不失原意为主。

　　一、本书纪年,以当代君主纪元为主,而附以甲子及公元,以便计算检查。至十六国君主之纪年,则以其年发生事体者为限,否则不记,以免纷乱难查。

　　一、各项事迹,已分志于各年之下,其后俱附"出处"一项,以明其史料之来源。若此史事之真相须经考证而得者,则更附"考证"一项。又有"附录"一项,载各种图表。

　　一、各学者若著述甚多,则列一著述表,志于其卒年或最后见于本书之年。

一、事体过于琐细，或发生于本年之后而无特别叙述之必要者，则用双行小字志于本年之下。

一、各学者之事迹，虽分志于各年，但仍前后遥接。

一、本书之后，附有"索引"两卷，一查个人，一查各项学术问题。该卷之中，别有凡例，兹不赘。

卷之一

东晋
中宗元帝
建武元年　丁丑(317)

置史官,以干宝领之　宝字令升,新蔡人也。祖统,吴奋武将军、都亭侯。父莹,丹阳丞。宝少勤学,博览书记,以才器召为著作郎。平杜弢有功,赐爵关内侯。中兴草创,未置史官。中书监王导上疏曰:"夫帝王之迹,莫不必书,著为令典,垂之无穷。宣皇帝廓定四海,武皇帝受禅于魏,至德大勋,等踪上圣,而纪传不存于王府,德音未被乎管弦。陛下圣明,当中兴之盛,宜建立国史,撰集帝纪。上敷祖宗之烈,下纪佐命之勋,务以实录为后代之准。厌率土之望,悦人臣之心,斯诚雍熙之至美,王者之弘基也。宜备史官,敕佐著作郎干宝等渐就撰集。"王纳之,遂立史官,以宝领国史。宝以家贫,求补山阴令,迁始安太守。王导请为司徒右长史,迁散骑常侍。

　　[出处]《晋书·元帝纪》、《干宝传》

修立学校　时凡百草创,学校未立,骠骑将军王导上书曰:"夫治化之本,在于正人伦。人伦之正,存乎设庠序。庠序设而五教明,则德化洽通,彝伦攸叙,有耻且格也,父子、兄弟、夫妇、长幼之序顺而君臣之义固矣。《易》所谓'正家而天下定'者也。故圣王蒙以养正,少而教之,使化沾肌骨,习以成性,有若自然,迁义远罪而不自知。行成德立,然后裁之以位。虽王之世子,犹与国子齿,使知道而后贵。其取才用士,咸先本之于学。故《周礼》卿大夫献贤能之书于王,王拜而受之,所以遵道而贵士也。人知士之所贵,由乎道存,则退而修其身,修其身以及其家,正家以及于乡,学于乡以登于朝。反本复始,各求诸己,敦朴之业著,浮伪之竞息,教使然也。故以之事君则忠,用之莅下则仁,孟轲所谓'未有仁而遗其亲,义而后其君'者也。自顷皇纲失统,礼教陵替,颂声不兴,于今将二纪矣。《传》曰:'三年不为礼,礼必坏;三年不为乐,乐必崩。'而况如此之久乎? 先进忘揖让之容,后生惟闻金鼓之响。干戈日寻,俎豆不设,先王之道弥远,华伪之俗遂滋,非所以息民靖俗,端本抑末之谓也。殿下以命世之资,属阳九之运,礼乐征伐,翼成中兴。将涤秽荡瑕,拨乱反正。诚宜经纶稽古,建明学校,阐扬六艺,以训后生。使文武之道,坠而复兴;俎豆之仪,幽而更彰。方今《小雅》尽废,戎虏扇炽,节义陵迟,国耻未雪,忠臣义士,所以扼腕拊心,礼乐政刑当并陈以俱济者也。苟礼义胶固,淳风载洽,则化之所陶者广而德之所被者大,义之所属者深而威之所震者远矣。由斯而进,则可朝服济河。使帝典阙而复补,王纲弛而更张,饕餮改情,兽心革面,揖让而蛮夷服,缓带而天下从。得乎其道,岂难也哉。故有虞舞干戚而三苗化,鲁僖作泮宫而淮夷平。桓、文之霸,皆先教而后战。今若聿遵前典,兴复教道。使朝之子弟并入于学,立德出身者,咸习之而后通。德路开而伪途塞,则其化不肃而成不严而治矣。选明博修礼之士以为之师,隆教贵道,化成俗定,莫尚于斯也。"征南将军戴邈亦上疏曰："臣闻天道之所运，莫大于阴阳；帝王之至务，莫重于礼学。是以古之建国，教学为先，国有明堂、辟雍之制，乡有庠、序、黉、校之仪，皆所以抽导幽滞，启广才思，盖以六四有困蒙之吝，君子大养正之功也。昔仲尼列国之大夫耳，兴礼修学于洙泗之间，四方髦俊，斐然向风受业，身达者七十余人。自兹以来，千载绝尘，岂天下小于鲁、卫？贤哲乏于曩时？励与不励故也。自顷国遭无妄之祸，社稷有缀旒之危，寇羯饮马于长江，凶狡鸱张于万里。遂使神州萧条，鞠为茂草；四海之内，人迹不交。霸主有盱食之忧，黎元怀荼毒之苦，戎首交并于中原，何遽笾豆之事哉？然'三年不为礼，礼必坏；三年不为乐，乐必崩'，况旷载累纪如此之久邪？今末进后生，目不睹揖让升降之仪，耳不闻钟鼓管弦之音。文章散灭胡马之足，图谶无复孑遗于世。此盖圣达之所深悼，有识之所嗟叹也。夫治世尚文，遭乱尚武，文武递用，长久之道。譬之天地，昏明之迭，自古以来，未有不由之者也。今或以天下未一，非兴礼乐之时，此言似之而不其然。夫儒道深奥，不可仓卒而成。古之俊义，必三年而通一经。比须寇贼清夷，天下平泰，然后修之，则功成事定，谁与制礼作乐者哉？又贵游之子，未必有斩将搴旗之才，亦未有从军征戍之役，不及盛年讲肆道义，使明珠加磨莹之功，荆璞发采琢之美，不亦良可惜乎？臣愚以世丧道久，人情玩于所习，纯风日去，华竞日彰，犹火之消膏而莫之觉也。今天地告始，万物权舆，圣朝以神武之德，值革命之运，荡近世之流弊，继千载之绝轨。笃道崇儒，创立大业，明主唱之于上，宰辅督之于下。夫上之所好，下必有过之者焉。是故双剑之节崇，而飞白之俗成；挟琴之容饰，而赴曲之和作。君子之德风，小人之德草，实在感之而已。臣以暗浅，不能远识格言，奉诵明令，慷慨下风，谓宜以三时之隙，渐就修建。"疏奏，晋王并纳之。遂于十一月丁卯立太学。

[出处] 《晋书·元帝纪》、《王导传》、《戴邈传》《宋书》卷十

四《礼志一》

梅赜上《古文尚书》　梅赜字仲真,汝南西平人,少好学,隐退而求实进止,初领军司马。至是,为豫章太守。自称得《古文尚书》孔壁旧本,遂表上之。书中有《序》,称为孔安国所作,《序》曰:"古者伏牺氏之王天下也,始画八卦,造书契,以代结绳之政,由是文籍生焉。伏牺、神农、黄帝之书谓之《三坟》,言大道也。少昊、颛顼、高辛、唐、虞之书谓之《五典》,言常道也。至于夏、商、周之书,虽设教不伦,雅诰奥义,其归一揆。是故历代宝之,以为大训。八卦之说,谓之《八索》,求其义也。九州之志,谓之《九丘》。丘,聚也,言九州所有,土地所生,风气所宜,皆聚此书也。《春秋左氏传》曰:楚左史倚相能读《三坟》、《五典》、《八索》、《九丘》,即谓上世帝王遗书也。先君孔子,生于周末,睹史籍之烦文,惧览者之不一,遂乃定《礼》、《乐》,明旧章,删《诗》为三百篇,约史记而修《春秋》,赞《易》道以黜《八索》,述《职方》以除《九丘》。讨论《坟》、《典》,断自唐虞以下,讫于周。芟夷烦乱,翦截浮辞,举其宏纲,撮其机要,足以垂世立教,典、谟、训、诰、誓、命之文凡百篇。所以恢弘至道,示人主以轨范也。帝王之道,坦然明白,可举而行。三千之徒,并受其义。及秦始皇灭先代典籍,焚书坑儒,天下学士,逃难解散,我先人用藏其家书于屋壁。汉室龙兴,开设学校,旁求儒雅,以阐大猷。济南伏生,年过九十,失其本经,口以传授,裁二十余篇。以其上古之书,谓之《尚书》。百篇之义,世莫得闻。至鲁共王好治宫室,坏孔子旧宅以广其居,于壁中得先人所藏古文虞、夏、商、周之书及《论语》、《孝经》,皆科斗文字。王又升孔子堂,闻金石丝竹之音,乃不坏宅,悉以书还孔氏。科斗书废已久,时人无能知者。以所闻伏生之书,考论文义,定其可知者,为隶古定。更以竹简写之,增多伏生二十五篇。伏生又以《舜典》合于《尧典》,《益稷》合于《皋陶谟》,《盘庚》三篇合为一,《康王之诰》合于《顾命》。复出此篇并序凡五十九篇,为四十六卷。其余错乱摩灭,弗可复知。悉上送官,藏之书府,以待能者。承诏为五十九篇作传。于是遂研精覃思,博考经籍,采摭群言,以立训传。约文申义,敷畅厥旨,庶几有补于将来。《书序》,序所以为作者之意,昭然义见,宜相附近,故引之各冠其篇首。定五十八篇既毕,会国有巫蛊事,经籍道息,用不复以闻。传之子孙,以贻后代,若好古博雅君子,与我同志,亦所不隐也。"

[出处] 《世说新语·方正第五》《尚书序》及《正义》

葛洪撰《抱朴子》 洪少有定志,决不出身,每览巢、许、子州、北人石户、二姜、两袁、法真、子龙之传,尝废书前席,慕其为人,念精治《五经》,著一部子书,令后世知其为文儒而已。遂草创子书。会遭兵乱,流离播越,有所亡失。连在道路,不复投笔。凡十余年,至是乃定。凡著《内篇》二十卷,《外篇》五十卷。其《内篇》言神仙方药、鬼怪变化、养生延年、禳邪却祸之事,属道家。其《外篇》言人间得失、世之臧否,属儒家。洪之为人,性钝口讷,形貌丑陋,冠履垢弊,衣或褴褛。俗之服用,俄而屡改,或忽广领而大带,或促身而修袖。或长裾曳地,或短不蔽脚。期于守常,不随世变。言则率实,杜绝嘲戏。不得其人,终日默然,故邦人咸称之为抱朴之士,是以洪著书因以自号焉。其自序曰:"洪体乏进取之才,偶好无为之业。假令奋翅则能陵厉玄霄,骋足则能追风蹑景,犹欲戢劲翮于鹪鹩之群,藏逸迹于跛驴之伍。岂况大块禀我以寻常之短羽,造化假我以至驽之蹇足?自卜者审,不能者止。又岂敢力苍蝇而慕冲天之举,策跛鳖而追飞兔之轨,饰嫫母之笃陋,求媒阳之美谈,推沙砾之贱质,索千金于和肆哉?夫憔侥之步而企及夸父之踪,近才所以踬碍也;要离之羸而强赴扛鼎之势,秦人所以断筋也。是以望绝于荣华之途,而志安乎穷圮之域;藜藿有八珍之甘,蓬筚有藻棁之乐也。故权贵之家,虽咫尺弗从也;知道之士,虽艰远必造也。考览奇书,既不少矣。率多隐语,难可卒解,自非至精不能寻究,自非笃勤不能悉见也。道士弘博洽闻者寡,而意断妄说者众,至于时有好事者,欲有所修为,仓卒不知所从,而意之所疑,又无足谘。今为此书,粗举长生之理,其至妙者,不得宣之于翰墨。盖粗言较略以示一隅,冀俳愤之徒省之,可以思过半矣。岂谓暗塞必能穷微畅远乎? 聊论其先觉者耳。世儒徒知服膺周、孔,莫信神仙之书,不但大而笑之,又将谤毁真正。故予所著子言黄白之事,名曰《内篇》,其余驳难通释,名曰《外篇》。大凡一百一十六篇,虽不足藏诸名山,且欲缄之金匮,以示识者。"

〔出处〕 《抱朴子·自叙》《晋书·葛洪传》

〔附录〕 道教传授表

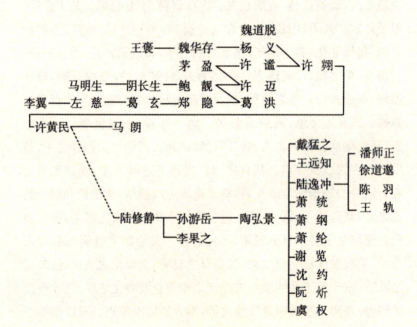

太兴元年　戊寅(318)前赵光初元年

命郭璞、王隐撰《晋史》　璞字景纯，河东闻喜人。父瑗，尚书都令史。时尚书杜预有所增损，瑗多驳正之，以公方著称，终于建平太守。璞好经术，博学有高才，而讷于言论，词赋为中兴之冠。好古文奇字，妙于阴阳算历。有郭公者，客居河东，精于卜筮，璞从之受业，公以《青囊中书》九卷与之，由是遂洞五行、天文、卜筮之术。禳灾转祸，通致无方，虽京房、管辂不能过也。惠怀之际，河东先扰，璞筮之，投策而叹曰："嗟乎！黔黎将湮于异类，桑梓其翦为龙荒乎！"于是潜结姻昵及交游数十家，欲避地东南。璞既过江，宣城太守殷祐引为参军。祐迁石头督护，璞复随之。王导深重璞，引参己军事。璞著《江赋》，其辞甚伟，为世所称。至是，复作《南郊赋》，帝见而嘉之。时典章稍备，乃召隐及郭璞俱为著作郎，令撰《晋史》。

　　[出处]　《晋书·郭璞传》、《王隐传》

　　[考证]　按《初学记》十一及《御览》二百三十四俱引《中兴书》曰："郭璞太兴元年奏《南郊赋》，中宗见赋嘉其才，以为著作佐郎。"故志其事于此。

赵石勒立小学　赵石勒增置宣文、宣教、崇儒、崇训十余小学于襄国四门，简将佐豪右子弟百余人以教之。

　　[出处]　《晋书》卷一百四《载记》第四《石勒上》

二年　己卯(319)

置经博士　初，太常贺循上言："《尚书》被符，经置博士一人。又多故历纪，儒道荒废，学者能兼明经义者少。且《春秋》三传俱出圣人，而义归不同。自前代通儒，未有能通得失，兼而学之者也。况今学义甚颓，不可令一人总之。今宜《周礼》、《仪礼》二经置博士二人，《春秋》三传置博士三人，其余则经置一人，合八人。"至是，修立学校,唯《周易》王氏,《尚书》郑氏,《古文》孔氏,《毛诗》、《周官》、《礼记》、《论语》、《孝经》郑氏,《春秋左传》杜氏、服氏,各置博士一人。其《仪礼》、《公羊》、《穀梁》及《郑易》,皆省不置博士。

　　[出处]　《通典》五十三

　　[考证]　按《晋书·元帝纪》,称是年六月丙子置博士员五人。当即此事,盖先置者为五人。不然则"五"必为"九"之讹。

　　贺循卒　初,帝践位,有司奏琅琊恭王宜称皇考。循议曰:"按礼,子不敢以己爵加父。"帝纳之,俄以循行太子太傅,太常如故。循自以枕疾废顿,臣节不修,上隆降尊之义,下替交叙之敬,惧非垂典之教也,累表固让。帝以循体德率物,有不言之益,敦厉备至,期于不许,命皇太子亲往拜焉。循有羸疾,而恭于接对,诏断宾客,其崇遇如此。疾渐笃,表乞骸骨,上还印绶,改授左光禄大夫、开府仪同三司。帝临轩,遣使持节,加印绶。循虽口不能言,指麾左右,推去章服。车驾亲幸,执手流涕。太子亲临者三焉,往还皆拜,儒者以为荣。至是卒,时年六十。帝素服举哀,哭之甚恸。赠司空,谥曰穆。将葬,帝又出临其枢,哭之尽哀,遣兼侍御史持节监护。皇太子追送近途,望船流涕。循少玩篇籍,善属文,博览众书,尤精《礼传》。雅有知人之鉴,拔同郡杨方于卑陋,卒成名于世。

　　[出处]　《晋书·贺循传》

　　[附录]　贺循著述表

《丧服要》六卷《七录》

《丧服要记》十卷《隋志》

《丧服谱》一卷《隋志》

《葬礼》《书钞》、《通典》、《御览》诸书引

《藉田仪》《后汉书·礼仪志》注引

《会稽记》一卷《隋志》

集二十卷、录一卷《七录》、《隋志》、《唐志》

后赵修史　是年石勒称赵王,始建社稷,立宗庙,营东西官署。从事中郎裴宪、参军傅畅、字世道,北地人。杜嘏并领经学祭酒,参军续咸、庾景为律学祭酒,任播、崔濬为史学祭酒,中垒支雄、游击王阳并领门臣祭酒,专明胡人辞讼。以张离、张良、刘群、刘谟等为门生主书,司典胡人出内,重其禁法,不得侮易衣冠华族。号胡为国人。又命记室佐明稽①、程机撰《上党国记》,中大夫傅彪、贾蒲、江轨撰《大将军起居注》,参军石泰、石同、石谦、孔隆撰《大单于志》。

《史通·正史》云:"石勒命其臣徐光、宗历、傅畅、郑愔等撰《上党国记》、《起居注》、《赵书》,其后又令王兰、陈宴、程阴、徐机等相次撰述。至石虎并令刊削,使勒功业不传。"与此文不同。

[出处]　《晋书》卷一百五《载记》五

三年　庚辰(320)

孔衍卒　衍字舒元,鲁国人,孔子二十二世孙也。祖文,魏大鸿胪。父毓,征南军司。衍少好学,年十二能通《诗》、《书》。弱冠,公府辟,本州举异行直言,皆不就。辟地江东,时帝为安东将军,引衍为安东参军,专掌记室。书令殷积,而衍每以称职见知。中兴初,与庾亮字文规,颍川鄢陵人。俱补中书郎。太子绍之在东宫,衍领太子中庶子。于时庶事草创,衍经学深博,又练识旧典,朝仪轨制,多取正焉。由是帝与太子,并亲爱之。王敦专权,衍私于太子曰:"殿下宜博延朝彦,搜扬才俊,询谋时政,以广圣聪。"敦闻而恶之,乃启出衍为广陵郡,时人为之寒心,而衍不形于色。虽郡邻接西贼,犹教诱后进,不以戎务废业。石勒尝骑至山阳,敕其党以衍儒雅之士,不得妄入郡境。视职期月,卒于官,年五十三。衍虽不以文才著称,而博览过于贺循,凡所撰述,百余万言。

---

① 《晋书》"稽"作"楷"。

［出处］《晋书·儒林·孔衍传》

［附录］　孔衍著述表

《凶礼》一卷《隋志》

《琴操》三卷《隋志》、《新唐志》

《春秋公羊传集解》十四卷《七录》

《春秋穀梁传训注》十四卷《隋志》

《汉魏春秋》九卷《隋志》

《魏尚书》十卷《七录》

《汉尚书》十卷《唐志》

《汉春秋》十卷《唐志》

《后汉尚书》六卷《唐志》

《后汉春秋》六卷《唐志》

《后魏春秋》九卷《唐志》

《春秋时国语》十卷《新唐志》

《春秋后国语》十卷《新唐志》

《国历志》五卷《唐志》

《孔氏说林》二卷《七录》《小说》

《兵林》六卷《隋志》

孔坦奏议策除秀孝　先是以兵乱之后，务存慰悦，远方秀孝到，不策试，普皆除署。后帝欲申明旧制，皆令试经，有不中科，刺史、太守免官。至是，秀孝多不敢行。其有到者，并托疾。帝欲除署孝廉，而秀才如前制。尚书郎坦字君平，会稽山阴人。奏议曰："臣闻经邦建国，教学为先；移风崇化，莫尚斯矣。古者且耕且学，三年而通一经。以平康之世，犹假渐渍，积以日月。自丧乱以来，十有余年，干戈载扬，俎豆礼戢，家废讲诵，国阙庠序。率尔责试，窃以为疑。然宣下以来，涉历三载，累遇庆会，遂未一试。扬州诸郡，接近京都，惧累及君父，多不敢行。其远州边郡，掩诬朝廷，冀于不试，冒昧来赴，既到审试，遂不敢会。臣愚以不会与不行，其为阙也同。若当偏加除署，是为肃法奉宪者失分，侥幸投射者得官，颓风伤教，惧于是始。夫王言如丝，其出如纶，临时改制，示短天下，人听有惑，臣窃惜之。愚以王命无贰，宪制宜信。去年察举，一皆策试。如不能试，可不拘到，遣归不署。又秀才虽以事策，亦泛问经义。苟所未学，实难暗通，不足复曲碎乖例，违旧造异。谓宜因其不会，徐更革制，可申明前下，崇修学校，普延五年，以展讲习，钧法齐训，示人轨则。夫信之与法，为政之纲，施之家室，犹弗可贰，况经国之典，而可玩黩乎!"帝纳焉，听孝廉申至七年，秀才如故。

[出处]《晋书》卷七十八《孔坦传》

应詹上书言事　詹字思远，汝南南顿人，魏侍中应璩之孙也。弱冠知名，性质素弘雅，物虽犯而弗之校，以学艺文章称。司徒何劭见之曰："君子哉若人!"当洛阳倾覆之际，詹时为南平太守，而王澄为荆州。詹攘袂流涕，劝澄赴援。澄使詹为檄，詹下笔便成，辞义壮烈，见者慷慨，然竟不能从也。尝与陶侃破杜弢于长沙，贼中金宝溢目，詹一无所取，唯收图书，莫不叹之。帝以詹为益州刺史，领巴东监，俄拜后军将军。詹上疏陈便宜曰："先王设官，使君有常尊，臣有定卑，上无苟且之志，下无觊觎之心。下至亡秦，罢侯置守，本替末陵，纲纪废弛。汉兴，虽未能兴复旧典，犹杂建侯守，故能享年享世，殆参古迹。今大荒之后，制度改创，宜因斯会，厘正宪则。先举盛德元功以为封首，则圣世之化比隆唐虞矣。"又曰："性相近，习相远，训导之风，宜慎所好。魏正始之间，蔚为文林，元康以来，贱经尚道，以玄虚宏放为夷达，以儒术清俭为鄙俗。永嘉之弊，未必不由此也。今虽有儒官，教养未备，非所以长育人材，纳之轨物也。宜修辟雍，崇明教义，先令国子受训，然后皇储亲临释奠。则普天尚德，率土知方矣。"元帝雅重其才，深纳之。

[出处]《晋书·应詹传》

前赵立学　前赵刘曜光初三年,立太学于长乐宫东,小学于未央宫西。简百姓年二十五以下、十三以上,神志可教者千五百人,选朝贤宿儒明经笃学以教之。以中书监刘均领国子祭酒。置崇文祭酒,秩次国子。散骑侍郎董景道字文博,弘农人。以明经擢为崇文祭酒。初,刘聪时,公师彧领左国史,撰《高祖本纪》及功臣传二十人,甚得良史之体。凌修谮其讪谤先帝,聪怒而诛之。至是平舆子和苞撰《汉赵纪》十篇。事止当年,不终曜灭。

[出处]《晋书》卷一百三　《史通·正史》

四年　辛巳(321)

议增置《仪礼》、《公羊》及郑《易》博士　荀崧字景猷,颍川临颍人,初为尚书仆射,与刁协共定中兴礼仪。转太常,时方简省博士,崧以为不可,上疏曰:"臣闻孔子有云:'才难,不其然乎!'自丧乱以来,经学尤寡。儒有席上之珍,然后能弘明道训。今处学则阙朝廷之秀,仕朝则废儒学之美。昔咸宁、太康、永嘉之中,侍中、常侍、黄门之深博道奥,通洽古今,行为世表者,领国子博士。一则应对殿堂,奉酬顾问;二则参训国子,以弘儒训;三则祠、仪二曹及太常之职,以得藉用质疑。今皇朝中兴,美隆往初,宜宪章令轨,祖述前典。世祖武皇帝圣德钦明,应运登禅,受终于魏,崇儒兴学,治致升平,经始明堂,营建辟雍,告朔班政,乡饮大射。西阁东序,河图秘书禁籍。台省有宗庙太府金墉故事,太学有石经古文。先儒典训,贾、马、郑、杜、服、孔、王、何、颜、尹之徒,章句传注,众家之学,置博士十九人。九州之中,师徒相传,学士如林,犹选张华、刘寔居太常之官,以重儒教。《传》称'孔子没而微言绝,七十子终而大义乖'。自顷中夏殄瘁,讲诵遏密,斯文之道,将堕于地。陛下圣哲龙飞,阐弘祖烈,申命儒术,恢崇道教,乐正《雅》、《颂》,于是乎在。江扬二州,先渐声教;学士遗文,于今为盛。然方之畴昔,犹千之一也。臣学不章句，才不弘道，阶缘光宠，遂忝非服。方之华、寔，儒风邈远。思竭驽骀，庶增万分。愿斯道隆于百世之上，搢绅咏于千载之下。伏闻节省之制，皆三分置二。博士旧员十有九人，今五经合九人，准古计今，犹未中半。宜及节省之制，以时施行。今九人以外，犹宜增四。愿陛下万机余暇，时垂省览。《周易》一经，有郑玄注，其书根源，诚可深惜，宜为郑《易》博士一人。《仪礼》一经，所谓典礼，郑玄于《礼》特明，皆有证据，宜置郑《仪礼》博士一人。《春秋公羊》，其书精隐，明于断狱，宜置博士一人。《穀梁》简约隐要，宜存于世，置博士一人。昔周之衰，下陵上替，臣弑其君，子弑其父，上无天子，下无方伯，善者谁赏？恶者谁罚？纲纪乱矣。孔子惧而作《春秋》，诸侯讳妒，惧犯时禁，是以微辞妙旨，义不显明。故曰：'知我者其惟《春秋》，罪我者其惟《春秋》。'时左丘明、子夏造膝亲受，无不精究。孔子既没，微言将绝，于是丘明退撰所闻而为之《传》。其书善礼，多膏腴美辞，张本继末，以发明经意，信多奇伟，学者好之。儒者称公羊高亲受子夏，立于汉朝，辞义清俊，断决明审，多可采用，董仲舒之所善也。穀梁赤师徒相传，暂立于汉世。向、歆，汉之硕儒，犹父子各执一家，莫肯相从。其书文清义约，诸所发明，或是《左氏》、《公羊》所不载，亦足有所订正。是以《三传》并行于先代，通才未能孤废。今去圣久远，斯文将坠，与其过废，宁过而立也。臣以为《三传》虽同一《春秋》，而发端异趣。按如三家异同之说，义则战争之场，辞亦剑戟之锋，于理不可得共，博士宜各置一人，以博其学。"诏曰："崧表如此，皆经国之务，为政所由。息马投戈，犹可讲艺。今虽日不暇给，岂忘本而遗存耶？可共博议者详之。"议者多请从崧所奏。诏曰："《穀梁》肤浅，不足置博士，余如所奏。"会王敦之难，事不施行。

〔出处〕《宋书·礼志一》《晋书·荀崧传》

永昌元年　壬午(322)

帛尸梨蜜多罗至建康　帛尸梨蜜多罗,此云吉友,西域人,时人呼为高座。传云:国王之子,当承继世,而以国让弟,暗轨太伯。既而悟心天启,遂为沙门。蜜天姿高朗,风神超迈,直尔对之,便卓出于物。永嘉中,始到中国,值乱,仍过江,止建初寺。丞相王导一见而奇之,以为吾之徒也,由是名显。庾亮、周颐、谢鲲、桓彝皆一代名士,见之,终日累叹,披襟致契。导尝诣蜜,蜜解带偃伏,悟言神解。时卞壸亦与蜜致善,须臾壸至,蜜乃敛襟饰容,端坐对之。有问其故,蜜曰:“王公风道期人,卞令轨度格物,故其然耳。”诸公于是叹其精神洒属,皆得其所。桓彝尝欲为蜜作颂,久之未得。有云尸梨蜜可谓卓朗,于是桓乃咨嗟绝叹,以为标题之极。大将军王敦在南夏,闻王、周诸公皆器重蜜,疑以为失鉴。及见蜜,乃欣振奔至,一面尽虔。周颐为仆射领选,临入过造蜜,乃叹曰:“若使太平之世,尽得选此贤,真令人无恨也。”俄而颐遇害,蜜往省其孤,对坐作胡呗三契,梵响陵云,次诵咒数千言,声音高畅,颜容不变。既而挥涕收泪,神气自若。其哀乐废兴,皆此类也。王公尝谓蜜曰:“外国有君,一人而已耳。”蜜笑曰:“若使我如诸君,今日岂得在此?”当时以为佳言。蜜性高简,不学晋语,诸公与之语言,蜜虽因传译,而神领意得,顿尽言前,莫不叹其自然天拔,悟得非常。蜜善持咒术,所向皆验。初江东未有咒法,蜜译出《大孔雀王神咒》一卷、《孔雀王杂神咒》一卷,明诸神咒。又授弟子觅历高声梵呗,传响于后。咸康中卒,春秋八十余。诸公闻之,痛惜流涕。桓温每云少见高座,称其精神著出当年。琅琊王珉师事于蜜,乃为之序云:“春秋吴、楚称子,传者以为先中国后四夷,岂不以三代之胤,行乎殊俗之礼,以戎狄贪婪,无仁让之性乎?然而卓世之秀,时生于彼,逸群之才,或俟乎兹。故知天授英伟,岂俟于华戎。自此以来,唯汉世有金日磾,然日磾之贤,尽于仁孝忠诚,德性纯至,非为明达足论。高座心造峰极,交俊以神,风领朗越,过之远矣。”蜜常在石子冈东行头陀,既卒,因葬于此。成帝怀其风,为树刹冢所。后有关右沙门来游京师,乃于冢处起寺,陈郡谢混赞成其业,追旌往事,仍曰高座寺也。

［出处］《高僧传》卷第一　《佛祖统纪》卷第三十六

肃宗明帝
太宁元年　癸未(323)
二年　甲申(324)

郭璞为王敦所杀　初,郭璞以母忧去职,未期,王敦起为记事参军。王敦谋逆,温峤、庾亮使璞筮之,璞对不决。峤、亮复令占己之吉凶,璞曰:"大吉。"峤等退,相谓曰:"璞对不了,是不敢有言,或天夺敦魄。今吾等与国家共举大事,而璞云大吉,是为举事必有成也。"于是劝帝讨敦。敦将举兵,又使璞筮,璞曰:"无成。"敦固疑璞之劝峤、亮,又闻卦凶,乃问璞曰:"卿更筮,吾寿几何?"答曰:"思向卦,明公起事,必祸不久。若住武昌,寿不可测。"敦大怒曰:"卿寿几何?"曰:"命尽今日日中。"敦怒,收璞,诣南冈斩之。时年四十九。及王敦平,追赠弘农太守。

［出处］《晋书·郭璞传》

［附录］　郭璞著述表

《毛诗拾遗》一卷《隋志》

《夏小正注》葛洪《神仙传》

《尔雅注》五卷《隋志》。今存。

《尔雅音义》一卷《释文叙录》、《唐志》

《尔雅图》十卷《隋志》

《尔雅图赞》二卷《七录》

《方言注》十三卷《隋志》。今存。

《三仓注》三卷《隋志》

《汉书注》颜氏《汉书叙例》

《汉书音义》李善《文选》注引

《穆天子传注》六卷《隋志》

《山海经图赞》二卷《隋志》

《山海经注》二十三卷《隋志》

《山海经音》二卷《隋志》、《唐志》

《水经注》三卷《隋志》

《周易新林》四卷《隋志》

《易洞林》三卷《隋志》

《易八卦命录斗内图》一卷《隋志》

《易斗图》一卷《隋志》

《易脑》一卷《唐志》

《周易林》五卷《七录》

《易立成林》二卷《隋志》

《卜韵》一篇本传

《楚辞注》三卷《隋志》

集十卷、录一卷《七录》

三年　乙酉(325)

征虞喜为博士,不至　虞喜字仲宁,会稽余姚人。父察,吴征虏将军。喜少立操行,博学好古。诸葛恢临郡,屈为功曹。察孝廉,州举秀才,司徒辟,皆不就。元帝初镇江左,上疏荐喜。怀帝即位,公车征拜博士,不就。喜邑人贺循为司空,先达贵显,每诣喜,信宿忘归,自云不能测也。至是,与临海任旭俱以博士征,不就。复下诏曰:"夫兴化致政,莫尚乎崇道教,明退素也。丧乱以来,儒雅陵夷,每览《子衿》之诗,未尝不慨然。临海任旭、会稽虞喜,并洁静其操,岁寒不移,研精坟典,居今行古。志操足以励俗,博学足以明道,前虽不至,其更以博士征之。"喜辞疾不赴。

[出处]　《晋书》卷六《明帝纪》、卷九十一《儒林·虞喜传》

荀崧领秘书监　初，崧为尚书左仆射，及太宁初，加散骑常侍。后领太子太傅，以平王敦功，更封平乐伯。坐事免职。又拜金紫光禄大夫、录尚书事，散骑常侍如故。至是，迁右光禄大夫、开府仪同三司，录尚书如故。中书令温峤上表曰："夫国史之兴，将以明得失之迹，谓之实录，使一代之典，焕然可观，今之秘书著作是也。散骑常侍崧文质彬彬，思义通博，历位先朝，莅事以穆。宜掌秘奥，宣明史籍。"于是以崧领秘书监，给亲兵百二十人。年虽衰老，而孜孜典籍，世以此嘉之。

[出处]《晋书·荀崧传》《通典》二十六　《御览》二百三十三

干宝著《晋纪》等书　宝著《晋纪》，自宣帝迄于愍帝五十三年，凡二十卷，奏之。其书简略，直而能婉，咸称良史。其总论曰："……今晋之兴也，功烈于百王，事捷于三代，盖有为以为之矣。宣、景遭多难之时，务伐英雄、诛庶桀以便事，不及修公刘、太王之仁也。受遗辅政，屡遇废置。故齐王不明，不获思庸于亳；高贵冲人，不得复子明辟。二祖逼禅代之期，不暇待参分八百之会也。是其创基立本，异于先代者也。又加之以朝寡纯德之士，乡乏不二之老。风俗淫僻，耻尚失所，学者以《老》、《庄》为宗而黜《六经》，谈者以虚薄为辩而贱名俭，行身者以放浊为通而狭节信，进仕者以苟得为贵而鄙居正，当官者以望空为高而笑勤恪。是以目三公以萧杌之称，标上议以虚谈之名，刘颂屡言治道，傅咸每纠邪正，皆谓之俗吏。其倚杖虚旷，依阿无心者，皆名重海内。若夫文王日昃不暇食，仲山甫夙夜匪懈者，盖共嗤点以为灰尘而相诟病矣。由是毁誉乱于善恶之实，情慝奔于货欲之途，选者为人择官，官者为身择利。而秉钧当轴之士，身兼官以十数。大极其尊，小录其要。机事之失，十恒八九。而世族贵戚之子弟，陵迈超越，不拘资次。悠悠风尘，皆奔竞之士；列官千百，无让贤之举。子真著《崇让》而莫之省，子雅制九班而不得用，长虞数直笔而不能纠，其妇女庄栉织纴，皆取成于婢仆，未尝知女工丝枲之业，中馈酒食之事也。先时而婚，任情而动，故皆不耻淫逸之过，不拘妒忌之恶，有逆于舅姑，有反易刚柔，有杀戮妾媵，有黩乱上下。父兄弗之罪也，天下莫之非也，又况责之闻四教于古，修贞顺于今，以辅佐君子者哉？礼法刑政，于此大坏。如室斯构而去其凿契，如水斯积而决其堤防，如火斯畜而离其薪燎也。国之将亡，本必先颠，其此之谓乎。故观阮籍之行，而觉礼教崩弛之所由；察庾纯、贾充之事，而见师尹之多僻；考平吴之功，知将帅之不让；思郭钦之谋，而悟戎狄之有衅；览傅玄、刘毅之言，而得百官之邪；核傅咸之奏、《钱神》之论，而睹宠赂之彰。民风国势如此，虽以中庸之才，守文之主治之，辛有必见之于祭祀，季札必得之于声乐，范燮必为之请死，贾谊必为之痛哭，又况我惠帝以荡荡之德临之哉？故贾后肆虐于六宫，韩午助乱于外内，其所由来者渐矣，岂特系一妇人之恶乎？怀帝承乱之后，得位羁于强臣。愍帝奔播之后，徒厕其虚名。天下之政，既已去矣，非命世之雄不能取之矣。然怀帝初载，嘉禾生于南昌。望气者又云：‘豫章有天子气。’及国家多难，宗室迭兴，以愍、怀之正，淮南之壮，成都之功，长沙之权，皆卒于倾覆。而怀帝以豫章王登天位。刘向之谶云：‘灭亡之后，有少如水名者得之，起事者据秦川，西南乃得其朋。’案愍帝盖秦王之子也。得位于长安，长安固秦地也。而西以南阳王为右丞相，东以琅邪王为左丞相。上讳业，故改邺为临漳，漳，水名也。由此推之，亦有征祥，而皇极不建，祸辱及身。岂上帝临我而贰其心，将由人能弘道，非道弘人者乎？淳耀之烈未渝，故大命重集于中宗元皇帝。"宝性好阴阳术数，留思京房、夏侯胜等传。宝父先有宠侍婢，母甚妒忌。及父亡，母乃生推婢于墓中，宝兄弟年小，不之审也。后十余年，母丧开墓，而婢伏棺如生。载还，经日乃苏。言其父常取饮食与之，恩情如生在，家中吉凶辄语之，考校悉验，地中亦不觉为恶。既而嫁之，生子。又宝兄尝病，气绝积日不冷，后遂寤，云见天地间鬼神事，如梦觉，不自知死。宝以此遂撰集古今神祇灵异、人物变化，名曰《搜神记》,凡三十卷①。以示刘惔,惔曰:"卿可谓鬼之董狐。"宝既博采异同,遂混虚实,因作序以陈其志曰:"虽考先志于载籍,收遗逸于当时,盖非一耳一目之所亲闻睹也,亦安敢谓无失实者哉? 卫朔失国,二传互其所闻;吕望事周,子长存其两说。若此比类,往往有焉。从此观之,闻见之难一,由来尚矣。夫书赴告之定辞,据国史之方策,犹尚若兹。况仰述千载之前,记殊俗之表,缀片言于残缺,访行事于故老,将使事不二迹,言无异涂,然后为信者,固亦前史之所病。然而国家不废注记之官,学士不绝诵览之业,岂不以其所失者小,所存者大乎? 今之所集,设有承于前载者,则非余之罪也。若使采访近世之事,苟有虚错,愿与先贤前儒分其讥谤。及其著述,亦足以明神道之不诬也。群言百家,不可胜览,耳目所受,不可胜载。今粗取足以演八略之旨,成其微说而已。幸将来好事之士,录其根体,有以游心寓目而无尤焉。"

　　[出处]《晋书·干宝传》

　　[附录]　干宝著述表

　　《周易爻义》一卷《隋志》

　　《周易问难》二卷《七录》

　　《周易玄品》二卷《隋志》、《册府元龟》

　　《周易宗涂》四卷《七录》

　　《毛诗音隐》一卷《七录》、《释文叙录》

　　《周官礼注》十二卷《隋志》、《释文叙录》

　　《周礼音》贾昌朝《群经音辨》引

　　《后养议》五卷《七录》

　　《春秋序论》二卷《隋志》

　　《春秋左氏函传义》十五卷《隋志》

　　《晋纪》三十卷

　　《司徒仪》一卷《七录》

　　《杂议》五卷《唐志》

　　《搜神记》三十卷

---

① "三十卷"原作"二十卷",据下文著述表及《晋书》改。

《干子》十八卷《七录》

集五卷《七录》

《百志诗》九卷《隋志》

显宗成帝

咸和元年　丙戌(326)

诏众官各陈致雨之意　夏秋旱,诏众官各陈致雨之意,著作郎虞预字叔宁,虞喜之弟。议曰:"臣闻天道贵信,地道贵诚。诚信者,盖二仪所以生植万物,人君所以保乂黎蒸;是以杀伐拟于震电,推恩象于云雨,刑罚在于必信,庆赏贵于平均。臣闻间者以来,刑狱转繁,多力者则广牵连逮以稽年月,无援者则严其楗楚期于入重。是以百姓嗷然,感伤和气。臣愚以为轻刑耐罪,宜速决遣;殊死重囚,重加以请;宽徭息役,务遵节俭;砥砺朝臣,使各知禁。盖老牛不牺,礼有常制。而自顷众官拜授祖赠,转相夸尚;屠杀牛犊,动有十数;醉酒沉湎,无复限度;伤财败俗,所亏不少。昔殷宗修德,以消桑谷之异;宋景善言,以退荧惑之变;楚国无灾,庄王是惧。盛德之君,未尝无眚。应以信顺,天祐乃隆。臣学见浅暗,言不足采。"

　　[出处]　《晋书》卷八十二《虞预传》

二年　丁亥(327)

沙门康僧渊等至建康　康僧本西域人,生于长安。貌虽梵人,语实中国。容止详正,志业弘深。诵《放光》、《道行》二《般若》,即大、小品也。至是,与康法畅、支敏度等俱过江。畅亦有才思,善为往复,著《人物始义论》等。畅常执麈尾行,每值名宾,辄清谈尽日。庾亮谓畅曰:"此麈尾何以常在?"畅曰:"廉者不求,贪者不与,故得常在也。"敏度亦聪哲有誉,著《传译经录》一卷,总校群经合古今目录,行于世。敏度始欲过江,与一伧道人为侣。谋曰:"用旧义在江东,恐不办得食。"便共立心无义。盖旧义者曰："种智有是而能圆照,然则万累斯尽,谓之空无;常住不变,谓之妙有。"而无义者曰："种智之体,豁如太虚,虚而能知,无而能应,居宗至极,其唯无乎。"既而此道人不成渡,敏度果讲义积年。后有伧人来,先道人寄语云："为我致意敏度,无义那可立? 治此计,权救饥尔,无为遂负如来也。"渊虽德愈畅、度,而别以清约自处。常乞丐自资,人未之识。后因分卫之次,遇陈郡殷浩,字深源。浩始问佛经深远之理,却辩俗书性情之义。自昼至曛,浩不能屈,由是改观。王导以鼻高眼深戏之,渊曰："鼻者面之山,眼者面之渊,山不高则不灵,渊不深则不清。"时人以为名答。后于豫章山立寺,去邑数十里,带江傍岭,松竹郁茂,名僧胜达,响附成群,常以持《心梵天经》,空理幽远,故偏加讲说,尚学之徒,往还填委,后卒于寺焉。

〔出处〕 《高僧传初集》卷四《义解一·康僧渊传》《世说新语·假谲第二十七》《历代三宝纪》卷第七

〔考证〕 按《高僧传·康僧渊传》,称渊以晋成帝之时渡江,又称见王茂弘(即王导),可知其至建康也。又称见庾元规(即庾亮),考庾亮以晋成初年在朝,苏峻乱后,则屡居外镇,故志之于此。

三年　戊子(328)

虞预为散骑侍郎 初,苏峻作乱,预先假归家,太守王舒请为谘议参军。峻平,进爵平康县侯,迁散骑侍郎,著作如故。除散骑常侍,仍领著作。以年老归,卒于家。预雅好经史,憎疾玄虚。其论阮籍裸袒,比之伊川被发,所以胡虏遍于中国,以为过衰周之时。著《晋书》四十四卷(《隋志》,残余二十六卷)、《会稽典录》二十篇(《隋志》二十四卷)、《诸虞传》十二篇、集十卷、录一卷。

〔出处〕 《晋书·虞预传》《隋书·经籍志》

七年　壬辰(332)后赵石勒太和五年

后赵命郡国立学官 赵主石勒朝其群臣于邺,命郡国立学官,每郡置博士祭酒二人,弟子百五十人,三考修成,显升台府。于是擢拜太学生五人为佐著作郎,录述时事。

[出处]　《晋书》卷一百五《载记》第五

释道安至邺入中寺　安姓卫氏,常山扶柳人也。家世英儒,早失覆荫,为外兄孔氏所养。年七岁读书,再览能诵,乡邻嗟异。至年十二出家,神性聪敏,而形貌甚陋,不为师之所重。驱役田舍,至于三年,执勤就劳,曾无怨色,笃性精进,斋戒无阙。数岁之后,方启师求经。师与《辩意经》一卷,可五千言。安赍经入田,因息就览,暮归,以经还师,更求余者。师曰:“昨经未读,今复求耶?”答曰:“即已暗诵。”师虽异之而未信也。复与《成具光明经》一卷,减一万言,赍之如初。暮复还师,师执经覆之,不差一字。师大惊嗟而敬异之。后为受具戒,恣其游学。至邺,入中寺,遇佛图澄,澄见而嗟叹,与语终日。众见形貌不称,咸共轻怪。澄曰:“此人远识,非尔俦也。”因事澄为师。澄讲,安每覆述,众未之惬,咸言:“须待后次,当难杀昆仑子。”即安更后覆讲,疑难锋起。安挫锐解纷,行有余力。时人语曰:“漆道人,惊四邻。”于时学者多守闻见,安乃叹曰:“宗匠虽邈,玄旨可寻。应穷究幽远,探微奥,令无生之理宣扬季末,使流遁之徒归向有本。”于是游方问道,备访经律。

[出处]　《高僧传》卷第五《释道安传》

[考证]　按安公卒年,本传仅载其卒于前秦建元二十一年,即晋太元十年(385),而未载其岁数。考《出三藏记集》卷第十有安公之《鞞婆沙序》一篇,此序作于前秦建元十九年(383),自称“八九之年,方阔其牖”。若其年七十二岁,则当生于晋怀帝永嘉六年,而卒年则为七十四岁也。按僧家规律,二十岁为具戒之年,则本传所谓受具戒后游学之事当在此年,故志之于此。

九年　甲午(334)

孙盛为征西主簿　盛字安国,太原中都人。祖楚,冯翊太守。父恂,颍川太守。恂在郡遇贼被害,盛年十岁,避难渡江。及长,博

学善言名理。于是殷浩擅名一时,与抗论者,惟盛而已。盛尝诣浩
谈论,对食,奋掷麈尾,毛悉落饭中,食冷而复暖者数四。至暮忘
餐,理竟不定。盛尝著医卜,又著《易象妙于见形》,其论略曰:"圣
人知观器不足以达变,故表圆应于蓍龟。圆应不可为典要,故寄妙
迹于六爻。六爻周流,唯化所适,故虽一画而吉凶并彰,微一则失
之矣,拟器托象而庆咎交著,系器则失之矣。故设八卦者,盖缘化
之影迹也。天下者,寄见之一形也。圆影备未备之象,一形兼未形
之形,故尽二仪之道,不与乾坤齐妙,风雨之变,不与巽坎同体矣。"
浩等竟无以难之,由是遂知名。以家贫亲老,求为小邑,出补浏阳
令,太守陶侃请为参军。至是,庾亮代侃,引为征西主簿,转参军。

　　[出处]　《晋书·孙盛传》《世说·文学第四》

咸康元年　乙未(335)后赵石虎建武元年

庾亮在武昌开置学官　亮为征西将军,在武昌开置学官。教
曰:"人情重交而轻赊,好逸而恶劳。学业致苦,而禄答未厚。由捷
径者多,故莫肯用心。洙泗邈远,风雅弥替,后生放任,不复宪章典
谟。临官宰政者,务目前之治,不能闲以典诰。遂令《诗》、《书》荒
尘,颂声寂漠,仰瞻俯省,能弗叹慨! 自胡夷交侵,殆三十年矣,而
未革面向风者,岂威武之用尽? 抑文教未洽不足绥之邪? 昔鲁秉
周礼,齐不敢侮;范会崇典,晋国以治。楚、魏之君,皆阻带山河,凭
城据汉,国富民殷,而不能保其强大,吴起、屈完所以为叹也。由此
言之,礼义之固,孰与金城汤池? 季路称摄乎大国之间,加之以师
旅,因之以饥馑,为之三年,犹欲行其义。况今江表晏然,王道隆
盛,而不能弘敷礼乐,敦明庠序,其何以训彝伦而来远人乎? 魏武
帝于驰骛之时,以马上为家。逮于建安之末,风尘未弭,然犹留心
远览,大学兴业,所谓颠沛必于是,真通才也。今使三时既务,五教
并修,军旅已整,俎豆无废,岂非兼善者哉? 便处分安学校处所,筹

量起立讲舍,参佐大将子弟,悉令入学,吾家子弟,亦令受业。四府博学识义通涉文学经纶者,建儒林祭酒,使班同三署,厚其供给。皆妙选邦彦,必有其宜者以充此举。近临川、临贺二郡,并求修复学校,可下听之,若非束修之流,礼教所不及,而欲阶缘免役者,不得为生。明为条制,令法清而人贵。"又缮造礼器俎豆之属,将行大射之礼,亮寻薨,又废。

[出处]《宋书·礼志一》

征虞喜为散骑常侍,不至　先是咸和末,诏公卿举贤良方正直言之士,太常华恒举喜为贤良。会有军事,不行。至是,内史何充上疏曰:"臣闻二八举而四门穆,十乱用而天下安。徽猷克阐,有自来矣。方今圣德钦明,思恢遐烈,旌舆整驾,俟贤而动。伏见前贤良虞喜,天挺贞素,高尚遐世。束修立德,皓首不倦,加以傍综广深,博闻强识。钻坚研微,有弗及之勤;处静味道,无风尘之志。高枕柴门,怡然自足。宜使蒲轮纡衡,以旌殊操。一则翼赞大化,二则敦励薄俗。"疏奏,诏曰:"寻阳翟汤、会稽虞喜,并守道清贞,不营世务,耽学高尚,操拟古人。虽往征命,而不降屈。岂素丝难染而搜引礼简乎?政道须贤,宜纳诸廊庙。其并以散骑常侍征之。"又不起。喜专心经传,兼览谶纬。因宣夜之说,著《安天论》以难浑盖。其说云:"言天体者三家,浑盖之术具存,而宣夜之法绝灭,有意续之而未遑也。近见姚元道造《昕天论》,又观族祖河间相立《穹天论》,鄙以多嫌,喜以为天高穷于无穷,地深测于不测。天确乎在上,有常安之形;地魄焉在下,有居静之体。当相覆冒,方则俱方,圆则俱圆,无方圆不同之义也。其光曜布列,各自运行,犹江海之有潮汐,万品之有行藏也。浑盖之家,依《易》立说云:'天运无穷。'或谓浑然包地,或谓浑然而盖天。愚谓若必天裹地似卵含黄,则地是天中一物,圣人无别为名而配天乎?古之遗语,日月行于飞谷,谓在地中也。不闻列星复流于地。又飞谷一道,何以容此?且谷有水体,日为火精,水炭不共器,得无伤日之明乎? 此盖天所以为臣难也。或难曰:'《周礼》有方圆之丘祭天地,则知乾坤有方圆体也。'答曰:'郊祭大报天而主日配月,月形圆,圆丘似之,非天体也。祭方者别之于天,尊卑异位,何足怪者?'周髀之术,多是盖天。盖天虽与浑异,而星辰有常数。今陈氏见髀上冠周,因言周浑、周髀、宣夜,或人姓名,犹星家有甘、石也。盖天之体转四方,地卑不动,天周其上,故云周髀。宣,明也;夜,幽也,幽明之数,其术兼之,故曰宣夜。"葛洪闻而讥之曰:"苟辰宿不丽于天,天为无用,便可言无,何必复云有之而不动乎?"永和初,有司奏称十月殷祭,京兆府君当迁桃室,征西、豫章、颍川三府君初毁主,内外博议不能决。时喜在会稽,朝廷遣就喜谘访焉,其见重如此。喜又释《毛诗略》,注《孝经》,为《志林》三十篇,凡所注述数十万言,行于世。年七十六卒,无子。喜族祖河间相耸,立《穹天论》。略云:"天形穹隆如鸡子幕,其际周接四海之表,浮乎元气之上。譬如覆奁,以抑水而不没者,气充其中故也。日绕辰极,没西还东,而不出入地中。天之有极,犹盖之有斗也。天北下于地三十度,极之倾在地卯酉之北亦三十度,人在卯酉之南十余万里。故斗极之下不为地中,当对天地卯酉之位耳。日行黄道绕极,极北去黄道百一十五度,南去黄道六十七度,二至之所舍以为长短也。"姚信说见前集。

[出处]　《晋书》卷九十一《儒林·虞喜传》《宋书》卷二十三《天文志一》《隋书》卷十九《天文上》《御览》二

[考证]　按本传称咸康初喜与郭翻同被征,考《成帝纪》称咸康元年八月征翟汤、郭翻而不及喜,当为史家所遗,故志之于此。

后赵议禁奉佛　石虎僭位,迁都于邺,倾心事佛图澄,有重于石勒。下书衣澄以绫锦,乘以彫辇。朝会之日,引之升殿。常侍以下,悉助举舆,太子诸公扶翼而上,主者唱大和尚,众坐皆起,以彰其尊。百姓因澄故多奉佛,皆营造寺庙,相竞出家,真伪混淆,多生愆过。石虎下书料简,其著作郎王度奏曰:"夫王者郊祀天地,祭奉百神,载在祀典,礼有常飨。佛出西域,外国之神,功不施民,非天子诸华所应祀奉。往汉明感梦,初传其道。惟听西域人得立寺都邑以奉其神,其汉人皆不得出家。魏承汉制,亦循前轨。今大赵受命,率由旧章。华戎制异,人神流别。外不同内,飨祭殊礼。华夏服礼,不宜杂错。国家可断赵人,悉不听诣寺烧香礼拜,以遵典礼。其百辟卿士下逮众隶,例皆禁之。其有犯者,与淫祀同罪。其赵人为沙门者,还从四民之服。"虎以澄故下书曰:"度议云,佛是外国之神,非天子诸华所可宜奉。朕生自北鄙,忝当期运,君临诸夏。至于飨祀,应从本俗。佛是戎神,所应兼奉。夫制由上行,永世作则。苟事允无亏,何拘前代? 其夷赵百蛮有舍于淫祀、乐事佛者,悉听为道士。"于是慢戒之徒,因之以厉。

[出处]　《晋书·艺术·佛图澄传》《高僧传初集》卷十《佛图澄传》《广弘明集》六

二年　丙申(336)

竺法雅讲说佛经于后赵　竺法雅,河间人,凝正有器度,少善外学,长通佛义,衣冠仕子,咸附谘禀。时依雅门徒,并世典有功,未善佛理。雅乃与康法朗等,以经中事数,拟配外书,为生解之例,谓之格义。及毗浮、昙相等,亦辩格义以训门徒。雅风彩洒落,善于枢机。外典佛经,递互讲说。与道安、法汰每披释凑疑,共尽经要。后立寺于高邑,僧众百余,训诱无懈。雅弟子昙习,祖述先师,善于言论,为赵太子石宣所敬云。

[出处]　《高僧传初集》卷四《义解一·竺法雅传》

[考证]　按本传既称"雅弟子昙习祖述先师,为赵太子石宣所敬",则雅之讲学后赵,至晚亦须在石宣为太子之前,故志之于此。

后赵禁星谶　后赵主石虎下令,禁郡国不得私学星谶,敢有犯者斩。

[出处]　《十六国春秋》卷十五《后赵录五》

三年　丁酉(337)

议立国学　时当丧乱之后,礼教陵迟。国子祭酒袁瓌、太常冯怀字祖思,历太常、护国将军。上疏曰:"臣闻先王之教也,崇典训以弘远代,明礼学以统后生,所以导万物之性,畅为善之道也。宗周既兴,文史载焕,端委垂于南蛮,颂声溢于四海。故延州聘鲁,闻《雅》而叹;韩起适鲁,观《易》而美。何者? 立人之道,于斯为首。孔子恂恂,以教洙泗;孟轲系之,诲训无倦。是以仁义之声,于今犹存;礼让之节,时或有之。畴昔皇运陵替,丧乱屡臻。儒林之教渐颓,庠序之礼有阙。国学索然,典坟莫启。有心之徒,抱志无由。昔魏武帝身亲介胄,务在武功,犹尚废鞍览卷,投戈吟咏。况今陛下以圣明临朝,百官以虔恭莅事,朝野无虞,江外谧静,如之何泱泱之风漠然无闻,洋洋之美坠于圣世乎? 古人有言:'《诗》、《书》义之府,礼乐德之则。'实宜留心经籍,阐明学义。使讽诵之音盈于京室,味道之贤是则是咏,岂不盛哉? 若得给其宅地,备其学徒,博士僚属,粗有其官,则臣之愿也。"疏奏,帝从之。遂于正月辛卯立太学,征集生徒。而世尚老庄,莫肯用心儒训。

[出处]《晋书·袁瓌传》《宋书·礼志》《世说·文学第二》引《冯氏谱》

四年　戊戌(338)

支遁出家　支遁字道林,本姓关氏,陈留人,或云河东林虑人。幼有神理,聪明秀彻。初至京师,太原王濛甚重之,曰:"造微之功,不减辅嗣。"陈留殷融尝与卫玠交,谓其神情俊彻,后进莫有继之者。及见遁叹息,以为重见若人。家世事佛,早悟非常之理,隐居余杭山。沈思《道行》之品,委曲《慧印》之经。卓焉独拔,得自天心。至是,年二十五,出家。每至讲肆,善标宗会,而章句或有所遗,时为守文者所陋。谢安闻而善之曰:"此乃九方歅之相马也,略其玄黄而取其骏逸。"王洽、刘恢、殷浩、许询、郗超、孙绰（兴公）、桓彦表、王修（敬仁）、何充（次道）、王坦之（文度）、谢长遐、袁宏（彦伯）等，并一代名流，皆著尘外之狎。遁常在白马寺与冯怀、刘系之等谈《庄子·逍遥篇》，云各适性以为逍遥。遁曰："不然，夫桀、跖以残害为性，若适性为得者，彼亦逍遥矣。"于是退而注《逍遥篇》，其论曰："夫逍遥者，明至人之心也，庄生建言人道，而寄指鹏鴳。鹏以营生之路旷，故失适于体外；鴳以在近而笑远，有矜伐于心内。至人乘天正而高兴，游无穷于放浪，物物而不物于物，则遥然不我得，玄感不为，不疾而速，则逍然靡不适，此所以为逍遥也。若夫有欲当其所足，足于所足，快然有似天真。犹饥者一饱，渴者一盈，岂忘烝尝于糗粮，绝觞爵于醪醴哉？苟非至足，岂所以逍遥乎？"卓然标新理于向、郭之表，立异义于众贤之外，皆是诸名贤寻味之所不得。于是群儒旧学，莫不叹服。

[出处]《高僧传》卷第四　《世说·文学第二》

前凉修史　前凉张骏十五年，命其西曹边浏集内外事，以付秀才索绥，绥字士艾，燉煌人。幼举孝廉，又举秀才，为儒林祭酒。著《凉国春秋》五十卷。

[出处]《史通·正史》

五年　己亥(339)

后赵令郡国立五经博士　春正月，后赵主石虎下书，令诸郡国立五经博士。初，石勒置大小博士，于是复置国子博士助教。

[出处]《十六国春秋》卷十六　《晋书》卷一百六《载记·石季龙上》

六年　庚子(340)

王隐上《晋书》　初，隐豫平王敦功，赐爵平陵乡侯。时著作郎虞预私撰《晋书》，而生长东南，不知中朝事，数访于隐，并借隐所著书窃写之，所闻渐广。是后更疾隐，形于言色。预既豪族，交结权贵，共为朋党以斥隐。竟以谤免，黜归于家。贫无资用，书遂不就。遂南游陶侃，又依征西将军庾亮于武昌。亮供其纸笔，遂成《晋书》八十八卷。至是，诣阙奏上。隐虽好著述，而文辞鄙拙，芜舛不伦。其书次第可观者，皆其父所撰。文体混漫义不可解者，隐之作也。年七十余，卒于家。

〔出处〕《晋书·王隐传》《史通·正史》卷十二　《书钞·事类赋注》十五引臧荣绪《晋书》

〔附录〕　王隐著述表

《晋书》八十八卷《隋志》

《删补蜀记》七卷《唐志》

《交广记》《三国志》注引

集二十卷、录一卷　《七录》《隋志》

议沙门不敬王者　帝幼冲，庾冰辅政，谓沙门应尽敬王者。尚书令何充等议不应敬。下礼官详议。博士议与充同，门下承冰旨为驳。于是充及仆射褚翌、诸葛恢，尚书冯怀、谢广等奏："世祖武皇帝以盛明革命，肃祖明皇帝聪圣玄览，岂于时沙门不曷屈膝？顾以不变其修善之法，所以通天下之志也。愚谓宜遵承先帝故事，于义为长。"庾冰重讽旨，谓应尽敬，为帝作诏曰："夫万方殊俗，神道难辨，有自来矣。达观傍通，诚当无怪，况跪拜之礼，何必尚然？当复原先王所以尚之之意，岂直好此屈折而坐遭槃辟哉？固不然矣。因父子之敬，建君臣之序，制法度，崇礼秩，岂徒然哉？良有以矣。既其有以，将何以易之？然则名礼之设，其无情乎？且今果有佛耶？其无佛耶？有佛耶，其道固弘；无佛耶，义将何取？继其信然，将是方外之事。方外之事，岂方内所体？而当矫形骸，违常务，易礼典，弃名教，是吾所甚疑也。名教有由来，百代所不废。昧旦不显,后世犹殆,殆之为弊,其故难寻。而今当远慕芒昧,依俙未分,弃礼于一朝,废教于当世,使夫凡流傲逸宪度,又是吾之所甚疑也。纵其信然,纵其有之,吾将通之于神明,得之于胸怀耳,轨宪宏模固不可废之于正朝矣。凡此等类,皆晋民也,论其才智,又常人也。而当因所说之难辩,假服饰以凌度,抗殊俗之傲礼,直形骸于万乘,又是吾所弗取也。诸君并国器也,悟言则当测幽微,论治则当重国典,苟其不然,吾将何述焉。"充等重表曰:"诏书如右,臣等暗短,不足以赞扬圣旨,宣畅大义。伏省明诏,震惧屏营,辄共寻详,有佛无佛固非臣等所能定也。然寻其遗文,钻其要旨,五戒之禁,实助王化。贱昭昭之名行,贵冥冥之潜操,行德在于忘身,抱一心之情妙。且兴自汉世,迄于今日,虽法有隆衰,而弊无妖妄,神道经久,未有比也。夫谊有损也,况必有益。臣之愚诚,实愿尘露之微,增润嵩岱;区区之况,上裨皇极。今一令其拜,遂坏其法。令修善之俗,废于圣世,习俗生常,必致愁惧。隐之臣心,窃所未安。臣虽朦蔽,岂敢以偏见疑误圣听!直谓世经三代,人更明圣,今不为之制,无亏王法,而幽冥之格,可无壅滞。是以复陈愚诚,乞垂省察。"复有诏曰:"省所陈具情旨,幽昧之事,诚非寓言所尽。然其较略及大,人神常度,粗复有分例耳。大都百王制法,虽质文随时,然未以殊俗参治,恢诞杂化者也。岂曩圣之不达,来圣之宏通哉?且五戒之才善,粗拟似人伦,而更于世主略其礼敬耶?礼重矣,敬大矣,为治之纲尽于此矣。万乘之君非好尊也,区域之民非好卑也,而卑尊不陈,王教不得不一,二之则乱。斯曩圣所以宪章体国,所宜不惑也。通才博采,往备其事,修之家可矣,修之国及朝则不可,斯岂不远也?省所陈果,亦未能了有之与无矣。纵其了犹谓不可以参治,而况都无而当以两行耶?"充等三奏曰:"臣等虽诚暗蔽,不通远旨。至于乾乾夙夜,思修王度,宁苟执偏管而乱大伦?直以汉魏逮晋,不闻异议,尊卑宪章无或暂亏也。今沙门之慎戒专专然,及其为礼，一而已矣。至于守戒之笃者，亡身不吝，何敢以形骸而慢礼敬哉？每见烧香咒愿，必先国家，欲福祐之隆，情无极已。奉上崇顺，出于自然，礼仪之简，盖是专一守法，是以先圣御世因而弗革也。天网恢恢，疏而不失。臣等偻偻，以为不令致拜，于法无亏。因其所利而惠之，使贤愚莫敢不情，则上有天覆地载之施，下有守一修善之人。谨复陈其愚浅，愿蒙省察。"于时庾冰议寝，竟不施敬。

[出处]《大正藏》第五十二卷《史传部四·弘明集》卷第十二

七年　辛丑(341)

正雅乐，除杂伎　散骑侍郎顾臻表曰："臣闻圣王制乐，赞扬治道，养以仁义，防其邪淫，上享宗庙，下训黎民，体五行之正音，协八风以陶气，以宫声正方而好义，角声坚齐而率礼，弦歌钟鼓金石之作备矣。故通神至化，有率舞之感；移风改俗，致和乐之极。末世之伎，设礼外之观，逆行连倒头足入笭之属，皮肤外剥，肝心内摧。敦彼行苇，犹谓勿践；矧伊生命，而不恻怆？加以四海朝觐，言观帝庭，耳聆《雅》、《颂》之音，目睹威仪之序。足以蹋天，头以履地，反两仪之顺，伤彝伦之大。方今夷狄对岸，外御为急。兵食七升，忘身赴难；过泰之戏，日禀五斗。方扫神州，经略中甸，若此之事，不可示远。宜下太常，纂备雅乐。《箫韶》九成，惟新于盛运；功德颂声，永著于来叶。此乃《诗》所以'燕及皇天，克昌厥后'者也。杂伎而伤人者，皆宜除之。流简俭之德，迈康哉之咏，清风既行，民应如草，此之谓也。愚管之诚，惟垂采察。"于是除《高縆》、《紫鹿》、《跂行》、《鳖食》及《齐王卷衣》、《笮儿》等乐，又减其禀。其后复《高縆》、《紫鹿》焉。

[出处]《宋书》卷十九《乐志一》

八年　壬寅(342)

葛洪卒　咸和初,司徒王导召洪补州主簿,转司徒掾,迁谘议参军。干宝深相亲友,荐洪才堪国史。选为散骑常侍,领大著作,洪固辞不就。以年老,欲炼丹以祈遐寿。闻交趾出丹,求为句漏令。帝以洪资高,不许。洪曰:"非欲为荣,以有丹耳。"帝从之。洪遂将子侄俱行。至广州,刺史邓岳留不听去,洪乃止罗浮山炼丹。岳表补东官太守,又辞不就,岳乃以洪兄子望为记事参军。洪博闻深洽,江左绝伦,著述篇章,富于班、马,又精辩玄赜,析理入微。后忽与岳疏云:"当远行寻师,克期便发。"岳得疏,狼狈往别。而洪坐至日中,兀然若睡而卒。岳至,遂不及见,时年六十一。视其颜色如生,体亦柔软,举尸入棺,其轻如空衣,世遂以为尸解得仙云。

[出处]　《晋书·葛洪传》《太平寰宇记》一百六十

[考证]　按《抱朴子·自叙》称《抱朴子》书"至建武中乃定",又称"今齿近不惑",又称"今始立方盛",则建武中成书之时,当年五十六七岁也。又按本传谓洪卒年八十一,《太平寰宇记》则谓卒年六十一,窃意六十一是也。盖洪若在山中三十年,不容无一事可纪。且邓岳在一地为官至三四十年之久,亦觉牵强。故从六十一岁说志之于此。

[附录]　葛洪著述表

《要用字苑》一卷《唐志》

《史记钞》十四卷《新唐志》

《汉书钞》三十卷《隋志》

《后汉书钞》三十卷《隋志》

《神仙传》十卷本传、《隋志》

《良吏传》十卷

《隐逸传》十卷

《集异传》十卷

《老子道德经序诀》二卷《唐志》

《修撰庄子》十七卷释法琳《辨正论》引

《抱朴子内篇》二十一卷《隋志》。今存。

《抱朴子外篇》三十卷《隋志》。今存。

《遁甲肘后立成囊中秘》一卷《隋志》

《遁甲返覆图》一卷《隋志》

《遁甲要用》四卷《隋志》

《遁甲秘要》一卷《隋志》

《三元遁甲图》三卷《隋志》

《遁甲要》一卷《隋志》

《龟决》二卷《七录》

《周易杂占》十卷《七录》

《金匮药方》一百卷本传

《神仙服食方》十卷《隋志》

《太清神仙服食经》一卷《新唐志》

《服食方》四卷释法琳《辨正论》卷九引

《玉函煎方》五卷《隋志》

《肘后急要方》四卷《七录》

《序房内秘术》一卷《隋志》

方伎杂事三百一十卷

碑诔诗赋百卷

移檄章表三十卷

《抱朴君书》一卷《七录》

《太清玉碑子》一卷洪与郑惠志答问,见《宋志》。

《太乙真君固命歌》一卷洪译,见《宋史·艺文志》。

《神仙金汋经》三卷《道藏目录》

《大丹问答》一卷同前

《金木万灵论》一卷同前

《抱朴子别旨》一篇同前

《元始上真众仙纪》一卷宋灵佑宫《道藏目录》

康帝

建元元年　癸卯(343)后赵石虎建武九年

后赵写石经　后赵主石虎虽昏虐无道,而颇慕经学。遣国子博士诣洛阳写石经,校中经于秘书。国子祭酒聂熊注《穀梁春秋》,列于学官。

[出处]　《十六国春秋》卷十六《后赵录六》　《晋书》卷一百六《载记·石季龙上》

二年　甲辰(344)

谢沈为著作郎　沈字行思,会稽山阴人也。少孤,事母至孝。博学多识,明练经史。郡命为主簿、功曹,察孝廉,太尉郗鉴辟,并不就。会稽内史何充引为参军,以母老去职。平西将军庾亮命为功曹,征北将军蔡谟版为参军,皆不就。闲居养母,不受人事,耕耘之暇,研精坟籍。帝即位,朝议疑七庙迭毁,乃以太学博士征,以质疑滞。以母忧去职,服阕,除尚书度支郎。何充、庾冰并称沈有史才,迁著作郎,撰《晋书》三十余卷。会卒,时年五十二。沈先著《后汉书》百卷,及《毛诗》、《汉书外传》,所著述及诗、赋、文论皆行于世,其才学在虞预之右云。

[出处]　《晋书》卷八十二《谢沈传》

[考证]　按康帝即位仅二年,而庾冰卒于康帝之二年。则沈之以太学博士征,母忧去职,及为庾冰所荐,当俱在此二年之中。其母忧服阕,必在建元二年,为著作郎亦必在建元二年,故志之于此。

[附录]　谢沈著述表

《尚书注》十五卷　　　　　　　　《毛诗注》二十卷

《毛诗释义》十卷　　　　　《毛诗义疏》十卷

《毛诗谱钞》一卷　　　　　《后汉书》八十五卷

《晋书》三十余卷　　　　　《汉书外传》十卷

《文章志录杂文》八卷　　　《名文集》四十卷

孝宗穆帝

永和元年　乙巳（345）前燕慕容煌十二年

范宣隐居豫章　范宣字宣子，陈留人也。年十岁，能诵《诗》、《书》。尝以刀伤手，捧手改容。人问："痛邪？"答曰："不足为痛，但受全之体而致毁伤，不可处耳。"家人以其年幼而异焉。少尚隐遁，加以好学，手不释卷，以夜继日，遂博综众书，尤善《三礼》。家至贫俭，躬耕供养。亲没，负土成坟，庐于墓侧。太尉郄鉴命为主簿，诏征太学博士、散骑侍郎，并不就。家于豫章，太守殷羡见宣茅茨不完，欲为改宅，宣固辞之。庾爰之以宣素贫，加年荒疾疫，厚饷给之，宣又不受。爰之问宣曰："君博学通综，何以太儒？"宣曰："汉兴，贵经术，至于石渠之论，实以儒为弊。正始以来，世尚《老》、《庄》。逮晋之初，竞以裸裎为高。仆诚太儒，然立①不与易。"宣言谈未尝及《老》、《庄》，客有问："人生与忧俱生，不知此语何出？"宣云："出《庄子·至乐篇》。"客曰："君言不读《老》、《庄》，何由识此？"宣笑曰："小时尝一览。"时人莫之测也。宣虽闲居屡空，常以读诵为业。谯国戴逵等皆闻风宗仰，自远而至。讽诵之声，有若齐鲁。

太元中，顺阳范宁为豫章太守。宁亦儒博通综，在郡立乡校，教授恒数百人。由是江州人士并好经学，化二范之风也。宣年五十四卒，著礼、易《论难》，皆行于世。子辑，历郡守、国子博士、大将军从事中郎，自免归，亦以讲授为事。义熙中，连征不至。

　　［出处］《晋书》卷九十一《儒林·范宣传》

————————

① 《晋书》"立"作"丘"。

［考证］　按范宣既家于豫章,则庾爰之与其相见,亦必在居豫章之时。考《世说》注四及《晋书》七十三《庾翼传》,俱载翼卒后,爰之为桓温所废,徙于豫章。翼卒在此年,则爰之之徙亦当在此年也。

［附录］　范宣著述表

《周易论》四卷　　　　　　　　《周易说》八卷

《礼论难》　　　　　　　　　　《礼记音》二卷

集十卷、录一卷

前燕立东庠　燕王慕容煌雅好文学,尝亲临庠序,劝以讲授考校,学徒至千余人。以是年二月,赐大臣子弟为官学生者号高门生。立东庠于旧宫,以行乡饮之礼。每月临观,考试优劣,亲造《太上章》以代《急就》,又著《典诫》十五篇,□(编按:底本此字残)以教胄子。

［出处］　《十六国春秋》卷二十五　《晋书》卷一百九《载记九·慕容皝传》

二年　丙午(346)

习凿齿为桓温主簿　凿齿字彦威,襄阳人也。宗族富盛,世为乡豪。凿齿少有志气,博学洽闻,以文笔著称。荆州刺史桓温辟为从事。江夏相袁乔深器之,数称其才于温,转西曹主簿,亲遇隆密。时温有大志,追蜀人知天文者至,夜执手问国家祚运修短。答曰:"世祀方永。"温疑其难言,乃饰辞云:"如君言,岂独吾福?乃苍生之幸。然今日之语,自可令尽,必有小小厄运,亦宜说之。"星人曰:"太微、紫微、文昌三宫气候如此,决无忧虞,至五十年外不论耳。"温不悦,乃止。异日送绢一匹、钱五千文以与之。星人乃驰诣凿齿曰:"家在益州,被命远下,今受旨自裁,无由致其骸骨。缘君仁厚,乞为标碣棺木耳。"凿齿问其故。星人曰:"赐绢一匹,令仆自裁,惠钱五千以买棺耳。"凿齿曰:"君几误死!君尝闻前知星宿有不覆之义乎?此以绢戏君,以钱供道中资，是听君去耳。"星人大喜，明便诣温别。温问去意，以凿齿言答。温答曰："凿齿忧君误死，君定是误活！然徒三十年看儒书，不如一诣习主簿。"凿齿累迁别驾，温出征伐，或从或守，所在任职，每处机要，莅事有绩。善尺牍论议，温甚器遇之。时清谈文章之士韩伯（字康伯，颍川长社人）、伏滔等并相友善。后使至京师，简文亦雅重也。既还，温问相王何似。答曰："生平所未见。"以此大忤温旨，左迁户曹参军。

　　［出处］《晋书·习凿齿传》

　　许迈隐居临安西山　迈字叔玄，一名映，丹阳句容人也。家世士族，而迈少恬静，不慕仕进。未弱冠，尝造郭璞，为之筮，遇泰之大畜，其上六爻发，《云笈七签》作遇大壮之大有。璞谓曰："君元吉自天，宜学升遐之道。"时南海太守鲍靓隐迹潜遁，人莫知之。迈乃往候之，受中部之法及《三皇天文》。以父母尚存，未忍违亲。谓余杭悬霤山近延陵之茅山，是洞庭西门，潜通五岳，陈安世、茅季伟常所游处，于是立精舍于悬霤，而往来茅岭之洞室。放绝世务，以寻仙馆，朔望时节，还家定省而已。父母既终，乃遣妇孙氏还家，遂携其同志遍游名山焉。初采药于桐庐县之桓山，饵术涉三年，时欲断谷。以此山近人，不得专一，四面藩之。好道之徒，欲相见者，登楼与语，以此为乐。常服气，一气千余息。至是，移入临安西山，登岩茹芝，怡尔自得，有终焉之志。乃改名玄，字远游，与妇书告别，又著诗七十二首①论神仙之事焉。王羲之造之，未尝不弥日忘归，相与为世外之交。玄遗羲之书曰："自山阴南至临安，多有金堂玉室，仙人芝草，左元放之徒，汉末诸得道者皆在焉。"羲之自为之传，述灵异之迹甚多。玄自后莫测所终，好道者皆谓之羽化矣。

　　［出处］《晋书》卷八十《许迈传》　《云笈七签》卷一百六《许迈真人传》

　　李充为征北参军　充字弘度，江夏人。父矩，江州刺史。充

---

① 《晋书》"七十二首"作"十二首"。

少孤,其父墓中柏树尝为盗贼所斫,充手刃之。由是知名。喜楷书,妙参钟、索,世咸重之。辟丞相王导掾,转记室参军。幼好刑名之学,深抑虚浮之士。尝著《学箴》称:"老子云:'绝仁弃义,家复孝慈。'岂仁义之道绝,然后孝慈乃生者? 盖患乎情仁义者寡而利仁义者众也。道德丧而仁义彰,仁义彰而名利作,礼教之弊,直在兹也。先王以道德之不行,故以仁义化之。行仁义之不笃,故以礼律检之。检之弥繁而伪亦愈广。老、庄是乃明无为之益,塞争欲之门。夫极灵智之妙,总会通之和者,莫尚乎圣人。革一代之弘制,垂千载之遗风,则非圣不立。然则圣人之在世,吐言则为训辞,苻事则为物轨,运通则与时隆,理丧则与世弊矣。是以大为之论,以标其旨。物必有宗,事必有主,寄责于圣人而遗累乎陈迹也。故化之以绝圣弃智,镇之以无名之朴。圣教救其末,老、庄明其本,本末之涂殊而为教一也。人之迷也,其日久矣。见形者众,及道者尠,不觌千仞之门,而逐适物之迹。逐迹逾笃,离本逾远,遂使华端与薄俗俱兴,妙绪与淳风并绝,所以圣人长潜而迹未尝灭矣。惧后进惑其如此,将越礼弃学而希无为之风,见义教之杀而不观其隆矣。略言所怀,以补其阙。引道家之弘旨,会世教之适当,义不违本,言不流放,庶以祛困蒙之蔽,悟一往之惑乎。其辞曰:芒芒太初,悠悠鸿荒,蚩蚩万类,与道兼忘。圣迹未显,贤名不彰,怡此鼓腹,率我猖狂。资生既广,群涂①思通,暗实师明,匪予求蒙。遗己济物,而天下为公。大庭唱基,羲、农宏赞,六位时成,离晖大观。泽洽雨濡,化流风散,比屋同尘,而人罔僭乱。爰暨中古,哲王胥承,质文代作,礼统迭兴。事藉用以繁,化因阻而凝,动非性扰,静岂神澄。名之攸彰,道之攸废,乃损所隆,乃崇所替。刑作由于德衰,三辟兴乎叔世。既

---

① "涂"原作"盗",据《晋书》改。

敦既诱,乃矫乃厉。敦亦既备,矫亦既深,雕琢生文,抑扬成音。群能骋技,众巧竭心。野无陆马,山无散林。风罔不动,化罔不移,人之失德,反正作奇。乃放欲以越礼,不知希竞之为病。违彼夷涂,而遵此险径。狡兔陵冈,游鱼遁川,至赜深妙,大象幽玄。弃饵收置而责功蹄筌,失统丧归而寄旨忘言。政异征辞,拔本塞源。遁迹永日,寻响穷年。刻意离性而失其常然。世有险夷,运有通屯,损益适时,升降惟理。道不可以一日废,亦不可以一朝拟;礼不可为千载制,亦不可以当年止。非仁无以长物,非义无以齐耻。仁义固不可远,去其害仁义者而已。力行犹惧不逮,希企邈以远矣。室有善言,应在千里。况乎行止,复礼克己。风人司箴,敬贻君子。"征北将军褚裒又引为参军。充以家贫,苦求外出,裒将许之为县,试问之。充曰:"穷猿投林,岂暇择木。"乃除剡县令。

[出处] 《晋书》卷九十二《文苑·李充传》

三年　丁未(347)

后赵韦谀作《典林》　谀字宪道,京兆人也。雅好儒学,善著述。于群言秘要之义,无不综览。仕于刘曜,为黄门郎。入石虎,署为散骑常侍。历守七郡,咸以清化著名,又征为廷尉,识者拟之于、张。前后四登九列,六在尚书,三[①]为侍中,再为太子太傅,封京兆公。好直谏,陈军国之宜,多见允纳。著《伏林》三千余言,遂演为《典林》二十三篇。凡所述作及集记世事数十万言,皆深博有才义。谀性不严重,好徇己之功,论者亦以是少之。尝谓其子伯阳曰:"我高我曾,重光累徽;我祖我考,父父子子;汝为我对,正值恶抵。"伯阳曰:"伯阳之不肖,诚如尊教,尊亦正值软抵耳。"谀惭无言。时人传之,以为嗤笑。至冉闵,又署为光禄大夫,卒为闵所杀。

---

① 《晋书》"三"作"二"。

［出处］《晋书》卷九十一《儒林·韦谀传》

四年戊申(348)

佛图澄卒于邺 是年十一月,石虎大飨群臣于太武前殿,
澄吟曰:"殿乎殿乎! 棘子成林,将坏人衣。"虎令发殿下石视
之,有棘生焉。澄还寺,视佛像曰:"怅恨不得庄严。"独语曰:
"得三年乎?"自答:"不得! 不得!"又曰:"得二年、一年、百日、
一月乎?"自答:"不得。"乃无复言,还房谓弟子法祚曰:"戊申
岁祸乱渐萌,己酉岁石氏当灭,吾及其未乱,先从化矣。"即遣
人与虎辞曰:"物理必迁,生命非保,贫道炎幻之躯,化期已及。
既荷恩殊重,故以仰闻。"虎怆然曰:"不闻和尚有疾,乃忽尔告
终。"即自出宫寺而慰喻焉。澄谓虎曰:"出生入死,道之常也,
修短分定,非所能延。夫道重行全,德贵无怠,苟操业无亏,虽
亡若在。违而获延,非其所愿。今意未尽者,以国家心存佛
理,奉法无斧,兴起寺庙,崇显壮丽。称斯德也,宜享休祉。而
存政猛烈,淫刑酷滥,显违胜典,幽背法界。不自惩革,终无福
祐。若降心易虑,惠此下民,则国祚延长,道俗庆赖。毕命就
尽,没无遗恨。"虎悲恸呜咽,知其必逝,即为凿圹营坟。至十
二月八日,卒于邺宫寺。士庶悲恸哀号,奔赴倾国,春秋一百
一十七矣。仍窆于临章西紫陌,即虎所创冢也。俄而梁犊作乱,明
年虎死,冉闵篡弑,石种都尽。闵小字棘奴,澄先所谓棘子成林者也。澄身长八尺,
风姿详雅,妙解深经,旁通世论。讲说之日,止标宗致,使始末文言,昭然可了。加
复慈洽苍生,拯救危苦。当二石凶强,虐害非道,若不与澄同日,孰可言哉! 但百姓
蒙益,日用而不知耳。佛调、须菩提等数十名僧,皆出自天竺、康居,不远数万之路,
足涉流沙,诣澄受训。樊沔释道安、中山竺法雅,并跨越关河,听澄讲说。皆妙达精
理,研测幽微。澄自说生处,去邺九万余里,弃家入道,一百九年,酒不逾齿,过中不
食,非戒不履,无欲无求。受业追随者,常有数百,前后门徒,几且一万。所历州郡,
兴立佛寺八百九十三所,弘法之盛,莫与先矣。

［出处］《高僧传初集》卷十

［附录］ 佛图澄传法表

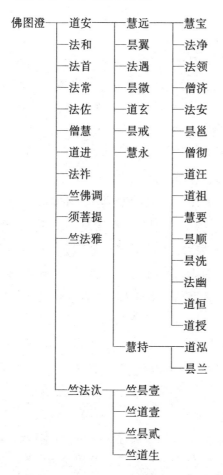

李充校定书籍 初，充为剡令，遭母忧，服阕，为大著作郎。先是中原荒乱，典籍散失。中兴以来，渐更鸠集。充以荀勖旧簿校之，其见存者，但有三千一十四卷。遂删除烦重，以类相从，分作四部，《五经》为甲，史记为乙，诸子为丙，诗赋为丁，甚有条贯，秘阁以为永制。累迁中书侍郎，卒官。充注《尚书》及《周易旨》六篇，《释庄论》上下二篇，诗、赋、表、颂等杂文二百四十首,行于世。子颙亦有文义,多所述作,郡举孝廉。

　　[出处]　《晋书·李充传》《隋书·经籍志》

六年　庚戌(350)

　　释道安避难濩泽　安以石氏之末,国运衰危,乃西适牵口山。迄冉闵之乱,人情萧索。安乃谓其众曰:"今天灾旱蝗,寇贼纵横,聚则不立,散则不可。"遂率众避难濩泽,时太阳竺法济、并州支昙讲陟岨冒寇,重尔远集。遂与安寻章察句,讲《阴持入经》,造《道地经训传》。顷之,复渡河依陆浑。

　　[出处]　《高僧传》卷第五《释道安传》

　　[考证]　汤用彤先生言,《出三藏记集》卷第十有道安之《道地经序》,中有云:"予生不辰,值皇纲纽绝,猃狁猾夏,山左荡没,避难濩泽,师殒友折,周爰谘谋,顾靡所询。时雁门沙门支昙讲、邺都沙门竺僧辅,以二仁者,聪明有融,信而好古。冒崄远至,得与酬酢。寻章察句,造此训传。"又卷第六有《阴持入经序》,中有:"安未近积岁,生逢百罹;戎狄孔棘,世乏圣道。潜遁晋山,孤居离群。……会太阳比丘竺法济、并州支昙讲,陟岨冒寇,重尔远集。此二学士,高朗博通,海而不倦者也。遂与析槃畅碍,造兹注解。……"所谓师陨之事,当指佛图澄之死,百罹当指石赵之乱。故知道安避石赵之乱当在冉闵之乱时也。《高僧传》本传误分一事为二,遂使石虎死前有安公"潜于濩泽"之事矣。且二序俱称支昙讲,而本传误以支昙为人名。《阴持入经序》仅称安公与支昙讲共造注解,而本传则言:"支昙讲《阴持入经》,安后从之受业。"其误显然。今从其说志之于此。

八年　壬子(352)

　　罢遣太学生徒　殷浩西征,以军兴罢遣太学生徒,学校由此遂废。

　　[出处]　《宋书·礼志》

　　王朔之造《通历》　著作郎琅邪王朔之造《通历》，以甲子为上元，积九万七千年，四千八百八十三为纪法，千三百五为斗分，因其上元为开辟之始。

　　[出处]　《晋书》卷十八《律历志》

九年　癸丑(353)

　　王羲之为会稽内史　羲之字逸少，王导之从子也。雅好服食养性，不乐在京师。是年为右军将军、会稽内史。初渡浙江，便有终焉之志。会稽有嘉山水，名士多居之，谢安未仕时亦居焉。孙绰、李充、许询、支遁等皆以文义冠世，并筑室东土，与羲之同好。尝与同志宴集于会稽山阴之兰亭，羲之自为之序以申其志曰："永和九年，岁在癸丑，暮春之初，会于会稽山阴之兰亭，修禊事也。群贤毕至，少长咸集。此地有崇山峻岭，茂林修竹，又有清流激湍，映带左右，引以为流觞曲水。列坐其次，虽无丝竹管弦之盛，一觞一咏，亦足以畅叙幽情。是日也，天朗气清，惠风和畅，仰观宇宙之大，俯察品类之盛，所以游目骋怀，足以极视听之娱，信可乐也。夫人之相与，俯仰一世，或取诸怀抱，悟言一室之内；或内寄所托，放浪形骸之外。虽趣舍万殊，静躁不同，当其欣于所遇，暂得于己，快然自足，曾不知老之将至。及其所之既倦，情随事迁，感慨系之矣。向之所欣，俯仰之间，已为陈迹，犹不能不以之兴怀。况修短随化，终期于尽。古人云，死生亦大矣，岂不痛哉！每览昔人兴感之由，若合一契，未尝不临文嗟悼，不能喻之于怀，固知一死生为虚诞，齐彭殇为妄作。后之视今，亦犹今之视昔，悲夫！故列叙时人，录其所述。虽世殊事异，所以兴怀，其致一也。后之览者，亦将有感于斯文。"是日与会者凡四十一人，或以潘岳《金谷诗序》方其文，羲之比于石崇。闻而甚喜。

[出处]《晋书》卷八十《王羲之传》《世说·企羡第十六》注

十年　甲寅(354)

释慧远受业于道安　慧远本姓贾氏,雁门楼烦人也。弱而好书,珪璋秀发,年十三,随舅令狐氏游学许洛。故少为诸生,博综《六经》,尤善《庄》、《老》。性度弘伟,风鉴朗拔,虽宿儒英达,莫不服其深致。年二十一,欲度江东就范宣子共契。值石虎已死,中原寇乱,南路阻塞,志不获从。时道安弘赞佛法,声甚著闻,远遂往归之,一面尽敬,以为真吾师也。后闻安讲《般若经》,豁然而悟,乃叹曰:"儒道九流,皆糠粃耳。"便与弟慧持投簪落髮,委命受业。既入乎道,厉然不群。常欲总摄纲维,以大法为己任。精思讽持,以夜续昼,贫旅无资,缊纩常阙,而昆弟恪恭,终始不懈。有沙门昙翼每给以灯烛之费。安公闻而喜曰:"道士诚知人矣。"远藉慧解于前因,发胜心于旷劫,故能神明英越,机鉴遐深。安公常叹曰:"使道流东国,其在远乎!"年二十四,便就讲说,尝有客听讲,难实相义。往复移时,弥增疑昧。远乃引《庄子》义为连类,于是惑者晓然。是后安公特听慧远,不废俗书。安有弟子法遇、昙徽,皆风才照灼,志业清敏,并推服焉。

[出处]《高僧传初集》卷六

十一年　乙卯(355)

集群臣论经义

[出处]《孝经正义》引刘子玄议

十二年　丙辰(356)

升平元年　丁巳(357)秦王符坚永兴元年

孙盛为长沙太守　初,庾翼代庾亮,以孙盛为安西谘议参军,寻迁廷尉正。会桓温代翼，留盛为参军，与俱伐蜀。蜀平，赐爵安怀县侯，累迁温从事中郎，从入关，平洛。至是，以功进封吴昌县侯，出补长沙太守。以家贫，颇营资货。部从事至郡，察知之，服其高明而不劾之。盛与温笺，而辞旨放荡，称："州遣从事观采风声，进无威凤来仪之美，退无鹰鹯搏击之用，徘徊湘川，将为怪鸟。"温得盛笺，复遣从事重按之，赃私狼籍。槛车收盛到州，舍而不罪。盛尝评老子非大圣，仅为中贤之流，著论曰："顷获闲居，复申所咏，仰先哲之玄微，考大贤之灵衢。详观风流，究览行止，高下之辩，殆可仿佛。夫大圣乘时，故迹浪于所因；大贤次微，故与大圣而舒卷。所因不同，故有揖让与干戈迹乖；次微道亚，故行藏之轨莫异。亦有龙虎之从风云，形声之会影响，理固自然，非召之也。是故箕、文同兆，元吉于虎儿之吻；颜、孔俱夭，逍遥于匡陈之间。唐尧则天，稷、偰翼其化；汤武革命，伊、吕赞其功。由斯以言，用舍影响之论，惟我与尔之谈，岂不信哉？何者？大贤庶几，观象知器。观象知器，豫笼吉凶。豫笼吉凶，是以运形斯同，御治因应，对接群方，终保元吉，穷通滞碍，其揆一也。但钦圣乐易，有待而享。钦冥而不能冥，悦寂而不能寂，以此为优劣耳。至于中贤第三之人，去圣有间，故冥体之道未尽，自然运用自不得玄同。然希古存胜，高想顿足，仰慕淳风，专咏至虚。故栖岵林壑若巢、许之伦者，言行抗礜如老彭之徒者，亦非故然，理自然也。夫形躁好静，质柔爱刚，渎所常习，愒所希闻，世俗之常也。是以见偏抗之辞，不复寻因应之适；睹矫诳之论，不复悟过直之失耳。案老子之作与圣教同者，是代大匠斫骈拇枝指之喻。其诡乎圣教者，是远救世之宜，违明道若昧之义也。《六经》何常阙虚静之训，谦冲之诲哉？孔子曰：'述而不作，信而好古，窃比于我老彭。'寻斯旨也，则老彭之道以笼罩乎圣教之内矣。且指说二事而已，非实言也。何以明之？圣人渊寂，何不好哉？又三皇五帝已下，靡不制作。是故易象经坟，烂然炳著，栋宇衣裳,与时而兴,安在述而不作乎?故《易》曰:'圣人作而万物睹。'斯言之证,盖指说老彭之德,有以仿佛类己形迹之处所耳。亦犹'匿怨而友其人,左丘明耻之,丘亦耻之',岂若'于吾言无所不悦'相体之至也?且颜、孔不以导养为事,而老彭养之。孔、颜同乎斯人,而老彭异之。凡斯数者,非不亚圣之迹,而又其书往往矛盾,粗列如左。大雅搢绅,幸袪其弊。盛又不达老聃轻举之旨,为欲著训戎狄宣道殊俗乎?若欲明宣导殊类,则左衽非玄化之所,孤游非嘉遁之举。诸夏陵迟,敷训所先,圣人之教,自近及远,未有诪张避险如此之游也。若惧祸避地,则圣门可隐,商朝鲁邦有无如者矣。苟得其道,则游刃有余,触地元吉,何违天心,于戎貊如不能然者,得无庶于朝隐而祈一作神。仙之徒乎?昔裴逸民作《崇有》、《贵无》二论,时谈者或以为不达虚胜之道者,或以为矫时流遁者。余以为尚无既失之矣,崇有亦未为得也。道之为物,惟恍与惚,因应无方,惟变所适。值澄淳之时,则司契垂拱;遇万动之化,则形体勃兴。是以洞鉴虽同,有无之教异陈;圣致虽一,而称谓之名殊目。唐虞不希结绳,汤武不拟揖让,夫岂异哉?时运故也。而伯阳以执古之道,以御今之有;逸民欲执今之有,以绝古之风。吾故以为彼二子者,不达圆化之道,各矜其一方者耳。"其《老子疑问反讯》曰:"《道经》云:'故常无欲以观其妙,故常有欲以观其徼①,此两者同出而异名,同谓之玄。玄之又玄,众妙之门。'旧说及王弼解:妙谓始,徼谓终也。夫观始要终,睹妙知著,达人之鉴。既以欲澄神昭其妙始,则自斯以已宜悉镇之,何以复须有欲得其终乎?宜有欲俱出妙门,同谓之玄,若然以往复何独贵于无欲乎?'天下皆知美之为美斯恶已,皆知善之为善斯不善已。'盛以为夫美恶之名,生乎美恶之实,道德淳美则有善名,顽嚚聋昧则有恶声。故《易》曰:'恶不积不

---

① "徼"原作"彻",据《广弘明集》改。下行"徼"同。

足以灭身。'又曰:'美在其中,而畅于四支,发于事业。'又曰:'《韶》尽美矣,未尽善也。'然则大美大善,天下皆知之,何得云斯恶乎?若虚美非美,为善非善,所美过美,所善违中,若此皆世教所疾。圣王奋诚—作诚。天下,亦自知之。于斯谈'不尚贤,使民不争;不贵难得之货,使人不为盗。常使民无知无欲,使知者不敢为'。又曰:'绝学无忧。唯之与阿,相与几何! 善之与恶,相去何若?'下章云:'善人不善人之师,不善人善人之资。不贵其师,不爱其资,虽知大迷。'盛以为民苟无欲,亦何所师于师哉? 既相师资,非学如何? 不善师善,非尚贤如何? 贵爱既存,则美恶不得不彰,非相去何若之谓。又下章云:'人之所教,我亦以教人。吾言甚易知,而天下莫能知。'又曰:'吾将以为教父。'原斯谈也,未为绝学。所云绝者,尧、孔之学耶? 尧、孔之学,随时设教。老氏之言,一其所尚。随时设教,所以道通百代。一其所尚,不得不滞于适变。此又暗弊所未能通者也。'道冲而用之,或不盈,和其光,同其尘。'盛以为老聃可谓知道,非体道者也。昔陶唐之莅天下也,无日解哉,则维照任众;师锡匹夫,则驳然禅受。岂非冲而用之,光尘同彼—作波。哉? 伯阳则不然,既处浊位,复远遁西戎,行止则猖狂其迹,著书则矫诞其言。和光同尘固若是乎? 余固以为知道,体道则未也。《道经》云:'三者不可致诘,混然为一。绳绳兮不可名,复归于无物。无物之象,是谓忽恍。'下章云:'道之为物,惟恍与忽。忽兮恍兮,其中有象。恍兮忽兮,其中有物。'此二章或言无物,或言有物,先有所不宜者也。'执古之道以御今之有'下章'执者失之,为者败之',而复云'执古之道以御今之有'或执或否,得无陷矛盾之论乎? '绝圣弃智,民利百倍。'孙盛曰:夫有仁圣,必有仁圣之德。迹此而不崇,则陶训焉融;仁义不尚,则孝慈道丧。老氏既云绝圣,而每章辄称圣人。既称圣人,则迹焉能得绝。若所欲绝者,绝尧、舜、周、孔之迹;则所称圣者,为是何圣之迹乎? 即如其言,圣人有宜灭其迹者,有

宜称其迹者,称灭不同,吾谁适从?'绝仁弃义,民复孝慈。'若如此
谈,仁义不绝则不孝不慈矣。复云:'居善地,与善仁。'不审与善仁
之仁,是向所云欲绝者非耶?如其是也,则不宜复称述矣。如其非
也,则未详二仁之义,一仁宜绝,一仁宜明,此又所未达也。若谓不
圣之圣,不仁之仁,则教所诛,不假高唱矣。逮至庄周云:'圣人不
死,大盗不止。'又曰:'田常窃仁义以取齐国。'夫天地陶铸,善恶兼
育,各禀自然,理不相关。枭鸩纵毒,不假学于鸾凤;豺虎肆害,不
借术于麒麟,此皆天质自然,不须外物者也。何至凶顽之人,独当
假仁义以济其奸乎?若乃冒顿杀父,郑伯盗郐,岂复先假孝道获其
终害乎?而庄、李掊击杀根,毁驳正训,何异疾盗贼而销铸干戈,睹
食噎而绝弃嘉谷乎?后之谈者,虽曲为其义,辩而释之,莫不艰屯
于杀圣,困踬于忘亲也。'知我者希则我贵矣'上章云:'圣人之在
天下也,百姓皆注其耳目。'师资贵爱,必彰万物,如斯则知之者安
得希哉?知希者何必贵哉?即已之身见贵,九服何得背实抗言云
贵由知希哉?斯盖欲抑动恒俗,故发此过言耳。圣教则不然,中和
其词,以理训导。故曰:在家必闻,在邦必闻也。是闻必达也。不
见善而无闷,潜龙之德;人不知而不愠,君子之道。众好之必察焉,
众恶之必察焉。既不以知多为显,亦不以知少为贵,诲诱绰绰,理
中自然。可与老聃之言同日而语其优劣哉?'礼者忠信之薄而乱
之首,前识者道之华而愚之始,是以大丈夫处其厚不处其薄,处其
实不处其华也。'孙盛曰:老聃足知圣人礼乐非玄胜之具,不获已而
制作耳,而故毁之何哉?是故屏拨礼学以全其任自然之论,岂不知
叔末不复得返自然之道?直欲申己好之怀。然则不免情于所悦,
非浪心救物者也。非惟不救,乃奖其弊矣。'王侯得一以为天下
贞',贞,正也。下章云:'孰知其极其无正,正复为奇,善复为妖。'
寻此二章,或云天下正,或言无正,既云善人不善人师,而复云为
妖。天下之善一也,而或师或妖;天下之正道一也,而云正复为奇。

斯反鄙见所未能通也。或问,老聃所以故发斯唱,盖与圣教相为表里,其于陶物明训,其归一也。盛以为不然。夫圣人之道,广大悉备,犹日月悬天,有何不照者哉? 老氏之言,皆驳于《六经》矣,宁复有所愆之俟佐助于聃、周乎? 即聃、周所谓日月出矣而爝火不息者也。至于虚诳谲怪矫诡之言,尚拘滞于一方而横称不经之奇词也。"盛后累迁秘书监,加给事中。

[出处]　《广弘明集》卷五　《晋书》卷八十二《孙盛传》

[考证]　按本传称:"槛车收盛到州,舍而不罪。"虽不加罪,斯时必不复任以职。则文中所谓"顷获闲居"当在此时,故附录其文于此。

二年　戊午(358)

罗含为郎中令　含字君章,桂阳末阳人也。初为桓温征西参军,转荆州别驾,以廨舍喧扰,于城西池小洲上立茅屋,伐木为材,织苇为席而居,布衣蔬食,晏如也。温尝与寮属宴会,含后至。温问众生曰:"此何如人?"或曰:"可谓荆楚之材。"温曰:"此自江左之秀,岂惟荆楚而已。"征为尚书郎。温雅重其才,又表转征西户曹参军。俄迁宜都太守。桓温封南郡公,遂引含为郎中令。含作《更生论》曰:"善哉向生之言:天者何? 万物之总名。人者何? 天中之一物。因此以谈,今万物有数而天地无穷。然则无穷之变,未始出于万物。万物不更生,则天地有终矣。天地不为有终,则更生可知矣。寻诸旧论,亦云万兆悬定,群生代谢。圣人作《易》,已备其极,穷神知化,穷理尽性。苟神可穷,有形者不得无数。是则人物有定数,彼我有成分,有不可灭而为无,彼不得化而为我。聚散隐显,环转于无穷之途。贤愚寿夭,还复其物。自然相次,毫分不差。与运泯复,不识不知。遐哉邈乎! 其道冥矣。天地虽大,浑而不乱;万物虽众,区已别矣。各自其本,祖宗有序,本支百世,不失其旧。又神之与质,自然之偶也。偶有离合，死生之变也；质有聚散，往复之势也。人物变化，各有其性。性有本分，故复有常物。散虽混淆，聚不可乱。其往弥远，故其复弥近。又神质冥期，符契自合。世皆悲合之必离，而莫慰离之必合；皆知聚之必散，而莫识散之必聚。未之思也，岂远乎若者？凡今生之生，为即昔生，生之故事即故事，于体无所厝其意，与己冥终不自觉，孰云觉之哉？今谈者徒知向我非今，而不知今我故昔我耳。达观者所以齐死生，亦云死生为寤寐，诚哉是言。"孙盛与含书曰："省《更生论》，括囊变化，穷寻聚散，思理既佳，又指味辞致亦快，是好论也。然吾意犹有同异，以今万物化为异形者不可胜数，应理不失，但隐显有年载。然今万化犹应多少有还得形者，无缘尽当须冥远耳目，不复开逐，然后乃复其本也。吾谓形既粉散，知亦如之，纷错混淆，化为异物。他物各失其旧，非复昔日，此有情者所以悲叹。若然，则足下未可孤以自慰也。"含复书曰："获书，文略旨辞，理亦兼情，虽欣清酬未喻，乃怀区区不已。请寻前本，本亦不谓物都不化，但化者各自得其所化，颓者亦不失旧体。孰主陶是，载混载判，言□然之至分而不可乱也。如此岂徒一更而已哉？将与无穷而长更矣。终而复始，其数历然，未能知今，安能知更？盖积悲忘言，谇求所通，岂云唯慰，聊以寄散而已矣。"

[出处]《晋书》卷九十二《文苑·罗含传》《弘明集》卷第五

三年　己未(359)前燕慕容儁光寿三年

前燕立小学　燕主慕容儁立小学于显贤里，以教胄子。

[出处]《晋书》卷一百十《载记·慕容儁传》

四年　庚申(360)

支遁入剡　初，遁还吴，立支山寺，至是欲入剡。谢安为吴兴守，与遁书曰："思君日积，计辰倾迟，知欲还剡自治，甚以怅然。人生如寄耳，顷风流得意之事，殆为都尽。终日戚戚，触事惆怅，唯迟君来，以晤言消之，一日当千载耳。此多山县，闲静差可养疾，事不异剡。而医药不同，必思此缘，副其积想也。"王羲之时在会稽，素闻遁名，未之信，谓人曰："一往之气，何足可言！"遁既还剡，经由于郡，王故往诣遁，观其风力。既至，王谓遁曰："《逍遥篇》可得闻乎？"遁乃作数千言，标揭新理，才藻惊绝。王遂披襟解带，留连不能已。仍请住灵嘉寺，意存相近。俄又投迹剡山，于沃州小岭立寺行道，僧众百余，常随禀学。时或有惰者，遁乃著座右铭以勖之曰："勤之勤之，至道非弥。奚为淹滞？弱丧神奇。茫茫三界，眇眇长羁。烦劳外凑，冥心内驰。徇赴钦渴，缅邈忘疲。人生一世，泹若露垂。我身非我，云云谁施？达人怀德，知安必危。寂寥清举，濯累禅池。谨守明禁，雅玩玄规。绥心神道，抗志无为。寥朗三蔽，融冶六疵。空同五阴，虚豁四肢。非指喻指，绝而莫离。妙觉既陈，又玄其知。宛转乎在，与物推移。过此以往，勿思勿议。敦之觉父，志在婴儿。"时论以遁才堪经济，而洁己拔俗，有违兼济之道，遁乃作《释矇论》。晚移石城山，又立栖光寺，宴坐山门，游心禅苑，木食涧饮，浪志无生。乃注《安般》、《四禅》诸经，及《即色游玄论》、《圣不辩知论》、《道行旨归》、《学道诫》等。追踪马鸣，蹑影龙树，义应法本，不违实相。晚出山阴，请《维摩经》。遁为法师，许询为都讲。遁通一义，众人咸谓询无以厝难。询每设一难，亦谓遁不能复通。如此至竟，两家不竭。凡在听者，咸谓审得遁旨。回令自说，得两三反便乱。

　　［出处］《高僧传初集》卷四《支遁传》

　　［考证］　按本传载支遁入剡时，谢安为吴兴守。考安之为吴兴守，在谢万卒之后，万卒在升平三年之后，则安之为吴兴守，遁之入剡，亦当在升平三年之后。故志之于此。

五年　辛酉(361)秦王苻坚永兴五年

前秦修学宫　秦王苻坚广修学宫，召郡国学生通一经以上充之。公卿以下子孙，并遣受业。其有学为通儒、才堪干事、清修廉直、孝弟力田者，皆旌表之。于是人思劝励，号称多士，盗贼止息，请托路绝，田畴修辟，帑藏充盈，典章法物，靡不悉备。坚亲临太学，考学生经义优劣，品而第之，问难五经博士，多不能对。坚谓博士王寔曰："朕一月三临太学，黜陟幽明，躬亲奖励，罔敢倦违，庶几周、孔微言，不由朕而坠。汉之二武，其可追乎？"寔对曰："自刘、石扰覆，华畿二都，鞠为茂草，儒生罕有或存，坟籍灭而莫纪，经沦学废，奄若秦皇。陛下神武拨乱，道隆虞夏，开庠序之美，弘儒教之风，化盛隆周，垂馨千祀。汉之二武，焉足论哉？"坚自是每月一临太学，诸生竞劝焉。

[出处] 《晋书》卷一百十三《载记·苻坚传》

哀帝
隆和元年　壬戌（362）

支遁至京师讲经　帝即位，频遣两使，征请遁出都。止东安寺，讲《道行般若》。白黑钦崇，朝野悦服。太原王濛，宿构精理，撰其才辞，往诣遁，作数百语，自谓遁莫能抗。遁徐曰："贫道与君别来多年，君语了不长进。"濛惭而退焉。乃叹曰："实绛钵之王、何也！"郗超问谢安："林公谈何如嵇中散？"安曰："嵇努力裁得去耳。"又问："何如殷浩？"安曰："亹亹论辩，恐殷制支。超拔直上渊源，实有惭德。"郗超后与亲友书云："林法师神理所通，玄拔独悟，数百年来，绍明大法，令真理不绝，一人而已。"

[出处] 《高僧传》卷第四《支遁传》

裴荣作《语林》　荣字荣期，河东人。父稚，丰城令。荣期少有风姿才气，好论古今人物。遂撰汉魏以来迄于当时言语应对之可称者凡数卷，谓之《语林》。始出，大为远近所传，时流年少，无不传写，各有一通。载王东亭作《经王公酒垆下赋》，甚有才情。后庾龢诋谢安曰:"裴郎云:'谢安谓裴郎,乃可不恶,何得为复饮酒?'裴郎又云:'谢安目支道林,如九方皋之相马,略其玄黄,取其俊逸。'"谢公云:"都无此二语,裴自为此辞耳。"庾意甚不以为好,因陈东亭《经酒垆下赋》。读毕,都不下赏裁,直云:"君乃复作裴氏学。"自是众咸鄙其事,而《语林》遂废。后有者皆是先写,无复谢语。

[出处]　《世说·文学第四》、《轻诋第二十六》

江逌议《尚书》洪祀之制　帝以天文失度,欲依《尚书》洪祀之制,于太极前殿亲执虔肃,冀以免咎,使太常集博士草其制,于是太常江逌字道载,陈留圉人。上疏谏曰:"臣寻《史》、《汉》旧制,《艺文志》刘向《五行传》,洪祀出于其中。然自前代以来,莫有用者。又其文惟说为祀,而不载仪注。此盖久远不行之事,非常人所参校。按《汉仪》,天子所亲之祠,惟宗庙而已。祭天于云阳,祭地于汾阴,在于别宫遥拜,不诣坛所。其余群祀之所,必在幽静。是以圆丘方泽,列于郊野。今若于承明之庭,正殿之前,设群神之坐,行躬亲之礼,准之旧典,有乖常式。臣闻妖眚之发,所以鉴悟时主。故夤畏上通,则宋灾退度;德礼增修,则殷道以隆。此往代之成验,不易之定理。顷者星辰颇有变异,陛下祇戒之诚,达于天人;在予之惧,忘寝与食。仰虔玄象,俯凝庶政;嘉祥之应,实在今日。而犹乾乾夕惕,思广兹道,诚实圣怀殷勤之至。然洪祀有书无仪,不行于世。询访时学,莫识其礼。且其文曰:'洪祀,大祀也,阳曰神,阴曰灵。举国相率而行祀,顺四时之序,无令过差。'今按文而言,皆漫而无适,不可得详。若不详而修,其失不小。"帝不纳。逌又上疏曰:"臣谨更思寻,参之时事,今强戎据于关雍,桀狄纵于河朔。封豕四逸,虔刘神州,长旗不卷,钲鼓日戒,兵疲人困,岁无休已。人事弊于下,则七曜错于上。灾沴之作,固其宜然。又顷者以来,无乃大异!彼月之蚀,义见诗人。星辰莫同,载于《五行》。故《洪范》不以为沴。陛下今以晷度之失,同之六沴,引其轻变,方之重眚。求己笃于禹、汤,忧勤逾乎日昃,将修大祀,以礼神祇。《传》曰:'外顺天地时气而祭其鬼神。'然则神必有号,祀必有仪。按洪祀之文,惟神灵大略而无所祭之名称,举国行祀而无贵贱之阻,有赤黍之盛,而无牲醴之奠。仪法所用,阙略非一。若率文而行,则举义皆阂;有所施补,则不统其源。汉侍中卢植,时之达学,受法不究,则不敢厝心。诚以五行深远,神道幽昧,探赜之求,难以常思,错综之理,不可一数。臣非至精,孰能与此。"帝犹敕撰定,逌又陈古义,帝乃止。

<small>逌在职多所匡谏,著《阮籍序赞》《逸士箴》,及诗、赋、奏、议数十篇,行于世。病卒。时年五十八。</small>

[出处]《晋书·江逌传》

[考证] 按《晋书》卷十二《天文志》载,隆和二年哀帝有疾,不识万几。则议洪祀之制当在其前,故志之于此。

兴宁元年　癸亥(363)

鸠摩罗什受戒于龟兹王宫　鸠摩罗什,此云童寿,天竺人也。家世国相,什祖父达多,倜傥不群,名重于国。父鸠摩炎,聪明有懿节,将嗣相位,乃辞避出家,东度葱岭。龟兹王闻其弃荣,甚敬慕之,自出郊迎,请为国师。王有妹,年始二十,才悟明敏,过目必解,一闻则诵。且体有赤黡,法生智子。诸国聘之,并不肯行。及见摩炎,心欲当之,乃逼以妻焉。既而怀什。什在胎时,其母慧解倍常,闻雀梨大寺名德既多,又有得道之僧,即与王族贵女,德行诸尼,弥日设供,请斋听法。什母忽自通天竺语,难问之辞,必穷渊致,众咸叹异。有罗汉达摩瞿沙曰:"此必怀智子。"为说舍利弗在胎之证。及什生之后,还忘前言。久之,什母乐欲出家,夫未之许。遂更产一男,名弗沙提婆。后因出城游观,见冢间枯骨,异处纵横,于是深惟苦本,定求离俗,誓至落发,不咽饮食。至六日夜,气力绵乏,疑不达旦,夫乃惧而许焉。以未剃发故,犹不尝进。即敕人为除发,乃下饮食。次旦受戒,仍业禅法,专精匪懈,学得初果。什年七岁,

亦俱出家，从师受经，日诵千偈，偈有三十二字，凡三万二千言。诵
《毗昙》既过，师授其义，即自通达，无幽不畅。时龟兹国人以其母
王女，利养甚多，乃携什避之。什年九岁，随母渡辛头河，至罽宾。
遇名德法师盘头达多，即罽宾王之从弟也，渊粹有大量，才明博识，
独步当时，三藏九部，莫不该博。从旦至中，手写千偈；从中至暮，
亦诵千偈。名播诸国，远近师之。什至，即崇以师礼，从受《杂藏》、
《中》、《长》二含，凡四百万言。达多每称什神俊，遂声彻于王。王
即请入，集外道论师，共相攻难。言气始交，外道轻其年幼，言颇不
逊。什乘隙而挫之，外道折伏，愧惋无言。王益敬异，日给鹅腊一
双，粳米面各三斗，酥六升，此外国之上供也。所住寺僧，乃差大僧
五人，沙弥十人，营视扫洒，有若弟子，其见尊崇如此。至年十二，
其母携还龟兹，诸国皆聘以重爵，什并不顾。时什母将什至月氏北
山，有一罗汉见而异之，谓其母曰："常当守护此沙弥，若至年三十
五不破戒者，当大兴佛法，度无数人，与优婆毱多无异。若戒不全，
无能为也，止可才明俊艺法师而已。"什进到沙勒国，头顶佛钵，心
自念言："钵形甚大，何其轻耶？"即重不可胜，失声下之。母问其
故，答曰："儿心有分别，故钵有轻重耳。"遂停沙勒一年，其冬诵《阿
毗昙》，于《十门》、《修智》诸品无所诤受，而备达其妙。又于《六足》
诸问，无所滞碍。沙勒国有三藏沙门名喜见，谓其王曰："此沙弥不
可轻，王宜请令初开法门。凡有二益：一国内沙门耻其不逮，必见
勉强。二龟兹王必谓：'什出我国，而彼尊之，是尊我也。'必来交
好。"王许焉。即设大会，请什升座说《转法轮经》。龟兹王果遣重
使酬其亲好。什以说法之暇，乃寻访外道经书，善学《韦陀舍多
论》，多明文辞制作问答等事。又博览四《韦陀》典及五明诸论，阴
阳星算，莫不毕尽。妙达吉凶，言若符契。为性率达，不厉小检，修
行者颇共疑之。然什自得于心，未尝介意。时有莎车王子、参军王
子兄弟二人，委国请从而为沙门。兄字须利耶跋陀，弟字须耶利苏

摩。苏摩才技绝伦，专以大乘为化。其兄及诸学者，皆共师焉。什亦宗而奉之，亲好弥至。苏摩后为什说《阿耨达经》，什闻阴界诸入皆空无相，怪而问曰："此经更有何义？而皆破坏诸法。"答曰："眼等诸法，非真实有。"什既执有眼根，彼据因成无实。于是研核大小，往复移时。什方知理有所归，遂专务方等。乃叹曰："吾昔学小乘，如人不识金，以鍮石为妙。"因广求义要，受诵《中》《百》二论及《十二门》等。顷之，随母进到温宿国，即龟兹之北界。时温宿有一道士，神辩英秀，振名诸国，手击王鼓而自誓言："论胜我者，斩首谢之。"什既至，以二义相检，即迷闷自失，稽首归依。于是声满葱左，誉宣河外。龟兹王躬往温宿，迎什还国，广说诸经，四远学宗，莫之能抗。时王女为尼，字阿竭耶末帝，博览群经，特深禅要，云已证二果。闻法喜踊，乃更设大集，请开方等经奥。什为推辩诸法，皆空无我；分别阴界，假名非实。时会听者，莫不悲感追悼，恨悟之晚矣。至是年二十，受戒于王宫，从卑摩罗叉学《十诵律》。卑摩罗叉，此云无垢眼，罽宾人，沉静有志力。出家履道，苦节成务。在龟兹弘阐律藏，四方学者竞往师之，什时亦预焉。有顷，什母辞往天竺，谓龟兹王白纯曰："汝国寻衰，吾其去矣。"行至天竺，进登三果。什母临去谓什曰："方等深教，应大阐真丹，传之东土，唯尔之力。但于自身无利，其可如何？"什曰："大士之道，利彼忘躯。若必使大化流传，能洗悟矇俗，虽复身当炉镬，苦而无恨。"于是留住龟兹，止于新寺。后于寺侧故宫中，初得《放光经》，始就披读，魔来蔽文，唯见空牒。什知是魔所为，誓心逾固。魔去字显，仍习诵之。复闻空中声曰："汝是智人，何用以读此。"什曰："汝是小魔，宜时速去。我心如地，不可转也。"停住二年，广诵大乘经论，洞其秘奥。龟兹王为造金师子座，以大秦锦褥铺之，令什升而说法。什曰："家师犹未悟大乘，欲躬往仰化，不得停此。"俄而大师盘头达多不远而至。王曰："大师何能远顾？"达多曰："一闻弟子所悟非常，二闻大王弘赞佛道。故冒涉艰危，远奔神国。"什得师至，欣遂本怀，即为师说《德女问经》，多明因缘空假。昔与师俱所不信，故先说也。师谓什曰："汝于大乘见何异相，而欲尚之？"什曰："大乘深净，明有法皆空，小乘偏局，多滞名相。"师曰："汝说一切皆空，甚可畏也。

安舍有法而爱空乎？如昔狂人，令绩师绩绵，极令细好。绩师加意，细若微尘，狂人犹恨其粗。绩师大怒，乃指空示曰：‘此是细缕。’狂人曰：‘何以不见？’师曰：‘此缕极细，我工之良匠，犹且不见，况他人耶。’狂人大喜，以付绩师，师亦效焉，皆蒙上赏，而实无物。汝之空法，亦由此也。"什乃连类而陈之，往复苦至，经一月余日，方乃信服。师叹曰："师不能达，反启其志，验于今矣。"于是礼什为师，言："和尚是我大乘师，我是和尚小乘师矣。"西域诸国，咸伏什神俊，每至讲说，诸王皆长跪座侧，令什践而登焉。其见重如此。

　　[出处]　《高僧传初集》卷二《鸠摩罗什传》

二年　甲子(364)

　　支遁还东山　遁淹留京师，涉将三载，乃还东山。上书告辞曰："遁顿首言，敢以不才，希风世表，未能鞭后，用愆灵化。盖沙门之义，法出佛之圣，雕淳反朴，绝欲归宗。游虚玄之肆，守内圣之则，佩五戒之贞，毗外王之化。谐无声之乐，以自得为和。笃慈爱之孝，蠕动无伤；衔抚恤之哀，永悼不仁。秉未兆之顺，远防宿命；挹无位之节，履亢不悔。是以哲王御世，南面之重，莫不钦其风尚，安其逸轨，探其顺心，略其形敬，故令历代弥新矣。陛下天钟圣德，雅尚不倦，道游灵模，日昃忘御，可谓钟鼓晨极，声满天下，清风既劭，莫不幸甚。上愿陛下，齐龄二仪，弘敷至法，去陈信之妖诬，寻丘祷之弘议，绝小涂之致泥，奋宏辔于夷路。若然者，泰山不淫季氏之旅，得一以成灵；王者非员丘而不禋，得一以永贞。若使贞灵各一，人神相忘，君君而下无亲举，神神而咒不加灵。玄德交被，民荷冥祐。恢恢六合，成吉祥之宅；洋洋大晋，为元亨之宇。常无为而万物归宗，执大象而天下自往。国典刑杀，则有司存焉。若生而非惠，则赏者自得；戮而非怒，则罚者自刑。弘公器以厌神意，提铨衡以极冥量，所谓‘天何言哉？四时行焉’。贫道野逸东山，与世异荣，菜蔬长阜，漱流清壑，纁缕毕世，绝窥皇阶。不悟乾光曲曜，猥被蓬荜，频奉明诏，使诣上京。进退惟咎，不知所厝。自到天庭，屡蒙引见，优游宾礼，策以微言。每愧才不拔滞，理无拘新，不足对扬玄模，允塞视听。踟蹰待人，流汗位席。襄四翁赴汉，干木蕃魏，皆出处有由，默语适会。今德非昔人，动静乖理，游魂禁省，鼓言帝侧。将困非据，何能有为？且岁月偍俛，感若斯之叹，况复同志索居，综习辽落，回首东顾，孰能无怀？上愿陛下，特蒙放遣，归之林薄，以鸟养鸟，所荷为优。谨露版以闻，伸其愚管。裹粮望路，伏待慈诏。"诏即许焉。资给发遣，事事丰厚。一时名流，并饯离于征虏。蔡子叔前至，近遁而坐。谢安石后至，值蔡暂起，谢便移就其处。蔡还，合褥举谢掷地，谢不以介意。其为时贤所慕如此。

[出处]《高僧传初集》卷四《义解一·支遁传》

竺僧敷著《神无形论》　竺僧敷，未详氏族，学通众经，尤善《放光》及《道行般若》。西晋末乱，移居江左。至是，止京师瓦官寺，盛开讲席。建业旧僧，莫不推服。时同寺沙门道嵩，亦才解相次。与道安书云："敷公研微秀发，非吾等所及也。"时异学之徒，咸谓心神有形。但妙于万物，随其能言，互相摧压。敷乃著《神无形论》。以有形便有数，有数则有尽。神既无尽，故知无形矣。时状辩之徒，纷纭交净。既理有所归，惬然信服。后又著《放光》、《道行》等义疏，后终于寺中，春秋七十余矣。竺法汰与道安书云："每忆敷上人周旋如昨，逝没奄复多年。与其清谈之日，未尝不相忆，思得与君共覆疏其美，岂图一旦永为异世。痛恨之深，何能忘情。其义理所得，披寻之功，信难可图矣。"汰与安书数述敷义，后其文制失散。

[出处]《高僧传初集》卷五《义解二·竺僧敷传》

[考证]　按《高僧传》卷五《竺法汰传》及卷十四《释慧力传》俱言瓦官寺建于兴宁中。则敷之居瓦官，至早亦须在此年。但此时去东晋之初已五十年，盖敷晚年所居之地也。

三年　乙丑(365)前秦苻坚建元元年

范汪卒　汪字玄平，博学多通，善谈名理，初除都督徐兖青冀四州扬州之晋陵诸军事、安北将军、徐兖二州刺史、假节。既而桓温北伐，令汪率文武出梁国，以失期免为庶人。朝廷惮温不敢执，谈者为之叹恨。汪屏居吴郡，帅门生故吏及子侄等研讲六籍，不言枉直。至是，至姑孰见温。温时方起屈滞以倾朝廷，谓汪远来诣己，倾身引望。谓袁宏曰："范公来，可作太常邪？"汪既至，才坐，温谢其远来意。汪实来造温，恐以趋时致损，乃曰："亡儿瘗此，故来视之。"温殊失望而止。时年六十五，卒于家。赠散骑常侍，谥曰穆。

　　［出处］《晋书·范汪传》

　　［附录］　范汪著述表

　　《祭典》三卷《七录》、《唐志》(在史部)

　　《杂府州郡仪》十卷《唐志》

　　《范氏世传》一卷《隋志》

　　《尚书大事》二十卷《隋志》、《唐志》

　　《荆州记》《史记正义》、《艺文类聚》、《书钞》、《御览》

　　《围棋九品序录》五卷汪等撰，《七录》。

　　《棋九品序录》一卷汪等注，《隋志》。

　　《范东阳方》一百五卷、录一卷

　　集十卷

　　范宁作《春秋穀梁传集解》　宁字武子，范汪之子也。汪卒，宁等录其意为《春秋穀梁传集解》，序曰："……孔子就大师而正《雅》、《颂》，因鲁史而修《春秋》，列《黍离》于《国风》，齐王德于邦君，所以明其不能复雅，政化不足以被群后也。于时则接乎隐公，故因兹以托始。该二仪之化育，赞人道之幽变，举得失以彰黜陟，明成败以著劝诫，拯颓纲以继三五，鼓芳风以扇游尘。一字之褒，宠逾华衮之赠；片言之贬，辱过市朝之挞。德之所助，虽贱必申；义之所抑，虽贵必屈。故附势匿非者无所逃其罪，赞德强运者无所隐其名。信不易之宏轨，百王之通典也。先王之道既宏，麟感化而来应。因事备而终篇,故绝笔于斯年。成天下之事业,定天下之邪正,莫善于《春秋》。《春秋》之传有三,而为经之旨一,臧否不同,褒贬殊致,盖九流分而微言隐,异端作而大义乖。《左氏》以鬻拳兵谏为爱君,文公纳币为用礼。《穀梁》以卫辄拒父为尊祖,不纳子纠为内恶。《公羊》以祭仲废君为行权,妾母称夫人为合正。以兵谏为爱君,是人主可得而胁也。以纳币为用礼,是居丧可得而婚也。以拒父为尊祖,是为子可得而叛也。以不纳子纠为内恶,是仇雠可得而容也。以废君为行权,是神器可得而窥也。以妾母为夫人,是嫡庶可得而齐也。若此之类,伤教害义,不可强通者也。凡传以通经为主,经以必当为理。夫至当无二,而三传殊说,庸得不弃其所滞,择善而从乎?……而汉兴以来,瑰望硕儒,多信所习,是非纷错,准裁靡定,故有父子异同之论,石渠分争之说。废兴由于好恶,盛衰继之辩讷,斯盖非通方之至理,君子之所叹息也。《左氏》艳而富,其失也巫;《穀梁》清而婉,其失也短;《公羊》辩而裁,其失也俗。若能富而不巫,清而不短,裁而不俗,则深于其道者也。故君子之于《春秋》,没身而已矣。升平之末,岁次大梁,先君北蕃回轸,顿驾于吴,乃帅门生故吏、我兄弟子侄研讲六籍,次及三传。《左氏》则有服、杜之注,《公羊》则有何、严之训,《穀梁》传者虽近十家,皆肤浅末学,不经师匠。辞理典据,既无可观,又引《左氏》、《公羊》以解此传,文义反违,斯害也已。于是乃商略名例,敷陈疑滞,博示诸儒同异之说。昊天不吊,泰山其颓,匍匐墓次,死亡无日。日月逾迈,跂及视息,乃与二三学士及诸子弟各记所识,并言其意。业未及终,严霜夏坠,从弟雕落,二子泯没,天实丧余,何痛如之。余撰诸子之言,各记其姓名,名曰《春秋穀梁传集解》。"既而徐邈复为之注,世亦称之。

　　[出处]《晋书·范宁传》《春秋穀梁传集解序》

　　释道安至襄阳　慕容俊逼陆浑,安遂南投襄阳,行至新野,谓徒众曰:"今遭凶年,不依国主,则法事难立。又教化之体,宜令广布。"咸曰："随法师教。"乃令法汰诣扬州，曰："彼多君子，好尚风流。"法和入蜀："山水可以休闲。"安与弟子慧远等四百余人渡河，既达襄阳，复宣佛法。初经出已久，而旧译时谬，致使深义隐没未通。每至讲说，惟叙大意转读而已。安穷览经典，钩深致远，其所注《般若道行》、《密迹》、《安般》诸经，并寻文比句，为起尽之义，及析疑甄解，凡二十二卷。序致渊富，妙尽深旨，条贯既序，文理会通。经义克明，自安始也。自汉魏迄晋，经来稍多，而传经之人，名字弗说，后人追寻，莫测年代。安乃总集名目，表其时人，诠品新旧，撰为《经录》。众经有据，实由其功。四方学士，竞往师之。

［出处］　《高僧传初集》卷五《释道安传》

［考证］　按《出三藏记集》卷第八引道安《摩诃钵罗若波罗蜜经抄序》有"昔在汉阴十有五载……及至京师渐四年矣……会建元十八年……"建元十八年当太元七年，十五年又四年之时，当在此年（十五年之末及四年之初，乃一年之事）。时正当燕人寇洛阳之时，故志之于此。

竺法汰至荆州　汰，东莞人，少与道安同学。虽才辩不逮，而姿貌过之。与道安避难行至新野，安分张徒众，命汰下京。临别，谓安曰："法师仪轨西北，下座弘教东南，江湖道术，此焉相忘矣。至于高会净国，当期之岁寒耳。"于是分手泣涕而别，乃与弟子昙壹、昙贰等四十余人沿江东下，遇疾停阳口。时桓温镇荆州，遣使要过，供事汤药。安公又遣弟子慧远下荆问疾。汰疾小愈诣温，温欲共汰久语，先对诸宾，未及前汰。汰既疾劳未歇，不堪久坐，乃乘舆历厢回出，相闻与温曰："风痰忽发，不堪久语。比当更造。"温匆匆起出，接舆循焉。汰形长八尺，风姿可观，含吐蕴藉，辞若兰芳。时沙门道恒，颇有才力，常执心无义，大行荆土。汰曰："此是邪说，应须破之。"乃大集名僧，令弟子昙壹难之，据经引理，析驳纷纭。恒拔其口辩，不肯受屈，日色既暮，明旦更集。慧远就席攻难数番，关责锋起。恒自觉义途差异，神色微动，麈尾扣案，未即有答。远曰："不疾而速，杼柚何为？"坐者皆笑。心无之义，于此而息。

[出处]　《高僧传初集》卷五《义解二·竺法汰传》

竺道潜至京师讲《大品》　竺道潜字法深，姓王，丞相王敦之弟也。年十八出家，事中州刘元真为师。元真早有才解之誉，故孙绰赞曰："索索虚衿，翳翳闲冲，谁其体之？在我刘公。谈能雕饰，照足开矇，怀抱之内，豁尔每融。"潜伏膺已后，翦削浮华，崇本务学，微言兴化，誉洽西朝。风姿容貌，堂堂如也。至年二十四，讲《法华》、《大品》。既蕴深解，复能善说，故观风味道者，常数盈五百。永嘉初，避乱过江。元帝、明帝及丞相王导、太尉庾亮，并钦其风德，友而敬焉。建武、太宁中，潜恒著屐至殿内，时人咸谓方外之士，以德重故也。及二帝升遐，王、庾又薨，乃隐迹剡山，以避当世。追踪问道者，已复结侣山门。潜优游讲席三十余载，或畅《方等》，或释《老》、《庄》，投身北面者，莫不内外兼洽。至是，帝好重佛法，频遣两使殷勤征请。潜以诏旨之重，暂游宫阙，即于御筵开讲《大品》，倡本无论，故曰："本无者，未有色法，先有于无，故从无出有。即无在有先，有在无后，故称本无。"又曰："诸法本无，壑然无形，为第一义谛。所生万物，名为世谛。"又曰："夫无者何也？壑然无形，而万物由之而生者也。有虽可生，而无能生万物。故佛答梵志，四大从空生也。"上及朝士，并称善焉。潜尝于会稽王昱处遇沛国刘恢，恢嘲之曰："道士何以游朱门？"潜曰："君自睹其朱门，贫道见为蓬户？"潜虽复从运东西，而素怀不乐。乃启还剡之岬山，遂其先志。于是逍遥林阜，以毕余年。支遁遣使求买岬山之侧沃州小岭，欲为幽栖之处。潜答云："欲来辄给，岂闻巢、由买山而隐？"遁与高骊道人书云："上座竺法深，中州刘公之弟子，体德贞峙，道俗纶综。往在京邑，维持法网，内外俱瞻，弘道之匠也。顷以道业靖济，不耐尘俗，考室山泽，修德就闲。今在剡县之岬山，率合同游，论道说义，高栖皓然，遐迩有咏。"

[出处]　《高僧传初集》卷四《义解一·竺道潜传》《大正藏》卷六十五《续论疏部三·中论疏记》、卷四十二《中观论疏》

[考证]　按《高僧传》本传所载竺道潜事迹,前后颇有倒置。何次道(充)卒于永和二年,而本传载其见潜于潜居京师之时。支遁卒于太和元年,而本传载支遁事于简文龙飞之后,是皆不可不辨者也。

废帝海西公
太和元年　丙寅(366)

支遁卒　遁既收迹剡山,毕命林泽。人尝有遗遁马者,遁受而养之。时或有讥之,遁曰:"爱其神骏,聊复畜耳。"后有饷鹤者,遁谓鹤曰:"尔冲天之物,宁为耳目之玩乎?"遂放之。遁幼时,尝与师共论物类,谓鸡卵生用,未足为杀。师不能屈。师寻亡,忽现形,投卵于地,㲉破雏行,顷之俱灭。遁乃感悟,由是蔬食终身。遁先经余姚坞山中住,至于明辰,犹还坞中。或问其意,答云:"谢安石昔数来就,辄移旬日。今触情举目,莫不兴想。"后病甚,移还坞中。以是年闰四月四日终于所住,春秋五十有三,即窆于坞中,厥冢存焉。或云终剡,未详。遁善草隶,郗超为之序传,袁宏为之铭赞,周昙宝为之作诔。孙绰《道贤论》,以遁方向子期。论云:"支遁、向秀,雅尚庄老,二子异时,风好玄同矣。"又《喻道论》云:"支道林者,识清体顺而不对于物,玄道冲济,与神情同任。此远流之所以归宗,悠悠者所以未悟也。"后戴逵行经遁墓,乃叹曰:"德音未远,而拱木已繁,冀神理绵绵,不与气运俱尽耳。"遁有同学法虔,精理如神。先遁亡,遁叹曰:"昔匠石废斤于郢人,牙生辍弦于钟子,推己求人,良不虚矣。宝契既潜,发言莫赏,中心蕴结,余其亡矣。"乃著《切悟章》,临亡成之,落笔而卒。凡遁所著文翰,集有十卷,盛行于世。

[出处]　《高僧传初集》卷四

沙门乐僔营莫高窟石佛　莫高窟者,在瓜州之南,去州二十五里。中过石碛带,山坡至彼,斗下谷中。其东即三危山,西即鸣沙山。中有自南流水,名之宕泉。有沙门乐僔,戒行清虚,执心恬静,以是年杖锡林野,行至此山。忽见金光,状有千佛,□□□□□造

窟一龛。次有法良禅师，从东届此。又于傅师窟侧，更即营建，伽
蓝之起，滥觞二僧。复刺史建平公、东阳王等后合州黎度造作相仍，于是山西壁
南北二里，并是镌造高大沙窟塑画佛像，计窟室一千余龛，每窟动计费税百万，前设楼
阁数层，有大像堂殿，其像长一百六十尺，其小龛无数，悉在虚栏通连。实神秀之幽岩，
灵奇之净域也，年祀邈远，经历兵燹，沙压倾圮，梯级多断；而佛相庄严，斑烂金碧者犹
灿然盈目，故又曰千佛岩。

　　[出处]　《燉煌录》　《西域水道记》卷三引李怀让《大周李君
修功德记》①

五年　庚午(370)

　　孙盛作《晋阳秋》　盛自少至老，手不释卷，常以为虽圣贤玄
邈，得诸言表，而仁爱自我，陶染庶物，渐渍之功，莫过乎经史。是
以仲尼因《鲁史记》以著《春秋》，使百代之后，仰高风以式瞻。孟
轲、孙卿，并赞扬大化。暨乎史迁，亦记一代之成败，明鉴诚将来。
今遂厝心博综，撰考诸事，疏著《晋阳秋》。庶拟前贤，以美道训，传
本并音合三十二卷。《晋阳秋》词直而理正，咸称良史。既而桓温
见之，怒谓盛子曰："枋头诚为失利，何至乃如尊君所说！若此史遂
行，自是关君门户事。"其子遽拜谢，谓请删改之。时盛年老还家，
性方严，有轨宪，虽子孙班白，而庭训愈峻。至此诸子乃共号泣稽
颡，请为百口切身计。盛大怒，诸子遂窃改之。盛写两定本，寄于
前燕。年七十二而卒，二子潜、放。

　　[出处]　《晋书》卷八十二《孙盛传》　《大正藏》第五十二卷
《史传部四·集古今佛道论衡》卷甲

　　[考证]　按《晋阳秋》中既载枋头之败，则当作于太和四年之
后。而本年十一月前燕亡，则其寄书之事必不能后于是年，故志作

────────────

① 　原无"修"字，据《西域水道记》(文海出版社1965年版，据北平隆福寺文奎堂藏版影
印)补。

书事于此。惟本传谓寄书于慕容儁,则殊误,因儁已卒于升平
四年也。

[附录]　孙盛著述表

《易象妙见于形论》

《魏氏春秋》二十卷《隋志》

《晋阳秋》三十二卷《唐志》

《三国异同评》《三国魏志·武帝纪注》

《逸民传》《初学记·人事部》引

《魏世谱》《三国志》注引

《蜀世谱》《三国志》注引

《杂记》《三国志》注引

集十卷、录一卷《七录》。隋残。

太宗简文帝
咸安元年　辛未(371)

王坦之作《废庄论》　坦之弱冠与郗超字景兴,高平金乡人,父愔事天
师道而超奉佛。俱有重名,时人为之语曰:“盛德绝伦郗嘉宾,江东独
步王文度。”嘉宾,超小字也。仆射江虨领选,将拟为尚书郎。坦之
闻曰:“自过江来,尚书郎正用第二人,何得以此见拟?”虨遂止。简
文帝为抚军将军,辟为掾。累迁参军、从事中郎,仍为司马,加散骑
常侍,出为大司马桓温长史,寻以父忧去职。服阕,征拜侍中,是年
海西公废,领左卫将军。坦之有风格,尤非世俗放荡,不敦儒教,颇
尚刑名学。著《废庄论》曰:“荀卿称‘庄子蔽于天而不知人’,杨雄
亦曰‘庄周放荡而不法’,何晏云‘鬻庄躯放玄虚而不周乎时变’。
三贤之言,远有当乎! 夫独构之唱,唱虚而莫和;无感之作,义偏而
用寡。动人由于兼忘,应物在乎无心。孔父非不体远,以体远故用
近。颜子岂不具德? 以德备故膺教。胡为其然哉? 不获已而然

也。夫自足者寡，故理悬于羲、农；徇教者众，故义申于三代。道心惟微，人心惟危，吹万不同，孰知正是？虽首阳之情，三黜之智，磨顶之甘，落毛之爱，枯槁之生，负石之死，格诸中庸，未入乎道，而况下斯者乎？先王知人情之难肆，惧违行以致讼，悼司彻之贻悔，审襭带之所缘，故陶铸群生，谋之未兆，每摄其契而为节焉。使夫敦礼以崇化，日用以成俗，诚存而邪忘，利损而竞息，成功遂事，百姓皆曰我自然。盖善暗者无怪，故所遇而无滞，执道以离俗，孰逾于不达？语道而失其为者，非其道也；辩德而有其位者，非其德也。言默所未究，况扬之以为风乎？且即濠以寻鱼，想彼之我同。推显以求隐，理得而情昧。若夫庄生者，望大庭而抚契，仰弥高于不足，寄积想于三篇，恨我怀之未尽。其言诡谲，其义恢诞。君子内应，从我游方之外，众人因藉之以为弊薄之资。然则天下之善人少，不善人多，庄生之利天下也少，害天下也多。故曰鲁酒薄而邯郸围，庄生作而风俗颓。礼与浮云俱征，伪与利荡并肆，人以克己为耻，士以无措为通。时无履德之誉，俗有蹈义之愆。骤语赏罚，不可以造次；屡称无为，不可与适变。虽可用于天下，不足以用天下人。昔汉阴丈人修浑沌之术，孔子以为识其一不识其二。庄生之道，无乃类乎？与夫如愚之契，何殊间哉？若夫利而不害，天之道也；为而不争，圣之德也。群方所资而莫知谁氏，在儒而非儒，非道而有道，弥贯九流，玄同彼我，万物用之而不既，亹亹日新而不朽，昔吾孔、老固已言之矣。"又领本州大中正。

[出处]《晋书·王坦之传》

顾悦之为尚书左丞　悦之字君叔，晋陵人。初为殷浩扬州别驾，浩卒，上疏理浩。或谏以浩为帝所废，必不依许。悦固争之，浩果得申，物论称之。尝难王弼《易》义四十余条。至是，官至尚书左丞。悦之与帝同年而发蚤白，帝曰："卿何以先白？"对曰："蒲柳之姿，望秋而落；松柏之质，经霜弥茂。"

[出处]《世说·言语第二》《晋书》卷七十七《殷浩传》、《顾悦之传》《宋书》卷九十三《隐逸·关康之传》

二年　壬申(372)前秦苻坚建元八年

前秦命关东礼送经艺之士　春三月，秦王苻坚诏关东之民，学通一经，才成一艺者，所在郡县，以礼送之。在官百石以上，学不通一经，才不成一艺者，罢遣还民。复魏晋士籍，使役有常，其诸非正道典学，一皆禁之。自永嘉之乱，庠序无闻。及坚之立，颇留心儒学，乃亲临太学，考学生经义，上第擢叙者八十三人。

[出处]《十六国春秋》卷三十七　《晋书》卷一百十三《载记十三·苻坚上》

烈宗孝武皇帝
宁康元年　癸酉(373)

释道安立檀溪寺于襄阳　初征西将军桓温镇江陵，要安暂住。是年朱序西镇，复请还襄阳。安以白马寺狭，乃更立寺，名曰檀溪，即清河张殷宅也。大富长者，并加赞助。建塔五层，起房四百。时襄阳习凿齿锋辩天逸，笔势当时。其先籍安高名，早已致书通好，曰："承应真履正，明白内融，慈训兼照，道俗齐荫。宗虚者悟无常之旨，存有者达身外之权，清风藻于中夏，鸾响厉乎八冥。玄冥远猷，何劳如之？弟子闻不终朝而雨六合者，弥天之云也；弘渊源以润八极者，四大之流也。彼直无为降而万物赖其泽，此本无心行而高下蒙其润。况哀世降步，愍时而生，资始系于度物，明道存乎练俗，乘不疾之舆，以涉无远之道，命外身之驾，以应十方之求，而可得玉润于一山，冰结于一谷，望阆风而不回仪，损此世而不悔度者哉。且夫自大教东流，四百余年矣。虽蕃王居士，时有奉者。而真丹宿训，先行上世；道运时迁，俗无金悟，藻悦涛波下士而已。唯肃

宗明皇帝,实天降德,始钦斯道。手画如来之容,口味三昧之旨,戒
行峻于岩隐,玄祖畅乎无生。大块既唱,万窍怒号,贤哲君子,靡不
归宗。日月虽远,光景弥晖,道业之隆,莫盛于今。岂所谓月光道
寂将生真士①,灵钵东迁忽验于兹乎?又闻三千得道,俱见南阳,
明学开士,陶演真言。上考圣达之诲,下测道行之验,深经普往,非
斯而谁?怀道迈训,舍兹孰降?是以此方诸僧,咸有倾想,目欣金
色之瑞,耳迟无上之箴。老幼等愿,道俗同怀,系咏之情,非常言
也。若庆云东徂,摩尼回曜,一蹑七宝之座,暂视明哲之灯,雨甘露
于丰草,植栴檀于江湄,则如来之教复崇于今日,玄波逸响重荡濯
于一代矣。不胜延豫,裁书致心,意之蕴积,曷云能畅?"及是闻安
至止,即往修造。既坐,称言:"四海习凿齿。"安曰:"弥天释道安。"
时人以为名答。齿与谢安书有云:"来此见释道安,故是远胜,非常
道士。师徒数百,斋讲不倦。无变化技术可以惑常人之耳目,无重
威大势可以整群小之参差。而师徒肃肃,自相尊敬,洋洋济济,乃
是吾由来所未见。其人理怀简衷,多所博涉,内外群书,略皆遍睹;
阴阳算术,亦皆能通;佛经妙义,故所游刃。作义乃似法简、法道,
恨足下不同日而见,其亦每言思得一叙。"其为时贤所重,类
皆然也。

　　[出处]　《高僧传初集》卷五《释道安传》　《弘明集》卷第十二

二年　甲戌(374)

　　范宁为余杭令　宁少笃学,多所通览。简文帝为相,将辟之,
为桓温所讽,遂寝不行。故终温之世,宁兄弟无在列位者。时以浮
虚相扇,儒雅日替。宁以为其源始于王弼、何晏,二人之罪,深于
桀、纣。乃著论曰:"或曰:'黄唐缅邈,至道沦翳,濠濮辍咏,风流靡

---

① 《弘明集》"士"作"土"。

托，争夺兆于仁义，是非成于儒墨。平叔神怀超绝，辅嗣妙思通微，振千载之颓纲，落周、孔之尘网，斯盖轩冕之龙门，豪梁之宗匠。尝闻夫子之论，以为罪过桀、纣，何哉？'答曰：'子信有圣人之言乎？夫圣人者，德侔二仪，道冠三才。虽帝皇殊号，质文异制，而统天成务，旷代齐趣。王、何蔑弃典文，不遵礼度，游辞浮说，波荡后生。饰华言以翳实，骋繁文以惑世。搢绅之徒，翻然改辙；洙泗之风，缅焉将坠。遂令仁义幽沦，儒雅蒙尘，礼坏乐崩，中原倾覆。古之所谓言伪而辩，行僻而坚者，其斯人之徒与。昔夫子斩少正于鲁，太公戮华士于齐，岂非旷世而同诛乎？桀、纣暴虐，正足以灭身覆国，为后世鉴戒，岂能回百姓之视听哉？王、何叨海内之浮誉，资膏粱之傲诞，画魑魅以为巧，扇无检以为俗，郑声之乱乐，利口之覆邦，信矣哉！吾固以为一世之祸轻，历代之罪重；自丧之衅小，迷众之愆大也。'"宁崇儒抑俗，率皆如此。至是，温已薨，始解褐为余杭令。在县兴学校，养生徒，洁己修礼，志行之士，莫不宗之。期年之后，风化大行，自中兴以来，崇学敦教，未有如宁者也。

[出处]《晋书·范宁传》

王坦之论公谦之义　坦之与殷康子书论公谦之义曰："夫天道以无私成名，二仪以至公立德。立德存乎至公，故无亲而非理；成名在乎无私，故在当而忘我。此天地所以成功，圣人所以济化。由斯论之，公道体于自然，故理泰而愈降；谦义生于不足，故时弊而义著。故大禹、咎繇，称功言惠，而成功于彼；孟反、范燮，殿军后人，而全身于此。从此观之，则谦公之义，固以殊矣。夫物之所美，己不可收；人之所贵，我不可取。诚患人恶其上，众不可盖。故君子居之，而每加损焉。隆名在于矫伐，而不在于期当；匿迹在于违显，而不在于求是。于是谦光之义，与矜竞而俱生；卑挹之义，与夸伐而并进。由亲誉生于不足，未若不知之有余。良药效于瘳疾，未若无病之为贵也。夫乾道确然，示人易矣；坤道隤然，示人简矣。二象显于万物,两德彰于群生,岂矫枉过直而失其所哉? 由此观之,则大通之道,公坦于天地;谦伐之义,险巇于人事。今存公而废谦,则自伐者托至公以生嫌,自美者因存党以致惑。此王生所谓同貌而实异,不可不察者也。然理必有源,教亦有主。苟探其根,则玄指自显。若寻其末,弊无不至。岂可以嫌似而疑至公,弊贪而忘于谅哉?”康子及袁宏并有疑难,宏论略曰:“贤人君子,推诚以存礼,非降己以应世;率心以诚谦,非匿情以同物。故侯王以孤寡飨天下,江海以卑下朝百川。《易》曰:‘天道下济而光明,地道卑而上行。’《老子》曰:‘高以下为基,贵以贱为本。’此之谓乎。”韩伯览而美其辞旨,以为是非既辩,谁与正之。遂作《辩谦》以折中曰:“夫寻理辩疑,必先定其名分所存。所存既明,则彼我之趣可得而详也。夫谦之为义,存乎降己者也。以高从卑,以贤同鄙,故谦名生焉。孤寡不谷,人之所恶,而侯王以自称,降其贵者也。执御执射,众之所贱,而君子以自目,降其贤者也。与夫山在地中之象,其致岂殊哉? 舍此二者而更求其义,虽南辕求冥,终莫近也。夫有所贵,故有降焉;夫有所美,故有谦焉。譬犹影响之与形声,相与而立。道足者,忘贵贱而一贤愚;体公者,乘理当而均彼我。降挹之义,于何而生? 则谦之为美,固不可以语至足之道,涉乎大方之家矣。然君子之行己,必尚于至当,而必造乎匪善。至理在乎无私,而动之于降己者何? 诚由未能一观于能鄙,则贵贱之情立;非忘怀于彼我,则私己之累存。当其所贵,在我则矜;值其所贤,能之则伐。处贵非矜,而矜己者常有其贵;言善非伐,而伐善者骤称其能。是以知矜贵之伤德者,故宅心于卑素。悟骤称之亏理者,故情存乎不言。情存于不言,则善斯匿矣;宅心于卑素,则贵斯降矣。夫所况君子之流,苟理有未尽,情有未夷,存我之理,未冥于内,岂不同心于降挹洗之所滞哉? 体有而拟无者,圣人之德;有累而存理者,君子之情。虽所滞不同,其于遣情之累,缘有弊而用;降己之道,由私我而存,一也。故惩忿窒欲,著于损象;卑以自牧,实系谦爻。皆所以存其所不足,拂其所有余者也。王生之谈,以至理无谦,近得之矣。云人有争心,善不可收。假后物之迹,以逃动者之患。以语圣贤则可,施之于下斯者岂惟逃患于外,亦所以洗心于内也。"

[出处]《晋书》卷七十五《王坦之传》、《韩伯传》《御览》四百二十三引《明谦》

竺道潜卒于岬山　潜卒于山馆,春秋八十有九。帝下诏曰:"潜法师理悟虚远,风鉴清贞,弃宰相之荣,袭染衣之素。山居人外,笃勤匪懈。方赖宣道以济苍生,奄然迁化,用痛于怀。可赙钱十万,星驰驿送。"孙绰以潜比刘伯伦,论云:"潜公道素渊重,有远大之量。刘灵肆意放荡,以宇宙为小。虽高栖之业刘所不及,而旷大之体同焉。"时岬山复有竺法友,志业强正,博通众典。尝从潜受《阿毗昙》,一宿便诵。潜曰:"经目则讽,见称昔人,若能仁更兴大晋者,必取汝为五百之一也。"年二十四,便能说讲。后立剡县城南法台寺焉。竺法蕴(一作法温)悟解入玄,尤善《放光般若》。尝著《心无论》云:"夫有,有形者也;无,无像者也。然则有象不可谓无,无形不可为有。是故有为实有,色为真色。经所谓色为空者,但内止其心,不滞外色。外色不存余情之内,非无如何!岂谓廓然无形,而为无色乎?"康法识亦有义学之誉,而以草隶知名。尝遇康昕,昕自谓笔道遇识,识共昕各作王右军草,傍人窃以为货,莫之能别。又写众经见重。竺法济幼有才藻,作《高逸沙门传》。凡此诸人,皆潜之神足,孙绰并为之赞。

[出处]《高僧传初集》卷四《义解一·竺道潜传》《大正藏》第六十五卷《续论疏部三·中论疏记》

三年　乙亥(375)前秦苻坚建元十一年

袁宏为东阳太守　谢安常赏宏机对辩速,至是宏自吏部郎出为东阳郡,时安为扬州刺史,乃祖道于冶亭,众贤皆集。安欲以卒迫试宏,临别执其手,顾左右取一扇而授之曰:"聊以赠行。"宏应声答曰:"辄当奉扬仁风,慰彼黎庶。"时人叹其率而能要焉。宏见汉时傅毅作《显宗颂》,辞甚典雅,乃作颂九章,颂简文之德,上之于帝。先是安定张璠著《后汉纪》三十卷，璠为秘书郎，参著作，又作《周易集解》十二卷。虽似未成，辞藻可观。宏已从事为《后汉纪》，经营八年，疲而不能定。及见璠书，见其叙汉末之事差详，故复探而益之，亦成三十卷。其自序曰："予尝读《后汉书》，烦秽杂乱，睡而不能竟也。聊以暇日，撰集为《后汉纪》。其所缀会：《汉纪》、《谢承书》、《司马彪书》、《华峤书》、《谢忱书》、《汉山阳公纪》、《汉灵献起居注》、《汉名臣奏》，旁及诸郡耆旧先贤传，凡数百卷。前史阙略，多不次叙。错缪同异，谁使正之？经营八年，疲而不能定。颇有传者，始见张璠所撰书，其言汉末之事差详，故复探而益之。夫史传之兴，所以通古今而笃名教也。丘明之作，广大悉备。史迁剖判六家，建立十书，非徒记事而已，信足扶明义教，网罗治体，然未尽之。班固源流周赡，近乎通人之作。然因藉史迁，无所甄明。荀悦才智经纶，足为嘉史，所述当世，大得治功已矣。然名教之本，帝王高义，韫而未叙。今因前代遗事，略举义教所归，庶以弘敷王道前史之阙。古者方今不同，其流亦异，言行趣舍，各以类书。故观其名迹，想见其人。丘明所以斟酌抑扬，寄其高怀。末吏区区，注疏而已，其所称美，止于事义，疏外之意，殁而不传，其遗风余趣蔑如也。今之史书，或非古之人心，恐千载之外，所诬者多，所以怅怏踌躇，操笔恨然者也。"太元初，卒于东阳，时年四十九。《后汉纪》外，又著《竹林名士传》三卷，诗、赋、诔、表等杂文凡三百余首，传于世。

[出处]　《晋书》卷九十二《文苑·袁宏传》　《经典释文·叙录》　《三国魏志三·少帝纪》注　《后汉纪》

[考证]　按《晋书·孝武帝纪》，谢安以是年为扬州刺史，其祖饯袁宏必在此时。故志宏为东阳太守事于此。

[附录]　袁宏著述表

《周易谱》一卷	《集议孝经》一卷
《论语注》	《后汉纪》三十卷

《竹林名士传》三卷　　　　　　《罗浮山记》

《去代论》　　　　　　　　　　集二十卷、录一卷

前秦下诏简学生受经　是年王猛卒,秦王苻坚下诏曰:"新丧贤辅,百司或未称朕心。可置听讼观于未央南,朕五日一临,以求民隐。今天下虽未大定,权可偃武修文,以称武侯雅旨。其尊崇儒教,禁老庄图谶之学,犯者弃市。妙简学生,太子及公侯百僚之子,皆就学受业。中外四禁、二卫、四军长上将士皆令受学,二十人给一经生,教读音句。后宫置典学,立内司以教掖庭,选阉人及女隶敏慧者诣博士受业。"

〔出处〕《晋书》卷一百十三《载记》十三　《十六国春秋》卷三十七

太元元年　丙子(376)

谢石请兴复国学　尚书谢石上书曰:"立人之道,曰仁与义,翼善辅性,唯礼与学。虽理出自然,必须诱导。故洙泗阐弘道之风,《诗》、《书》垂轨教之典。敦《诗》悦《礼》,王化以斯而隆;甄陶九流,群生于是乎穆。世不常治,道亦时亡。光武投戈而习诵,魏武息马以修学,惧坠斯文若此之至也。大晋受命,值世多阻,虽圣化日融,而王道未备。庠序之业,或废或兴。遂令陶铸阙日用之功,民性靡素丝之益。蕈蕈玄绪,翳焉莫抽,臣所以远寻伏念,瘝寐永叹者也。今皇威遐震,戎车方静,将洒玄风于四区,导斯民于至德,岂可不弘敷礼乐,使焕乎可观? 请兴复国学以训胄子,班下州郡,普修乡校,雕琢琳琅,和宝必至。大启群蒙,茂兹成德,匪懈于事,必由之以通,则人竞其业,道隆学备矣。"帝纳其言,是年选公卿二千石子弟为生,增造庙屋一百五十五间,而品课无章,士君子耻与其列。国子祭酒殷茂言之曰:"臣闻弘化正俗,存乎礼教;辅性成德,必资于学。先王所以陶铸天下,津梁万物,闲邪纳善,潜被于日用者也。

故能疏通玄理,穷综幽微,一贯古今,弥纶治化。且夫子称回,以好学为本;七十希仰,以善诱归宗。《雅》、《颂》之音,流咏千载,圣贤之渊范,哲王所同风。自大晋中兴,肇基江左,崇明学校,修建庠序,公卿子弟,并入国学。寻值多故,训业不终。陛下以圣德玄一,思隆前美,顺通居方,导达物性。兴复儒肆,盒与后生。自学建弥年,而功无可名,惮业避役,就存者无几。或假托亲疾,真伪难知。声实混乱,莫此之甚。臣闻旧制,国学生皆冠族华胄,比列皇储,而中者混杂兰艾,遂令人情耻之。子贡去朔之饩羊,仲尼犹爱其礼,况名实兼丧,面墙一世者乎?若以当今急病,未遑斯典,权宜停废者,别一理也。若其不然,宜依旧准。窃谓群臣内外清官子侄,普应入学,制以程课。今者见生或年在扞格,方圆殊趣,宜听其去就,各从所安。所上谬合,乞付外参议。"帝下诏褒纳,又不施行,朝廷及草莱之人有志于学者,莫不发愤叹息。

[出处]《宋书》卷十四《礼志一》

再集群臣论经义 帝集群臣,共论经义。荀昶字茂祖,颖川颍阴人。撰集《孝经》诸说,始以郑氏为宗。

[出处]《孝经正义》引刘子玄议

四年 己卯(379)前秦苻坚建元十五年

释道安至长安 安在樊沔凡十五年,每岁常讲《放光般若》,未尝废阙。帝承风钦德,遣使通问。并有诏曰:"安法师器识伦通,风韵标朗,居道训俗,徽绩兼著。岂直规济当今,方乃陶津来世。"俸给一同王公,物出所在。秦王苻坚素闻安名,每云:"襄阳有释道安,是神器。方欲致之,以辅朕躬。"至是,遣符丕南攻襄阳,安与朱序俱获于坚。坚谓仆射权翼曰:"朕以十万之师取襄阳,唯得一人半。"翼曰:"谁耶?"坚曰:"安公一人,习凿齿半人也。"既至,住长安五重寺,僧众数千,大弘法化。初,魏晋沙门依师为姓,故姓各不同。安以为大师之本，莫尊释迦，乃以释命氏。后获《增一阿含》，果称四河入海，无复河名，四姓为沙门，皆称释种，既悬与经符，遂为永式。安外涉群书，善为文章，长安中衣冠子弟为诗赋者，皆依附致誉。时蓝田县得一大鼎，容二十七斛。边有篆铭，人莫能识，乃以示安。安云："此古篆书，云鲁襄公所铸。"乃写为隶文。又有人持一铜斛，于市卖之，其形正圆，下向为斗，横梁昂者为升，低者为合。梁一头为籥，籥同黄钟，容半合，边有篆铭。坚以问安，安云："此王莽自言出自舜，皇龙戊辰，改正即真，以同律量。布之四方，欲小大器钧，令天下取平焉。"其多闻广识如此。坚敕学士，内外有疑，皆师于安。故京兆为之语曰："学不师安，义不中难。"

[出处] 《高僧传初集》卷第五《释道安传》

六年　辛巳(381)前秦苻坚建元十七年

前秦焚其史　初，秦置史官，有赵渊、车敬、梁熙、韦谭相继著述。而坚母苟太后少寡，将军李威有辟阳之宠，史官载之。至是，坚收起居注及著作所录而观之，见其事，惭怒，乃焚其书而大检史官，将加其罪。著作郎赵渊、车敬等已死，乃止。后著作郎董谊追录旧语，十不一存。

[出处] 《晋书》卷一百十三《载记》十三

七年　壬午(382)

释道安为《摩诃钵罗若波罗蜜经抄序》　经凡五卷，一名《长安品经》，或云《摩诃般若波罗蜜经》。天竺沙门昙摩蜱执胡《大品》本，竺佛念译出。道安为之序曰："昔在汉阴十有五载，讲《放光经》岁常再遍。及至京师，渐四年矣，亦恒岁二，未敢堕息。然每至滞句，首尾隐没，释卷深思，恨不见护公、叉罗等。会建元十八年正车师前部王名弥第来朝，其国师字鸠摩罗跋提，献胡《大品》一部，四百二牒,言二十千失卢,失卢三十二字,胡人数经法也。即审数之,凡十七千二百六十失卢,残二十七字。都并五十五万二千四百七十五字。天竺沙门昙摩蜱执本,佛护为译,对而检之,慧进笔受,与《放光》、《光赞》同者,无所更出也。其二经译人所漏者,随其失处称而正焉。其义异不知孰是者,辄并而两存之。往往为训其下,凡四卷,其一纸二纸异者出别为一卷,合五卷也。译胡为秦,有五失本也:一者胡语尽倒而使从秦,一失本也。二者胡经尚质,秦人好文,传可众心,非文不合,斯二失本也。三者胡经委悉至于叹咏,丁宁反覆,或三或四,不嫌其烦,而今裁斥,三失本也。四者胡有义说,正似乱辞,寻说向语,文无以异,或千五百,刈而不存,四失本也。五者事已全成,将更傍及,反腾前辞,已乃后说而悉除,此五失本也。然《般若经》,三达之心,覆面所演,圣必因时俗有易,而删雅古以适今时,一不易也。愚智天隔,圣人叵阶,乃欲以千岁之上微言,传使合百王之下末俗,二不易也。阿难出经,去佛未久,尊者大迦叶令五百六通迭察迭书,今离千年而以近意量裁,彼阿罗汉乃兢兢若此,此生死人而平平若此,岂将不知法者勇乎?斯三不易也。涉兹五失,经三不易,译胡为秦,讵可不慎乎?正当以不闻异言传令知会通耳,何复嫌大匠之得失乎?是乃未所敢知也。前人出经,支谶、世高,审得胡本难系者也。又罗、支越,断凿之巧者也。巧则巧矣,惧窍成而混沌终矣。若夫以《诗》为烦重,以《书》为质朴,而删令合今,则马、郑所深恨者也。近出此撮,欲使不杂,推经言旨,唯惧失实也。其有方言古辞,自为解其下也,于常首尾相违句不通者,则冥如合符,厌如复析,乃见前人之深谬,欣通外域之嘉会也。于九十章荡然无措疑处,毫芒之间,泯然无微疹,已矣乎。”

    [出处] 《出三藏记集》卷第二、卷第八

八年　癸未(383)前秦苻坚建元十九年

僧伽跋澄译《鞞婆沙》　僧伽跋澄,晋言众现,罽宾人,毅然有渊毅之量,历寻名师,备习三藏。博览众典,特善数经,暗诵《阿毗昙毗婆沙》,贯其妙旨。尝浪志游方,观风弘化。苻坚建元十七年,来入关中。先是大乘之典未广,禅数之学甚盛,既至长安,咸称法匠焉。苻坚秘书郎赵正字文业,洛阳清水人,或曰济阴人。为秦著作郎,迁至黄门侍郎、武威太守。崇仰大法,尝闻外国宗习《阿毗昙毗婆沙》,而跋澄讽诵,乃四事礼供,请释梵文。遂共名德法师释道安等集僧宣译,跋澄口诵经本,外国沙门昙摩难提见后385年。笔受为梵文,佛图罗刹宣译,秦沙门敏智笔受为晋本。自孟夏至仲秋方讫。道安法师为之序曰:"阿难所出十二部经,于九十日中佛意三昧之所传也。其后别其径,至小乘法为《四阿含》。阿难之功,于斯而已。迦旃延子撮其要行,引经训释,为《阿毗昙》四十四品。要约婉显,外国重之。优波离裁之所由为毗尼,与《阿毗昙》、《四阿含》并为三藏。身毒甚珍,未坠于地也。其后昙摩多罗刹集《修行》,亦大行于世也。又有三罗汉,一名尸陀槃尼,二名达悉,三名鞞罗尼,撰《鞞婆沙》,广引圣证,言辄据古,释《阿毗昙》焉。其所引据,皆是大士真人佛印印者也。达悉迷而近烦,鞞罗要而近略,尸陀最折中焉。其在身毒,登无畏座,僧中唱言,何莫由斯道也。其经犹大海与,深广浩汗,千宝出焉。犹昆岳与,嵬峨幽蔼,百珍之薮。资生之徒,于焉斯在。兹经如是,何求而不有乎? 有秘书郎赵政文业者,好古索隐之士也。常闻外国尤重此经,思存想见。然乃在昆仑之右,芄野之西,眇尔绝域,末由也已。会建元十九年,罽宾沙门僧伽跋澄,讽诵此经四十二处,是尸陀槃尼所撰者也。来至长安,赵郎饥虚在往,求令出焉。其国沙门昙无难提笔受为梵文,弗图罗刹译传,敏智笔受为此秦言,赵郎正义。起尽自四月出,至八月二十九日乃讫。胡本一万一千七百五十二首卢,长五字也,凡三十七万六千六十四言也。秦语为十六万五千九百七十五字。经本甚多,其人忘失,唯四十事。是释《阿毗昙》十门之本,而分十五事为小品回著前,以二十五事为大品而著后,此大小二品全无所损。其后二处是忘失之遗者,令第而次之。赵郎谓译人曰:'《尔雅》有《释古》、《释言》者,明古今不同也。昔来出经者,多嫌胡言方质而改适今俗,此政所不取也。何者? 传胡为秦,以不闲方言,求知辞趣耳,何嫌文质? 文质是时,幸勿易之。经之巧质,有自来矣,唯传事不尽,乃译人之咎耳。'众咸称善。斯真实言也。遂案本而传,不令有损言游字。时改倒句,余尽实录也。余欣秦土忽有此经,挈海移岳,奄在兹域。载玩载咏,欲疲不能。遂佐对校一月四日,然后乃知大方之家富,昔见之至夹也。恨八九之年方阅其牖耳。愿欲求如意珠者,必牢装强伴,勿令不周沧海之实者也。"

[出处]《高僧传初集》卷一《僧伽跋澄传》《出三藏记集》卷第十

僧伽提婆译《阿毗昙八犍度论》于长安 僧伽提婆,此言众天。或云提和,音讹故也。本姓瞿昙氏,罽宾人。入道修学,远求明师。学通三藏,尤善《阿毗昙心》,洞其纤旨。常诵《三法度论》,昼夜嗟咏,以为入道之府也。为人俊朗有深鉴,而仪止温恭,务在诲人,恂恂不怠。至是来诣长安,宣流法化。共竺佛念译出《阿毗昙八犍度论》,一名《迦旃延阿毗昙》。凡三十卷,一本作二十卷。所谓八犍度者,一杂犍度,二结使犍度,三智犍度,四行犍度,五大犍度,六根犍度,七定犍度,八见犍度是也,道安法师为之序曰:"《阿毗昙》者,秦言大法也。众祐有以见道果之至赜,拟性形容,执乎真像,谓之大也。有以道慧之至齐,观如司南,察乎一相,谓之法,故曰大法也。《中阿含》世尊责优陀耶曰:'汝诘《阿毗昙》乎?'夫然,佛以身子五法为大阿毗昙也。戒定慧名无漏也。佛般涅槃后,迦旃延以十二部经浩博难究,撰其大法为一部八犍度四十四品也。其为经也,富莫尚焉,邃莫加焉。要道无行而不由，可不谓之富乎？至德无妙而不出，可不谓之邃乎？富邃洽备故，故能微显阐幽也。其说智也周，其说根也密，其说禅也悉，其说道也具，周则二八用各适时，密则二十迭为宾主，悉则味净遍游其门，具则利钝各别其所以。故为高座者所咨嗟，三藏者所鼓舞也。其身毒来诸沙门，莫不祖述此经，宪章《鞞婆沙》，咏歌有余味者也。然乃在大荒之外，葱岭之表，虽欲从之，末由见也。以建元十九年，罽宾沙门僧伽提婆诵此经甚利，来诣长安。比丘释法和请令出之，佛念译传，慧力、僧茂笔受，和理其指归。自四月二十日出，至十月二十三日乃讫。其日检校译人颇杂义辞，龙蛇同渊，金鍮共肆者，彬彬如也。和忲然恨之。余亦深谓不可，遂令更出，夙夜匪懈，四十六日而得尽定，损可损者四卷焉。至于事须悬解起尽之处，皆为细其下。梵本十五千七十二首卢，四十八万二千五百四言。秦语十九万五千二百五十言。其人忘《因缘》一品，云言数可与十门等也。周览斯经，有硕人所尚者三焉。以高座者尚其博，以尽漏者尚其要，以研几者尚其密。密者龙象翘鼻，鸣不造耳，非人中之至恬，其孰能与于此也。要者八忍九断，巨细毕载，非人中之至练，其孰能致于此也。博者众微众妙，六八曲备，非人中之至懿，其孰能综于此也。其将来诸学者游槃于其中，何求而不得乎？"

　　[出处]　《高僧传初集》卷一《译经上·僧伽提婆传》《出三藏记集》卷第二　《大正藏》第二十六卷《毗昙部一·阿毗昙八犍度论》

卷之二

九年　甲申(**384**)前秦苻坚建元二十年　后秦姚苌白雀元年

增置太学生百人　四月乙卯,增置太学生百人,以车胤字武子,南平人。领国子博士。胤上言:"案二汉旧事,博士之职,唯举明经之士迁转。各以本资,初无定班。魏及中朝,多以侍中、常侍儒学最优者领之。职虽不同汉氏,尽于儒士取用,其揆一也。今博士八人,愚谓宜依魏氏故事,择朝臣一人经学最优者,不系位之高下,常以领之。每举太常,共研厥中。其余七人,自依常铨选。"

[出处]　《晋书·孝武帝纪》、《车胤传》《通典》五十三

习凿齿卒　先是凿齿没于苻坚,舆致长安。俄以疾归襄阳。寻而襄邓反正。朝廷欲征凿齿使典国史,会卒不果。初,桓温觊觎非望,凿齿著《汉晋春秋》以裁正之。起汉光武,终于晋愍帝。于三国之时,蜀以宗室为正。魏武虽受汉禅晋,尚为篡逆。至文帝平蜀,乃为汉亡,而晋始兴焉。引世祖讳,炎兴而为禅受,明天心不可以势力强也。至是临终上疏曰:"臣每谓皇晋宜越魏继汉,不应以

魏后为三恪。而身微官卑,无由上达,怀抱愚情三十余年。今沈沦重疾,性命难保,遂尝怀此,当与之朽烂。区区之情,切所悼惜。谨力疾著论一篇,写上如左。愿陛下考寻古义,求经常之表,超然远览,不以臣微贱废其所言。"论曰:"或问:'魏武帝功盖中夏,文帝受禅于汉,而吾子谓汉终有晋,岂实理乎?且魏之见废,晋道亦病,晋之臣子,宁可以同此言哉?'答曰:'此乃所以尊晋也,但绝节伏曲非常耳。所悲见殊心异,虽奇莫察,请为子言焉。昔汉氏失御,九州残隔,三国乘间,鼎峙数世,干戈日寻,流血百载,虽各有偏平,而其实乱也。宣皇帝势逼当年,力制魏氏,蠖屈从时,遂羁戎役。晦明掩耀,龙潜下位,俯眉重足,鞠躬屏息,道有不容之难,躬蹈履霜之险,可谓危矣。魏武既亡,大难获免,始南擒孟达,东荡海隅,西抑劲蜀,旋抚诸夏。摧吴人入侵之锋,扫曹爽见忌之党。植灵根以跨中岳,树群才以翼子弟。命世之志既恢,非常之业亦固。景文继之,灵武冠世,克伐贰违,以定厥庸,席卷梁益,奄征西极。功格皇天,勋侔古烈,丰规显祚,故以灼如也。至于武皇,遂并强吴,混一宇宙,乂清四海,同轨二汉。除三国之大害,静汉末之交争,开九域之蒙晦,定千载之盛功者,皆司马氏也。而推魏继汉,以晋承魏,比义唐虞,自托纯臣,岂不惜哉!今若以魏有代王之德,则其道不足;有静乱之功,则孙、刘鼎立。道不足则不可谓制当年,当年不制于魏,则魏未曾为天下之主。王道不足于曹,则曹未始为一日之王矣。昔共工伯有九州,秦政奄平区夏,鞭挞华戎,专总六合,犹不见序于帝王,沦没于战国。何况暂制数州之人,威行境内而已,便可推为一代者乎?若以晋尝事魏,惧伤皇德,拘惜禅名,谓不可割,则惑之甚者也!何者?隗嚣据陇,公孙帝蜀,蜀陇之人,虽服其役,取之大义,于彼何有?且吴、楚僭号,周室未亡,子文、延陵,不见贬绝。宣皇帝官魏,逼于性命,举非择木,何亏德美?禅代之义,不同尧、舜,校实定名,必彰于后,人各有心,事胡可掩?定空虚之魏以屈于己,孰若仗义而以贬魏哉?夫命世之人,正情遇物,假之际会,必兼义勇。宣皇祖考,立功于汉,世笃尔劳,思报亦深。魏武超越,志在倾主,德不素积,义险冰薄。宣皇与之,情将何重?惟形屈当年,意申百世,降心全己,愤慨于下。非道服北面,有纯臣之节,毕命曹氏,忘济世之功者也。夫成业者,系于所为,不系所藉。立功者,言其所济,不言所起。是故汉高禀命于怀王,刘氏乘毙于亡秦,超二伪以远嗣,不论近而计功,考五德于帝典,不疑道于力政。季无承楚之号,汉有继周之业,取之既美而已,德亦重故也。凡天下事,有可借喻于古以晓于今,定之往昔而足为来证者。当阳秋之时,吴、楚二国,皆僭号之王也。若使楚庄推鄢、郢以尊有德,阖闾取三江以奉命世,命世之君,有德之主,或藉之以应天,或抚之而光宅,彼心自系于周室,不推吴、楚以为代明矣。况积勋累功,静乱宁众,数之所录,众之所与,不资于燕哙之授,不赖于因藉之力;长辔庙堂,吴、楚两毙;运奇二纪,而平定天下;服魏武之所不能臣,荡累叶之所不能除者哉?自汉末鼎沸五六十年,吴、魏犯顺而强,蜀人杖正而弱,三家不能相一,万姓旷而无主。夫有定天下之大功,为天下之所推,孰如见推于阉人,受尊于微弱?配天而为帝,方驾于三代,岂比俯首于曹氏,侧足于不正?即情而恒实,取之而无惭,何与诡事而托伪,开乱于将来者乎?是故故旧之恩,可封魏后。三恪之数,不宜见列。以晋承汉,功实显然,正名当事,情体亦厌,又何为虚尊不正之魏,而亏我道于大通哉?昔周人咏祖宗之德,追述翦商之功。仲尼明大孝之道,高称配天之义。然后稷勤于所职,聿来未以翦商,异于司马氏仕乎曹族,三祖之寓于魏世矣。且夫魏自君之道不正,则三祖臣魏之义未尽。义未尽故假涂以运高略,道不正故君臣之节有殊。然则弘道不以辅魏而无逆取之嫌,高拱不劳汗马而有静乱之功者,盖勋足以王四海,义可以登天位,虽我德惭于有周,而彼道异于殷商故也。今子不疑共工之不得列于帝王,不嫌

汉之系周而不系秦,何至于一魏犹疑滞而不化哉?夫欲尊其君而
不知推之于尧、舜之道,欲重其国而反厝之于不胜之地,岂君子之
高义?若犹未悟,请于是止矣。'"

[出处]《晋书·习凿齿传》

[附录] 习凿齿著述表

《汉晋春秋》四十七卷《隋志》　　　　《襄阳耆旧记》五卷《隋志》

《逸人高士传》八卷《唐志》　　　　　集五卷《隋志》

僧伽跋澄译《尊婆须蜜菩萨所集论》 初,跋澄赍《婆须蜜》梵
本自随,至是,赵正复请出之。跋澄乃与昙摩难提及僧伽提婆三人
共执梵本,沙门佛念宣译,惠嵩笔受,安公与法和对共校定。凡出
十卷。安公为之序曰:"尊婆须蜜大士,次继弥勒作佛,名师子如来
也。从释迦文降生鞞提国,为大婆罗门梵摩渝子,厥名郁多罗。父
命观佛,寻侍四月,具睹相表威变容止,还白所见。父得不还,已出
家学道,改字婆须蜜。佛般涅槃后,游教周妒国槃奈园。高才盖
世,奔逸绝尘,撰集斯经焉。别七品为一犍度,盖一作尽。十二犍
度,其所集也,后四品一犍度,训释佛偈也,凡十一品,十四犍度也。
该罗深广,与《阿毗昙》并兴外国,傍通大乘。特明尽漏,博涉十法,
百行之能事毕矣。寻之潀然犹沧海之无崖,可不谓之广乎?陟之
瞠尔犹昆岳之无顶,可不谓之高乎?宝渚极目,厌夜光之珍;岩岫
举睫,犹天智之玉。懿乎富也,何过此经!外国升高座者,未坠于
地也。集斯经已,入三昧定,如弹指顷,神升兜术。弥妒路弥妒路
刀利及僧伽罗刹适彼天宫。斯二三君子,皆次补处人也。弥妒路
刀利者,光炎如来也。僧伽罗刹者,柔仁佛也。兹四大士,集乎一
堂。对扬权智,圣贤默然,洋洋盈耳,不亦乐乎?罽宾沙门僧伽跋
澄,以秦建元二十年,持此一经来诣长安。武威太守赵正文业者,
学不厌士也,求令出之。佛念译传,跋澄、难陀、祎婆三人执梵本,
慧嵩笔受。以三月五日出,至七月十三日乃讫,胡本十二千首卢

也。余与法和对校修饰,武威多少润色。此经说三乘为九品,持善修行,以正—作止。观径,一作经。十六最悉,每寻上人之高韵,未尝不忘息味也。恨窥数仞之门晚,惧不悉其宗庙之美,百官之富矣。"

跋澄戒法整峻,虚静离俗,关中僧众,则而象之。后不知所终。佛图罗刹不知何国人,德业纯粹,该览经典,久游中土,善闲汉言。其宣译梵文,见重苻世。

[出处]　《高僧传初集》卷一《译经上·僧伽跋澄传》《大正藏》第二十八卷《毗昙部三·尊婆须蜜菩萨所集论》

[考证]　按此论之序,《大正藏》所据诸本,俱失作序人名。而据《高僧传·跋澄传》,则称译是经时安公与法和对共校定。序中亦称"余与法和对校修饰",故知为安公所作也。

后秦姜岌造《三纪甲子元历》　天水姜岌以是年造《三纪甲子元历》,其略曰:"治历之道,必审日月之行,然后可以上考天时,下察地化,一失其本,则四时变移。故仲尼之作《春秋》,日以继月,月以继时,时以继年,年以首事。明天时者人事之本,是以王者重之。自皇羲以降,暨于汉魏,各自制历,以求厥中。考其疏密,惟交会薄蚀可以验之。然书契所记,惟《春秋》著日蚀之变。自隐公讫于哀公,凡二百四十二年之间,日蚀三十有六,考其晦朔,不知用何历也。班固以为《春秋》因《鲁历》,《鲁历》不正,故置闰失其序。鲁以闰余一之岁为蔀首,检《春秋》置闰,不与此蔀相符也。《命历序》曰:'孔子为治《春秋》之故,退修殷之故历,使其数可传于后。'如是《春秋》宜用《殷历》正之,今考其交会,不与《殷历》相应。以《殷历》考《春秋》,月朔多不及其日。又以检经,率多一日。传率少一日。但《公羊》经传异朔,于理可从,而经有蚀朔之验,传为失之也。服虔解传,用太极上元,太极上元乃《三统历》,刘歆所造元也,何缘施于《春秋》?于《春秋》而用汉历,于义无乃远乎?传之违失多矣,不惟斯事而已。襄公二十七年冬十有一月乙亥朔,日有食之。传曰:'辰在申,司历过,再失闰也。'考其去交分交会应在此月,而不为再失闰也。案歆历于《春秋》，日蚀一朔，其余多在二日。因附《五行传》，著朓与侧匿之说云：春秋时诸侯多失其政，故月行恒迟。歆不以历失天而为之差说。日之蚀朔，此乃天验也。而歆反以己历非此，冤天而负时历也。杜预又以为周衰世乱，学者莫得其真。今之所传七历，皆未必是时王之术也。今诚以七家之历，以考古今交会，信无其验也。皆由斗分疏之所致也。《殷历》以四分一为斗分，《三统》以一千五百三十九分之三百八十五为斗分，《乾象》以五百八十九分之一百四十五为斗分。今《景初》以一千八百四十三分之四百五十五为斗分，疏密不同，法数各异。《殷历》斗分粗，故不施于今。《乾象》斗分细，故不得通于古。《景初》斗分虽在粗细之中，而日之所在，乃差四度。日月亏已，皆不及其次。假使日在东井而蚀，以月验之，乃在参六度，差违乃尔，安可以考天时人事乎？今治新历，以二千四百五十一分之六百五为斗分，日在斗十七度，天正之首。上可以考合于《春秋》，下可以取验于今世。以之考《春秋》三十六蚀，正朔者二十有五蚀，二日者二蚀，晦者二，误者五，凡三十三蚀，其余蚀，经无日讳之名，无以考其得失。图纬皆云'三百岁斗历改宪'，以今新历施于春秋之世，日蚀多在朔。春秋之世下至于今，凡一千余岁，交会弦望故进退于三蚀之间，此法乃可永载用之，岂'三百岁斗历改宪'者乎？甲子上元以来，至鲁隐公元年己未岁，凡八万二千七百三十六，至晋孝武太元九年甲申岁，凡八万三千八百四十一，筹上。"

　　[出处]　《晋书》卷十八《律历志》

十年　乙酉(385)前秦苻坚建元二十一年

　　立国学　是年二月，立国学。损国子助教员为十人。学生多顽嚣，因风放火，焚房百余间。是后考课不厉，赏黜无章，有育才之名，无收贤之实。

　　[出处]　《晋书·孝武帝纪》、《职官志》《宋书》卷三十二《五

行志三》

　　昙摩难提译《中》、《增一》二阿含于长安　　昙摩难提,此云法喜,兜佉勒人。龆年离俗,聪慧夙成,研讽经典,以专精致业。遍观三藏,暗诵《增一阿含经》,博识洽闻,靡所不综,是以国内远近,咸共推服。少而观方,遍涉诸国。常谓弘法之体,宜宣布未闻,故远冒流沙,怀宝东入,以苻秦建元中至于长安。难提学业既优,道声甚盛,苻坚深见礼接。先是中土群经未有《四含》,坚臣武威太守赵正欲请出经。时慕容冲已叛,起兵击坚,关中扰动,正慕法情深,忘身为道,乃请安公等于长安城中集义学僧,请难提译出《中阿含》五十九卷、建元二十年出。《增一阿含》三十三卷,建元二十年夏出,二十一年春讫,定二十三卷,或分为三十四卷。并佛念传译,惠嵩笔受。安公为《增一阿含序》曰:"《四阿含》义同《中阿含》,首以明其指,不复重序也。《增一阿含》者,皆法条贯以数相次也。数终十,今加其一,故曰增一也。且数数皆增,以增为义也。其为法也,多录禁律,绳墨切厉,乃度世检括也。外国岩岫之士,江海之人,于《四阿含》多咏味兹焉。有外国沙门昙摩难提者,兜佉勒国人也,龆乱出家,孰与广闻,诵二《阿含》,温故日新,周行诸国,无土不涉。以秦建元二十年来诣长安,外国乡人,咸皆善之,武威太守赵文业求令出焉。佛念译传,昙嵩笔受。岁在甲申夏出,至来年春乃讫,为四十一卷,分为上下部。上部二十六卷,全无遗忘,下部十五卷,失其录偈也。余与法和共考正之,僧略、一作畧。僧茂助校漏失,四十日乃了。此年有阿城之役,伐鼓近郊,而正专在斯业之中。全具二《阿含》一百卷,《鞞婆沙》、《婆和须蜜》、《僧伽罗刹传》,此五大经,自法东流出经之优者也。《四阿含》,四十应真之所集也,十人撰一部,题其起书一作尽。为录偈焉,惧法留世久遗逸散落也。斯土前出诸经,班班有其中者,今为二《阿含》,各为新录一卷,全其故目,注其得失,使见经寻之差易也。合上下部,四百七十二经。凡诸学士撰此二《阿含》,

其中往往有律语,外国不通与沙弥白衣共视也。而今已后,幸共护之,使与律同,此乃兹邦之急者也。斯谆谆之诲,幸勿藐藐听也。广见而不知护禁,乃是学士通中创也。《中本起》,康孟详出,出《大爱道品》,乃不知是禁经比丘尼法,堪慊切直割而去之,此乃是大鄙可痛恨者也。此二经,有力道士乃能见,当以著心焉。如其轻忽不以为意者,幸我同志鸣鼓攻之可也。"会姚苌寇逼关内,人情危阻,难提乃辞还西域,不知所终。时苻坚初败,群锋互起,戎妖纵暴,民流四出,而犹得传译大部,盖由赵正之力。正为人无须而瘦,有妻妾而无儿,时人谓阉。然而情度敏达,学兼内外。性好讥谏,无所回避。苻坚末年,宠惑鲜卑,惰于治政,正因歌谏曰:"昔闻孟津河,千里作一曲。此水本自清,是谁搅令浊?"坚动容曰:"是朕也。"正又歌曰:"北园有一枣,布叶垂重荫,外虽饶棘刺,内实有赤心。"坚笑曰:"将非赵文业耶?"其调戏机捷,皆此类也。后因关中佛法之盛,乃愿欲出家。坚惜而未许。及坚死后,方遂其志,更名道整。因作颂曰:"我生何以晚?泥洹一何早?归命释迦文,今来投大道。"后遁迹商洛山,专精经律,晋雍州刺史郗恢钦其风尚,逼共同游,终于襄阳,春秋六十余矣。

[出处]　《高僧传初集》卷一《昙摩难提传》《出三藏记集》卷第九《增一阿含序》第九

[考证]　按前秦以建元十九年译《鞞婆沙》,二十年三月译《尊婆须蜜菩萨所集论》,昙摩难提俱曾参与其事。则其来华,至晚须在十九年。而安公之《增一阿含序》则谓难提以建元二十年来诣长安,与前不合,疑序中之年代,稍有差讹。

释道安卒于长安　初,安常注诸经,恐不合理,乃誓曰:"若所说不甚远理,愿见瑞相。"乃梦见梵道人,头白眉毛长,语安云:"君所注经,殊合道理。我不得入泥洹,住在西域,当相助弘通,可时时设食。"后《十诵律》至,远公乃知和尚所梦宾头卢也。于是立座饭之,处处成则。安既德为物宗,学兼三藏,所制《僧尼轨范》、《佛法宪章》,条为三例:一曰行香定座上经上讲之法,二曰常日六时行道饮食唱时法,三曰布萨差使悔过等法。天下寺舍,遂则而从之。安每与弟子法遇等于弥勒前立誓,愿生兜率。至是年二月八日,忽告众曰:"吾当去矣。"是日斋毕,无疾而卒,年七十有五,葬城内五级寺中。安所撰书,凡二十四件,合二十①卷。

[出处] 《高僧传》卷第五 《历代三宝纪》卷第八

释慧远居庐山龙泉精舍 初,远随安公南游樊沔,至宁康元年,秦将苻丕攻襄阳。安公为朱序所拘,不能得去,乃分张徒众,各随所之。临路,诸长德皆被诲约,远不蒙一言。远乃跪曰:"独无训勖,惧非人例。"安曰:"如汝者岂复相忧?"远于是与弟子数十人南适荆土,住上明寺。至是欲住罗浮山,及届浔阳,见庐峰清静,足以息心,始住龙泉精舍。时有沙门慧永居西林,与远同门旧好,要远同止。永谓刺史桓伊曰:"远公方当弘道,今徒属已广,而来者方多,贫道所栖褊狭不足相处,如何?"桓乃为远复于山东更立房殿,即东林是也。远创造精舍,洞尽山美,却负香炉之峰,傍带瀑布之壑,仍石叠基,即松栽构,清泉环阶,白云满室。复于寺内别置禅林。森树烟凝,石径苔合。凡在瞻礼,皆神清而气肃焉。远闻天竺有佛影,是佛昔化毒龙所留之影,在北天竺月氏国那竭呵城南古仙人石室中,经道取流沙,西一万五千八百五十里。每欣感交怀,志欲瞻睹。会有西域道士叙其光相,远乃背山临流,营筑龛室。妙算画工,淡彩图写,色疑积空,望似烟雾。晖相炳煥,若隐而显,远乃著铭以志之。

[出处] 《高僧传初集》卷六《释慧远传》

---

① 《历代三宝纪》"二十"作"二十八"。

十一年　丙戌(386)魏道武帝跖拔珪登国元年　后凉吕光天安元年

<small>后燕慕容垂建兴元年　后秦姚苌建初元年</small>

范宁为中书侍郎　初，宁为余杭令，在职六年，迁临淮太守，封阳遂乡侯，顷之，征拜中书侍郎，在职多所献替，有益政道。时更营新庙，博求辟雍明堂之制。宁据经传奏上，皆有典证。<small>尝启国子生假故事曰：国学开建，弥历年载，讲诵之音靡闻，考课之绩不著。良田达道之训未弘，钻仰之心弗至。陵替文源，宜见整正。谓应断假，精加督励，严其师训，举善黜违。</small>帝雅好文学，甚被亲爱，朝廷疑议，辄谘访之。宁指斥朝士，直言无讳。王国宝，宁之甥也，以谄媚事会稽王道子，惧为宁所不容，乃相驱扇，因被疏隔，求补豫章太守。帝曰："豫章不宜太守，何急以身试死邪？"宁不信卜占，固请行。既至郡，又大设庠序，遣人往交州采磬石以供学用。改革旧制，不拘强宪，远近至者千余人。资给众费，一出私录，并取郡四姓子弟皆充学生，课读《五经》。又起学台，功用弥广。江州刺史王凝之上言曰："豫章郡居此州之半，太守臣宁入参机省，出宰名郡，而肆其奢浊，所为狼籍。郡城先有六门，宁悉改作重楼。复更开二门，合前为八，私立下舍七所。臣伏寻宗庙之设，各有品秩，而宁自置家庙。又下十五县，皆使左宗庙，右社稷，准之太庙。皆资人力，又夺人居宅，工夫万计。宁若以古制宜崇，自当列上，而敢专辄，惟在任心。州既闻知，即符从事，制不复听。而宁严威属县，惟令建立。愿出臣表下太常，议之礼典。"诏曰："汉宣云：'可与共治天下者，良二千石也。'若范宁果如凝之所表者，岂可复宰郡乎！"以此抵罪。子泰字伯伦，时为天门太守，弃官称诉。帝以宁所务惟学，事久不判，会赦，免。宁既免官，家于丹阳，犹勤经学，终年不辍，年六十三，终于家。

　　［出处］《晋书·范宁传》《御览》六百三十四

　　［考证］　按《晋书》卷十九《礼志上》载太元十一年有中书侍郎范宁奏烝祠之事，知是时宁为中书侍郎，故志之于此。是年会稽王道子初秉政，宁之被谮出外，当后此不久也。

　　［附录］　范宁著述表

《尚书注》十卷	《古文尚书舜典注》一卷
《礼论答问》九卷	《礼杂问》十卷
《春秋榖梁传集解》十二卷	《春秋榖梁传例》一卷
《论语注》	集十六卷

鸠摩罗什居后凉　初，什既道流西域，名被东国。时苻坚王关中，有外国前部王及龟兹王弟并来朝坚。坚于正殿引见，二王因说坚云："西域多产珍奇。"乃请兵往定，以求内附。至苻坚建元十三年岁次丁丑正月，太史奏云："有星见外国分野，当有大德智人入辅中国。"坚曰："朕闻西域有鸠摩罗什，襄阳有沙门道安，将非此耶？"即遣使求之。至十七年二月，鄯善王、前部王等又说坚请兵西伐。十八年九月，坚遣骁骑将军吕光、陵江将军姜飞等，将前部王及车师王等率兵七万西伐龟兹及乌耆等国。临发，坚饯光于建章宫，谓光曰："夫帝王应天而治，以子爱苍生为本，岂贪其地而伐之？正以怀道之人故也。朕闻西国有鸠摩罗什，深解法相，善闲阴阳，为后学之宗，朕甚思之。贤哲者国之大宝，若克龟兹，即驰驿送什。"光军未到，什谓龟兹王白纯曰："国运衰矣，当有勃敌，日下人从东方来，宜恭承之，勿抗其锋。"纯不从而战，光遂破龟兹，杀纯，立纯弟震为主。光既获什，未测其智量，见年齿尚少，乃凡人戏之，强妻以龟兹王女。什拒而不受，辞甚苦到。光曰："道士之操，不逾先父，何所固辞？"乃饮以醇酒，同闭密室。什被逼既至，遂亏其节。或令骑牛及乘恶马，欲使堕落。什常怀忍辱，曾无异色，光惭愧而止。光还军至凉州，闻苻坚已为姚苌所害，遂三军缟素，大临城南。于是窃号关外，称年太安，是为后凉。光卒，子绍袭位，光庶子纂又杀绍自立。光弟保之子超，又杀纂立其兄隆。什停凉积年，吕光父子既不弘道，故蕴其深解，无所宣化，苻坚已亡，竟不相见。

〔出处〕　《高僧传初集》卷二《鸠摩罗什传》

后燕董统修史　初，前燕有《起居注》，杜辅诠录以为《燕纪》。至是，慕容垂即位，改元曰建兴。是为后燕。董统受诏草创后书。著本纪并佐命功臣王公列传，合三十卷。慕容垂称其叙事富赡，足成一家之言。但褒述过美，有惭董史之直。其后申秀、范亨各取前后二燕，合成一史。

〔出处〕　《史通·正史》

十二年　丁亥（387）

徐邈为中书舍人　邈字仙民，一作字景山。东莞姑幕人也。祖澄之为州治中，属永嘉之乱，遂与乡人臧琨等率子弟并闾里士庶千余家南渡江，家于京口。父藻，都水使者。邈姿性端雅，勤行励学，博涉多闻，以慎密自居。少与乡人臧寿齐名，下帷读书，不游城邑。及孝武帝始览典籍，招延儒学之士。邈既东州儒素，太傅谢安举以应选。至是，年四十四，始补中书舍人，在西省侍帝。虽口不传章句，然开释文义，标明指趣，撰《五经音训》，学者宗之。

　　［出处］《晋书·徐邈传》《初学记》十一及《御览》二百二十二引《中兴书》

征处士戴逵，不至　逵字安道，谯国人也。少博学，好谈论，善属文，能鼓琴，工书画。其余巧艺，靡不毕综。总角时，以鸡卵汁溲白瓦屑作郑玄碑，又为文而自镌之。词丽器妙，时人莫不惊叹。性不乐当世，常以琴书自娱。师事术士范宣于豫章，宣异之，以兄女妻焉。太宰武陵王晞闻其善鼓琴，使人召之。逵对使者破琴曰："戴安道不为王门伶人！"晞怒，乃更引其兄述。述闻命，欣然拥琴而往。逵后徙居会稽之剡县，性高洁，常以礼度自处，深以放达为非道。乃著论曰："夫亲没而采药不反者，不仁之子也；君危而屡出近关者，苟免之臣也。而古之人未始以彼害名教之体者何？达其旨故也。达其旨故不惑其迹。若元康之人，可谓好遁迹而不求其本，故有捐本徇末之弊，舍实逐声之行。是犹美西施而学其颦眉，慕有道而折其巾角。所以为慕者，非其所以为美，徒贵貌似而已矣。夫紫之乱朱，以其似朱也。故乡原似中和，所以乱德；放达似惠连，所以乱道。然竹林之为放，有疾而为颦者也；元康之为放，无德而折巾者也。可无察乎！且儒家尚誉者，本以兴贤也。既失其本，则有色取之行，怀情丧真，以容貌相欺，其弊必至于末伪。道家去名者，欲以笃实也。苟失其本，又有越检之行，情礼俱亏，则仰咏兼忘,其弊必至于本薄。夫为薄者,非二本之失,而为弊者,必托二本以自通。夫道有常经而弊无常情,是以《六经》有失,二政有弊,苟乖其本,固圣贤所无奈何也。嗟夫! 行道之人,自非性足体备、暗蹈而当者,亦曷能不栖情古烈,拟规前修? 苟迷拟之然后动,议之然后言。固当先辩其趣舍之极,求其用心之本,识其枉尺直寻之旨,采其被褐怀玉之由。若斯涂虽殊而其归可观也,迹虽乱而其洁不乖也。不然,则流遁忘反,为风波之行,自驱以物,自诳以伪,外眩嚣华,内丧道实,以矜尚掩其真主,以尘垢翳其天正,贻笑千载,可不慎欤?"是年六月,与龚玄之字道玄,武陵汉寿人。俱以散骑常侍、国子博士征,下诏曰:"夫哲王御世,必搜扬幽隐。故空谷流絷维之咏,丘园旅束帛之观。谯国戴逵、武陵龚玄之,并高尚其操,依仁游艺,洁己贞鲜,学弘儒业,朕虚怀久矣。二三君子,岂其戢贤于怀抱哉? 思挹雅言,希承讽议。可并以为散骑常侍,领国子博士。指下所在,备礼发遣,不得寻常,以稽侧席之望。"玄之苦辞疾笃,不行。寻卒,时年五十八。逵辞以父疾,不就。郡县敦逼不已,乃逃于吴。吴国内史王珣有别馆在武丘山,逵潜诣之,与珣游处积旬。会稽内史谢玄虑逵远遁不反,乃上疏曰:"伏见谯国戴逵,希心俗表,不婴世务,栖迟衡门,与琴书为友。虽策命屡加,幽操不回,超然绝迹,自求其志。且年垂耳顺,常抱羸疾,时或失适,转至委笃。今王命未回,将离风霜之患,陛下既已爱而器之,亦宜使其身名并存。请绝其召命。"疏奏,帝许之,逵复还剡。

　　[出处]　《晋书》卷九《孝武帝纪》、卷九十四《隐逸·戴逵传》、《龚玄之传》

十三年　戊子(388)

命徐广校秘阁四部　广字野民,东莞姑幕人,侍中徐邈之弟也。世好学,至广尤为精纯。百家数术,无不研览。谢玄为兖州,辟从事。谯王恬为镇北,补参军。至是,除秘书郎,典校秘书。广校秘阁四部,见书凡三万六千卷。

[出处]《晋书·徐广传》《玉海》五十二引《续晋阳秋》

[考证] 按《续晋阳秋》载孝武宁康十六年校秘书,考宁康无十六年,若自宁康元年数之,则十六年正当太元十三年,姑志之于此以俟考。

沙门竺道壹东居虎丘山 竺道壹姓陆,吴人也。少出家,贞正有学业,而晦迹隐智,人莫能知。与之久处,方悟其神出,琅琊王珣兄弟深加敬事。太和中出都,止瓦官寺,从汰公受学。数年之中,思彻渊深,讲倾都邑。汰弟子昙壹,亦雅有风操。时人呼昙壹为大壹,道壹为小壹,名德相继,为时论所宗,简文帝深所知重。及简文崩,汰死,壹乃还东,止虎丘山,学徒苦留不止。乃令丹阳尹移壹还都,壹答尹曰:"盖闻大道之行,嘉遁得肆其志;唐虞之盛,逸民不夺其性。弘方由于有外,致远待而不践。大晋光熙,德被无外,崇礼佛法,弘长弥大。是以殊域之人,不远万里,被褐振锡,洋溢天邑。皆割爱弃欲,洗心清玄。遐期旷世,故道深常隐;志存慈救,故游不滞方。自东徂西,唯道是务。虽万物惑其日计,而识者悟其岁功。今若责其属籍,同役编户,恐游方之士,望崖于圣世;轻举之徒,长往而不返。亏盛明之风,有谬主相之旨。且荒服之宾,无关天台;幽薮之人,不书王府。幸以时审谳,详而后集也。"壹于是闲居幽阜,晦影穷谷。时若耶山有帛道猷者,本姓冯,山阴人。少以篇牍著称。性率素,好丘壑,一吟一咏,有濠上之风,与道壹经有讲筵之遇,复与壹书云:"始得优游山林之下,纵心孔释之书,触兴为诗,陵峰采药,服饵蠲痾,乐有余也。但不与足下同,日以此为恨耳。因有诗曰:'连峰数千里,修林带平津。云过远山翳,风至梗荒榛。茅茨隐不见,鸡鸣知有人。闲步践其径,处处见遗薪。始知百代下,故有上皇民。'"壹既得书,有契心抱,乃东适耶溪,与道猷相会,定于林下。于是纵情尘外,以经书自娱。顷之,郡守琅琊王荟于邑西起嘉祥寺,以壹之风德高远,请居僧首。壹乃抽六物遗于寺,造金牒千像。壹既博通内外,又律行清严,故四远僧尼,咸依附谘禀,时人号曰九州都维那。后暂住吴之虎丘山,以隆安中遇疾而卒,即葬于山南,春秋七十有一矣。孙绰为之赞曰:"驰辞说言,因缘不虚。惟兹壹公,绰然有余。譬若春圃,载芬载誉,条被猗蒻,枝干森疏。"壹弟子道宝姓张,亦吴人。聪慧凤成,尤善席上,张彭祖、王秀琰皆见推重,并著莫逆之交焉。

[出处]《高僧传初集》卷五《义解二·竺道壹传》

十五年　庚寅(390)

孙潜上孙盛所作《晋阳秋》　潜字齐由,孙盛之子也。上盛所著《晋阳秋》。诏曰:"得上故秘书监所著书,省以慨然。远模前典,宪章在昔,亦一代之事。辄敕纳之秘阁,以贻于后。"时帝博求异闻,乃于辽东得孙盛故本,以相考校,多有不同,书遂两存。潜袭父爵,为豫章太守。殷仲堪讨王国宝,潜时在郡,仲堪逼以为谘议参军,固辞不就,以忧卒。潜弟放字齐庄,幼称灵慧,年七八岁,在荆州与父俱从庾亮猎。亮谓曰:"君亦来邪?"应声答曰:"无小无大,从公于迈。"亮又问:"欲齐何庄邪?"放曰:"欲齐庄周。"亮曰:"不慕仲尼邪?"答曰:"仲尼生而知之,非希企所及。"亮大奇之曰:"王辅嗣弗过也。"庾翼子爱客尝候庭,见放问曰:"安国何在?"放答曰:"庾稚恭家。"爱客大笑曰:"诸孙大盛,有儿如此也。"放又曰:"未若诸庾翼翼。"既而语人曰:"我故得重呼奴父也。"终于长沙相。

[出处]《大正藏》第五十二卷《史传部四·集古今佛道论衡》卷甲　《晋书》卷八十二《孙盛传》

十六年　辛卯(391)

僧伽提婆至庐山译经　初,僧伽跋澄出《婆须蜜》,及昙摩难提所出二《阿含》、《毗昙》、《广说》、《三法度》等,凡百余万言。属慕容之难,戎敌纷搅。兼译人造次,未善详悉,义旨句味,往往不尽。俄而安公弃世,未及改正。后东山清平,提婆乃与冀州沙门法和俱适洛阳。四五年间,研讲前经。居华稍积,传明汉语。方知先所出经,多有乖失。法和慨叹未定,乃更令提婆出《阿毗昙》。《阿毗昙心论》十六卷(或十三卷),苻坚建元末于洛阳出。《鞞婆沙阿毗昙论》(一名《广说》)十四卷,同在洛阳出。顷之,姚兴王秦,法事甚盛。于是法和入关,而提婆渡江。先是庐山慧远法师,翘勤妙典,广集经藏,虚心侧席,延望远宾。闻其至止,即请入庐岳。遂以是年请出《阿毗昙心》及《三法度》等。提婆乃于般若台手执梵文,口宣晋语,去华存实,务尽义本。译出《阿毗昙心》四卷、《三法度》二卷。于是二学乃兴,远并制序标宗,贻于学者。

　　[出处]　《高僧传初集》卷一《僧伽提婆传》、卷六《释慧远传》《出三藏记集》卷第二

十七年　壬辰(392)后秦姚苌建初七年

释慧远遣其弟子法净、法领西求众经　初,经流江东,多有未备,禅法无闻,律藏残阙。远慨其道缺,乃令弟子法净、法领等远寻众经,西越流沙,行至于阗,得《方等》新经二百余部。又至遮拘槃国,得《华严》前分三万六千偈,旷岁乃返。

　　[出处]　《高僧传初集》卷六《释慧远传》、《释僧肇传》《大正藏》第二十二卷《律部一·四分律序》、第五十一卷《史传部三·华严经传记》

后秦置学官　春正月,后秦主姚苌下书,令留台诸镇,各置学官,勿有所废。考试优劣,随才擢叙。

　　[出处]　《十六国春秋》卷五十五

二十一年　丙申(396)魏道武帝皇始元年

刘遗民隐居庐山　刘程之字仲思,彭城聚里人,少孤事母,州

间称孝。坟典百家,靡不周览。尤好佛理,陈郡殷仲堪、桓玄等莫
不崇仰。解褐府参军,又为宜昌、柴桑二县令。值庐山灵邃,足以
往而不返,遇沙门释慧远,可以服膺,丁母忧去职入山,遂有终焉之
志。于西林涧北,别立禅坊,养志闲处,安贫不营货利。是时闲退
之士轻举而集者,若宗炳、字少文,南阳涅阳人。张野、字莱民,南阳宛人。
周续之、字道祖,雁门广武人。雷次宗字仲伦,豫章南昌人。之徒,咸在会
焉。程之与群贤游处,研精玄理,以此永日。慧远乃遗其书曰:"每
寻畴昔,游心世典,以为当年之华宛也。及见《老》、《庄》,便悟名教
是应变之虚谈耳。以今而观,则知沈冥之趣,岂得不以佛理为先?
苟会之有宗,则百家同致。君诸人并为如来贤弟子也。策名神府,
为日已久,徒积怀远之兴,而乏因籍之资,以此永年,岂所以励其宿
心哉? 意谓六斋日,宜简绝常务,专心空门,然后津寄之情笃,来生
之计深矣。若染翰缀文,可托兴于此。虽言生于不足,然非言无以
畅一诣之感,因骥之喻,亦何必远寄古人。"公卿屡辟,程之皆不应,
遂易名遗民。

　　[出处]《广弘明集·诚功篇》卷二十一《释慧远与隐士刘遗
民等书》[①]《庐山记》卷第三《刘遗民传》

安帝
隆安元年　　丁酉(397)

　　僧伽提婆于建业重译《中阿含》　提婆以是年来游京师,晋朝
王公及风流名士,莫不造席致敬。时卫军东亭侯琅琊王珣,渊懿有
深信,扶持正法,建立精舍,广招学众。提婆既至,珣即延请,仍于
其舍讲《阿毗昙》,名僧毕集。提婆宗致既精,辞旨明析,振发义理,
众咸悦悟。时王僧珍亦在座听,后于别屋自讲。珣问法纲道人:

---

① 《大正藏》本见于《广弘明集》卷第二十七。

"僧珍所得云何?"答曰:"大略全是,小未精核耳。"其敷析之明,易启人心如此。先是,道安、难提等译出《增一》、《中》二阿含,以在围城之中,仓卒杀青,逾年而安亡,弗获改正,故诸多未惬。至是年十一月十日,珣集京都义学沙门释慧持等四十余人,更请提婆重译《中阿含》等。罽宾沙门僧伽罗叉执梵本,提婆翻为晋言,豫州沙门道慈笔受,吴国李宝、唐化共书。至二年戊戌之岁六月二十五日,草本始讫,此《中阿含》凡有五诵,都十八品,有二百二十二经,合五十一万四千八百二十五字,分为六十卷。时遇国大难,未及正书,乃至五年辛丑之岁,方得正写校定流传,准之先出,大有不同矣。提婆在河洛左右,所出众经百余万言,历游华梵,备习风俗,从容机警,善于谈笑,其道化声誉莫不闻焉。后不知所终。

　　[出处]　《高僧传初集》卷一　《出三藏记集》卷第九

三年　己亥(399) 后秦姚兴弘始元年　魏道武帝天兴二年

释法显西行求戒律　释法显姓龚,平阳武阳人。有三兄,并龆龀而亡。其父恐祸及显,三岁便度为沙弥。居家数年,病笃欲死,因送还寺。住信宿,便差,不肯复归。其母欲见之不得,为立小屋于门外,以拟去来。十岁遭父忧,叔父以其母寡独不立,逼使还俗。显曰:"本不以有父而出家也。正欲远尘离俗,故入道耳。"叔父善其言,乃止。顷之母丧,至性过人。葬事毕,仍即还寺。及受大戒,志行明敏,仪轨整肃。常慨经律舛阙,誓志寻求。遂以是年与同学慧景、道整、慧应、慧嵬等发自长安,度陇至乾归国夏坐。夏坐讫,前至褥檀国。

　　[出处]　《大正藏》第五十一卷《史传部三·高僧法显传》《高僧传》卷第三《释法显传》

　　[考证]　按乾归国系指西秦而言,是时乞伏乾归虽据有土地,尚未称尊号也。褥檀系指南凉而言。然是时在位者乃秃发利鹿孤,非秃发褥檀。盖《法显传》出于后日追记,时南凉已亡,旧日事

迹无人注意，故记载稍有讹误也。又按法显等远在异域，对于本国年月，当不复记忆，《法显传》乃归国后所记，故其何年至于何国，即法显本人当已不能详言。惟僧人夏坐，乃每年照律之事。今惟有以夏坐为中心，再参以其他情形略分其年代耳。

魏立五经博士　三月甲子，魏初令《五经》群书各置博士，增国子太学生员三十人。魏主尝问定州大中正李先字容仁，中山卢奴人。曰："天下何书最善，可以益人神智？"先对曰："唯有经书三皇五帝治化之典，可以补王者神智。"又问曰："天下书籍凡有几何？朕欲集之，如何可备？"对曰："伏羲创制，帝王相承，以至于今，世传国记天文秘纬不可计数。陛下诚欲集之，严制天下诸州郡县，搜索备送。主之所好，集亦不难。"魏主于是班制国中，经籍稍集。

［出处］《魏书·太祖道武帝纪》、《李先传》、《官氏志》

四年　庚子(400)西凉李暠庚子元年　魏道武帝天兴三年　南燕慕容德建平元年

释法显等西度流沙　释法显等自㝢檀国度养楼山至张掖镇，张掖大乱，道路不通。张掖王殷勤，遂留为作檀越。于是与智严、慧简、僧绍、宝云、僧景等相遇，欣与同志，便共夏坐，夏坐讫，复进到燉煌。共停一月余日，法显等五人随使先发，复与宝云等别。燉煌太守李浩供给度沙河。沙河中多有恶鬼热风，遇则皆死，无一全者。上无飞鸟，下无走兽，遍望极目，欲求度处，则莫知所拟，唯以死人枯骨为标帜耳。行十七日，计可千五百里，得至鄯善国。复西北行至乌夷国。法显得符行当公孙经理，住二月余日，于是还与宝云等共合乌夷国。人不修礼仪，遇客甚薄。智严、慧简、慧嵬遂返向高昌，欲求行资。法显等蒙符公孙供给，遂得直进西行。

［出处］《法显传》《高僧传》卷第三《释法显传》

南燕建立学官　春正月癸酉，慕容德称帝，改元为建平，下书建立学官。简公卿以下子弟及二品士门二百人为太学生，每月朔，亲临试之。

　　［出处］《晋书》卷一百二十七《载记·慕容德传》《十六国春秋》卷六十三

　　魏立仙人博士　魏主好《老子》之言，诵咏不倦。至是，仪曹郎董谧献服事仙经数十篇，于是置仙人博士，立仙坊，煮炼百药，封西山以供其薪蒸。令死罪者试服之，非其本心，多死无验。魏主犹将修焉。太医周澹苦其煎采之役，欲废其事。乃阴令妻货仙人博士张曜妾，得曜隐罪。曜惧死，因请辟谷。魏主许之，给曜资用，为造净堂于苑中，给洒扫民二家。而炼药之官，仍为不息。久之，魏主意少懈，乃止。

　　［出处］《魏书·官氏志》、《释老志》

五年　辛丑(401)魏道武帝天兴四年　后秦姚兴弘始元年

　　释法显等至于阗国　初，法显等在道一月五日得到于阗。其国丰乐，人民殷盛，尽皆奉法，以法乐相娱。众僧乃数万人，多大乘学。皆有众食。彼国人民星居，家家门前皆起小塔，最小者可高二丈余。作四方僧房，供给客僧及余所需。国主安顿供给法显等于僧伽蓝，僧伽蓝名瞿摩帝，是大乘寺。慧景、道整、慧达先发向竭叉国，法显等欲观行像，停三月日。既过四月行像，僧韶一人随胡道人向罽宾，法显等进向子合国。由此国南行至葱岭山，到于麾国安居。

　　［出处］《法显传》

　　［考证］　按《法显传》，显等在张掖夏坐，夏坐讫复西行。后至于阗，观四月一日行像之事。则已至今年矣。而《法显传》载彼等停三月日，则其至于阗，当在今年之初，故志之于此。又传中显之同学有慧应，后忽失慧应而有慧达。窃疑此本一人，因后人传写之

误遂成二人也。

鸠摩罗什至长安　初，姚苌有关中，闻鸠摩罗什高名，虚心要请。诸吕以什智计多解，恐为姚谋，不许东入。及姚苌卒，子兴袭位，复遣使敦请。至是年五月，兴遣陇西公硕德西伐吕隆，隆军大破。至九月，隆上表归降，方得迎什入关。以十二月二十日至于长安。兴待以国师之礼，甚见优宠。晤言相对，则淹留终日，研微造尽，则穷年忘倦。

　　［出处］《高僧传》卷第一《鸠摩罗什传》

魏纂辑《众文经》　魏集博士儒生比众经文字，义类相从，凡四万余字，号曰《众文经》。

　　［出处］《魏书》卷二《太祖纪》

元兴元年　壬寅(402)

释慧远等结净社于庐山　彭城刘遗民、豫章雷次宗、雁门周续之、新蔡毕颖之、南阳宗炳、张莱民、张季硕名诠，莱民族人。等，并弃世遗荣，依远游止。远与遗民而下僧俗一百二十三人结为净舍。于弥陀像前，建诚立誓，共期西方。乃令刘遗民著其文曰："惟岁在摄提，秋七月戊辰朔二十八日乙未，法师释慧远贞感幽奥，宿怀特发，乃延命同志息心贞信之士百有二十三人，集于庐山之阴，般若云台精舍阿弥陀像前，率以香华敬荐而誓焉。维斯一会之众。夫缘化之理既明，则三世之传显矣。迁感之数既符，则善恶之报必矣。推交臂之潜沦，悟无常之期切，审三报之相催，知险趣之难拔，此其同志诸贤所以夕惕宵勤，仰思攸济者也。盖神者可以感涉，而不可以迹求。必感之有物，则幽路咫尺。苟求之无主，则渺茫河津。今幸以不谋而金心西境，叩篇开信，亮情天发，乃机象通于寝梦，欣欢百于子来。于是云图表晖，影俟神造。功由理谐，事非人运。兹实天启其诚，冥运来萃者矣。可不克心重精叠思以凝其虑哉？然其景绩参差，功德不一。虽晨祈云同，夕归攸隔，即我师友之眷，良可悲矣，是以慨焉。胥命整襟法堂，等施一心，亭怀幽极，誓兹同人，俱游绝域。其有惊出绝伦，首登神界，则无独善于云峤，忘兼全于幽谷。先进之与后升，勉思策征之道。然复妙观大仪，启心贞照，识以悟新，形由化革，藉芙蓉于中流，荫琼柯以咏言，飘云衣于八极，泛香风以穷年。体忘安而弥穆，心超乐以自怡，临三途而缅谢，傲天宫而长辞，绍众灵以继轨，指太息以为期。究兹道也，岂不弘哉！"当时或称莲社，盖指群心誓生之所尔。

　　[出处]　《高僧传初集》卷六　《净土往生传》卷上

　　[考证]　按文中有"岁在摄提"之语，摄提寅年也。《晋书》卷十《安帝纪》，载元兴元年庚午朔，则七月朔必为戊辰，而本文中恰有"七月戊辰朔"之语，故知为今年之事。

桓玄与释慧远议沙门敬王者　初，桓玄征殷仲堪，军经庐山，要远出虎溪，远称疾不堪。玄自入山，左右谓玄曰："昔殷仲堪入山礼远，愿公勿敬之。"玄答："何有此理！仲堪本死人耳。"及至见远，不觉致敬。玄问："不敢毁伤，何以翦削？"远答云："立身行道。"玄称善，所怀问难，不敢复言，乃说征讨之意。远不答。玄又问："何以见愿？"远云："愿檀越安隐，使彼亦复无他。"玄出山，谓左右曰："实乃生所未见。"玄后以震主之威，苦相延致，乃贻书骋说，劝令登仕。远答辞坚正，确乎不拔，志逾丹石，终莫能回。俄而玄欲沙汰众僧，教僚属曰："沙门有能伸述经诰，畅说义理，或禁行循整，足以宣寄大化。其有违于此者，悉皆罢遣。唯庐山道德所居，不在搜简之例。"远与玄书曰："佛教陵迟，秽杂日久，每一寻至，慨愤盈怀。常恐运出非意，沦湑将及。窃见清澄诸道人教，实应其本心。夫泾以渭分，则清浊殊势；枉以直正，则不仁自远。此命既行，必二理斯得，然后令饰伪者绝假通之路，怀真者无负俗之嫌。道世交兴，三宝复隆矣。"因广玄条制，玄从之。至是，玄在姑熟，复申庾冰前议，欲令沙门尽敬王者。与尚书王谧等议其事,又与远书曰:"沙门不敬王者,既是情所不了,于理又是所未喻。一代大事,不可令其体不允。近与八座书,今以呈君,君可述所以不敬意也。此便当行行之于事一二,令详尽,想必有以释其所疑耳。"远答书曰:"详省别告及八座书,问沙门所以不敬王者,意义在尊主崇上,远存名体。征引老氏,同王侯于三大,以资生运通之道,故宜重其神器。若推其本以寻其源,咸禀气于两仪,受形于父母。则以生生通运之道为弘,资存日用之理为大,故不宜受其德而遗其礼,沾其惠而废其敬。此檀越立意之所据,贫道亦不异于高怀。求之于佛教以寻沙门之道理则不然。何者?佛经所明凡有二科,一者处俗弘教,二者出家修道。处俗则奉上之礼,尊亲之敬,忠孝之义,表于经文。在三之训,彰于圣典。斯与王制同命,有若符契,此一条全是檀越所明,理不容异也。出家则是方外之宾,迹绝于物。其为教也,达患累缘于有身,不存身以息患;知生生由于禀化,不顺化以求宗。求宗不由于顺化,故不重运通之资;息患不由于存身,故不贵厚生之益。此理之与世乖,道之与俗反者也。是故凡在出家,皆隐居以求其志,变俗以达其道。变俗则服章不得与世典同礼,隐居则宜高尚其迹。夫然,故能拯溺俗于沈流,拔幽根于重劫,远通三乘之津,广开人天之路。是故内乖天属之重而不违其孝,外阙奉主之恭而不失其敬。若斯人者,自誓始于落簪,立志成于暮岁。如令一夫全德,则道洽六亲,泽流天下,虽不处王侯之位,固以协契皇极大庇生民矣。如此岂坐受其德,虚沾其惠,与夫尸禄之贤同其素餐者哉?檀越顷者以有其服而无其人,故澄清简练,容而不杂。此命既宜,皆人百其诚,遂之弥深,非言所喻。若复开出处之迹,以弘方外之道,则虚衿者挹其遗风,漱流者味其余津矣。若澄简之后,犹不允情,其中或真伪相冒,泾渭未分,则可以道废人,固不应以人废道。以道废人则宜去其服,以人废道则宜存其礼。礼存则制教之旨可寻,迹废则遂志之欢莫由。何以明其然？夫沙门服章法用，虽非六代之典，自是道家之殊制，俗表之名器。名器相涉则事乖其本，事乖其本则礼失其用。是故爱夫礼者必不亏其名器，得之不可亏，亦有自来矣。夫远遵古典者，犹存告朔之饩羊。饩羊尤可以存礼，岂况如来之法服耶？推此而言，虽无其道，必宜存其礼。礼存则法可弘，法可弘则道可寻，此古今所同，不易之大法也。又袈裟非朝宗之服，钵盂非廊庙之器。军国异容，戎华不杂，剃发毁形之人，忽厕诸夏之礼，则是异类相涉之象，亦窃所未安。檀越奇韵挺于弱年，风流迈于季俗，犹参究时贤以求其中。此而推之，必不以人废言。贫道西垂之年，假日月以待尽，情之所惜，岂存一己苟恪所执？盖欲令三宝中兴于命世之运，明德流芳于百代之下耳。若一旦行此，佛教长沦。如来大法，于兹泯灭，天人感叹，道俗革心矣。贫道幽诚所期，复将安寄。缘眷遇之隆，故坦其所怀。执笔悲憀，不觉涕泗横流。"玄虽苟执先志，耻即外从，而睹远辞旨，趑趄未决。

[出处]《高僧传初集》卷六《释慧远传》《大正藏》第五十二卷《史传部四·弘明集》卷第十二

释法显等至北天竺　初，法显等安居已，山行二十五日到竭叉国，与慧景等合。值其国王作般遮越师，般遮越师，汉言五年大会也。会时请四方沙门皆来云集，集已庄严众僧坐处，悬缯幡盖，作金银莲花，著僧坐后。铺净坐具，王及群臣如法供养。或一月、二月，或三月，多在春时。王作会已，复劝诸群臣设供供养，或一日、二日、三日、五日，乃至七日。供养都毕，王以所乘马鞍勒自副使国中贵重臣骑之，并诸白氎种种珍宝沙门所须之物，并诸群臣发愿布施众僧。布施已，还从僧赎。法显等由此国西行向北天竺。在道一月，得度葱岭。岭冬夏积雪，有恶龙吐毒风雨沙砾，山路艰危，壁立千仞。昔人有凿石通路，傍施梯者，凡度七百。度梯已，悬絚过河，数十余处。皆汉之张骞、甘英所不至也。度河便到乌苌国。慧

景、慧达、道整三人先发向佛影那竭国,法显等住此国夏坐。坐讫,
南下到宿呵多国。东下至犍陀卫国。又南行至佛楼沙国。此国有
佛钵,宝云、僧景只供养佛钵便还。慧景、慧达、道整先向那竭国供
养佛影、佛齿及顶骨。慧景病,道整住看。慧达一人,还于佛楼沙
国相见。而慧达、宝云、僧景遂还本土。慧景在佛钵寺无常,由是
法显独进向佛顶骨所。西行十六由延至那竭国醯罗城①,城中有
佛顶骨精舍。又至那竭国城,城中有佛齿塔。遂在此国住冬三月。

　　[出处]　《法显传》

　　[考证]　按《法显传》载显等在竭叉国参加般遮越师,此会集
于春日,则显等至其地当在今年,故志之于此。

二年　癸卯(403)<small>西凉李暠癸卯四年　后秦姚兴弘始五年　南燕慕容德建平四年</small>

　　释慧远致书鸠摩罗什论大乘深义　　远孜孜为道,务在弘法,每
逢西域一宾,辄恳恻谘访。闻罗什入关,即遣书通好曰:"释慧远顿
首。去岁得姚左军书,具承德问。仁者曩绝殊域,越自外境。于时
音驿未交,闻风而悦。但江湖难置,以形乖为叹耳。须知承否通之
会,怀宝来游,至止有问,则一日九驰。徒情欣雅味,而无由造尽,
寓目望途,固以增其劳伫。每欣大法宣流,三方同遇。虽运钟其
末,而趣均在昔。诚未能扣津妙门,感彻遗灵,至于虚襟遣契,亦无
日不怀。夫栴檀移植,则异物同熏;摩尼吐曜,则众珍自积。是惟
教合之道,犹虚往实归,况宗一无像,而应不以情者乎?是故负荷
大法者,必以无执为心;会友以仁者,使功不自己。若令法轮不停
轸于八正之路,三宝不辍音于将尽之期,则满愿不专美于绝代,龙
树岂独善于前踪?今往比量衣裁,愿登高座为著之,并天漉之器,

────────────

① 《高僧法显传》"醯罗城"前有"界"字。

此既法物，聊以示怀。"什答书曰："鸠摩罗什和南。既未言面，又文辞殊隔，导心之路不通，得意之缘圯绝。传译来觌，粗承风德，比知何如。备闻一途，可以蔽百。经言，末后东方当有护法菩萨，勖哉仁者，善弘其事。夫财有五备：福、戒、博闻、辩才、深智，兼之者道隆，未具者疑滞，仁者备之矣。所以寄心通好，因译传意，岂其能尽，粗酬来意耳。损所致比量衣裁，欲令登法座时著，当如来意。但人不称物，以为愧耳。今往常所用鍮石双口澡罐，可备法物之数也。"并遗偈一章曰："既已舍染乐，心得善摄不。若得不驰散，深入实相不。毕竟空相中，其心无所乐，若悦禅智慧，是法性无照，虚诳等无实，亦非停心处。仁者所得法，幸愿示其要。"远重与什书曰："日有凉气，比复何如？去月法识道人至，闻君欲还本国，情以怅然。先闻君方当大出诸经，故未欲便相谘求。若此传不虚，众恨可言！今辄略问数十条事，冀有余暇一一为释。此虽非经中之大难，要欲取决于君耳。"并报偈一章曰："本端竟何从，起灭有无际。一微涉动境，成此颓山势。惑相更相乘，触理自生滞。因缘虽无主，开途非一世。时无悟宗匠，谁将握玄契？末问尚悠悠，相与期暮岁。"远、什所问答，大乘经中深义十有八途，初问答真法身，次重问答法身，次问答法身像类，次问答法身寿量，次问答三十二相，次问答受决，次问答法身感应，次问答法身尽本，次问答造色法，次问答罗汉受决，次问答观佛三昧，次问答四相，次问答如法性真际，次问答实法有，次问答分破空，次问答后议追忆前议，次问答遍学，次问答经寿。今录其造色法问答，远问曰："经称四大不能自造，而能造色。又问造色，能造色不。若能造色，则失其类。如其不能，则水月镜像复何因而有？若有之者，自非造色，如何？又问，水月镜像色阴之所摄不？若是色阴，直是无根之色，非为非色，何以知其然？色必有象，象必有色。若像而非色，则是经表之奇言，如此则阿毗昙覆而无用矣。"什答曰："经言一切所有色，则是四大及四大所生，此义深远难明。今略叙其意，地水火风，名为四大，是四法或内或外。外者何也？则山河风热等是。内者，则骨面温气等是。四大如是，无所不在，而众生各各称以为身，于中次生眼等五根。五根虽非五识所知，亦不得谓之无也。所以者何？譬如发爪，虽是身分，无所分别，以离根故。又如癞病之人，身根坏败，虽有皮肉，而无所觉。是故当知，皮肉之内，别有觉用，又能生身识，以是故，名为身根。假令身肉但有身根者，以指触食，唯知冷热，不知香味。是故当知，别有鼻舌根等。若然者，四大之身，必生五根，分别五尘故，五根之色，其为微细，非五识所知，难了难明。是故佛名四大所生色。若问五根难明，佛名为四大生色者，五尘何以复名四大所生色耶？答曰：五尘亦复微细，如水月镜像等，虽复眼见，无有余尘，若离余尘，则非是色。若声从触有，谓为可闻，无有住处，时过则灭。因缘虽存，无声可闻。若香离色味触，则不可得，味触亦然。是故五尘，亦名四大所生色。以其小故，或言身根遍于一体。其余四根少分处生，如瞳子内针头之处，眼根见色，余处因此，总名为眼。其余根皆亦如是。身根所触，审有所觉。凡夫之人，身所觉事，以之为实。如人得罹于官，苦以刀杖治之，终不以余尘为用也。乐亦如是。众生多五欲，于细滑中，淫欲偏重，乃有随而死者。是故佛经或以之为初。又如人昼见于色，暗中虽无所见，以身触故，便得其事。当知身根常有实用，余根无有此力。又身根遍生身识，是故身所觉法，名为四大。若问身根所觉有十一事，何故但说四法为大也？答，其余七法，皆四大所摄，四大为根本，是其气分耳。轻重是觉分，坚是相密。若分散则为轻物，若集之则为重物。涩亦然。地有二种，一微尘，次密相近，名为滑物。若微尘疏远，名为涩物。寒是风水之分，水常冷相，若与火合则热，离火还归本相。风亦冷相，若火力偏多，名为热风，离火还为冷风。如热时摇扇，即得冷风。又身内风发，便令体冷，若服热药，冷风则止。水有二相，一为流相，二为冷相。经中多说流相，以相常有不可坏故。一切法皆有二相，客相、旧相。佛通达一切法本末故，说其旧相，如水或与火相，可使为热。流是旧相，虽与热合，犹不舍流相。是故寒是水所摄。饥渴者，以人腹内风火力故消食，消食已则从克人身。是故饥虽食难消之物而无所患，以能消。若如是分别，四大气分，乃应无量。如长短、此彼、麁细、方圆、燥湿、合散等，皆可以身根觉知，何止七事耶？佛是一切智人，是故但说四大色，及四大所生色。或言眼见草木，从种出生，如是细为麁因，如种中无树，推树为从何来。有人言无因无缘，自然而生，或有人言万物皆从大生，有人言从微尘生，有人言从常性生，惟佛言从四大生，所谓种中地水火风也。此中虽有余物，佛但说四大，以四大能利成果故。坚相能持，水相能烂，火相能成熟，风相能增长，如是树得增茂。色等无有此用，是故不说。又内四大，人初入胎时，地能持之，水能和合，火能成熟，风能开诸窍，令得增长。尔时小儿未有眼等根故，不能分别。以初得身根故，而分别四大所能。是故说一切色，皆四大为根本。如经说六种十二触八十八意行四善处，名之为人。是中分别意者，如小儿初入胎时，未有眼等故，但有六种，四大虚空及识，虽有色香味等，以其不觉，不为利益，故不说也。六入既成，于外麁受乐，名为触生受，而复意识，常多发用，眼识所见色，分别好丑中间，乃至意所知法，分别好丑中间，是名十八意行。又终能住于四善之处，所谓乐分别诸法，是智慧处。乐实不虚，是诚谛处。乐舍则舍恶，是舍处。乐离愦闹，是寂灭处。或言次第而生，如大劫尽时，无所复有，唯有虚空。尔时虚空中，有诸方风来，互相对持。后有天雨，风持此水，水上有风，扰动而生水沫。水沫积厚，尔乃成地，从生草木等。以观一切水色，初始皆从风出，以能持故。是以说所有尽皆以四大为根本。今之色味等，亦为四大因缘。四大亦为色等之因缘，但以初得名故，如谷子中，大有色有味等。牙时色味等，亦有四

大,但分别先后因果,得其名耳。如内四大,初入胎时识系在赤白
不净之中,虽有色香味,以无眼等故,不觉不知,唯有身根,觉知四
大有用,佛因此心故,说四大为生色之本。是故十二因缘中,第三
因缘时,虽有四大所生色,以微细未能遮识。识增发故,说识因缘
名色,歌罗罗时四大成就,反名为色,歌罗罗时中识成就,反名为
名。所谓成就者,了了相现也。是故说内四大,为生色之本。佛言
所有色四大,四大生有,是总相说耳。或有三大、二大、一大。四大
者,如身也。三大者,如死人身中无有火大。二大者,如热水、热
风、热合名等。一大者,如风。风中无有地、水也。四大生色中亦
如是,或四或一。如饮食有味香触,如净洁玉器承天雨,但有色味
触,无有香气。地气合,故乃可有香。如火从珠日出者,无香无味,
但有色触。烧为触,照为色,如镜像水月,唯有一色。四大不能自
造,而能造者,经无此说,亦无造名,但传译失旨耳。佛唯说所有
色,若四大四大所生,因四大复生四大。如种中四大,复生芽中四
大。芽中四大所生色,复生四大所生色,亦互相生如前说。又外道
说,四大是常,无时不有。若佛说诸所有色,皆是四大,则外道增其
邪见。是故佛言,色非唯四大而已。因四大故,更有色生,是名四
大所生色。是色有三种,善、不善、无记。以善身口业色,能生天人
报四大。不善身口业色,能生三恶处报四大。无记色自然因共生
因,阿毗昙中亦如是说。若然者,云何言四大不自生也? 如人还生
人,或生畜生,而生中不正说,从四大生者,皆是四大所生色。如阿
毗昙,分别四大,一阴一入界所摄。若但四大,则无别阴界入。以
四大少故,四大所生色阴,十一入,十一界所摄。若但四大所生色,
则无别阴也。十入十界所摄,如是四大,四大所生色,虽复_{一作没}
自生,生彼无咎。所以者何? 生生之大,以有空名,如前说水月镜
像。阿毗昙人有法相者,谓是阴界入故摄,如经说三种色,有色可
见有对,有色不可见有对,有色不可见无对。又如不见、不闻、不

嗅、不味、不触，尚名为色，何况眼镜像，如非色耶。是故水月幻化等，是可见色，而佛法为度众生故，说水月镜像影响炎化喻等。默人终不贪著，谓之为有。是故以为空喻，如幻化色，虽是不实事，而能诳惑人目。世间色像亦复如是。是以过五百年后，而诸学人多著于法，堕于颠倒。佛以幻化为喻，令断爱法，得于解脱。是故或时说有，或时说无。凡夫人无有慧眼，深著好丑麄细等，起种种罪业，如是何得言无耶？佛说一切色，皆虚妄颠倒不可得，触舍离性，毕竟空寂相。诸阿罗汉以慧眼，诸菩萨以法眼，本末了达，观知色相，何得言定有色相耶？诸佛所说好丑此彼，皆随众生心力所解，而有利益之法，无定相，不可戏论。然求其定相，来难之旨，似同戏论也。"

［出处］《大正藏》第四十五卷《诸宗部二·大乘大义章》

释慧远作《沙门不敬王者论》　桓玄篡位，下书曰："佛法宏大，所不能测，推奉主之情，故兴其敬。今事既在己，宜尽谦光，诸道人勿复致礼也。"远乃著《沙门不敬王者论》，凡有五篇。一曰：在家奉法，则是顺化之民，情未变俗，迹同方内，故有天属之爱，奉主之礼。礼敬有本，遂因之以成教。二曰：出家，谓出家者能遁世以求其志，变俗以达其道，变俗则服章不得与世典同礼，遁世则宜高尚其迹。夫然故能拯溺俗于沈流，拔玄根于重劫，远通三乘之津，近开人天之路。如令一夫全德，则道洽六亲，泽流天下，虽不处王侯之位，固已协契皇极，在宥生民矣。是故内乖天属之重而不违其孝，外阙奉主之恭而不失其敬也。三曰：求宗不顺化，谓反本求宗者不以生累其神，超落尘封者不以情累其生。不以情累其生，则其生可灭。不以生累其神，则其神可冥。冥神绝境，故谓之泥洹。故沙门虽抗礼万乘，高尚其事，不爵王侯，而沾其惠者也。四曰：体极不兼应，谓如来之与周、孔，发致虽殊，潜相影响，出处或异，终期必同。故虽曰道殊，所归一也。不兼应者，物不能兼爱也。五曰：形尽神不灭，谓识神驰骛，随行东西也。此是论之大意，自是沙门得全方外之迹

矣。及桓玄西奔，晋安帝自江陵旋于京师，辅国何无忌劝远候迎，远称疾不行。帝遣
使劳问，远修书曰："释慧远顿首。阳月和暖，愿御膳顺宜。贫道先婴重疾，年衰益甚。
猥蒙慈诏，曲垂光慰，感惧之深，实百于怀。幸遇庆会，而形不自运。此情此慨，良无以
喻。"诏答："阳中感怀，知所患未佳，其情耿耿。去月发江陵，在道多诸恶，情迟兼常。
本冀经过相见，法师既养素山林，又所患未痊，邈无复因，增其叹恨。"陈郡谢灵运负才
傲俗，少所推崇，及一相见，肃然心服。远内通佛理，外善群书，夫预学徒，莫不依拟。
时远讲《丧服经》，雷次宗、宗炳等并执卷承旨。次宗后别著义疏，首称雷氏。宗炳因寄
书嘲之曰："昔与足下共于释和尚间面受此义，今便题卷首称雷氏乎？"其化兼道俗，斯
类非一。

[出处]　《高僧传》卷第六《释慧远传》

西凉立泮宫　春正月，西凉主李暠命立泮宫，增高门学生五
百人。

[出处]　《晋书》卷八十七《李玄盛传》《十六国春秋》卷九十一

南燕策试诸生　南燕主慕容德大集诸生，亲临策试。既而飨
宴，登高远瞩，顾谓尚书鲁邃曰："齐鲁固多君子，当昔全盛之时，
接、慎、巴生、淳于、邹、田之徒，荫修檐，临清沼，驰朱轮，佩长剑，恣
飞马之雄辞，奋谈天之逸辩，指麾则红紫成章，俯仰则丘陵生韵。
至于今日，荒草颓坟，气消烟灭，永言千载，能不依然！"邃答曰："昔
武王封比干之墓，汉祖祭信陵之坟，皆留心贤哲，每怀往事。陛下
慈深二王，泽被九泉，若使彼而有知，宁不衔荷矣！"

[出处]　《十六国春秋》卷六十三　《晋书》卷一百二十七《载
记·慕容德传》

释法显等至罗夷诸国　法显等三人南度小雪山，雪山冬夏积
雪，山北阴中，遇寒风暴起，人皆噤战。慧景一人，不堪复进，口出
白沫，语法显云："我亦不复活，便可时去，勿得俱死。"于是遂终。
法显抚之悲号："本图不果，命也奈何！"复自力前，得过岭南，到罗
夷国。近有三千僧，兼大小乘学。住此夏坐，坐讫南下。到跋那
国，亦三千许僧，皆小乘学。复东行至毗荼国。佛法兴盛，兼大小

乘学。见秦道人往，乃大怜悯，作是言："如何边地人能知出家为
道，远求佛法？"悉供给所须，待之如法。遂东南行至摩头罗。

[出处]《高僧法显传》

[考证]　按《法显传》载显等在那竭国住冬三月，则度小雪山
至罗夷诸国当为今年之事，故志之于此。

三年　甲辰（404）魏道武帝天赐六年　后秦姚兴弘始六年

鸠摩罗什译出《大品经》　自大法东被，始于汉明，涉历魏晋，经
论渐多。而支、竺所出，多滞文格义。后秦主姚兴少崇三宝，锐志讲
集，什既至止，仍请入西明阁及逍遥园译出众经。什既率多谙诵，无
不究尽，转能汉言，音译流便。既览旧经，义多纰缪，皆由先译失旨，
不与梵本相应。于是姚兴使沙门僧䂮、僧迁、法钦、道流、道恒、道
标、僧叡、僧肇等五百余人，谘受什旨，更令出《大品》。什持梵本，姚
兴执旧经以相雠校，其新文异旧者，义皆圆通。众心惬伏，莫不欣
赞。遂以是年六月二十四日出《新大品经》二十四卷，僧叡为之序
曰："《摩诃般若波罗蜜》者，出八地之由路，登十阶之龙津也。夫渊
府不足以尽其深美，故寄大以目之。水镜未可以喻其澄朗，故假慧
以称之。造尽不足以得其崖极，故借度以明之。然则功托有无，度
名所以立；照本静末，慧目之以生；旷兼无外，大称由以起。斯三名
者，虽义涉有流而诣得非心，迹寄有用而功实非待。非心故以不住
为宗，非待故以无照为本。本以无照，则凝知于化始；宗以非心，则
忘功于行地。故启章玄门，以不住为始；妙归三慧，以无得为终。假
号照其真，应行显其明，无生冲其用，功德莗其深。大明要终以验
始，沤和即始以悟终。荡荡焉，真可谓大业者之通涂，毕佛乘者之要
轨也。夫宝重故防深，功高故校广，嘱累之所以殷勤，功德之所以屡
增，良有以也。而经来兹土，乃以秦言译之，典谟乖于殊制，名实丧
于不谨。致使求之弥至而失之弥远，顿辔重关而穷路转广，不遇渊

匠,殆将坠矣。亡师安和尚凿荒涂以开辙,标玄指于性空,落乖踪而直达,殆不以谬文为阂也。亹亹之功,思过其半,迈之远矣。鸠摩罗什法师慧心凤悟,超拔特诣,天魔干而不能回,渊识难而不能屈。扇龙树之遗风,振慧响于此世。秦王感其来仪,时运开其凝滞。以弘始三年岁次星纪冬十二月二十日至长安。秦王叩其虚关,匠伯陶其渊致。虚关既开,乃正此文言;渊致既宣,而出其《释论》。渭滨流祇洹之化,西明启如来之心,逍遥集德义之僧,京城溢道咏之音,末法中兴,将始于此乎。予既知命,遇此真化,敢竭微诚,属当译任。执笔之际,三惟亡师五失及三不易之海,则忧惧交怀,惕焉若厉。虽复履薄临深,未足喻也。幸冀宗匠通鉴,文虽左右而旨不违中。遂谨受案译,敢当此任。以弘始五年,岁在癸卯,四月二十三日,于京师之北逍遥园中出此经。法师手执胡本,口宣秦言,两释异音,交辩文旨。秦王躬览旧经,验其得失,谘其通涂,坦其宗致,与诸宿旧义业沙门释慧恭、僧䂮、僧迁、宝度、慧精、法钦、道流、僧叡、道恢、道标①、道恒、道悰等五百余人详其义旨,审其文中,然后书之。以其年十二月十五日出尽,校正检括,明年四月二十三日乃讫。文虽粗定,以《释论》检之,犹多不尽,是以随出其论随而正之。《释论》既讫,尔乃文定。定之未已,已有写而传者。又有以意增损,私以《般若波罗蜜》为题者。致使文言乖错,前后不同。良由后生虚己怀薄,信我情笃故也。胡本惟《序品》、《阿鞞跋致品》、《魔品》有名,余者直第其事数而已。法师以名非佛制,唯存《序品》,略其二目。其事数之名与旧不同者,皆是法师以义正之者也。如'阴'、'持'、'入'等名与义乖,故随义改之。'阴'为'众','入'为'处','持'为'性','解脱'为'背舍','除入'为'胜处','意止'为'念处','意断'为'正勤','觉意'为'菩提','直行'为'圣道',诸如此比,改之甚众。胡音失者,正之

---

① "道标"原作"道树",据《出三藏记集》改。

以天竺。秦言谬者，定之以字义。不可变者，即而书之。是以异名
斌然，胡音殆半。斯实匠者之公谨，笔受之重慎也。幸冀遵实崇本
之贤推而体之，不以文朴见咎，烦异见情也。"姚兴以佛道冲邃，其行唯善，信
为出苦之良津，御世之洪则，故托意九经，游心十二，乃著《通三世论》以勖示因果。主公
已下，并钦赞厥风。

[出处]　《高僧传初集》卷第二《鸠摩罗什传》《出三藏记集》
卷第二、卷第八

释僧肇著《般若无知论》　初，肇与僧叡等奉命入逍遥园，助罗
什详定经论。肇以去圣久远，文义舛杂，先旧所解，时有乖谬，及见
什谘禀，所悟更多。因出《大品》之后，便著《般若无知论》，论曰：
"夫般若虚玄者，盖是三乘之宗极也。诚真一之无差。然异端之
论，纷然久矣。有天竺沙门鸠摩罗什者，少践大方，研机斯趣，独拔
于言象之表，妙契于希夷之境，齐异学于迦夷，扬淳风于东扇。将
爰烛殊方而匿㫨凉土者，所以道不虚应，应必有由矣。弘始三年，
岁次星纪，秦乘入国之谋，举师以来之意也。北天之运，数其然也。
大秦天王者，道契百王之端，德洽千载之下，游刃万机，弘道终日。
信季俗苍生之所天，释迦遗法之所仗也。时乃集义学沙门五百余
人于逍遥观，躬执秦文，与什公参定《方等》。其所开拓者，岂谓当
时之益，乃累劫之津梁矣。余以短乏，曾厕嘉会，以为上闻异要，始
于时也。然则圣智幽微，深隐难测，无相无名，乃非言象之所得。
为试罔象其怀，寄之狂言耳，岂曰圣心而可辨哉？试论之曰：《放
光》云，般若无所有相，无生灭相。《道行》云，般若无所知，无所见。
此辨智照之用，而曰无相无知者何耶？果有无相之知，不知之照明
矣。何者？夫有所知，则有所不知。以圣心无知，故无所不知。不
知之知，乃曰一切知。故经云，圣心无所知，无所不知，信矣。是以
圣人虚其心而实其照，终日知而未尝知也。故能默耀韬光，虚心玄
鉴，闭智塞聪，而独冥冥者矣。然则智有穷幽之鉴，而无知焉；神有

应会之用,而无虑焉。神无虑,故能独王于世表;智无知,故能玄照于事外。智虽事外,未始无事;神虽世表,终日域中。所以俯仰顺化,应接无穷,无幽不察,而无照功。斯则无知之所知,圣神之所会也。然其为物也,实而不有,虚而不无,存而不可论者,其惟圣智乎。何者? 欲言其有,无状无名;欲言其无,圣以之灵。圣以之灵,故虚不失照;无状无名,故照不失虚。照不失虚,故混而不渝;虚不失照,故动以接麁。是以圣智之用,未始暂废;求之形象,未暂可得。故《宝积》曰:'以无心意而现行。'《放光》云:'不动等觉而建立诸法。'所以圣迹万端,其致一而已矣。是以般若可虚而照,真谛可亡而知,万动可即而静,圣应可无而为。斯则不知而自知,不为而自为矣,复何知哉? 复何为哉? 难曰:'夫圣人真心独朗,物物斯照,应接无方,动与事会。物物斯照,故知无所遗;动与事会,故会不失机;会不失机,故必有会于可会;知无所遗,故必有知于可知。必有知于可知,故圣不虚知。必有会于可会,故圣不虚会。既知既会,而曰无知无会者,何耶? 若夫忘知遗会者,则是圣人无私于知会,以成其私耳。斯可谓不自有其知,安得无知哉?'答曰:'夫圣人功高二仪而不仁,明逾日月而弥昏,岂曰木石瞽其怀,其于无知而已哉? 诚以异于人者神明,故不可以事相求之耳。子意欲令圣人不自有其知,而圣人未尝不有知,无乃乖于圣心失于文旨者乎? 何者? 真般若者,清净如虚空,无知无见,无作无缘,斯则知自无知矣。岂待返照然后无知哉? 若有知性空而称净者,则不辨于惑智。三毒四倒,亦皆清净,有何独尊于般若? 若以所知美般若,所知非般若,所知自尝净,故般若未尝净,亦无缘致净叹于般若。然经云般若清净者,将无以般若体性真净,本无惑取之知,本无惑取之知,不可以知名哉? 岂惟无知名无知,知自无知矣。是以圣人以无知之般若,照彼无相之真谛。真谛无兔马之遗,般若无不穷之鉴,可以会而不差,当而无是,寂怕无知,而无不知者矣。'难曰:'夫物无以自通,故立名以通物,物虽非名,果有可名之物当于此名矣。是以即名求物,物不能隐。而论云圣心无知,又云无所不知。意谓无智未尝知,知未尝无知,斯则名教之所通,立言之本意也。然论者欲一于圣心,异于文旨,寻文求实,未见其当。何者?若知得于圣心,无知无所辨。若无知得于圣心,知亦无所辨。若二都无得,无所复论哉。'答曰:'经云,般若义者,无名无说,非有非无,非实非虚,虚不失照,照不失虚,斯则无名之法,故非言所能言也。言虽不能言,然非言无以传,是以圣人终日言而未尝言也。今试为子狂言辨之。夫圣心者,微妙无相,不可为有;用之弥勤,不可为无。不可为无,故圣智存焉。不可为有,故名教绝焉。是以言知不为知,欲以通其鉴;不知非不知,欲以辨其相。辨相不为无,通鉴不为有。非有,故知而无知;非无,故无知而知。是以知即无知,无知即知,无以言异而异于圣心也。'难曰:'夫真谛深玄,非智不测。圣智之能,在兹而显。故经云,不得般若,不见真谛。真谛则般若之缘也。以缘求智,智则知矣。'答曰:'以缘求智,智非知也。何者?《放光》云,不缘色生识,是名不见色。又云,五阴清净,故般若清净。般若即能知也,五阴即所知也,所知即缘也。夫知与所知,相与而有,相与而无。相与而无,故物莫之有;相与而有,故物莫之无。物莫之无故,为缘之所起;物莫之有故,则缘所不能生。缘所不能生,故照缘而非知;为缘之所起,故知缘相因以生。是以知与无知生于所知矣。何者?夫智以知所知,取相故名知。真谛自无相,真智何由知。所以然者,夫所知非所知,所知生于知。所知既生知,知亦生所知。所知既相生,相生即缘法。缘生故非真,非真,故非真谛也。故《中观》云,物从因缘有,故不真;不从因缘有,故即真。今真谛曰真,真则非缘,真非缘,故无物从缘而生也。故经云,不见有法无缘而生,是以真智观真谛,未尝取所知,智不取所知,此智何由知?然智非无知,但真谛非所知,故真知亦非知。而子欲以缘求智,故以智为知。缘非自缘,于何而求知?'难曰:'论云,不取者,为无知故不取?为知然后不取耶?若无知故不取,圣人则冥若夜游,不辨缁素之异耶?若知然后不取,知则异于不取矣。'答曰:'非无知故不取,又非知然后不取,知即不取,故能不取而知。'难曰:'论云,不取者,诚以圣心不物于物,故无惑取也。无取则无是,无是则无当,谁当圣心而云圣心无所不知耶?'答曰:'然,无是无当者。夫无当则物无不当,无是则物无不是,物无不是,故是而无是;物无不当,故当而无当。故经云,尽见诸法而无所见。'难曰:'圣心非不能是,诚以无是可是。虽无是可是,故当是于无是矣。是以经云,真谛无相。故般若无知者,诚以般若无有有相之知,若以无相为无相,有何累于真谛耶?'答曰:'圣人无无相也。何者?若以无相为无相,无相即为相。舍有而之无,譬犹逃蜂而赴壑,俱不免于患矣。是以至人处有而不有,居无而不无,虽不取于有无,然亦不舍于有无。所以和光尘劳,周旋五趣,寂然而往,怕尔而来,恬淡无为,而无不为。'难曰:'圣心虽无知,然其应会之道不差。是以可应者应之,不可应者存之。然则圣心有时而生,有时而灭,可得然乎?'答曰:'生灭者,生灭心也。圣人无心,生灭焉起。然非无心,但是无心心耳。又非不应,但是不应应耳。是以圣人应会之道,则信若四时之质,直以虚无为体,斯不可得而生,不可得而灭也。'难曰:'圣智之无,惑智之无,俱无生灭,何以异之?'答曰:'圣智之无者无知,惑智之无者知无。其无虽同,所以无者异也。何者?夫圣心虚静,无知可无。可曰无知,非谓知无。惑智有知,故有知可无。可谓知无,非曰无知也。无知即般若之无也,知无即真谛之无也。是以般若之与真谛,言用即同而异,言寂即异而同。同故无心于彼此,异故不失于照功。是以辨同者同于异,辨异者异于同,斯则不可得而异,不可得而同也。何者?内有独鉴之明,外有万法之实,万法虽实,然非照不得,内外相与以成其照功,此则圣所不能同,用也。内虽照而无知,外虽实而无相,内外寂然,相与俱无,此则圣所不能异,寂也。是以经云诸法不异者,岂曰续凫截鹤,夷岳盈壑,然后无异哉?诚以不异于异,故虽异而不异也。故经云,甚奇世尊!于无异法中而说诸法异。又云,般若与诸法,亦不一相,亦不异相,信矣。'难曰:'论云,言用则异,言寂则同,未详般若之内,则有用寂之异乎?'答曰:'用即寂,寂即用,用寂体一,同出而异名。更无无用之寂而主于用也。是以智弥昧,照逾明,神弥静,应逾动,岂曰明昧动静之异哉?故《成具》云,不为而过为。《宝积》曰,无心无识,无不觉知,斯则穷神尽智,极象外之谈也。即之明文,圣心可知矣。'"论凡二千余言,竟以呈什。什读之称善,乃谓肇曰:"吾解不谢子,辞当相挹。"

[出处] 《高僧传初集》卷七《义解四·释僧肇传》《大正藏》第四十五卷《诸宗部二·肇论》

法显等至僧伽施等国 法显等自摩头罗至僧伽施国,住龙精舍夏坐。坐讫东南行到罽饶夷城,东南行到拘萨罗国舍卫城,城南有祇洹精舍。法显、道整到此精舍,念昔世尊住此二十五年,自伤生在边地,共诸同志游历诸国,而或有还者,或有无常者。今日乃见佛空处,怆然心悲。彼众僧出问法显等言:"汝等从何国来?"答曰:"从汉地来。"彼众僧叹曰:"奇哉!边国之人,乃能求法至此。"自相谓言:"我等诸师和上相承以来,未见汉道人来到此也。"由此国东南至毗舍离国。

[出处] 《法显传》

[考证] 按《法显传》载显等于罗夷国夏坐,后又载于僧伽施国夏坐,则当为今年之事,故志之于此。

义熙元年 乙巳(405)后秦姚兴弘始七年

后秦以释僧䂮为僧正 释僧䂮姓傅氏,北地浔阳人,晋河间郎中令遐之元子也。少出家，止长安大寺，为弘觉法师弟子。觉亦一时法匠，䂮初从受业，后游青、司、樊、沔之间，通《六经》及三藏。律行清谨，能匡振佛法。姚苌、姚兴早挹风名，素所知重。及僭有关中，深相顶敬。兴既崇信三宝，盛弘大化，建会设斋，烟盖重叠。使夫慕道舍俗者，十室其半。自童寿入关，远僧复集，僧尼既多，或有愆漏。兴曰：“凡夫学僧，未阶苦忍，安得无过？过而将极，过遂多矣。宜立僧主以清大望。”因下书曰：“大法东迁，于今为盛，僧尼已多，应须纲领，宜授远规，以济颓绪。僧䂮法师，学优早年，德芳暮齿，可为国内僧主。僧迁法师，禅慧兼修，即为悦众。法钦、慧斌，共掌僧录，给车舆吏力。”䂮资侍中秩，传诏羊车各二人。迁等并有厚给，供事纯俭，允惬时望。五众肃清，六时无怠。至是，敕加亲信仗身白从各三十人。僧正之兴，䂮之始也。䂮躬自步行，车舆以给老疾，所获供恤，常充众用。虽年在秋方，而讲说经律，勖众无倦。以弘始之末，卒长安大寺，春秋七十三矣。

　[出处]　《高僧传初集》卷六《义解三·释僧䂮传》

　昙摩流支于关中译《十诵》　昙摩流支，此云法乐，西域人也。弃家入道，偏以律藏驰名。是年秋，至关中。初，罽宾弗若多罗诵出《十诵》，罗什译为晋文，未竟而多罗亡。庐山释慧远闻支既善毗尼，希得究竟律部。乃遣书通好曰：“佛教之兴，先行上国。自分流以来，四百余年。至于沙门律戒，所关尤多。顷有西域道士弗若多罗是罽宾人，其讽《十诵》梵本，有罗什法师，通才博见，为之传译。《十诵》之中，文始过半。多罗早丧，中途而寝，不得究竟大业，慨恨良深。传闻仁者赍此经自随，甚欣所遇，冥运之来，岂人事而已耶？想弘道为物，感时而动，叩之有人，必情无所恡。若能为律学之徒毕此经本，开示梵行，洗其耳目，使始涉之流不失无上之津，澡怀胜业者日月弥朗，此则惠深德厚，人神同感矣。……”流支既得远书，及姚兴敦请，乃与罗什共译《十诵》都毕，共六十一卷，研详考覆，条制审定。什犹恨文烦未善。既而什化，不获删治。流支住长安大寺，慧观欲请下京师。支曰："彼土有人有法，足以利世。吾当更行无律教处。"于是游化余方，不知所卒。或云终于凉土，未详。

[出处]　《高僧传》卷第二《昙摩流支传》

鸠摩罗什出《大智释论》　什以弘始四年夏于逍遥园中西门阁上为姚兴出《释论》，至是年十二月二十七日乃讫，凡百卷。释僧叡为之序曰："夫万有本于生生而生，生者无生；变化兆于物始而始，始者无始。然则无生无始，物之性也。生始不动于性，而万有陈于外，悔吝生于内者，其唯邪思乎。正觉有以见邪思之自起，故《阿含》为之作。知滞有之由惑，故《般若》为之照。然则照本希夷，津涯浩汗；理超文表，趣绝思境。以言求之，则乖其深；以智测之，则失其旨。二乘所以颠沛于三藏，新学所以曝鳞于龙门者，不其然乎？是以马鸣起于正法之余，龙树生于像法之末。正余易弘，故直振其遗风，莹拂而已，像末多端。故乃寄迹凡夫，示悟物以渐。又假照龙宫，以朗搜玄之慧；托闻幽秘，以穷微言之妙。尔乃宪章智典，作兹《释论》。其开夷路也，则令大乘之驾方轨而直入。其辨实相也，则使妄见之惑不远而自复。其为论也，初辞拟之，必标众异以尽美；卒成之终，则举无执以尽善。释所不尽，则立论以明之；论其未辨，则寄折中以定之。使灵篇无难喻之章，千载悟作者之旨，信若人之功矣。有鸠摩罗耆婆法师者，少播聪慧之闻，长集奇拔之誉。才举则抗标万里，言发则英辩荣枯。常仗兹论焉，渊镜凭高致以明宗。以秦弘始三年岁次星纪十二月二十日，自姑臧至长安。秦王虚衿，既已蕴在昔见之心，岂徒则悦而已。悟言相对，则淹留终日；研微造尽，则穷年忘惓。又以悟言之功虽深，而恨独得之心不旷；造尽之要虽玄，而惜津梁之势未普。遂以莫逆之怀，相与弘兼忘之惠。乃集京师义业沙门，命公卿赏契之士，五百余人，集于渭滨逍遥园堂，鸾舆伫驾于洪涘，禁御息警于林间。躬揽玄章，考正名于胡本;诣通律要,坦夷路于来践。经本既定,乃出此《释论》。论之略本有十万偈,偈有三十二字,并三百二十万言。胡夏既乖,又有烦简之异,三分除二,得此百卷。于大智三十万言,玄章婉旨,朗然可见。归途直达,无复惑趣之疑。以文求之,无间然矣。故天竺传云:'像正之末,微马鸣、龙树,道学之门,其沦湑溺丧矣。'其故何耶?实由二未契微,邪法用盛,虚言与实教并兴,崄径与夷路争辙。始进者化之而流离,向道者惑之而播越,非二匠其孰与正之?是以天竺诸国为之立庙,宗之若佛。又称而咏之曰:'智慧日已颓,斯人令再曜。世昏寝已久,斯人悟令觉。'若然者,真可谓功格十地,道侔补处者矣。传而称之,不亦宜乎?幸哉此中鄙之外,忽得全有此论,胡文委曲,皆如《初品》。法师以秦人好简,故裁而略之。若备译其文,将近千有余卷。法师于秦语大格,维识一往—作法。方言,殊好犹隔而未通。苟言不相喻则情无由比。不比之情,则不可以托悟怀于文表;不喻之言,亦何得委殊涂于一致?理固然矣。进欲停笔争是,则校竞终日,卒无所成。退欲简而便之,则负伤手穿凿之讥以二三。唯案译而书,都不备饰。幸冀明悟之贤,略其文而挹其玄也。"姚兴送论并遗书与庐山慧远曰:"《大智论》新译讫。此既龙树所作,又是方等旨归,宜为一序,以伸作者之意。然此诸道士,咸相推谢,无敢动手。法师可为作序,以贻后之学者。"远答云:"欲令作《大智论序》,以伸作者之意。贫道闻怀大非小褚所容,汲深非短绠所测。披省之日,有愧高命。又体羸多疾,触事有废,不复属意已来,其日亦久。缘告之重,辄粗缀所怀。至于研究之美,当复寄诸明德。"远又常谓《大智论》文句繁广,初学难寻,乃抄其要文,撰为二十卷。序致渊雅,使夫学者息过半之功矣。

[出处]《出三藏记集》卷第十《大智释论序》、《大智论记》《高僧传》卷第六

[考证] 按慧远序今未见,仅有僧叡序行世。而姚兴谓诸道

士无敢动手者,盖推崇慧远之辞,非真无人作序也。

法显等至摩竭提国 法显等自毗舍离国南下,至摩竭提国巴连弗邑,巴连弗邑是阿育王所治城,旧时宫殿在焉。法显等观佛遗迹及行像已,复西行至迦尸国波罗㮈城。又西北至拘睒弥国。

[出处] 《高僧法显传》

[考证] 按《法显传》载显见及巴连弗邑行像之事,又言常以建卯月行像,建卯月中国二月也,知法显至摩竭提国在本年之初,故志之于此。

二年 丙午(406)后秦姚兴弘始八年

命徐广撰《晋史》 初,广于元年奉诏撰车服仪注,除镇军谘议,领记室,封乐成侯,转员外散骑常侍,领著作。至是,尚书奏:"左史述言,右官书事,《乘》、《志》显于晋、郑,《春秋》著乎鲁史。自圣代有造,中兴晋祀,道风帝典,焕乎史策。而太和以降,世历三朝,玄风圣迹,倏为畴古。臣等参详,宜敕著作郎徐广撰成国史。"诏曰:"先朝至德光被,未著方策,宜流风缅代,永贻将来者也。"便敕广撰集。

[出处] 《晋书》卷八十二《徐广传》 《宋书》卷五十五《徐广传》 《南史》第三十三卷《徐广传》

鸠摩罗什于长安译《法华经》 是年夏,什于长安大寺集四方义学沙门二千余人,译《法华经》。沙门僧叡才识高明,什所翻经,叡并参正。昔竺法护出《正法华经》,《受决品》云:"天见人,人见天。"什译经至此乃言曰:"此语与西域义同,但在言过质。"叡曰:"得非人天交接,两得相见?"什喜曰:"实然。"其领悟标出,皆此类也。又出《成实论》,令叡讲之,什谓叡曰:"此净论中有七处文破《毗昙》,而在言小隐。若能不问而解,可谓英才。"至叡启发幽微,果不谘什,而契然悬会。什叹曰:"吾传译经论,得与子相值,真无所恨矣。"译讫,释慧观初在庐山谘禀慧远,闻什公入关,乃自南徂北,访核异同,详辩新旧,风神秀雅,思入玄微。时人称之曰:"通情则生、融上首,精难则观、肇第一。"作《法华宗要序》曰:"夫本际冥湛则神根凝一,涉动离淳则精麁异陈。于是心辔竞策,尘想诤驰,翳有浅深,则昏明殊镜。是以从初得佛暨于此经,始应物开津,则三乘别流。别流非真,则终期有会;会必同源,故其乘唯一。唯一无上,故谓之妙法。颂曰:是乘微妙,清净第一。于诸世间,最无有上。夫妙不可明,必拟之有像。像之美者,莲华为上。莲花之秀,分陀利为最。妙万法而为言,故喻之分陀利。其为经也,明发矇不可以语极,释权应之所由,御终不可以秘深,则开实以显宗致。权应既彰,则扁心自发,一作废。宗致既显,则真悟自生。故能令万流合注,三乘同往,同往之三会而为一乘之始也。觉慧成满,乘之盛也;灭景澄神,乘之终也。虽以万法为乘,然统之有主。举其宗要,则慧收其名。故经以真慧为体,妙一为称。是以释迦玄音始发,赞佛智甚深;多宝称善,叹平等大慧。颂曰:为说佛慧故,诸佛出世间,唯此一事实,余二则非真。然则佛慧乃一之正实,乘之体成,妙之至足,华之开秀者也。虽寄华宣微而道玄像表,称之曰妙,而体绝精麁。颂曰:是法不可示,言词相寂灭,二乘所以息虑,补处所以绝尘,唯佛与佛乃能究焉。故恒沙如来,感希声以灵萃;已逝之圣,振余灵而现证。信佛法之奥区,穷神之妙境,其此经之谓乎,此经之谓乎。观少习归一之言,长味会通之要。然缅思愈勤而幽旨弥潜,未尝不面灵鹫以遐想,临辞句而增怀。谅由枝说差其本,谬文乖其正也。有外国法师鸠摩罗什,超爽俊迈,奇悟天拔。量与海深,辩流玉散。继释踪以嗣轨,秉神火以霜烛,纽颓纲于将绝,拯漂溺于已沦。耀此慧灯,来光斯境。秦弘始八年夏,于长安大寺集四方义学沙门二千余人,更出斯经,与众详究。什自手执胡经,口译秦语。曲从方言,而趣不乖本,即文之益,亦已过半。虽复霄云披翳,阳景俱晖,未足喻也。什犹谓语现而理沈,事近而旨远。又释言表之隐,以应探赜之求,虽冥扉未开,固已得其门矣。夫上善等润,灵液尚均,是以仰感嘱累,俯慨未同,一作闻。故采述旨要,流布未闻。庶法轮遐轸,往所未往,十方同悟,究畅一乘,故序之云尔。"序成以简什,什曰:"善男子所论甚快,君小却当南游江汉之间,善以弘通为务。"什亡后,观乃南适荆州,州将司马休之甚相敬重,于彼立高悝寺,使夫荆楚之民,迥邪归正者,十有其半。

[出处]　《高僧传初集》卷二《鸠摩罗什传》、卷七《释慧观传》、《释僧叡传》《出三藏记集》卷第八

法显等复返摩竭提国　法显等欲往达嚩国,不果,遂自波罗㮈国东行还到巴连弗邑。法显本求戒律,而北天竺诸国,皆师师口传,无本可写,是以远涉乃至中天竺。于此摩诃衍僧伽蓝得一部律,是《摩诃僧祇众律》,佛在世时最初大众所行也。于祇洹精舍传其本。自余十八部各有师资,大归不异,然小小不同,或用开塞,但此最是广说备悉者。复得一部抄律,可七千偈。是《萨婆多众律》,即秦地众僧所行者也。亦皆师师口相传授,不书之于文字。复于此众中得《杂阿毗昙心》,可六千偈。又得一部綖经,二千五百偈。又得一卷《方等般泥洹经》,可五千偈。又得《摩诃僧祇阿毗昙》。法显住此三年,学梵书梵语,写律。道整既到中国,见沙门法则,众僧威仪,触事可观,乃追叹秦土边地众僧戒律残缺,誓言自今已去至得佛,愿不生边地,故遂停不返。法显本心欲令戒律流通汉地,于是独还。

[出处]　《高僧法显传》

二年　丁未(407)后秦姚兴弘始九年　西凉李暠建初三年

佛陀耶舍至后秦　佛陀耶舍,此云觉名,罽宾人,婆罗门种,世事外道。相传有一沙门,从其家乞食,其父怒,使人打之。父遂手脚挛躄,不能行止。乃问于巫师,对曰:"坐犯贤人,鬼神使然也。"即请此沙门,竭诚忏悔,数日便瘳。因令耶舍出家,为其弟子,时年十三。常随师远行,于旷野遇虎。师欲走避,耶舍曰:"此虎已饱,

必不侵人。"俄而虎去,前行果见余殍。师密异之。至年十五,诵经日得二三万言。而所住寺,恒常于外分卫乞食,废于习诵。有一罗汉重其聪敏,恒乞食供之。至年十九,受持讽诵大小乘经数百万言。然其性度,颇以简傲知见自处,谓天下少堪己师,为是不为诸僧所重。但美仪止,善能谈笑,见者忘其深恨。年及进戒,莫为临坛,所以向立之岁犹为沙弥。乃从其舅学五明诸论,世间法术,多所练习。至二十七,方受具戒。恒以读诵为务,手不释牒。每至端坐,即思惟义,尚云不觉虚过良时,其专精如此。后至沙勒国,国王疾不愈,请三千僧人入宫设会,耶舍预其一焉。时王太子达磨弗多,秦言法子。见耶舍容服端雅,问所从来。耶舍酬对清辩,太子悦之,仍即请留宫内供养,待遇隆厚。鸠摩罗什后至,复从舍受学,甚相尊敬。什既随母还龟兹,耶舍留止。顷之王薨,太子即位。时秦王苻坚遣吕光等西伐龟兹,龟兹王急求救于沙勒,沙勒王自率兵赴之。使耶舍留辅太子,委以后事。救军未至而龟兹已败。王回具说罗什为光所执,舍乃叹曰:"我与罗什相遇虽久,未尽怀抱,其忽羁虏,相见何期!"停十余年,乃东适龟兹,法化甚盛。时罗什在姑臧,遣信要之。裹粮欲去,国人留之。复停岁余,遂密束装,夜中进发,以弘始八年,行达姑臧。而罗什久已入于长安。先是罗什为姚兴说法,一日忽下高座谓兴曰:"有二小儿登吾肩,欲障须妇人。"兴谓之曰:"大师聪明,海内无双,若一旦后世,何可使法种无嗣?"遂以宫女强进之,一交而生二子。自尔已后,不住僧房,别立廨舍,供给丰盈。诸僧有效之者,什聚针盈钵谓曰:"若能相效食此者,乃可畜室耳。"因举匕进针,与常食不别。诸僧愧止。什每至讲说,尝先自说譬:"如臭泥中生莲花,但采莲花,无取臭泥也。"耶舍闻之叹曰:"罗什如好绵,何可使入棘林中?"罗什闻其至姑臧,大生欢喜,即劝姚兴,令使迎逆。兴未然许之。顷兴命罗什出经,什曰:"夫欲宣通无上法教,宜令文义理趣圆通。贫道虽诵其文,未善其理。唯佛陀耶舍深达幽致,今在姑臧,愿诏征

之。一言三详,然后著笔,使微言不坠,取信千载也。"兴从之,即遣
使招迎,厚加赠遗,悉不受。乃笑曰:"明旨既降,便应载驰。檀越
待士既厚,脱如罗什见处,则未敢闻命。"使还具说,兴叹其几慎,钦
伫不已,复遣使尽礼征之,方至长安。兴自出郊迎,别立精舍于逍
遥园中,四事供养,并不受,时至分卫一食而已。于是什出《十住
经》,一月余日,疑难犹豫,尚未操笔。耶舍既至,共相征决,辞理方
定。道俗三千余人,皆叹其赏要。耶舍为人赤髭,善解《毗婆沙》,
时人号曰赤髭毗婆沙。既为罗什之师,亦称大毗婆沙。四事供养,
衣钵卧具,满三间屋,不以关心。姚兴为货之于城南造寺舍。

[出处] 《高僧传初集》卷二《鸠摩罗什传》、《佛陀耶舍传》
《晋书》卷九十五《鸠摩罗什传》《历代三宝纪》卷第八

鸠摩罗什出《禅经》 初,罗什于弘始四年正月五日出《禅经》
三卷,后又出《禅法要经》三卷。至是年闰月五日重校正,僧叡为之
序曰:"禅法者,向道之初门,泥洹之津径也。此土先出《修行》、《大
小十二门》、《大小安般》,虽是其事,既不根悉,又无受法,学者之
戒,盖阙如也。鸠摩罗法师,以辛丑之年十二月二十日自姑臧至长
安。予即以其月二十六日从受禅法。既蒙启授,乃知学有成准,法
有成条。《首楞严经》云:'人在山中学道,无师道终不成。'是其事
也。寻蒙抄撰众家禅要,得此三卷。初四十三偈,是究摩罗罗陀法
师所造。后二十偈,是马鸣菩萨之所造也。其中五门,是婆须密、
僧伽罗叉、沤波崛、僧伽斯那、勒比丘、马鸣、罗陀禅要之中,抄集之
所出也。六觉中偈,是马鸣菩萨修习之以释六觉也。初观淫恚痴
相及其三门,皆僧伽罗叉之所撰也。息门六事,诸论师说也。菩萨
习禅法中,后更依《持世经》益《十二因缘》一卷、《要解》二卷,别时
撰出。夫驰心纵想,则情愈滞而惑愈深。系意念明,则澄鉴朗照而
造极弥密。心如水火,拥之聚之,则其用弥全;决之散之,则其势弥
薄。故论云:质微则势重,质重则势微。如地质重,故势不如水。

水性重,故力不如火。火不如风,风不如心,心无形故力无上。神
通变化,八不思议,心之力也。心力既全,乃能转昏入明,明虽愈于
不明,而明未全也。明全在于忘照,照忘然后无明非明。无明非
明,尔乃几乎息矣。几乎息矣,慧之功也。故经云:'无禅不智,无
智不禅。'然则禅非智不照,照非禅不成。大哉禅智之业,可不务
乎! 出此经后,至弘始九年闰月五日重求检校,惧初受之不审,差
之一毫,将有千里之降。详而定之,辄复多有所正。既正既备,无
间然矣。"

[出处]《出三藏记集》卷第二、卷第九 《历代三宝纪》卷
第八

刘遗民致书僧肇《般若无知论》传至江南庐山,隐士刘遗民
见之,乃叹曰:"不意方袍,复有平叔。"因以呈远公,远乃抚几叹曰:
"未尝有也。"因共披寻玩味,更存往复。遗民乃致书肇曰:"顷餐徽
闻,有怀遥仰,岁末寒严,体中何如? 音寄壅隔,增用抱蕴。弟子沈
痾草泽,常有弊瘵,愿彼大众康和,外国法师休念不。去年夏末,见
上人《般若无知论》。才运清俊,旨中沈允,推步圣文,婉然有归。
披味殷勤,不能释手。真可谓浴心方等之渊,悟怀绝冥之肆。穷尽
精巧,无所间然。但暗者难晓,犹有余疑一两,今辄条之如别。愿
从容之暇,粗为释之。"肇答书曰:"不面在昔,伫想用劳,得前疏并
问,披寻反覆,欣若暂对。凉风戒节,顷常何如? 贫道劳疾每不佳,
即此大众寻常,什师休胜,秦主道性自然,天机迈俗。城堑三宝,弘
通是务,由使异典胜僧,自远而至,灵鹫之风,萃乎兹土。领公远
举,乃是千载之津梁,于西域还,得《方等》新经二百余部。什师于
大石寺出新至诸经。法藏渊旷,日有异闻。禅师于瓦官寺教习禅
道,门徒数百,日夜匪懈,邕邕肃肃,致自欣乐。三藏法师于中寺出
律部,本末情悉,若睹初制。毗婆沙法师于石羊寺出《舍利弗毗昙》
梵本,虽未及译,时问中事,发言新奇。贫道一生,猥参嘉运,遇兹

盛化,自不睹释迦祇桓之集,余复何恨? 但恨不得与道胜君子同斯
法集耳。称咏既深,聊复委及。然来问婉切,难为郢人。贫道思不
关微,兼拙于笔语。且至趣无言,言则乖至。云云不已,竟何所辩?
聊以狂言,示训来旨也。"肇后又著《不真空论》、《物不迁论》等,并注《维摩》及制
诸经论序,并传于世。

[出处]　《高僧传》卷七《僧肇传》[①]

[考证]　按《出三藏记集》卷第十释道摽《舍利弗阿毗昙序》
云:"以秦弘始九年,命书梵文。"则书中所谓"于石羊寺出《舍利弗
毗昙》梵本,虽未及译……"之语,当在此时,故志之于此。

西凉以刘昞为儒林祭酒　昞字延明,敦煌人也。父宝,字子
玉,以儒学称。昞年十四,就博士郭瑀学。时瑀弟子五百余人,通
经业者八十余人。瑀有女始笄,妙选良偶,有心于昞。遂别设一席
于坐前,谓诸弟子曰:"吾有一女,年向长成,欲觅一快女婿。谁坐
此席者,吾当婚焉。"昞遂奋衣来坐,神志肃然曰:"向闻先生欲求快
女婿,昞其人也。"瑀遂以女妻之,昞后隐居酒泉,不应州郡之命,弟
子受业者五百余人。西凉王李暠征为儒林祭酒、从事中郎。暠好
尚文典,书史穿落者亲自补治。昞时侍侧,前请代暠。暠曰:"躬自
执者,欲人重此典籍。吾与卿相值,何异孔明之会玄德?"迁抚夷护
军,虽有政务,手不释卷。暠曰:"卿注记篇籍,以烛继昼,白日且
然,夜可休息。"昞曰:"朝闻道,夕死可矣。不知老之将至,孔圣称
焉。昞何人斯,敢不如此?"昞以三史文繁,著《略记》百三十篇、八
十四卷,《凉书》十卷,《敦煌实录》二十卷,《方言》三卷,《靖恭堂铭》
一卷,注《周易》、《韩子》、《人物志》、《黄石公三略》,并行于世。

[出处]　《魏书》卷五十二《刘昞传》

[考证]　按《晋书》卷八十七《凉武昭王传》,使儒林祭酒刘彦

明为文,刻石颂德。此事志于上表晋朝之后,又在追记迁酒泉之事之中,则当为同时之事。表中有"去乙巳岁……荏苒三年"之语,乙巳乃义熙元年,即暠之建初元年也。至此适为三年,故志刘昞为儒林祭酒事于此。

四年　戊申(408)后秦姚兴弘始十年

鸠摩罗什译《小品经》　罗什以二月六日重出《小品经》,至四月十三日校正都讫,凡七卷。或十卷。僧叡笔受,并为之序曰:"《般若波罗蜜经》者,穷理尽性之格言,菩萨成佛之弘轨也。轨不弘则不足以冥群异指其归,性不尽则物何以登道场成正觉? 正觉之所以成,群异之所以一,何莫由斯道也? 是以异教殷勤,三抚以之频发;功德叠校,九增以之屡至。如向相①标玄而玄其玄,幻品忘寄而忘其忘。道行坦其津,难问穷其源,随喜忘趣以要终,照明不化以即玄。章虽三十,贯之者道;言虽十万,佩—作倍。之者行。行凝然后无生,道足然后补处,及此而变一切智也。《法华》镜本以凝照,《般若》冥末以解悬。解悬理趣菩萨道也,凝照镜本告其终也。终而不冥,则归途扶疏,有三实之际;权应不夷,则乱绪纷纶,有惑趣之异。是以《法华》、《般若》相待以期终,方便实化冥一以侠尽。论其穷理尽性,夷明万行,则实不如照;取其大明真化,解本无三,则照不如实。是故叹深则《般若》之功重,美实则《法华》之用微,一作征。此经之尊,三抚三嘱,未足惑也。有秦太子者,寓迹储宫,拟韵区外,玩味斯经,梦想增至。准悟《大品》,深知译者之失。会闻鸠摩罗法师,神授其文,真本犹存。以弘始十年二月六日请令出之,至四月三十日,校正都讫。考之旧译,真若荒田之稼芸过其半,未讵多也。斯经正文凡有四种,是佛异时适化广略之说也。其多

---

① 《出三藏记集》"向相"作"问相"。

者云有十万偈,少者六百偈。此之《大品》,乃是天竺之《中品》也。随宜之言,复何必计其多少,议其烦简耶? 胡文雅质,按本译之,于丽巧不足,朴正有余矣。幸冀文悟之贤,略其华而几其实也。"

[出处] 《出三藏记集》卷第八

释僧肇著《不真空论》及《物不迁论》 《不真空论》云:"夫至虚无生者,盖是般若玄鉴之妙趣,有物之宗极者也。自非圣明特达,何能契神于有无之间哉? 是以至人通神心于无穷,穷所不能滞;极耳目于视听,声色所不能制者,岂不以其即万物之自虚,故物不能累其神明者也? 是以圣人乘真心而理顺,则无滞而不通;审一气以观化,故所遇而顺适。无滞而不通,故能混杂致淳;所遇而顺适,故则触物而一。如此则万象虽殊,而不能自异,不能自异,故知象非真象。象非真象故,则虽象而非象。然则物我同根,是非一气,潜微幽隐,殆非群情之所尽。故顷尔谈论,至于虚宗,每有不同。夫以不同而适同,有何物而可同哉? 故众论竞作,而性莫同焉。何则? 心无者,无心于万物,万物未尝无。此得在于神静,失在于物虚。即色者,明色不自色,故虽色而非色也。夫言色者,但当色自色,岂待色色而后为色哉? 此直语色不自色,未领色之非色也。本无者,情尚于无,多触言以宾无,故非有,有即无;非无,无亦无。寻夫立文之本旨者,直以非有,非真有,非无,非真无耳。何必非有无此有,非无无彼无? 此直好无之谈,岂谓顺通事实,即物之情哉? 以夫物物于物,则所物而可物;以物物非物,故虽物而非物。是以物不即名而就实,名不即物而履真。然则真谛独静于名教之外,岂曰文言之能辨哉? 然不能杜默,聊复厝言以拟之。试论之曰:《摩诃衍论》云,诸法亦非有相,亦非无相。《中论》云,诸法不有不无者,第一真谛也。寻夫不有不无者,岂谓涤除万物,杜塞视听,寂寥虚豁,然后为真谛者乎? 诚以即物顺通,故物莫之逆;即伪即真,故性莫之易。性莫之易,故虽无而有;物莫之逆,故虽有而无。虽有而无，所谓非有；虽无而有，所谓非无。如此，则非无物也，物非真物。物非真物，故于何而可物。故经云，色之性空，非色败空，以明夫圣人之于物也，即万物之自虚，岂待宰割以求通哉？是以寝疾有不真之谈，超日有即虚之称。然则三藏殊文，统之者一也。故《放光》云：第一真谛，无成无得，世俗谛故，便有成有得。夫有得即是无得之伪号，无得即是有得之真名。真名故，虽真而非有；伪号故，虽伪而非无。是以言真未尝有，言伪未尝无，二言未始一，二理未始殊。故经云，真谛、俗谛谓有异耶？答曰无异也。此经直辩真谛以明非有，俗谛以明非无，岂以谛二而二于物哉？然则万物果有其所以不有，有其所以不无。有其所以不有，故虽有而非有；有其所以不无，故虽无而非无。虽无而非无，无者不绝虚；虽有而非有，有者非真有。若有不即真，无不夷迹，然则有无称异，其致一也。故童子叹曰，说法不有亦不无，以因缘故诸法生。《璎珞经》云，转法轮者，亦非有转，亦非无转。是谓转无所转，此乃众经之微言也。何者？谓物无耶，则邪见非惑；谓物有耶，则常见为得。以物非无，故邪见为惑；以物非有，故常见不得。然则非有非无者，信真谛之谈也。故《道行》云，心亦不有亦不无。《中观》云，物从因缘故不有，缘起故不无，寻理即其然矣。所以然者，夫有若真有，有自常有，岂待缘而后有哉？譬彼真无，无自常无，岂待缘而后无也？若有不自有，待缘而后有者，故知有非真有。有非真有，虽有不可谓之有矣。不无者，夫无则湛然不动，可谓之无。万物若无，则不应起，起则非无，以明夫缘起故不无也。故《摩诃衍论》云：一切诸法，一切因缘故应有。一切诸法，一切因缘故不应有。一切无法，一切因缘故应有。一切有法，一切因缘故不应有。寻此有无之言，岂直反论而已哉？若应有，即是有，不应言无。若应无，即是无，不应言有。言有，是为假有以明非无，借无以辨非有。此是理一称二，其文有似不同。苟领其所同，则无异而不同。然则万法果有其所以不有，不可得而有；有其所以不无，不可得而无。何则？欲言其有，有非真生；欲言其无，事象既形。象形不即无，非真非实有。然则不真空义，显于兹矣。故《放光》云，诸法假号不真，譬如幻化人。非无幻化人，幻化人非真人也。夫以名求物，物无当名之实；以物求名，名无得物之功。物无当名之实，非物也。名无得物之功，非名也。是以名不当实，实不当名，名实无当，万物安在？故《中观》云：物无彼此。而人以此为此，以彼为彼。彼亦以此为彼，以彼为此。此彼莫定乎一名，而惑者怀必然之志。然则彼此初非有，惑者初非无。既悟彼此之非有，又何物而可有哉？故知万物非真，假号久矣。是以《成具》立强名之文，园林托指马之况。如此则深远之言，于何而不在？是以圣人乘千化而不变，履万惑而常通者，必以其即万物之自虚，不假虚而虚物也。故经云，甚奇世尊，不动真际为诸法立处，非离真而立处，立处即真也。然则道远乎哉？触事而真。圣远乎哉？体之即神。"又作《物不迁论》云："夫生死交谢，寒暑迭迁，有物流动，人之常情。余则谓之不然。何者？《放光》云：法无去来，无动转者。寻夫不动之作，岂释动以求静？必求静于诸动。必求静于诸动，故虽动而常静。不释动以求静，故虽静而不离动。然则动静未始异，而惑者不同。缘使真言滞于竞辩，宗途屈于好异，所以静躁之极未易言也。何者？夫谈真则逆俗，顺俗则违真。违真故迷性而莫返，逆俗故言淡而无味。缘使中人未分于存亡，下士抚掌而弗顾，近而不可知者，其惟物性乎。然不能自已，聊后寄心于动静之际，岂曰必然。试论之曰：《道行》云，诸法本无所从来，去亦无所至。《中观》云，观方知彼去，去者不至方。斯皆即动而求静，以知物不迁明矣。夫人之所谓动者，以昔物不至今，故曰动而非静。我之所谓静者，亦以昔物不至今，故曰静而非动。动而非静，以其不来；静而非动，以其不去。然则所造未尝异，所见未尝同。逆之所谓塞，顺之所谓通，苟得其道，复何滞哉？伤夫人情之惑也久矣，目对真而莫觉。既知往物而不来，而谓今物而可往。往物既不来，今物何所往？何则？求向物于向，于向未尝无。责向物于今，于今未尝有。于今未尝有，以明物不来；于向未尝无，故知物不去。覆而求今，今亦不往。是谓昔物自在昔，不从今以至昔；今物自在今，不从昔以至今。故仲尼曰：回也见新，交臂非故。如此则物不相往来明矣。既无往返之微朕，有何物而可动乎？然则旋岚偃岳而常静，江河竞注而不流，野马飘鼓而不动，日月历天而不周，复何怪哉？噫！圣人有言曰：人命逝速，速于川流。是以声闻悟非常以成道，缘觉觉缘离以即真。苟万动而非化，岂寻化以阶道？覆寻圣言，微隐难测。若动而静，似去而留。可以神会，难以事求。是以言去不必去，闲人之常想；称住不必住，释人之所谓往耳。岂曰去而可遣，往而可留也？故《成具》云：菩萨处计常之中，而演非常之教。《摩诃衍论》云，诸法不动，无去来处。斯皆导达群方，两言一会，岂曰文殊而乖其致哉？是以言常而不住，称去而不迁。不迁，故虽往而常静；不住，故虽静而常往。虽静而常往，故往而弗迁；虽往而常静，故静而弗留矣。然则庄生之所以藏山，仲尼之所以临川，斯皆感往者之难留，岂曰排今而可往？是以观圣人心者，不同人之所见得也。何者？人则谓少壮同体，百龄一质，徒知年往，不觉形随。是以梵志出家，白首而归。邻人见之曰：'昔人尚存乎？'梵志曰：'吾犹昔人，非昔人也。'邻人皆愕然，非其言也。所谓有力者负之而趋，昧者不觉，其斯之谓欤。是以如来因群情之所滞，则方言以辩惑。乘莫二之真心，吐不一之殊教，乖而不可异者，其唯圣言乎。故谈真有不迁之称，导俗有流动之说，虽复千途异唱，会归同致矣。而征文者闻不迁，则谓昔物不至今；聆流动者，而谓今物可至昔。既曰古今，而欲迁之者，何也？是以言往不必往，古今常存，以其不动；称去不必去，谓不从今至古，以其不来。不来，故不驰骋于古今；不动，故各性住于一世。然则群籍殊文，百家异说,苟得其会,岂殊文之能惑哉?是以人之所谓住,我则言其去;人之所谓去,我则言其住。然则去住虽殊,其致一也。故经云,正言似反,谁当信者?斯言有由矣。何者?人则求古于今,谓其不住;吾则求今于古,知其不去。今若至古,古应有今。古若至今,今应有古。今而无古,以知不来;古而无今,以知不去。若古不至今,今亦不至古,事各性住于一世,有何物而可去来?然则四象风驰,璇玑电卷,得意毫微,虽速而不转。是以如来功流万世而常存,道通百劫而弥固,成山假于始簣,修途托至于初步,果以功业不可朽故也。功业不可朽,故虽在昔而不化,不化故不迁,不迁故则湛然明矣。故经云,三灾弥纶,而行业湛然,信其言也。何者?果不俱因,因因而果。因因而果,因不昔灭;果不俱因,因不来今。不灭不来,则不迁之致明矣。复何惑于去留,踟蹰于动静之间哉?然则乾坤倒覆,无谓不静;洪流滔天,无谓其动。苟能契神于即物,斯不远而可知矣。"肇又注《维摩》及制诸经论序,并传于世。

　　[出处]　《高僧传初集》卷七《义解四·释僧肇传》《大正藏》第四十五卷《诸宗部二·肇论》

　　[考证]　按《释僧肇传》载此事于致刘遗民书之后,罗什亡之前,故从之志于此。

五年　己酉(409)魏明元帝嗣永兴元年　后秦姚兴弘始十一年

佛驮跋陀罗至长安　佛驮跋陀罗,秦言觉贤,本姓释氏,迦维罗卫人,甘露饭王之苗裔也。祖父达摩提婆,秦言法天,尝商旅于北天竺,因而居焉。父达摩修耶利,秦言法日,早亡。贤以三岁孤,与母居。五岁复丧母,为外氏所养。从祖鸠婆利闻其聪敏,兼悼其孤露,乃迎还,度为沙弥。至年十七,与同学数人俱以习诵为业,众皆一月,贤一日诵毕。其师叹曰:"贤一日敌三十夫也。"及受具戒,修业精勤,博学群经,多所通达,少以禅律驰名。尝欲游方弘化,备

观风俗。会有秦沙门智严西至罽宾,睹法众清净,乃慨然东顾曰:
"我诸同辈,斯有道志,而不遇真匠,发悟莫由。"即谘询国众,孰能
流化东土。金曰:"有佛驮跋陀者,出生天竺那呵利城,族姓相承,
世遵道学。其童龀出家,已通解经论。少受业于大禅师佛大先。"
先时亦在罽宾,乃谓严曰:"可以振维僧徒,宣授禅法者,佛驮跋陀
其人也。"严既要请苦至,贤遂愍而许焉。于是舍众辞师,裹粮东
逝,步骤三载,绵历寒暑。既度葱岭,路经六国。国主愍其远化,并
倾囊资奉。至交趾,乃附舶循海而行。至青州东莱郡,闻鸠摩罗什
在长安,即往从之。什大欣悦。共论法相,振发玄微,多所悟益。
因谓什曰:"君所释不出人意,而致高名,何耶?"什曰:"吾年老故
尔,何必能称美谈?"什每有疑义,必共谘决。秦太子泓欲闻贤说
法,乃要命群僧,集论东宫。罗什与贤数番往复。什问曰:"法云何
空?"答曰:"众微成色,色无自性,故唯色常空。"又问:"既以极微破
色空,复云何破一微?"答曰:"群师或破析一微,我意谓不尔。"又
问:"微是常耶?"答曰:"以一微故众微空,以众微故一微空。"时宝
云译出此语,不解其意。道俗咸谓贤之所计微尘是常。余日长安
僧复请更释,贤曰:"夫法不自生,缘会故生。缘一微故有众微,微
无自性,则为空矣。宁可言不破一微常而不空乎?"此是问答之大
意也。

　　[出处] 《高僧传初集》卷二《佛驮跋陀罗传》

释法显至多摩梨帝国 初,法显顺恒水东下至瞻波国,又东行
五十由延到多摩梨帝国,即是海口。其国有二十四僧伽蓝,尽有僧
住,佛法亦兴。法显住此二年,写经及画像。

　　[出处] 《高僧法显传》

六年 　庚戌(410)后秦姚兴弘始十二年

佛驮跋陀罗南之庐山 秦主姚兴专志佛法,供养三千余僧,并

往来宫阙,盛修人事。惟贤守静,不与众同。后语弟子云:"我昨见本乡有五舶俱发。"既而弟子传告外人。关中旧僧,咸以为显异惑众。又贤在长安,大弘禅业,四方乐静者,并闻风而至。但染学有深浅,所得有浓淡,浇伪之徒,因而诡滑。有一弟子,因少观行,自言得阿那含果。贤未及检问,遂致流言,大被谤黩,将有不测之祸。于是徒众或藏名潜去,或逾墙夜走。半日之中,众散殆尽。贤乃怡然不以介意。时旧僧僧䂮、道恒等谓贤曰:"佛尚不听说己所得法。先言五舶将至,虚而无实。又门徒诳惑,互起同异。既于律有违,理不同止。宜可时去,勿得停留。"贤曰:"我身若流萍,去留甚易,但恨怀抱未伸,以为慨然耳。"于是与弟子慧观等四十余人俱发。神志从容,初无异色。识真之众,咸共叹息,白黑送者千有余人。姚兴闻去怅恨,乃谓道恒曰:"佛贤沙门,协道来游,欲宣遗教,缄言未吐,良用深慨。岂可以一言之咎令万夫无导?"因敕令追之。贤谓使曰:"诚知恩旨,无预闻命。"于是率侣宵征,南指庐岳。沙门慧远,久服风名,闻至欣喜,倾盖若旧。远以贤之被摈,过由门人,若悬记五舶,止说在同意,亦于律无犯。乃遣弟子昙邕致书姚主及关中众僧,解其摈事。

　　[出处]　《高僧传初集》卷二《佛驮跋陀罗传》
　　[考证]　见七年。

七年　辛亥(411)后秦姚兴弘始十三年

佛驮跋陀罗于庐山译《禅经修行方便》　慧远请佛驮跋陀罗出禅数诸经,跋陀罗遂译出《禅经修行方便》二卷,一名《达磨多罗禅经》,一名《庚伽遮罗浮迷》,译言《修行道地》,一名《不净观经》,凡有十七品。远为之序曰:"夫三业之兴,以禅智为宗。虽精麁异分,而阶藉有方。是故发轸分逵,涂无乱辙;革俗成务,功不待积。静复所由,则幽绪告微;渊博难究,然理不云昧。庶旨统可寻。试略而言,禅非智无以穷其寂,智非禅无以深其照。则禅智之要,照寂之谓。其相济也,照不离寂,寂不离照,感则俱游,应必同趣。功玄于在用,交养于万法。其妙物也,运群动以至壹而不有,廓大象于未形而不无,无思无为而无不为。是故洗心静乱者以之研虑,悟彻入微者以之穷神也。若乃将入其门,机在摄会;理玄数广,道隐于文。则是阿难曲承音诏,遇非其人,必藏之灵府。何者?心无常规,其变多方;数无定像,待感而应。是故化行天竺,缄之有匠,幽关莫开,罕窥其廷。从此而观,理有行藏,道不虚授,良有以矣。如来泥曰未久,阿难传其共行弟子末田地。末田地传舍那婆斯。此三应真,咸乘至愿,冥契于昔;功在言外,经所不辨。必暗轨元匠,孱焉无差。其后有优婆崛,弱而超悟,智终世表,才高应冥,一作寡。触理从简。八万法藏,所在唯要;五部之分,始自于此。因斯而推,固知形运以废兴自兆,神用则幽步无迹。妙动难寻,涉麁生异,可不慎乎?可不察乎?自兹以来,感于事变,怀其旧典者,五部之学,并有其人。咸惧大法将颓,理深其慨,遂各述赞禅经,以隆盛业。其为教也,无数方便以求寂然,寂乎唯寂,其揆一耳。而寻条求根者众,统本运末者寡,或将暨而不至,或守方而未变。是故经称满愿之德,高普事之风。原夫圣旨,非徒全其长,亦所以救其短。若然,五部殊业,存乎其人,人不继世,道或隆替废兴。有时则互相升降,小大之目,其可定乎?又达节善变,出处无际,晦名寄迹,无闻无示。若斯人者,复不可以名部分。既非名部之所分,亦不出乎其外,明有宗明矣。每慨大教东流,禅数尤寡,三业无统,斯道殆废。顷鸠摩耆婆宣马鸣所述,乃有此业。虽其道未融,盖是为山于一篑。欣时来之有遇,感寄趣于若人。舍夫制胜之论而顺不言之辩,遂誓被僧那,以至寂为己任。怀德未忘,故遗训在兹。其为要也,图大成于末象,开微言而崇体,悟惑色之悖德,杜六门以寝患,达忿竞之伤性,齐彼我以宅心。于是异族同气,幻形告疏,入深缘起,见生死际。尔乃辟九关于龙津,

超三忍以登位,垢习凝于无生,形累毕于神化。故曰:无所从生,靡
所不生,于诸所生而无不生。今之所译,出自达磨多罗与佛大先。
其人西域之俊,禅训之宗,搜集经要,劝发大乘。弘教不同,故有详
略之异。达磨多罗阖众篇于同道,开一色为恒沙。其为观也,明起
不以生,灭不以尽,虽往复无际,而末始出于如。故曰:色不离如,
如不离色;色则是如,如则是色。佛大先以为澄源引流,固宜有渐,
是以始自二道,开甘露门,释四义以返迷,启归涂以领会。分别阴
界,导以正观,畅散缘起,使优劣自辨。然后令原始反终,妙寻其
极,其极非尽,亦非所尽,乃曰无尽,入于如来无尽法门,非夫道冠
三乘,智通十地,孰能洞玄根于法身,归一宗于无相,静无遗照,动
不离寂者哉?"慧观法师又为之序曰:"夫禅典之妙,盖是三乘之所
游,反迷悟惑者,托幽途以启真城,堑三业之固宅,广六度以澄神,
散结贼于旷野,研四变以游心,焰三慧为炬明,浪冲源以殊分,金刚
戟以练魔,定慧相和以测真如。是智依定则痴妄亏而霄落,定由智
则七渊湛然而淳清。清融九服则玄庭有阶,阶级相乘则炉冶成妙,
义之本本之有方,寻根传训则冥一俱当,虽利钝有殊,济苦一量。
若契会同趣,则圣性同照,圣性同照则累患永辽。故知禅智为出世
之妙术,实际之义标也。夫禅智之为道,言约理备,究析中道,对治
万法,善恶相乘,迭转执止,互有废兴,馆窥匠彻,略位其宗。以揆
大方,异世同文。上圣为慈悲之主,留法藏于千载,示三乘一作异
之轨辙,知会通之至阶,汰麤蟀于曩劫。曲成众艳之灵蜷,密典相
传以至今。接有缘以八背,未始失其会,随机犹掌回,所谓澹智常
寂而不失,照虽高机,寂化一用。故能穷诸法宝,拟想玄扉,游志妙
极,蹑神光于无间者哉。禅典要密,宜对之有宗。若漏失根原,则
支寻不全;群盲失旨,则上慢幽昏,可不惧乎。若能审其本根,冥训
道成,实观会古,则万境齐明,冲途豁尔而融。体玄像于无形,然后
知凡圣异流,心行无边。然弃本寻条之士,各以升降小异,俱会其

宗,一作穴。遂迷穴见,偶变其津涂,昏游长夜,永与理隔,不亦哀
哉!自顷来禅训,实鲜得其中。每以列形难保,迁动不常,便启诚
三宝,搜求玄要。依四百论,扣其关旨。会遇西来宗匠,综习大法,
寻本至终,冥遇一开,千载之下,优昙再隆,可不欣乎?遂乃推究高
宗,承嗣之范。云佛涅槃后,阿难曲奉圣旨,流行千载。先与同行
弟子摩田地,摩田地传与舍那婆斯。此三应真,大愿弘覆,冥构于
昔。神超事外,慈在宁济,潜行救物,偶会无差。佛在世时,有外学
五通仙人,往至佛所,请求出家,乘俗高胜,志存远寄。便言:'若我
入道,智慧辩才与身子等者,尔乃当于至尊法中修习梵行。'佛知其
本根于百年后当弘大事,便答仙人:'汝今出家,智慧浅薄,不及身
子。'仙人即退。后百年中,其人出世,奇识博达,遇物开悟。遂出
家学道,寻得应真。三明内照,六通远振,辩才无碍,摧诸异论。所
度人众,其量无边。于诸法藏,开托教文,诸贤遂见,乃有五部之
异。是化运有方,开彻有期。五部既举,则深浅殊风,遂有支流之
别。既有其别,可不究本详而后学耶?此一部典,名为《具足清净
法场》,传此法至于罽宾,转至富若蜜罗。富若蜜罗亦尽诸漏,具足
六通。后至弟子富若罗,亦得应真。此二人于罽宾中为第一教首。
富若蜜罗去世已来五十余年,弟子去世二十余年。昙摩多罗菩萨
与佛陀斯那俱共谘得高胜,宣行法本。佛陀斯那化行罽宾,为第三
训首。有于彼来者,亲从其受法教诲,见其涅槃。其涅槃时遗教
言:'我所化人众数甚多,入道之徒,具有七百。'富若罗所训,为教
师者十五六人,如今于西域中炽盛教化,受学者众。昙摩罗从天竺
来,以是法要传与婆陀罗,婆陀罗与佛陀斯那。佛陀斯那愍此旃丹
无真习可师,故传此法本流至东川。亦欲使了其真伪,涂无乱辙,
成无虚构,必加厚益。斯经所云:开四色为分界,一色无量,缘宗归
部,律一作津。则发趣。果然,其犹朝阳挥首,万类影旋;师子震吼,
则众兽伏焉。圣王轮宝,诸雄悚然,揽斯法界,廓清虚津,人有不

惑,处无不沉。自非道起群方,智鉴玄中,孰能立无言之辩于灵沼之渊,寄言述于七觉之林？可谓无名于所名而物无不名,无形于所形而物无不形,无事于所事而物无不事者哉。"贤志在游化,居无求安。既居庐山岁许,复西适江陵。遇外国舶主,既而讯访,果是天竺五舶,先所见者也。倾境士庶,竞来礼事,其有奉施,悉皆不受。持钵分卫,不问豪贱。时陈郡袁豹为刘裕太尉长史,裕南讨刘毅,豹随府届于江陵,贤将弟子慧观诣豹乞食。豹素不敬信,待之甚薄。未饱辞退。豹曰:"似未足,且复少留。"贤曰:"檀越施心有限,故令所设已罄。"豹即呼左右益饭,饭果尽。豹大惭愧。既而问慧观:"此沙门何如人?"观曰:"德量高远,非凡所测。"豹深叹异,以启刘裕,裕请与相见,甚崇敬之,资供备至。俄而裕还都,请与俱归,安止道场寺。贤仪轨率素,不同华俗,而志韵清远,雅有渊致。京师法师僧弼与沙门宝林书曰:"道场禅师,甚有天心,便是天竺王、何风流人也。"其见称如此。

[出处] 《出三藏记集》卷第九　《高僧传初集》卷三

[考证] 按本传既称宋武帝西讨刘毅时佛驮跋陀罗至江陵,又称贤居庐山岁许,则其至江陵当在义熙八年,而其初至庐山,当在六年,其译《禅经》当在六七年之间,故志之于此。

法显居师子国　法显由多摩梨帝国泛海西南行,到师子国。既去汉地积年,所与交接,悉异域人,山川草木,举目无旧。又同行十余,悉皆分披。或流或亡,顾影唯己,心常怀悲,忽于玉像前见商人以晋地一白团扇供养,不觉凄然下泪。在此国闻天竺道人于高座上诵经云:"佛钵本在毗舍离,今在犍陀卫,竟若干百年,当复至西月氏国,若干百年当至于阗国,往若干百年当至屈茨国,若干百年当复至师子国,若干百年当复来到汉地,若干百年当还中天竺,到中天竺已,当上兜率天上。弥勒菩萨见而叹曰:'释迦文佛钵至。'即共诸天华香供养七日。七日已还阎浮提,海龙王将入龙宫。至弥勒将成道时,钵还分为四复本颁那山上。弥勒成道已,四天王当复应念佛如先佛法,贤劫千佛共用一钵。钵去已,佛法渐灭。佛法灭后,人寿转短,乃至五岁。五岁之时,粳米酥油悉皆化灭。人民极恶,捉草木则变成刀杖,共相伤割。其中有福者逃避入山,恶人相杀尽已,还复来出,共相谓言:'昔人寿极长,但为恶甚作非法故,我等寿命遂尔短促,乃至五岁。我今共行诸善,起慈悲心,修行信义。'如是各行信义,展转寿倍,乃至八万岁。弥勒出世,初转法轮时,先度释迦遗法弟子,出家人及受三归、五戒、八斋法供养三宝者,第二、第三次度有缘者。"法显尔时欲写此经,其人云:"此无经本,我止心口诵耳。"法显住此国二年,更求得《弥沙塞律》藏本,得《长阿含》、《杂阿含》,复得一部《杂藏》,此悉汉土所无者。

[出处]《法显传》

八年　壬子(412)后秦姚兴弘始十四年

后秦主姚兴逼令道恒、道标罢道　秦主姚兴以恒、标二人神气俊朗,有经国之量,乃敕尚书令姚显敦逼恒、标罢道,助振王业。又下书恒、标等曰:"卿等乐道体闲,服膺法门,皎然之操,实在可喜。但朕临四海,治必须才。方欲招肥遁于山林,搜沉滞于屠肆。况卿等周旋笃旧,朕所知尽,各挹干时之能,而潜独善之地,此岂朕求贤之至情,卿等兼弘深趣耶?昔人有言:'国有骥而不乘,方惶惶而更索。'是之谓也。今敕尚书令显,便夺卿等二乘之福心,由卿清名之容室,赞时益世,岂不大哉?苟心存道味,宁系白黑,望体此怀,不可以守节为辞。"恒、标等答曰:"奉去月二十八日诏,敕尚书令夺道恒、道标等法服,承命悲惧,五情失守。俯仰惭惶,无地自厝。恒等诚才质暗短,染法未久,所存既重,眷慕亦深。猥蒙优诏,褒饰过美。开喻海励,言理备至。但情之所安,实怀罔已;法服之下,誓毕身命。兼少习佛法,不闲世事。徒发非常之举,终无殊异之功;虽有拔能之名,而无益时之用。未见几毫之补,将有山岳之损,窃为陛下不取也。光武尚能纵严陵之心,魏文全管宁之操。抑至尊之高怀,遂匹夫之微志,在宥群方,靡不自尽。况陛下以道御物,兼弘三宝,使四方义学之士,萃于京师;新异经典,流乎遐迩。大法之

隆,于兹为盛。方将阐扬洪化,助明振晖,嗣祇洹之遗响,扇灵鹫之
余风,建千载之轨模,为后生之津涂。而恒等岂可独屈于明时,不
得申其志愿?伏愿鉴其元元之情,特垂旷荡通物之理,更赐明诏,
听遂微心,则衔恩九泉,感德累劫。"奏再上而秦主不许。秦主又致
书僧䂮、罗什二法师曰:"别已数旬,旋有思想,渐暖比自何如?小
房远举,更无处分,正有愤然耳。顷万事之殷,须才以理之。近诏
道恒等令释罗汉之服,寻菩萨之迹,想当盘桓耳。然道无不在,法
师可劝进之。苟废其寻道之心,亦何必须尔也。致意迁上人,别来
何似?不审䂮统复何如?多事不能一二为书,恒等亦何烦!诸上
人劝其令造菩萨之行。"僧䂮、僧迁、罗什等奏曰:"盖闻太上以道养
民而物自是,其次有德而天下治。是以古之明王,审违性之难御,
悟任物之易因。故尧放许由于箕山,陵让干木干木一作放杖。于魏
国,高祖纵四皓于终南,叔度辞蒲轮于汉世,晋国戴逵被褐于剡县,
谢敷罹发于若耶,盖以适贤之性为得贤也。故上有明君,下有韦
带,逸民之风,垂训于今矣。今道标、恒等德非圆达,分在守节。且
少习玄化,伏膺佛道,一往之诚,必志匪席。至于敷演妙典,研究幽
微,足以启悟童稚,助化功德。使物识罪福,则有济苦之益;苟佛不
虚言,标等有弘毗耶之训矣。窃闻近日猥蒙优诏,使释法服。将擢
翠翘于寒条之上,曜芙渠于重冰之下。斯诚陛下仁爱恺悌,宽不世
之恩。然䂮等眷眷,窃有愚心。以陛下振道德之纲,以维六合;恢
九德之网,以罗四海。使玄风扇千载之前,仁义陶万世之后。宇宙
之外,感纯德以化宽;九域之内,肆玄津以逍遥。匹夫无沟壑之怨,
婺妇无停纬之叹。此实所以垂化,海内所以仰赖。愚谓恒、标虽区
区一介,守所见为小异,然故在罗网之内,即是陛下道化之一臣。
昔宇佐治十二年,未闻释夺法衣形服。世议苟于时有补,袈裟之中
亦有弘益,何足复夺道与俗,违其适性?昔巢、由抗节,尧、许俱高,
四皓匪降,上下同美。斯乃古今之一揆,百代之同风。且德非管

仲,不足华轩堂阜;智非孔明,岂足三顾草庐?愿陛下放既往之恩,从其微志,使上不过惠,下不失分。则皇唐之化,于斯而在;箕颍之宾,复见今日矣。superset 等庸近,献愚直言,惧触天威,追用悚息。"兴频复下书,阖境救之,殆而得免。恒乃叹曰:"古人有言,益我货者损我神,生我名者杀我身。"于是窜影岩壑,毕命幽薮,蔬食味禅,缅迹人外。义熙十三年卒于山舍,春秋七十二。恒著《释驳论》及《百行箴》。标作《舍利弗毗昙序》,并《吊王乔文》,并行于世。

[出处]　《高僧传初集》卷七《义解四·释道恒传》①　《大正藏》第五十二卷《史传部四·弘明集》卷第十一

[考证]　按道恒于义熙六年有摈斥觉贤之事,则其窜影岩壑之事必在其年之后。而鸠摩罗什则卒于义熙九年,其与姚兴论道恒之事必在前。《弘明集》有"昔孚佐治十二年"之语,自弘始三年至是适十二年,故志其事于此。

沙门佛陀耶舍译出《四分律》于长安　耶舍先诵《昙无德律》,秦司隶校尉姚爽请令出之,疑其遗谬,乃试耶舍,令诵羌籍药方可五万言。经一日,乃执文覆之,不误一字。众服其强记。遂于弘始十二年请译《四分》,至是年讫,凡四十四卷,或四十卷,或四十五卷,或六十卷。其序曰:"夫戒之兴,所以防邪检失,禁止四魔。超世之道,非戒不弘。斯乃三乘之津要,万善之窟宅者也。然群生愚惑,安寝冥室,宛转四流,甘履八苦,开恶趣之原,杜归真之路。攸攸长夜,莫能自觉。时有出家庶几玄微者,徒怀远趣,迷于发足。是以如来悼群瞽之无目,睹八难以增哀,开戒德之妙门,示涅槃之正路,始于毗耶离初结兹戒,凡有二百五十八篇。以此七罪科分,升降相从,轻重位判。斯皆神口之所制,祸福之定楷者也。然律藏渊旷,卷舒无常,略而至三,广则无量。此二百五十,盖因时人之作也。足以启

_____

① 《大正藏》本见于《高僧传》卷六《义解三·释道恒传》。

矇，足以阶道，三宝之隆，以之为盛，先圣之道，斯为美矣。自大教东流，几五百载，虽蒙余晖，然律经未备，先进明哲，多以戒学为心。然方殊音隔，文义未融，推步圣踪，难以致尽。所以怏怏终身，西望叹息。暨至壬辰之年，有晋国沙门支法领，感边土之乖圣，慨正化之未夷，乃亡身以俎险，庶弘道于无闻。西越流沙，远期天竺。路经于阗，会遇昙无德部体大乘三藏沙门佛陀耶舍，才艳博闻，明练经律，《三藏》、《方等》，皆讽诵通利。即于其国广集诸经，于精舍还。以岁在戊申，始达秦国。秦主姚欣然，以为奥宝冥珍嘉瑞。而谓大法渊深，济必由戒，神众所传，不可有阙。即以其年，重请出律藏。时集持律沙门三百余人，于长安中寺出。即以领弟子慧辩为译校定，陶炼反覆，务存无朴。本末精悉，若睹初制。此土先所出戒，差互不同，每以为惑。以今律藏检之，方知所以。盖由大圣迁化后，五部分张，各据当时所闻，开闭有以。于是师资相传，遂使有彼此之异。会曩推之，虽复小小差互，终归一本。何以明之？如《萨婆多部律》，著涅槃僧，著三衣，分为多名，余部亦尔。此律藏总为一名，齐整而已。高下参差，乃是齐整之义说。以是推之，五部之差麁，亦可领想，诸寻求不以为惑。今律藏画然，正教明白，可以济神，可以无惑。而今之学者，多修文饰之印，不以戒学为先，由使《佛藏》有鸟鼠之喻，众集有猨猴之况。斯之苦切，亦以极矣。凡我之徒，宜各勖励，明慎执持，令大法久住焉。”

［出处］《高僧传初集》卷二　《大正藏》第二十二卷《律部一·四分律》《出三藏记集》卷第九

九年　癸丑(413) 后秦姚兴弘始十五年

鸠摩罗什卒于长安　初，后秦大将军姚显、左将军安城侯姚嵩，并笃信缘业，屡请什于长安大寺讲说新经。所出《大品》、见404年。《小品》、见408年，与七卷《菩提经》本异出别名。《金刚般若》、一卷，或云

《金刚般若波罗蜜经》。《十住》、五卷,或四卷,什与佛驮耶舍共译出。《法华》、见406年。《维摩》、三卷,弘始八年于大寺出,是第四译,与佛调、支谦、法护等出者大同小异,僧肇笔受,什自注解,叡制序。《思益》、四卷,亦云《思益梵天所问经》,弘始四年十二月一日于逍遥园出,第二译,叡制序。《首楞严》、二卷,第七出。与支谶、支谦、白延、法护、叔兰及勇伏定二经等本并同别译。《持世》、四卷。第二出,与法护《持人菩萨所问经》,本同译异名,文小广。或三卷。《佛藏》、三卷,亦名《选择诸法经》,或四卷。弘始七年六月十二日出。《菩萨藏》、一名《富楼那问经》,一名《大悲心经》,弘始七年出。《遗教》、一卷,一名《佛垂般涅槃略说教戒经》。《菩提》、一卷,一名《文殊师利所问菩提经》,一名《菩提无行经》,一名《伽耶顶经》。《呵欲》、一卷,即《菩萨呵色欲经》。《自在王》、二卷,弘始九年于常山公姚显第一①出,僧叡笔受并制序。《因缘观》、一卷,即《十二因缘经》。《小无量寿》、一卷,一名《阿弥陀经》,弘始四年二月八日出,是第五译。《新贤劫》、七卷,弘始四年三月五日出,与法护所译大同小异,昙恭笔受,一名《贤劫三昧经》,一名《贤劫定意经》。《禅经》、见407年。《禅法要》、三卷,先译,弘始九年重校正,僧叡制序。《禅要解》、二卷,或云《禅要经》。《弥勒成佛》、一卷,弘始四年出,是第二译,与法护出者大同小异。《弥勒下生》、一卷,亦云《弥勒受决经》。《十诵律》、六十一卷。《十诵戒本》、一卷,第二出。《菩萨戒本》、一卷。《释成实》、二十卷,或十六卷,弘始八年出,昙略笔受。《十住》、十卷,龙树菩萨造,弘始年译未讫,第一卷末,似《六度集经》。《中》、八卷,或四卷,龙树菩萨造,弘始年出。《百》、二卷,提婆菩萨造,弘始六年出。《十二门》一卷,龙树菩萨造,僧叡制序。诸论,凡三百余卷。并畅显神源,挥发幽致。于时四方义士,万里必集,盛业久大,古今式仰。沙门竺道生,慧解入微,玄构文外。每恐言舛,入关请决。道生本姓魏,钜鹿人,寓居彭城,家世仕族,父为广戚令,乡里称为善人。生幼而颖悟,聪哲若神,其父知非凡器,爱而异之,后值沙门竺法汰,遂改俗归依,伏膺受业。既践沙门,俊思奇拔,研味句义,即自开解。故年在志学,便登讲座。吐纳问辩,辞清珠玉。虽宿望学僧,

———————————————

① "一"原阙,据《历代三宝纪》补。

当世名士,皆虑挫辞穷,莫敢酬抗。年至具戒,器鉴日深,性度机警,神气清穆。初入庐山,幽栖七年,以求其志。常以入道之要,慧解为本,故钻仰群经,斟酌杂论,万里随法,不惮疲苦。后与慧叡、慧严同游长安,从什公受业。关中僧众,咸谓神悟。庐山释慧远,学贯群经,栋梁遗化。而时去圣久,疑义多端,乃封以谘什(见 403 年)。初沙门慧叡常随什传写,什每为叡论西方辞体,商略同异,云:"天竺国俗,甚重文制,其宫商体韵,以入弦为善。凡觐国王,必有赞德,见佛之仪,以歌叹为贵。经中偈颂,皆其式也。但改梵为秦,失其藻蔚,虽得大意,殊隔文体。有似嚼饭与人,非徒失味,乃令呕哕也。"什尝作颂与沙门法和云:"心山育明德,流薰万由延,哀鸾孤桐上,清音彻九天。"凡为十偈,辞喻皆尔。什雅好大乘,志存敷广。常叹曰:"吾若著笔作大乘《阿毗昙》,非迦旃延子比也。今在秦地,深识者寡,折翮于此,将何所论?"乃凄然而止。惟为姚兴著《实相论》二卷,并注《维摩》,出言成章,无所删改。辞喻婉约,莫非玄奥。什为人神情鉴彻,傲岸出群,应机领会,鲜有其匹。且笃性仁厚,泛爱为心,虚己善诱,终日无倦。是年春,少觉四大不愈,乃口出三番神咒,令外国弟子诵之以自救。未及致力,转觉危殆。于是力疾,与众僧告别曰:"因法相遇,殊未尽伊心,方复后世,恻怆可言。自以暗昧,谬充传译,凡所出经论三百余卷。唯《十诵》一部,未及删烦。存其本质,必无差失。愿凡所宣译,传流后世,咸共弘通。今于众复发诚实誓,若所传无谬者,当使焚身之后,舌不燋烂。"遂于四月十三日卒于大寺,年七十。即于逍遥园,依外国法,以火焚尸,薪尽形碎,惟舌不灰。后外国沙门来云:"罗什所谙,十不出一。"初什一名鸠摩罗耆婆,外国制名多以父母为本,什父鸠摩炎,母字耆婆,故兼取为名焉。

[出处] 《高僧传》卷第二《鸠摩罗什传》 《广弘明集》卷第二十三

[考证] 按《高僧传》本传谓"什死年月,诸记不同"。余考《广

弘明集》二十三及《十六国春秋》卷六十二俱引有僧肇所作之《鸠摩
罗什法师诔》,称法师卒于癸丑之年,年七十。僧肇为法师弟子,且
卒于明年,其记法师之事,当不致有记忆失真之误,故从之而志
于此。

　　卑摩罗叉自关中至寿春　初,龟兹陷没,又避地乌缠。顷之,
闻罗什在长安大弘经藏,又欲使毗尼胜品,复洽东国,于是以秦弘
始八年东至关中。什闻至欣然,师敬尽礼。又谓什曰:"汝于汉地
大有重缘,受法弟子可有几人?"什答云:"汉境经律未备,新经及诸
论等,多是什所传出,三千徒众,皆从什受法。但什累业障深,此盖
指被逼受伎女之事。故不受师敬耳。"至是,罗什弃世,又乃出游关左,
逗于寿春,止石涧寺。律徒云聚,盛阐毗尼。罗什所译《十诵》本,
五十八卷,最后一诵,谓明受戒法,及诸成善法事,逐其义要,改名
《善诵》。又赍往石涧,开为六十一卷。最后一诵,改为《毗尼诵》,
故犹二名存焉。顷之,南适江陵,于新寺夏坐,开讲《十诵》,既通汉言,善相领纳,
无作妙本,大阐当时。析文求理者,其聚如林;明条知禁者,数亦殷矣。律藏大弘,叉之
力也。道场慧观,深括宗旨,记其所制内禁轻重,撰为二卷,送还建康。僧尼披习,竞相
传写。时闻者谚曰:"卑罗鄙语,慧观才录,都人缮写,纸贵如玉。"叉养德好闲,弃喧离
俗。其年冬,复还寿春石涧,卒于寺焉。春秋七十有七。又为人眼青,时人亦号为青眼
律师。

　　[出处]　《高僧传》卷第二《卑摩罗叉传》、《鸠摩罗什传》
　　佛陀耶舍出《长阿含》　先是耶舍以义熙六年出《昙无德律》四
十五卷,或四十卷,或四十四卷,或六十卷。八年讫。至是,复出《长阿含
经》二十二卷。僧肇为之序曰:"夫宗极绝于称谓,贤圣以之冲默;
玄旨非言不传,释迦所以致教。是以如来出世,大教有三:约身口
则防之以禁律,明善恶则导之以契经,演幽微则辩之以法相。然则
三藏之作也,本于殊应,会之有宗,则异途同趣矣。禁律,律藏也,
四分十诵。法相,《阿毗昙》藏也,四分五诵。契经,《四阿含》藏也。
《增一阿含》四分八诵,《中阿含》四分五诵,《杂阿含》四分十诵。此

《长阿含》四分四诵,合三十经以为一部。阿含,秦言法归。法归者,盖是万善之渊府,总持之林苑。其为典也,渊博弘富,温而弥旷,明宣祸福贤愚之迹,剖判真伪异济之原,历记古今成败之数,墟域二仪品物之伦。道无不由,法无不在,譬彼巨海,百川所归,故以法归为名。开析修途,所记长远,故以长为目。玩兹典者,长迷顿晓。邪正难辨,显如昼夜。报应冥昧,照若影响。劫数虽辽,近犹朝夕。六合虽旷,现若目前。斯可谓朗大明于幽室,惠五目于众瞽,不阒户牖而智无不周矣。大秦天王,涤除玄揽,高韵独迈,恬智交养,道世俱济。每惧微言翳于殊俗,以右将军、使者、司隶校尉晋公姚爽质直清柔,玄心超诣,尊尚大法,妙悟自然,上特留怀,每任以法事。以弘始十二年岁上章掩茂,请罽宾三藏沙门佛陀耶舍出律藏《四分》四十卷,十四年讫。十五年岁昭阳奋若,出此《长阿含》讫。凉州沙门佛念为译,秦国道士道含笔受。时集京夏名胜沙门于宅第校定。恭承法言,敬无差舛,蠲华崇朴,务存圣旨。余以嘉遇,猥参听次,虽无翼善之功,而预亲承之末,故略记时事以示来览焉。"

[出处] 《出三藏记集》卷第九

释僧肇著《涅槃无名论》 罗什既亡,肇追悼永往,翘思弥厉,乃著《涅槃无名论》,其辞曰:"经称有余无余涅槃,涅槃者,秦言无为,亦名灭度。无为者,取乎虚无寂漠,妙绝于有为。灭度者,言乎大患永灭,超度四流,斯盖镜像之所归,绝称之幽宅也。而曰有余无余者,盖是出处之异号,应物之假名。余尝试言之,夫涅槃之为道也,寂寥虚旷,不可以形名得;微妙无相,不可以有心知。超群有以幽升,量太虚而永久,随之弗得其踪,迎之罔眺其首。六趣不能摄其生,力负无以化其体。眇漭惚恍,若存若往。五目莫睹其容,二听不闻其响。冥冥窈窈,谁见谁晓!弥纶靡所不在,而独曳于有无之表。然则言之者失其真,知之者反其愚,有之者乖其性,无之者伤其躯。所以释迦掩室于摩竭，净名杜口于毗耶，须菩提唱无说以显道，释梵绝听而雨花，斯皆理为神御，故口为缄默。岂曰无辩，辩所不能言也。经曰：'真解脱者，离于言数，寂灭永安，无终无始，不晦不明，不寒不暑，湛若虚空，无名无证。'论曰：'涅槃非有，亦复非无，言语路绝，心行处灭。'寻夫经论之作也，岂虚构哉？果有其所以不有，故不可得而有。有其所以不无，故不可得而无耳。何者？本之有境，则五阴永灭；推之无乡，则幽灵不竭。幽灵不竭，则抱一湛然。五阴永灭，则万累都捐。万累都捐，故与道通同。抱一湛然，故神而无功。神而无功，故至功常存。与道通同，故冲而不改。冲而不改，不可为有；至功常存，不可为无。然则有无绝于内，称谓沦于外，视听之所不暨，四空之所昏昧。恬兮而夷，怕焉而泰，九流于是乎交归，众圣于此乎冥会。斯乃希夷之境，太玄之乡，而欲以有无题榜，标其方域，而语神道者，不亦邈哉！"其后十演九折，凡数千言，文多不载。论成之后，上表于姚兴曰："肇闻天得一以清，地得一以宁，君王得一以治天下。伏维陛下睿哲钦明，道与神会，妙契寰中，理无不统。故能游刃万机，弘道终日，威被苍生，垂文作范。所以域中有四大，王居一焉。涅槃之道也，盖是三乘之所归，方等之渊府。渺茫希夷，绝视听之域；幽致虚玄，非群情之所测。肇以人微，猥蒙国恩，得闲居学肆，在什公门下十有余年。虽众经殊趣，胜致非一，然涅槃一义，常以听习为先。但肇才识暗短，虽屡蒙诲谕，犹怀漠漠。为竭愚不已，亦如似有解。然未经高胜先唱，不敢自决。不幸什公去世，谘参无所，以为永恨。而陛下圣德不孤，独与什公神契，目击道存，快其方寸。故能振彼玄风，以启末俗。一日遇蒙答安成侯嵩问无为宗极，颇涉涅槃无名之义。今辄作《涅槃无名论》，有十演九折，博采众经，托证成喻，以仰述陛下无名之致。岂曰关诣神心，穷究远当，聊以拟议玄门，班谕学徒耳。若少参圣旨，愿敕存记。如其有差，伏承旨授。"兴答旨殷勤，备加赞述。即敕令缮写,班诸子侄。明年肇卒于长安,春秋三十有一。

[出处]　《高僧传》卷第七《释僧肇传》

北凉营凉州南石窟佛像　北凉王沮渠蒙逊专崇福业,以国城寺塔,终非久固。古来帝宫,终逢煨烬。若依立之,效尤斯及。又用金宝,终被毁盗。乃顾昒山宇,可以终天。于州南百里,连崖绵亘,东西不测。就而斫窟,名曰洪崖,安设尊仪,或石或塑,千变万化。有礼敬者,惊眩心目。中有上圣僧,可如人等,常自经行,初无宁舍,遥见便行,近瞩便止。观其颜面,如行之状。或有罗土垒地,观其行不。人才远之,即便蹈地,足迹纳纳,来往不住。如此现相,经有百年。

[出处]　《集神州三宝感通录》卷三《释迦方志下》

[考证]　按北凉之营石窟,当在迁于姑臧(即凉州所置)之后,故志之于此。

十年　甲寅(414)魏明元帝神瑞元年　北凉沮渠蒙逊玄始三年

昙无谶于北凉译经　昙无谶或云昙摩谶,盖取梵音不同也。其本中天竺人,六岁遭父忧,随母佣织氍毹为业。见沙门达摩耶舍,凉云法明。道俗所崇,丰于利养。其母羡之,故以谶为其弟子。十岁,同学数人读咒,聪敏出群,诵经日得万余言。初学小乘,兼览五明诸论,讲说精辩,莫能酬抗。后遇白头禅师,共谶论议,习业既异,交净十旬。谶虽攻难锋起,而禅师终不肯屈。谶服其精理,乃谓禅师曰:"颇有经典可得见不?"禅师即授以树皮《涅槃经》本。谶寻读惊悟。方自惭恨,以为坎井之识,久迷大方。于是集众悔过,遂专业大乘。至年二十,诵大小乘经二百余万言。谶从兄善能调象,骑杀王所乘白耳大象,王怒诛之,令曰:"敢有视者夷三族。"亲属莫敢往者。谶哭而葬之。王怒,欲诛谶。谶曰:"王以法故杀之,我以亲而葬之。并不违大义,何为见怒?"傍人为之寒心,其神色自

若。王奇其志气,遂留供养之。谶明解咒术,所向皆验,西域号为
大咒师。王悦其道术,深加优宠。顷之,王意稍歇,待之渐薄。谶
以久处生厌,乃辞往罽宾,赍《大涅槃》前分十卷,并《菩萨戒经》、
《菩萨戒本》等。彼国多学小乘,不信《涅槃》,乃东适龟兹。倾之,
复进到姑臧。时河西王沮渠蒙逊僭据凉土,自称为王。闻谶名,呼
与相见,接待甚厚。蒙逊素奉大法,志在弘通,欲请出经本。谶以
未参土言,又无传译,恐言舛于理,不许即翻。于是学语三年,方译
写《初分》十卷。时沙门惠嵩、道朗独步河西,值其宣出经藏,深相
推重。转易梵文,嵩公笔受。道俗数百人,疑难纵横,谶临机释滞,
清辩若流。兼富于文藻,辞制华密。嵩、朗等更请广出诸经,次译
《大集》、或云《方等大集经》,二十九卷,或三十卷,或二十四卷。玄始九年译出。
《大云》、或云《方等无想大云经》,四卷或六卷,玄始六年九月出。《悲华》、十卷,玄
始八年十二月出。《地持》、即《菩萨地持经》,或云《菩萨戒经》,或《菩萨地经》,八卷,
玄始七年十月始一日出。《优婆塞戒》、七卷,玄始六年四月十日出。《金光
明》、四卷,玄始六年五月出。《海龙王》、四卷,玄始七年正月出。《菩萨戒本》
一卷。等六十余万言。

　　[出处]　《高僧传初集》卷二　《出三藏记集》卷第二

　　法显自师子国东还　法显得梵本已,即载商人大舶上,可二
百余人。后系一小舶,海行艰崄,以备大舶毁坏。得好信风东下,
三日便值大风,舶漏水入。商人欲趣小舶,小舶上人恐人来多,即
斫絙断。商人大怖,命在须臾,恐舶水满,即取麁财货掷著水中。
法显亦以军持及澡罐并余物弃掷海中。但恐商人掷去经像。惟
一心念观世音及归命汉地众僧:"我远行求法,愿威神归流,得到
所止。"如是大风昼夜十三日,到一岛边。潮退之后,见船漏处,
即补塞之。于是复前,大海弥漫无边,不识东西,唯望日月星宿而
进。若阴雨时,为逐风去,亦无所准。当夜暗时,但见大浪相持,
晃若火色,鼋鼍水性怪异之属。商人荒遽,不知所向,海深无底,

又无下石住处。至天晴已，乃知东西，还复望正而进。若值伏石，则无活路，如是九十日许，乃到一国，名耶波提。其国外道婆罗门兴盛，佛法不足言。

　　［出处］《法显传》

十一年　乙卯(415)后秦姚兴弘始十七年

法显还至青州　法显居耶婆提国五月，复随他商以四月十六日发，东向趣广州，举帆二十余日，夜忽大风，合舶震惧，众咸议曰："坐载此沙门，使我等狼狈，不可以一人故令一众俱亡。"共欲推之。法显檀越厉声呵商人曰："汝若下此沙门，亦应下我。不尔，便当见杀。汉地帝王奉佛敬僧，我至彼告王，必当罪汝。"商人相视失色，俀俯而止。既粮尽水竭，惟任风随流。忽至岸，见藜藿菜依然，知是汉地，但未测何方。即乘船入浦寻村，见猎者二人。显问此为何地，猎者答以此乃青州长广郡牢山南岸。猎者又归以告太守李嶷，嶷素敬信佛法，闻有沙门持经像乘舶浮海而至，即将人从来至海边，迎接经像，归至郡治。到青州，请法师一冬一夏。

　　［出处］《高僧传初集》卷三《释法显传》《高僧法显传》

沙门昙摩耶舍于后秦出《舍利弗阿毗昙》　昙摩耶舍，此云法明，罽宾人。少而好学，年十四为弗若多罗所知。长而气干高爽，雅有神慧，该览经律，明悟出众，陶思八禅，游心七觉，时人方之浮头婆驮。孤行山泽，不避虎兕，独处思念，动移宵日。常于树下每自克责："年将三十，尚未得果，何其懈哉！"于是累日不寝不食，当精苦到以悔先罪。乃梦见博义天王语之曰："沙门当观方弘化，旷济为怀，何守小节独善而已。道假众缘，复须时熟，非分强求，死而无证。"觉自思惟，欲游方授道。既而逾历名邦，履践郡国。以晋隆安中，初达广州，住白沙寺。耶舍善诵《毗婆沙律》，人咸号为大毗婆沙,时年已八十五,徒众八十五人。时有清信女张普明谘受佛法,耶舍为说佛生缘起,并为译出《差摩经》一卷。至义熙中,来入长安。时姚兴僭号,甚崇佛法,耶舍既至,深加礼异。会有天竺沙门昙摩掘多来入关中,同气相求,宛然若旧,因共出《舍利弗阿毗昙》,以秦弘始九年初书梵文,至十六年翻译方竟。校至是年乃讫。凡二十二卷。或二十卷,或三十卷。太子姚泓亲管理味,沙门道标为之作序。序曰:"阿毗昙,秦言无比法,出自八音亚圣所述。作之虽简,成名曲备。重微旷济,神要莫比。真祇洹之微风,反众流之宏趣。然佛后暗昧,竞执异津,或有我有法,或无我有法,乖忤纯风,亏曚圣道,有舍利弗,玄哲高悟,神贯翼从,德备左面,智参照来。其人以为是非之起,大猷将隐,既曰像法,任之益滞。是以敢于佛前所闻经法,亲承即集,先巡堤防,遮抑邪流,助宣法化。故其为经也,先立章以崇本,后广演以明义。名义之体四焉:问分也,非问分也,摄相应分也,序分也。问分者,寄言扣击,明夫应会;非问分者,假韵默通,惟宣法相;摄相应分者,总括自他,释非相无;序分者,远述因缘,以彰性空。性空彰则反迷至矣,非相无则相兴用矣,法相宣则邪观息矣,应会明则极无遗矣。四体圆足,二谛义备,故称无比法也。此经于先出《阿毗昙》,虽文言融通,而旨各异制。又载自空,以明宗极故,能取贵于当时,而垂轨于千载。明典振于远维,四众率尔同仰。是使徇有者祛妄见之惑,向化者起即隆之勋,迢迢焉故冥宗之遗绪也,亹亹焉故归轮之所契也。此经标明曩代,灵液西畛,纯教弥于阗风,玄门扇于东岭。惟秦天王,冲资睿圣,冥根树于既往,实相结于皇极。王德应符,阐扬三宝,闻兹典诰,梦想思览。虽曰悠邈,感之愈勤。会天竺沙门昙摩耶舍、昙摩掘多等义学来游,秦王既契宿心,相与辩明经理,起清言于名教之域,散众微于自无之境。超超然诚韵外之致,惜惜然覆美称之实。于是诏令传译。然承华天哲,道嗣圣躬,玄昧远流,妙度渊极,持体明旨,遂赞其事。

经师本虽暗诵，诚宜谨备。以秦弘始九年，命书梵文。至十一①
年，寻应令出。但以经趣微远，非徒开言所契。苟彼此不相领悟，
直委之译人者，恐津梁之要，未尽于善。停至十六年，经师渐闲秦
语，令自宣译，皇储亲管理味，言意兼了，复所向尽，然后笔受。即
复内呈。上讨其烦重，领其旨归，故令文之者修饰，义之者缀润，并
校至十七年讫。若乃文外之功，胜契之妙，诚非所阶，未之能详。
并求之众经，考之诸论，新异之美，自宣之于文。惟法住之实，如有
表里，然原其大体，有无兼用，微文渊富，义旨显灼。斯诚有部之永
涂，大乘之靡趣，先达之所宗，后进之可仰。标以近质，综不及远，
情未能已，猥参斯典。悕感之诚，脱复微序，庶望贤哲，以恕其鄙。"
耶舍后南游江陵，止于辛寺，大弘禅法，其有味静之宾披榛而至者三百余人。凡士庶造
者，虽先无信心，见皆敬悦。自说有一师一弟子修业，并得罗汉，传者失其名。又尝于
外门闭户坐禅，忽有五六沙门来入其室。又时见沙门飞来树端者，往往非一。尝交接
神明，而俯同矇俗。虽道迹未彰，时人咸谓已阶圣果。至宋元嘉中，辞还西域，不知所
终。耶舍有弟子法度，善梵汉之言，常为译语。度本竺婆勒子，勒久停广州，往来求利。
中途于南康生男，仍名南康，长名金迦，入道名法度。度初为耶舍弟子，承受经法，耶舍
既还外国，度便独执矫异，规以摄物，乃言专学小乘，禁读方等。唯礼释迦，无十方佛。
食用铜钵，无别应器。又令诸尼相捉而行，悔罪之日，但伏地相向。唯宋故丹阳尹颜竣
女法弘尼、交州刺史张牧女普明尼，初受其法，至梁都下宣业、弘兴②等诸尼习其遗风，
东土尼众，亦时传其法。

[出处]《高僧传初集》卷一《译经上·昙摩耶舍传》《大正
藏》第二十八卷《毗昙部三·舍利弗阿毗昙论》《历代三宝纪》卷
第八

十二年　丙辰(416)北燕主冯跋太平八年　魏明元帝泰常元年

徐广上《晋纪》，迁秘书监　初，广于六年迁骁骑将军，又领徐

---

① 《大正藏》第二十八卷"十一"作"十"。
② 《出三藏记集》"弘兴"作"弘光"。

州大中正,转正员常侍。时有风雹为灾,广献言刘裕,多所劝免。又转大司农,领著作郎皆如故。至是,勒成《晋纪》四十六卷,表上之。因乞解史任,不许,迁秘书监。时有高平郗绍亦作《中兴书》,数以示何法盛,法盛有意图之,谓绍曰:"卿名位贵达,不复俟此延誉,我寒士无闻于时,如袁宏、干宝之徒,赖有著述流声于后,宜以为惠。"绍不与。至书成,在斋内厨中。法盛诣绍,绍不在,直入窃书。绍还失之,无复兼本,于是遂行何书。

[出处]　《宋书·徐广传》《南史》卷三十三《徐广传》《晋书·徐广传》

法显至建康译经　法显夏坐讫,以离诸师久,欲趣长安。但所营事重,遂南造建康,就外国沙门佛驮跋陀罗于道场寺译求得诸经。

[出处]　《法显传》

北燕建太学　北燕主冯跋下书曰:"武以平乱,文以经务。宁国济俗,实所凭焉。自顷丧难,礼坏乐崩,闾阎绝讽诵之音,后生无庠序之教,子衿之叹,复兴于今。岂所以穆章风化,崇阐斯文?可营建太学,以长乐刘轩、营邱张炽、成周翟崇为博士郎中。简二千石已下子弟年十三①已上者教之。"

[出处]　《十六国春秋》卷九十八　《晋书》卷一百二十五《载记二十五·冯跋传》

[考证]　按《十六国春秋》载冯跋以己酉之岁建国。己酉,义熙五年也。又载立太学于太平八年,则当为此年之事。而《晋书》则载:"始跋以孝武太元二十年僭号,至弘二世,凡二十有八载。"又载跋死于宋元嘉七年,则跋之在位已三十六载矣。其说讹误,不可从。

---

① 《晋书》"十三"作"十五"。

十三年　丁巳（417）

释慧远卒　自远卜居庐阜三十余年，影不出山，迹不入俗，每送客游履，常以虎溪为界焉。以是年八月初动散，至六日困笃。大德耆年皆稽颡请饮豉酒，不许。又请饮米汁，不许。又请以蜜和水为浆，乃命律师，令披卷寻文，得饮与不。未半而终。春秋八十有四。门徒号恸，若丧考妣，道俗奔赴，踵继肩随。远以凡夫之情难割，乃制七日展哀，遗命使露骸松下，既而弟子收葬。浔阳太守阮侃于山西岭凿圹开冢，谢灵运为造碑文，铭其遗德。南阳宗炳又立碑寺门。初，远善属文章，辞气清雅，席上谈吐，精义简要。加以容仪端整，风彩洒落。故图像于寺，遐迩式瞻。所著论、序、铭、赞、诗、书集为十卷，五十余篇，见重于世焉。

〔出处〕　《高僧传初集》卷六《释慧远传》

〔考证〕　按《高僧传》谓远卒于义熙十二年，春秋八十三。《广弘明集》载有谢灵运之《慧远法师诔》，谓卒于十三年，春秋八十四。灵运固亲见远公者，其言当较可靠，故从之而志于此。

十四年　戊午（418）

佛驮跋陀罗译《华严经》于建康道场寺　相传此经是毗卢遮那佛法界身云在莲花藏庄严世界海，于海印三昧内，与普贤等海会圣众，为大菩萨之所说也。是文殊师利之所结集。自佛初去后，贤圣随隐，异道竞兴，乏大乘器摄此经。在海龙王宫六百余年，未传于世。龙树菩萨入龙宫日，见此渊府，诵之在心，将出传授，因兹流布。自支娄迦谶译《兜沙经》，为《华严》传入之始。后虽续有宣译，然至鸠摩罗什之出《十住经》，总计仅八品而已。在于阗东南二千余里，有遮拘槃国。彼王历叶敬重大乘，诸国名僧入其境者，并皆试练。若小乘学，则遣不留；摩诃衍人，请停供养。王宫内自有《华严》、《摩诃般若》、《大集》等经，并十万偈。王躬受持，亲执户籥，转读则开，香华供养。又于道场内，种种庄严，众宝备具，并悬诸杂幡，时非时果。诱诸小王，令入礼拜。又此国东南可二十余里，有山甚嵚，其内置《华严》、《大集》、《方等》、《宝积》、《楞伽》、《方广》、《舍利弗陀罗尼》、《华聚陀罗尼》、《都萨罗藏》、《摩诃般若》、《大云》等，凡一十二部，皆十万偈。国法相传，防护守掌。东晋沙门支法领者，风范慷慨，邈然怀拔萃之志，好乐大乘，忘寝与食。乃裹粮杖策，殉兹形命，于彼请求，得《华严》前分三万六千偈，赍来中国，未有宣译。至是，吴郡内史孟顗、右卫将军褚叔度即请佛驮跋陀罗为译匠。罗乃手执梵文，共沙门法业、慧义、慧严等百有余人译于道场。以是年三月十日出，至元熙二年六月十日出讫，共五十卷。凡再校胡本，至宋永初二年十月①二十八日校毕。诠定文旨，会通华梵，妙得经意，故道场寺有华严堂焉。

[出处]《华严经传记》卷第一　《高僧传初集》卷第二　《出三藏记集》卷第九

释法显译出《泥洹经》及《摩诃僧祇律》　初，法显在摩竭提国巴连弗邑阿育王塔天王精舍，优婆塞伽罗见其远游此土，为求法故，深感其人。即为写《大般泥洹经》，愿令此经流布晋土。显于十三年十月一日于道场寺出此《方等大般泥洹经》，凡六卷。至是年正月二日校定尽讫。禅师佛大跋陀手执胡本，宝云传译，于时坐有二百五十人。又于今年二月末译讫《摩诃僧祇律》，亦与佛驮跋陀罗共出。显为《私记》曰："中天竺昔时，暂有恶王御世，诸沙门避之四奔，三藏比丘星离。恶王既死，更有善王，还请诸沙门还国供养。时巴连弗邑有五百僧，欲断事而无律师，又无律文，无所承案。即遣人到祇洹精舍，写得律本，于今传赏。法显于摩竭提国巴连弗邑阿育王塔南天王精舍，写得梵本，还扬州。以义熙十二年岁在丙辰十一月，于斗场寺出之，至十四年二月末都讫。共禅师译梵本为秦

---

① 《出三藏记集》"十"作"十二"。

焉。故记之。佛泥洹后,大迦叶集律藏为大师宗,具持八万法藏。大迦叶灭后,次尊者阿难亦具持八万法藏,次尊者末田地亦具持八万法藏,次尊者舍那婆斯亦具持八万法藏。次尊者优波崛多世尊记无相佛,如降魔因缘中说,而亦能具持八万法藏。于是遂有五部名生。初,昙摩崛多别为一部,次弥沙塞别为一部,次迦叶维复为一部,次萨婆多。萨婆多者,晋言一切有。所以名一切有者,自上诸部义宗各异,萨婆多者,言过去、未来、现在中阴各自有性,故名一切有。于是五部并立,纷然竞起,各以自义为是。时阿育王言:‘我今何以测其是非?’于是问僧:‘佛法断事云何?’皆言法应从多,王言:‘若尔者,当行筹知何众多。’于是行筹取本,众筹者甚多。以众多故,故名摩诃僧祇。摩诃僧祇者,大众名也。”法显赍来之经,得译出者,除《大般泥洹经》及《摩诃僧祇律》之外,又有《方等涅槃经》二卷、《杂阿毗昙心》十三卷、《僧祇比丘戒本》一卷、《杂藏经》一卷。又有《佛游天竺记》一卷。垂有百余万言。其《长》、《杂》二阿含、《綖经》、《弥沙塞律》、《萨婆多律抄》,俱是梵文,未得译出。显后至荆州,卒于辛寺,春秋八十有六,众咸痛惜。其游历诸国别有大传焉。

〔出处〕《高僧传初集》卷三《释法显传》《出三藏记集》卷第二、卷第八　《摩诃僧祇律》卷第四十

恭帝

元熙元年　　己未(419)夏赫连勃勃真兴元年

夏命赵逸、张渊修其国史　逸字思群,天水人也。好学夙成,仕姚兴,历中书侍郎。为兴将齐难军司马,从征夏。难败,逸为夏主赫连勃勃所虏,拜著作郎。张渊不知何处人,明占候,晓内外星分。自云尝事符坚,坚欲南征,渊劝不行。坚不从,果败。遂仕姚兴父子为灵台令。姚泓灭,入仕夏,为太史令,与逸著国书。及统万之亡,多见焚烧。魏太武帝见赵逸所为文誉勃勃太过,怒曰:“此竖无道,安得为此言乎? 作者谁也? 其速推之。”崔浩(字伯渊,清河人)进曰:“文士褒贬多过其实,彼之谬述,亦犹子云之美新。皇王之道,固宜容之。”魏主乃止。

〔出处〕《史通·正史》《十六国春秋》卷六十九

卷之三

南朝　　　　　　　　　　　　　　　北朝

宋　　　　　　　　　　　　　　　　魏

武帝　　　　　　　　　　　　　　　明元帝

永初元年　庚申（420）北凉沮渠蒙逊玄始九年 **泰常五年**

宋设雅乐　七月，有司奏皇朝肇建，庙祀应设雅乐。太常郑鲜之字道子，荥阳开封人。等八十八人各撰立新歌，黄门侍郎王韶之字休泰，琅琊临沂人。所撰哥辞七首，并合施用，诏可。十二月，有司又奏依旧正旦设乐，参详属三省，改太乐诸哥舞诗。黄门侍郎王韶之立三十二章合用，教试日近，宜逆诵习，辄申摄施行。诏可。又改《正德舞》曰《前舞》，《大豫舞》曰《后舞》。

　　[出处]《宋书·乐志》

北凉以刘昞为秘书郎中　昞初仕西凉，为儒林祭酒。至是，沮渠蒙逊克酒泉，灭西凉，拜昞为秘书郎中，专管注记。蒙逊又下令曰:"秘书郎中刘彦明,学冠当时,道先区内,可授玄处先生之号,拜以三老之礼。"筑陆沈观于西苑以居之,躬往礼焉。蒙逊尝宴群臣于游林堂,谈论经传,顾谓晒曰:"仲尼何如人也?"晒曰:"圣人也。"蒙逊曰:"夫圣人者,不凝滞于物而能与世推移。畏于匡,辱于陈,伐树削迹,圣人固若是乎?"晒不能对。蒙逊曰:"卿知其外,未知其内。昔鲁人有浮海而失津者,至于亶州,见仲尼及七十二子游于海中。与鲁人木杖,令闭目乘之,使归告鲁侯,筑城以备寇。鲁人出海,投杖水中,乃龙也。具以状告鲁侯,不信。俄而有群燕数万衔土培城。鲁侯信之,大城曲阜。既讫而齐寇至,攻鲁不克而返。此所以称圣人也。"晒学徒数百,每月蒙逊使人致以羊酒。后茂虔嗣立,尊晒为国师,亲自致拜,命官属以下,皆北面受业焉。

[出处]《十六国春秋》卷九十七

二年　辛酉(421)北凉沮渠蒙逊玄始十年　　六年

北凉昙无谶译《大涅槃经》讫　初,谶以《涅槃经》本,品数未足,还外国究寻。值其母亡,遂留岁余。后于于阗更得经本《中分》,复还姑臧译之。后又遣使于阗,寻得《后分》,于是续译为三十三卷。盖以玄始三年初就翻译,至是玄始十年十月二十三日,三峡方竟。谶云:"此经梵本三万五千偈,于此方减百万言,今所出者只一万余偈。"释道朗为之序曰:"《大般涅槃》者,盖是法身之玄堂,正觉之实称,众经之渊镜,万流之宗极。其为体也,妙存有物之表,周流无穷之内,任运而动,见机而赴。任运而动,则乘虚照以御物,寄言蹄以通化。见机而赴,则应万形而为像,即群情而设教。至乃形充十方而心不易虑,教弥天下,情不在己,厕流尘蚁而弗下,弥盖群圣而不高,功济万化而不恃,明逾万-作迈。日而不居。浑然与太虚同量,泯然与法性为一。夫法性以至极为体,至极则归于无变,所以生灭不能迁其常。生灭不能迁其常,故其常不动。非乐不能亏其乐,故其乐无穷。或我生于谬想,非我起于因假。因假存于名数,故至我越名数而非无。越名数而非无,故能居自在之圣位,而非我不能变。非净生于虚净,故真净水镜于万法,水镜于万法,故非净不能渝。是以斯经触章,叙常乐我净为宗义之林,开究玄致为涅槃之原,用能阐秘藏于未闻,启灵管以通照,拯四重之癫疽,拔无间之疣赘。阐秘藏则群识之情畅,审妙义之在己。启灵管则悟玄光之潜映,神珠之在体。然四重无间,诽谤方等,斯乃众患之疔病,创疣之甚者。故大涅槃以无创疣为义名,斯经以大涅槃为宗目。宗目举则明统摄于众妙,言约而义备。义名立则照三乘之优劣,至极之有在。然冥化无朕,妙契无言,任之冲境则理不虚运。是以此经开诚言为教本,广众喻以会义,建护法以涉初,睹秘藏以穷原,畅千载之固滞,散灵鹫之余疑。至于理微幽蟠微于微者,则诸菩萨弘郢匠之功,旷舟船之济,清难云构,幡覆周密。由使幽途融坦,宗归豁然。是故诵其文而不疲,语其义而不倦,甘其味而无足,飡其音而不厌。始可谓微言兴咏于真丹,高韵初唱于赤县,梵音震响于聋俗,真容巨曜于今日。而寡闻之士,偏执之流,不量愚见,敢评大圣无崖之典。遂使是非兴于诤论,讥谤生于快心,先觉不能返其迷,众圣莫能移其志。方将沈蔽八邪之网,长沦九流之渊,不亦哀哉!不亦哀哉!天竺沙门昙摩谶者,中天竺人,婆罗门种,天怀秀拔,领鉴明邃,机辩清胜,内外兼综。将乘运流化,先至燉煌,停止数载。大沮渠河西王者,至德潜著,建隆王业,虽形处万机,每思弘大道,为法城堑。会开定西夏,斯经与谶自远而至。自非至感先期,孰有若兹之遇哉?谶既达此,以玄始十年,岁次大梁十月二十三日,河西王劝请令译。谶手执梵文,口宣秦言。其人神情既锐,而为法殷重,临译敬慎,殆无遗隐。搜研正本,务存经旨。唯恨胡本分离,残缺未备耳。余以庸浅,预遭斯运,夙夜感戢,欣遇良深。聊试标位,叙其宗格,岂谓必然阒其宏要者哉?此经梵本正文三万五千偈,于此方言数减百万言。今数出者，一万余偈。如来去世，后人不量愚浅，抄略此经，分作数分。随意增损，杂以世语，缘使违失本正，如乳之投水下。章言虽然，犹胜余经，足满千倍。佛涅槃后初四十年，此经于阎浮提宣通流布，大明于世。四十年后，隐没于地，至正法欲灭，余八十年，乃得行世，雨大法雨。自是以后，寻复隐没，至于千载像教之末，虽有此经，人情薄淡，无心敬信。遂使群邪竞辩，旷塞玄路，当知遗法将灭之相。"又有《大涅槃经记》，未详作者，与道朗所叙少有出入，兹录之以备参考。其文曰："此《大涅槃经》，初十卷有五品。其胡本是东方道人智猛从天竺将来，暂憩高昌。有天竺沙门昙无谶，广学博见，道俗兼综，游方观化，先在燉煌。河西王宿植洪业，素心冥契。契应王公，躬统士众，西定燉煌，会遇其人，神解悟识。请迎诣州，安止内苑。遣使高昌，取此胡本，命谶译出。此经《初分》唯有五品，次六品已后，其本久在燉煌。谶因出经，下际知部党不足，访慕余残。有胡道人，应期送到此经，胡本都二万五千偈，后来胡本，想亦近具足。但顷来国家殷猥，未暇更译，遂少停滞。诸可流布者，经中大意，宗涂悉举，无所少也。今现已有十三品，作四十卷。为经文句，执笔者一承经师口所译，不加华饰。其经初后所演，佛性广略之闻耳，无相违失。每自惟省，虽复西垂，深幸此遇。遇此大典，开解常滞，非言所尽。以诸家译经之致，大不允其旨归，疑谬后生，是故窃不自辞，辄作徒劳之举，冀少有补益。谘参经师，采寻前后，略举初五品为私记，余致惟之，悉可领也。"

　　[出处]　《高僧传初集》卷二《译经中·昙无谶传》《出三藏记集》卷第八《大涅槃经序》、《大涅槃经记》

三年　壬戌(422)　　　七年

宋下诏兴学　正月乙丑诏曰："古之建国，教学为先。弘风训世，莫尚于此；发蒙启滞，咸必由之。故爰自盛王迄于近代，莫不敦崇学艺，修建庠序。自昔多故，戎马在郊，旆旗卷舒，日不暇给，遂令学校荒废，讲诵蔑闻，军旅日陈，俎豆藏器。训诱之风，将坠于地。后生大惧于墙面，故老窃叹于子衿。此《国风》所以永思，《小雅》所以怀古。今王略远届，华域载清，仰风之士，日月以冀。便宜博延胄子,陶奖童蒙,选备儒官,弘振国学。主者考详旧典,以时施行。"国子祭酒范泰上表曰:"臣闻风化兴于哲王,教训表于至世,至说莫先讲习,甚乐必寄朋来。古人成童入学,易子而教,寻师无远,负粮忘艰,安亲光国,莫不由此。若能出不由户,则斯道莫从。是以明诏爰发,已成涣汗;学制既下,远近遵承。臣之愚怀,少有未达。今惟新告始,盛业初基,天下改观,有志景慕。而置生之制,取少停多,开不来之端,非一途而已。臣以家推国,则知所聚不多,恐不足以宣大宋之风,弘济济之美。臣谓合选之家,虽制所未达,父兄欲其入学,理合开通。虽小违晨昏,所以大弘孝道。不知《春秋》,则所陷或大。故赵盾忠而书弑,许子孝而得罪。以斯为戒,可不惧哉! 十五志学,诚有其文。若年降无几而深有志尚者,何必限以一格而不许其进邪? 扬乌豫《玄》,实在弱齿,五十学《易》,乃无大过! 昔中朝助教,亦用三①品,颍川陈载,已辟太保掾,而国子取为助教,即太尉淮之弟。所贵在于得才,无系于定品。教学不明,奖厉不著。今有职闲而学优者,可以本官领之。门地二品,宜以朝请领助教,既可以甄其名品,斯亦敦学之一隅。其二品才堪,自依旧从事。会今生到有期,而学校未立。覆篑实望其速,回辙已淹其迟,事有似赊而宜急者,殆此之谓。古人重寸阴而贱尺璧,其道然也。"有司立学未竟而宋主殂,事遂寝。

　　[出处]　《宋书·武帝纪三》、《礼志一》、《范泰传》

少帝
景平元年　癸亥(423)　　　　八年

　　宋以谢灵运为永嘉太守　太子左卫率谢灵运为性褊激,多衍礼度,朝廷唯以文义处之,不以应实相许。自谓才能宜参权要,既

---

① 《宋书》"三"作"二"。

不见知，常怀愤愤。庐陵王义真少好文籍，与灵运情款异常。少帝
即位，权在大臣，灵运构扇异同，非毁执政。司徒徐羡之等患之，出
为永嘉太守。郡有名山水，灵运素所爱好。出守既不得志，遂肆意
游遨，遍历诸县，动逾旬朔。民间听讼，不复关怀，所至辄为诗咏以
致其志焉。精研释典，所同游者多道人，共论孔释积学顿悟之义而
作《辩宗论》云："同游诸道人，并业心神道，求解言外。余枕疾务
寡，颇多暇日，聊伸由来之意，庶定求宗之悟。释氏之论，圣道虽
远，积学能至。累尽鉴生，方应渐悟。孔氏之论，圣道既妙，虽颜殆
庶，体无鉴周，理归一极。有新论道士以为寂鉴微妙不容阶级，积
学无限，何为自绝？今去释氏之渐悟，而取其能至。去孔氏之殆
庶，而取其一极。一极异渐悟，能至非殆庶。故理之所去，虽合各
取，然其离孔释矣。余谓二谈救物之言，道家之唱得意之说，敢以
折中自许，窃谓新论为然。聊答下意，迟有所悟。法勖问：'敬览清
论，明宗极虽微，而一悟顿了，虽欣新剖，窃有所疑。夫明达者以体
理绝欲，悠悠者以迷惑婴累，绝欲本乎见理，婴累由于乖宗。何以
言之？经曰，新学者离《般若》便如失明者，无导是为怀理，荡患于
兹显矣。若涉求未渐于大宗，希仰犹累于尘垢，则永劫劬劳，期果
缅邈，既怀犹豫，伏迟嘉训。'初答：'道与俗反，理不相关，故因权以
道之。权虽是假，旨在非假；智虽是真，能为非真。非真不伤真，本
在于济物；非假不遂假，济物则反本。如以永劫无为，空勤期果，有
如皎日。'勖再问：'案论，孔释其道既同，救物之假，亦不容异。而
神道之域，虽颜也孔子所不诲；实相之妙，虽愚也释氏所必教。然
则二圣建言，何乖背之甚哉？'再答：'二教不同者，随方应物，所化
地异也。大而较之，监于在民。华人易于见理，难于受教，故闭其
累学而开其一极。夷人易于受教，难于见理，故闭其顿了而开其渐
悟。渐悟虽可至，昧顿了之实；一极虽知寄，绝累学之冀。良由华
人悟理无渐而诬道无学，夷人悟理有学而诬道有渐。是故权实虽

同,其用各异。昔向子期以儒道为一,应吉甫谓孔、老可齐,皆欲窥宗,而况真实者乎?'勔三问:'重寻答,以华夷有险易之性,故二圣敷异同之教,重方附俗,可谓美矣。然渊极朗鉴作则于上,愚民蒙昧伏从于下,故作则宜审其政,伏从必是其宗。今孔废圣学之路,而释开渐悟之途,筌蹄既已纷错,群黎何由归真?'三答:'冬夏异性,资春秋为始末;昼夜殊用,缘晨暮以往复。况至精之理,岂可迳接至粗之人? 是故傍渐悟者,所以密造顿解;倚礼教者,所以潜成学圣。学圣不出《六经》,而《六经》得;顿解不见三藏,而以三藏果。筌蹄历然,何疑纷错? 鱼兔既获,群黎以济。'僧维问:'承新论,法师以宗极微妙,不容阶级。使夫学者穷有之极,自然之无,有若符契,何须言无也? 若资无以尽有者,焉得不谓之渐悟耶?'初答:'夫累既未尽,无不可得,尽累之弊,始可得无耳。累尽则无,诚如符契,将除其累,要须傍教。在有之时,学而非悟;悟在有表,托学以至。但阶级教愚之谈,一悟得意之论矣。'维再问:'论云,悟在有表,得不以渐,使夫涉学希宗,当日进其明。不若使明不日进与不言同,若日进其明者,得非渐悟乎?'再答:'夫明非渐至,信由教发。何以言之? 由教而信,则有日进之功;非渐所明,则无入照之分。然向道善心起,损累生垢伏,伏似无同,善似恶乖。此所务不俱,非心本无累。至夫一悟,万滞同尽耳。'维三问:'答云,由教而信,则有日进之功;非渐所明,则无入照之分。夫尊教而推宗者,虽不永用,当推之时,岂可不暂合无耶? 若许其暂合,犹自贤于不合,非渐如何?'三答:'暂者假也,真者常也,假知无常,常知无假,今岂可以假知之暂而侵常知之真哉? 今暂合贤于不合,诚如来言,窃有微证。巫臣谏庄王之日,物赊于己,故理为情先。及纳夏姬之时,己交于物,故情居理上。情理云互,物己相倾,亦中知之率任也。若以谏自—作日。为悟,岂容纳时之惑耶? 且南为圣也,北为愚也。背北向南,非停北之谓;向南背北,非至南之称。然向南可以至—作向。南,背北非是停北。非是停北,故愚可去矣。可以至南,故悟可得矣。'"灵运在郡一周,称疾去职,从弟晦、曜、弘微等并与书止之,不从。灵运父祖并葬始宁县,并有故宅及墅,遂移籍会稽,修营别业,傍山带江,尽幽居之美,与隐士王弘之(字方平,琅琊临沂人)、孔淳之等纵放为娱,有终焉之志。每有一诗至,都邑贵贱,莫不竞写。宿昔之间,士庶皆遍,远近钦慕,名动京师。

[出处] 《宋书》卷六十七《谢灵运传》 《大正藏》第五十二卷《史传部四·广弘明集》卷第十八

[考证] 按《广弘明集·辩宗论》后附有《竺道生答王卫军书》,有"究寻谢永嘉论"之语,考灵运之为永嘉太守,实在此年,故知《辩宗论》之作,亦必在此年。又按竺道生提倡"顿悟成佛"、"一阐提皆可成佛"诸义,至元嘉二年被摈。其初倡此说,当在灵运之前。则《辩宗论》当为受道生之影响而作也。

宋佛驮什出《五分律》 佛驮什,此云觉寿,罽宾人。少受业于弥沙塞部僧,专精律品,兼达禅要。以是年七月届于扬州。先法显于师子国得《弥沙塞律》梵本,未及翻译而法显迁化。京邑诸僧闻什既善此学,于是请令出焉。于十一月译于青园寺,称为《五分律》。什执梵文,于阗沙门智胜为译,龙光道生、东安慧严共执笔参正,侍中琅琊王练为檀越。至明年十二月方竟,共三十四卷,仍于大部抄出《戒心》及《羯磨文》等,并行于世,什后不知所终。

[出处] 《高僧传初集》卷三《佛驮什传》 《大正藏》第二十二卷《律部一·弥沙塞部和醯五分律》

太祖文皇帝　　　　　　世祖太武帝
元嘉元年　甲子(424)　　始光元年

宋范晔为宣城太守 晔字蔚宗,范泰之子也。少好学,善为文章,能隶书,晓音律,为秘书丞。父忧,去职。服阕,为征南大将军檀道济司马,领新蔡太守。后为尚书吏部郎。至是,彭城太妃薨,将葬祖夕,僚故并集东府。晔弟广渊时为司徒祭酒,其日在直。晔与司徒左西属王深宿广渊许,夜中酣饮,开北牖,听挽歌为乐。彭城王义康大怒,左迁晔宣城太守。晔不得志,乃删众家《后汉书》为一家之作。至于屈伸荣辱之际,未尝不致意焉。迁长沙王义欣镇军长史。兄暠为宜都太守,嫡母随暠在官,亡,报之以疾。晔不时奔赴。及行,又携伎妾自随,为御史中丞刘损所奏。宋主爱其才,不罪也。服阕,累迁左卫将军、太子詹事。晔长不满七尺,肥黑秃眉鬓,善弹琵琶,能为新声。上欲闻之,屡讽以微旨。晔伪若不闻,终不肯为。上常宴饮欢适,谓晔曰:“我欲歌,卿可弹。”晔乃奉旨。上歌既毕,晔亦止弦。

[出处] 《南史》卷三十三《范晔传》《宋书·范晔传》

魏道士寇谦之献道书　寇谦之字辅真,上谷人。自称早好仙道,有绝俗之心,少修张鲁之术,服食饵药,历年无效。幽诚上达,遂有仙人成公兴偕之入嵩山,修道七载,至神瑞二年有太上老君降于嵩山,谓曰:“往辛亥年嵩岳镇灵集仙宫主表天曹,称自天师张陵去世以来,地上旷诚,修善之人,无所师授。嵩岳道士上谷寇谦之立身直理,行合自然,才任轨范,首处师位。吾故来观汝,授汝天师之位。赐汝《云中音诵新科之诫》二十卷,号曰《并进》,言吾此经诫,自天地开辟以来,不传于世,今运数应出。汝宣吾新科,清整道教,除去三张伪法,粗米钱税,及男女合气之术。大道清虚,岂有斯事?专以礼度为首,而加之以服食闭练。”使王九疑人长客之等十二人授以服气导引口诀之法,遂得辟谷,气盛体轻,颜色殊丽。弟子十余人,皆得其术。又称泰常八年十月戊戌有牧土上师李谱文来临嵩岳,云老君之玄孙,昔居代郡桑乾,以汉武之世得道为牧土宫主,领治三十六土人鬼之政,地方十八万里有奇,盖历术一章之数也。其中为方万里者有三百六十万。遣弟子宣教云:嵩岳所统广汉平土方万里,以授谦之,作诰曰:吾处天宫敷演真法,处汝道年二十二岁,除十岁为竟蒙,其余十二年教化,虽无大功,且有百授之劳。今赐汝迁入内宫,太真太宝九州真师、治鬼师、治民师、继天师四录,修勤不懈,依劳复迁。赐汝《天中三真太文录》,劾召百神,以授弟子。《文录》有五等:一曰阴阳太官,二曰正府真官,三曰正房真官,四曰宿宫散官,五曰并进录。主坛位礼拜衣冠仪式各有差品,凡六十余卷,号曰《录图真经》。付汝奉持,转佐北方泰平真君,出天宫静论之法,能兴造克就,则起真仙矣。又地上生民末劫垂及,其中行教甚难。但令男女立坛宇,朝夕礼拜。若家有严君,功及上世,其中能修身炼药,学长生之术,即为真君种民。药别授方,销炼金丹、云英、八石、玉浆之法,皆有决要。上师李君手笔有数篇,其余皆正真书曹赵道覆所书。古文鸟迹,篆隶杂体,辞义约辩,婉而成草。夫自与世礼相准,择贤推德,信者为先,勤者次之。又言二仪之间,有三十六天,中有三十宫,宫有一主。最高者无极至尊,次曰大至真尊,次天覆地载阴阳真尊,次洪正真尊,姓赵名道隐,以殷时得道,牧土之师也。牧土之米,赤松、王乔之伦及韩终、张安石、刘根、张陵近世仙者,并为翼从。牧土命谦之为子,与群仙结为徒友。幽冥之事,世所不了,谦之具问,一一告焉。经云:佛者昔于西胡得道,在四十二天为延真宫主。勇猛苦教,故其弟子皆髡形染衣,断绝人道。诸天衣服悉然。至是,谦之奉其书而献之。魏主乃令其止于张曜之所,供其食物。时朝野闻之,若存若亡,未全信也。崔浩独异其言,因师事之,受其法术。初,浩从明元帝幸西河、太原,登憩高陵之上,下临河流,傍览川域。慨然有感,遂与同寮论五等郡县之是非,考秦始皇、汉武帝之违失。好古识治,时伏其言。寇谦之每与浩言,闻其论古治乱之迹,常自夜达旦,竦意敛容,无有懈倦。既而叹美之曰:"斯言也惠,皆可底行,亦当今之皋繇也,但世人贵远贱近,不能深察之耳。"因谓浩曰:"吾行道隐居,不营世务,忽受神中之诀,当兼修儒教,辅助太平真君,继千载之绝统。而学不稽古,临事暗昧,卿为吾撰列王者治典,并论其大要。"浩乃著书二十余篇,上推太初,下尽秦汉变弊之迹,大旨先以复五等为本。太武即位,左右忌浩正直,共排毁之。故出浩,以公归第。浩因欲修服食养性之术,而谦之有《神中录图新经》,浩因师之。遂上疏赞明其事曰:"臣闻圣王受命则有天应,而河图洛书皆寄言于虫兽之文,未若今日人神接对,手笔灿然,辞旨深妙,自古无比。昔汉高虽复英圣,四皓犹或耻之,不为屈节。今清德隐仙,不召自至,斯诚陛下侔踪轩黄,应天之符也,岂可以世俗常谈而忽上灵之命? 臣窃惧之。"魏主欣然,乃使谒者奉玉帛牲牢祭嵩岳,迎致其余弟子在山中者。于是崇奉天师,显扬新法,宣布天下,道业大行。浩事天师,礼拜甚谨,人或讥之。浩闻之曰:"昔张释之为王生结袜,吾虽才非贤哲,今奉天师,足以不愧于古人矣。"及嵩高道士四十余人至,遂起天师道场于京城之东南。遵其新经之制,重坛五层,给道士百二十人衣食,齐肃祈请,六时礼拜,月设厨会数千人。

[出处] 《魏书·崔浩传》、《释老志》

二年　乙丑(425)北凉沮渠蒙逊玄始十四年　　　二年

宋徐广卒　初,桓玄篡位,晋安帝出宫,广陪列悲恸,哀动左右。宋武帝受禅,恭帝逊位,广又哀感,涕泗交流。谢晦见之,谓曰:"徐公将无小过?"广收泪答曰:"身与君不同,君佐命兴王,逢千载嘉运;身世荷晋德,眷恋故主。"因更歔欷。永初元年诏曰:"秘书监徐广,学优行谨,历位恭肃,可除中散大夫。"广上表曰:"臣年时衰耄,朝敬永阙,端居都邑,徒增替怠。臣坟墓在晋陵,臣又生长京口,恋旧怀远,每增感慕。心息道玄,谬荷朝恩,忝宰此邑,乞相随之官,归终桑梓。微志获申,殒没无恨。"许之,赠赐甚厚。性好读书,老犹不倦。至是卒,年七十四。

[出处] 《宋书·徐广传》《南史》卷三十三《徐广传》《晋书·徐广传》

[附录] 徐广著述表

《毛诗背隐义》二卷

《礼论答问》五十卷

《史记音义》十二卷

《汉书音义》

《晋纪》四十六卷

《车服杂注》一卷

《晋尚书仪曹新定仪注》四十一卷

《孝子传》三卷

《杂记》

《弹棋谱》一卷

《既往七曜历》

集十五卷、录一卷

宋沙门竺道生自京师至庐山　初，道生自关中还都，止青园寺。寺是晋恭思皇后褚氏所立，本种青处，因以为名。生既当时法匠，请以居焉。文帝深加叹重。后宋主设会，宋主亲同众御于地筵，下食良久。众咸疑日晚。宋主曰："始可中耳。"生曰："白日丽天，天言始中，何得非中？"遂取钵便食，于是一众从之。莫不叹其枢机得衷。王弘、字休元，琅琊临沂人。范泰、颜延之琅邪临沂人。并挹敬风猷，从之问道。生既潜思日久，彻悟言外，乃喟然叹曰："夫象以尽意，得意则象忘；言以诠理，入理则言息。自经典东流，译人重阻，多守滞文，鲜见圆义。若忘筌取鱼，始可与言道矣。"于是校阅真俗，研思因果，乃立"善不受报，顿悟成佛"。又著《二谛论》、《佛性当有论》、《法身无色论》、《佛无净土论》、《应有缘论》等，笼罩旧说，妙有渊旨。而守文之徒，多生嫌嫉，与夺之声，纷然竞起。又六卷《泥洹》先至京师，生剖析经理，洞入幽微。乃说一阐提人皆得成佛。说略云："禀气二仪者，皆是涅槃正因。三界受生盖惟惑果，阐提含生之类，何得独无佛性？"于时大本未传，孤明先发，独见忤众。于是旧学以为邪说，讥愤滋甚，遂显大众，摈而遣之。生于大众中正容誓曰："若我所说反于经义者，请于现身即表疠疾。若与实相不相违背者，愿舍寿之时据师子座。"言竟，拂衣而游。初投吴之虎丘山，旬日之中，学徒数百。是年夏，雷震青园佛殿，龙升于天，光影西壁。因改寺名，号曰龙光。时人叹曰："龙既已去，生必行矣。"俄而投迹庐山，销影岩岫，山中僧众，咸共敬服。

　　[出处]　《高僧传》卷第七《竺道生传》《大正藏》卷七十页一百三十七

　　魏造新字　三月，魏初造新字千余。诏曰："在昔帝轩，创制造物，乃命苍颉，因鸟兽之迹以立文字。自兹以降，随时改作，故篆隶草楷并行于世。然经历久远，传写多失其真。故令文体错谬，会义不惬，非所以示轨则于来世也。孔子曰：'名不正则事不成。'此之谓矣。今制定文字，世所用者，颁下远近，永为楷式。"

　　[出处]　《魏书·世祖太武帝纪》

　　[考证]　按诏书言篆隶草楷传写失真，方制定文字，则是所造者仍为汉字，非鲜卑语也。

　　沙门浮陀跋摩译《毗婆沙》于北凉　浮陀跋摩，此云觉铠，西域人也。幼而履操明直，聪悟出群。学习三藏，偏善《毗婆沙论》。常诵持此部，以为心要。至是，来至西凉。先有沙门道泰，志用强悍，少游葱右，遍历诸国，得《毗婆沙》梵本十有万偈。还至姑臧，侧席虚襟，企待明匠。闻跋摩游心此论，请为翻译。遂于是年四月中旬于凉城内苑闲豫宫寺，请跋摩译焉。泰即笔受，沙门慧嵩、道朗与义学僧三百余人考正文义，务存本旨，除烦即实，质而不野。凉王亲屡回御驾，陶其幽趣，使文当动诣，片言有寄。至丁卯岁七月上旬都讫，通一百卷。

　　[出处]　《高僧传初集》卷三《译经下·浮陀跋摩传》《出三藏记集》卷第十释道挺《毗婆沙序》

三年　丙寅(426)北凉沮渠蒙逊玄始十五年　　　　三年

　　宋以谢灵运为秘书监　宋主征谢灵运为秘书监，再召不起。

使光禄大夫范泰与灵运书敦奖之，乃出就职，使整理秘阁书，补足阙文。宋主又以晋氏一代自始至终竟无一家之史，令灵运撰《晋书》，粗立条流，书竟不就。寻迁侍中，旦夕引见，赏遇甚厚。灵运诗书皆兼独绝，每文竟，手自写之，宋主称为二宝。

　　［出处］《宋书·谢灵运传》

　　魏起太学　是年二月，起太学于城东，祀孔子，以颜渊配。

　　［出处］《魏书》卷第四《太武帝纪》

　　北凉求书于宋　北凉世子沮渠兴国遣使奉表，请《周易》及子集诸书。宋主并赐之，合四百七十五卷。北凉主蒙逊又就司徒王弘求《搜神记》，弘写与之。

　　［出处］《宋书·氏胡传》

四年　丁卯(427)　　　四年

　　宋沙门释慧严等改治《涅槃经》　北凉昙无谶所译《大涅槃经》达于宋土，文言致善，而品数疏简，初学难以厝怀。沙门释慧严、慧观及谢灵运等依法显所译《大般泥洹经》加之品目，文有过质，颇亦改治，结为三十六卷。始有数本，流行未广。严后一时夜，忽然梦见有一人，形状极伟。乃大厉声而谓严曰："《涅槃》尊经，何以率尔轻加斟酌？"严既觉已，怀抱惕然。旦乃集僧，欲改前本。时有识者，咸共止云："此盖欲诫励后人耳。若必苟违乖舛理者，何容即时方始感梦？"严以为然，顷之，又梦神人告曰："君以弘经精到之力，于后必当得见佛也。"严以宋元嘉二十年卒于东安寺，春秋八十有一矣。帝诏曰："严法师器识渊远，学道之匠，奄尔迁神，痛悼于怀。可给钱五万，布五十匹。"严弟子法智幼有神理。年二十四往江陵，值雅公讲，便论议数番，雅厝通无地。雅顾眄四众曰："小子斐然成章。"智笑曰："乃变风变雅作矣。"于是声布楚郢，誉洽京吴，善《成实》及大、小品焉。

　　［出处］《高僧传》卷七《释慧严传》《历代三宝纪》卷第十

　　[考证]　按《宋书·氐胡传》，北凉以三年奉表于宋，则《涅槃经》之传入建康，当在此时。且谢灵运以五年东还，则参与改治《涅槃经》当在此时，故志之于此。

五年　戊辰(428)　　　　神麚元年

宋谢灵运东还始宁　灵运自以名辈才能，应参时政。初被召，便以此自许。既至，宋主唯以文义见接。每侍上宴，谈赏而已。王昙首、王华、殷景仁等名位素不逾之，并见任遇。灵运意不平，多称疾不朝直。穿池植援，种竹树果，驱课公役，无复期度。出郭游行，或一日百六七十里，经旬不归。既无表闻，又不请急。宋主不欲伤大臣，讽旨令自解。灵运乃上表陈疾，赐假东归。而游娱宴集，以夜续昼，复为御史中丞傅隆字伯祚，北地灵州人。所奏，坐以免官。灵运既东还，与族弟惠连、东海何长瑜、颍川荀雍、字道雍。太山羊璿之字曜璠。以文章赏会，共为山泽之友，时人谓之四友。

　　[出处]　《宋书·谢灵运传》

六年　己巳(429)　　　　二年

宋裴松之上陈寿《三国志注》　松之字世期，河东闻喜人。初为国子博士，转中书侍郎、司冀二州大中正，宋主使注陈寿《三国志》。松之鸠集传记，增广异闻，至是书成，遂于七月二十六日奏上曰：“臣闻智周则万理自宾，鉴远则物无遗照。虽尽性穷微，深不可识，至于绪余所寄，则必接乎粗迹。是以体备之量，犹曰好察迩言；畜德之厚，在于多识往行。伏惟陛下，道该渊极，神超妙物，晖光日新，郁哉弥盛。虽一贯坟典，怡心玄赜，犹复降怀近代，博观兴废，将以总括前踪，贻诲来世。臣前被诏，使采三国异同，以注陈寿《国志》。寿书铨叙可观，事多审正，诚游览之苑囿，近世之嘉史。然失在于略，时有所脱漏。臣奉旨寻详，务在周悉，上搜旧闻，旁摭遗逸。按三国虽历年不远，而事关汉晋，首尾所涉，出入百载，注记分错，每多舛互。其寿所不载事宜存录者，则罔不毕取，以补其阙。或同说一事，而辞有乖杂，或出事本异，疑不能判，并皆抄内，以备异闻。若乃纰缪显然，言不附理，则随违矫正，以惩其妄。其时事当否，及寿之小失，颇以愚意有所论辩。自就撰集，已垂期月。写校始讫，谨封上呈。窃惟缀事以众色成文，蜜蜂以兼采为味，故能使绚素有章，甘逾本质。臣实顽乏，顾惭二物，虽自馨励，分绝藻缋。既谢淮南食时之敏，又微狂简斐然之作。淹留无成，祇秽翰墨。不足以上酬圣旨，少塞愆责，愧惧之深，若坠渊谷。谨拜表以闻。"宋主览之曰："裴世期为不朽矣。"

［出处］《宋书·裴松之传》

魏撰录国书　初，道武帝诏尚书郎邓渊字彦海，安定人。著《国记》十余卷，惟次年月起居行事而已，未有体例。逮于明元帝，废而不述。至是，魏主诏集诸文人撰录国书，崔浩及弟览、高谠、邓颖、晁继、范亨、黄辅等共参著作，叙成国书三十卷。

［出处］《魏书·崔浩传》、《邓渊传》

八年　辛未(431)　　　四年

宋殷淳撰《四部书目》　殷淳字粹远，陈郡长平人。少好学，有美名。景平初，为秘书郎。迁衡阳文学、秘书丞。整理秘阁书，凡一千五百六十四帙，一万四千五百八十二卷。其佛经则凡五十五帙四百三十八卷。淳遂撰《四部书目》凡四十卷，行于世。又迁中书黄门侍郎。淳居黄门，为清切下直，应留门下省，以父老特听还家。高简寡欲，早有清尚，爱好文义，未尝违舍。十一年卒，时年三十二，朝廷痛惜之。

［出处］《宋书·殷淳传》《广弘明集》卷三引《七录序》

［考证］　按《隋书·经籍志》："宋元嘉八年，秘书监谢灵运造《四部目录》。"考《宋书·谢灵运传》，未载造《四部目录》之事，且灵

运自元嘉五年免官东还,亦无造书之可能。而殷淳之为秘书丞,适在是时,故知此书为其所作也。

魏征世胄遗逸　诏曰:"顷逆命纵逸,方夏未宁,戎车屡驾,不遑休息。今二寇摧殄,士马无为。方将偃武修文,遵太平之化。理废职,举逸民,拔起幽穷,延登俊乂。昧旦思求,想遇师辅。虽殷宗之梦版筑,罔以加也。访诸有司,咸称范阳卢玄、博陵崔绰、赵郡李灵、河间邢颕①、渤海高允、广平游雅、太原张伟等,皆贤俊之胄,冠冕州邦,有羽仪之用。《诗》不云乎?'鹤鸣九皋,声闻于天。'庶得其人,任之政事,共臻邕熙之美。《易》曰:'我有好爵,我与尔縻之。'如玄之比,隐迹衡门,不耀名誉者,尽敕州郡以礼发遣。"遂征玄等及州郡所遣至者数百人,皆差次叙用。玄字子真,涿人。绰,安平人。灵字武符,平棘人。颕字宗敬,郑人。允字伯恭,蓨人。雅字伯度,任人。伟字仲业,中都人。绰以母老固辞,玄等皆拜中书博士。玄舅崔浩,每与玄言辄叹曰:"对子真使我怀古之情愈深。"浩欲大整流品,明辨姓族。玄止之曰:"夫创制立事,各有其时。乐为此者,距有几人? 宜加三思。"浩不从,由是得罪于众。

　　[出处]　《魏书·太武帝纪》

九年　壬申(432)　　　　延和元年
十年　癸酉(433)　　　　二年

宋杀谢灵运　灵运因祖父之资,生业甚厚,奴僮既众,义故门生数百。凿山浚湖,功役无已。寻山陟岭,必造幽峻。岩嶂千重,莫不备尽登蹑。常著木屐,上山则去其前齿,下山去其后齿。尝自始宁南山伐木开迳,直至临海,从者数百人。临海太守王琇惊骇,谓为山贼,徐知是灵运,乃安。又要琇更进,琇不肯。灵运赠琇诗曰:"邦君难地崄,旅客易山行。"在会稽亦多徒众,惊动县邑。太守

---

① 《魏书》"颕"作"颖"。

孟颛事佛精恳，而为灵运所轻。尝谓颛曰："得道应须慧业，文人生天当在灵运前，成佛必在灵运后。"颛深恨此言。又与王弘之诸人出千秋亭饮酒，倮身大呼。颛深不堪，遣信相闻。灵运大怒曰："身自大呼，何关痴人事！"会稽东郭有回踵湖，灵运求决以为田。宋主令州郡履行，此湖去郭近，水物所出，百姓惜之。颛坚执不与。灵运既不得回踵，又求始宁岯崲湖为田，颛又固执。灵运谓颛非存利人，正虑决湖多害生命。言论伤之，与颛遂构仇隙。颛因灵运横恣，百姓惊扰，乃表其异志，发兵自防，露板上言。灵运驰诣阙，上表自陈本末。宋主知其见诬，不罪也。不欲复使东归，以为临川内史。在郡游放，不异永嘉。为有司所纠，司徒遣使随州从事郑望生收灵运。灵运兴兵叛逸，遂有逆志。为诗曰："韩亡子房奋，秦帝鲁连耻。本自江海人，忠义感君子。"追讨禽之，送廷尉，廷尉论正斩刑。宋主爱其才，欲免官而已。彭城王义康坚执谓不宜恕。诏以谢玄勋参微管，宜宥及后嗣，降死徙广州。至是，或告灵运令人买兵器，结健儿，欲于三江口篡取之，不果，诏于广州弃市。临死作诗曰："龚胜无余生，李业有终尽。嵇公理既迫，霍生命亦殒。凄凄凌霜叶，网网冲风菌。邂逅竟几何？修短非所愍。送心自觉前，斯痛久已忍。恨我君子志，不获岩上泯。"诗所称龚胜、李业，犹前诗子房、鲁连之意也。时年四十九，所著文章传于世。《隋志》有《谢灵运集》十九卷。

　　[出处]《宋书》卷六十七《谢灵运传》《南史》卷十九《谢灵运传》

北凉主沮渠茂虔立　茂虔，北凉主蒙逊之第三子也。初为酒泉太守，后迁燉煌。至是，蒙逊病甚，国人共议以世子菩提幼弱，而菩提之兄茂虔聪颖好学，和雅有度量，乃立为世子，加中外大都督大将军录尚书事。及蒙逊卒，茂虔嗣立，改元永和。先是凉州自张氏以来，号为多士，至茂虔立，尤喜文学。遂以阚骃为姑臧太守，骃字玄阴，燉煌人，祖傪有名西土，父玫①为一时秀士，官至会稽令。骃博通经传，聪敏过人，三史群言，经日则诵，时人谓之宿读。注王朗《易传》，学者藉以通经。撰《十三州志》行于世。蒙逊甚器重之，常侍左右，访以政治损益。拜秘书考课郎中，给文吏三十人，典校经籍，刊定诸子三千余卷，加奉车都尉。茂虔待之弥重，拜大行，迁尚书、姑臧太守。家甚贫，不免饥寒，性能多食，一饭至三升乃饱，卒，无后。**张湛为兵部尚书**，湛字子然，一字仲玄，酒泉人。弱冠知名凉土，好学能属文。**刘昞、索敞、阴兴为国师助教**，敞字巨振，燉煌人，蒙逊时任为刘昞助教，专心经籍，尽能传昞之业。后以《丧服》散在众篇，遂撰比为丧服要，记其名字。兴，燉煌人，为昞助教，与敞齐名，以文学见举，每见昞必巾衣而入。**宗钦为世子洗马**，钦字景若，金城人。父燮，为吕光太常。钦少而好学，有儒者之风。博综群言，声著河右。仕蒙逊为中书郎、世子洗马。上《东宫侍臣箴》，甚见亲重。撰《凉记》十卷，记蒙逊事，无足可称。**赵柔为金部郎**，柔字元顺，金城人。少以德行才学知名于河西。**广平程骏、骏从弟弘为世子侍讲**。

[出处]《十六国春秋》卷九十五、卷九十七　《魏书》卷五十二

十一年　甲戌(434)　　　三年

宋沙门竺道生卒　初，《涅槃》大本至于江左，果称阐提悉有佛性，与生前所说合若符契。生既获斯经，寻即讲说。以是年冬十一月庚子，于庐山精舍升于法座，神色开朗，德音俊发，论议数番，穷理尽妙。观听之众，莫不悟悦。法席将毕，忽见麈尾纷然而坠，端坐正容，隐几而卒。颜色不异，似若入定。道俗嗟骇，远近悲泣。于是京邑诸僧，内惭自疚，追而信服。仍葬庐山之阜。初，生与叡公及严、观同学齐名，故时人评曰："生、叡发天真，严、观窟流得，慧义彭亨进，寇渊于默塞。"生公及叡公独标天真之目，故以秀出群士

① 《魏书》"玫"作"玖"，下文"遂……字"句作"遂撰比为《丧服要记》。其《名字论》文多不载"。

矣。初，关中僧肇始注《维摩》，世咸玩味，生乃更发深旨，显畅新典，及诸经义疏，世皆宝焉。王微以生比郭林宗，乃为之立传，旌其遗德。时人以生推阐提得佛，此语有据。顿悟不受报等，时亦为宪章。文帝尝述生顿悟义，沙门僧弼等皆设巨难。文帝曰："若使逝者可兴，岂为诸君所屈？"后龙光又有沙门宝林，初经长安受学，后祖述生公诸义，时人号曰游玄生。著《涅槃记》及注《异宗论》、《檄魔文》等。林弟子法宝，亦学兼内外，著《金刚后心论》等，亦祖述生义焉。梁代又有释惠生者，亦止龙光寺，蔬食，善众经典，兼工草隶。时人以同寺相继，号曰大小二生也。

［出处］《高僧传》卷第七《竺道生传》

十二年　乙亥（435）　　　太延元年

宋简略寺塔　五月乙酉，丹阳尹萧摹之上言："佛化被于中国，已历四代，形像塔寺，所在千数。进可以系心，退足以招劝。而自顷世已来，情敬浮末，不以精诚为至，更以奢竞为重。旧宇颓圯，曾未之修，而各造新构，以相夸尚。甲地显宅，于兹殆尽。材竹铜采，糜损无极。无关神祇，有累人事。违中越制，宜加检裁。不为之防，流遁未已。请自今以后有欲铸铜像者，悉诣台自闻。兴造塔寺精舍，皆先诣所在二千石通辞。郡依事列言本州，必须报许，然后就功。其有辄铸铜制辄造寺舍者，皆以不承用诏书律论。铜宅材瓦，悉没入官。"奏可。又沙汰沙门，罢道者数百人。

［出处］《弘明集》卷第十一　《宋书·夷蛮·天竺迦毗黎国传》

宋沙门慧琳著《黑白论》　慧琳者，秦郡秦县人，姓刘氏，少出家，住杨都冶城寺。有才章，兼外内之学，为庐陵王义真所知。又以才学得幸于帝，与决政事，时号黑衣宰相。致门下车盖，常不容迹。著《黑白论》，一作《均善论》。其辞曰："有白学先生，以为中国圣人，经纶百世，其德弘矣。知周万变，天人之理尽矣。道无隐旨，教罔遗筌，聪睿迪哲，何负于殊论哉？有黑学道士陋之，谓不照幽冥之途,弗及来生之化,虽尚虚心,未能虚事,不逮西域之深也。于是白学访其所以不逮云尔。白曰:'释氏所论之空与老氏所言之空,无同异乎?'黑曰:'异,释氏即物为空,空物为一;老氏有无两行,空有为异,安得同乎?'白曰:'释氏空物,物信空耶?'黑曰:'然空又空,不翅于空矣。'白曰:'三仪灵长于宇宙,万品盈生于天地,孰是空哉?'黑曰:'空其自性之有,不害因假之体也。今构群材以成大厦,罔专寝之实。积一毫以致合抱,无檀木之体。有生莫俄顷之留,太山蔑累息之固。兴灭无常,因缘无主,所空在于性理,所难据于事用。吾以为误矣。'白曰:'所言实相空者,其如是乎?'黑曰:'然。'白曰:'浮变之理,交于目前,视听者之所同了邪? 解之以登道场,重之以轻异学,诚未见其渊深。'黑曰:'斯理若近,求之实远,夫情之所重者虚,事之可重者实,今虚其真实,离其浮伪,爱欲之惑,不得不去。爱去而道场不登者,吾不知所以相晓也。'白曰:'今折毫空树,无伤垂荫之茂;离材虚室,无损轮奂之美。明无常增其偈荫之情,陈若偏笃其竞辰之虑。贝锦以繁采发辉,和羹以盐梅致旨。齐侯追爽鸠之乐,燕王无延年之术。恐和合之辩,危脆之教,正足恋其嗜好之欲,无以倾其爱竞之惑也。'黑曰:'斯固理绝于诸华,坟索莫之及也。'白曰:'山高累卑之辞,川树积小之咏,舟壑火传之谈,坚白唐肆之论,盖盈于中国矣。非理之奥,故不举以为教本耳。子固以遗情遗累,虚心为道,而据事剖析者,更由指掌之间乎?'黑曰:'周、孔为教,正及一世,不见来生无穷之缘,积善不过子孙之庆,累恶不过余殃之罚。报效止于荣禄,诛责极于穷贱。视听之外,冥然不知,良可悲矣! 释迦关无穷之业,拔重关之险。陶方寸之虑,宇宙不足盈其明;设一慈之救,群生不足胜其化。叙地狱则民惧其罪,敷天堂则物欢其福。指泥洹以长归,乘法身以遐览,神变无不周,灵泽靡不覃。先觉翻翔于上世,后悟腾骞而不绍。坎井之局,何以识大方之家乎?'白曰:'固能大其言矣! 今效神光无径寸之明,验灵变罔纤介之异,勤诚者不睹善救之貌,笃学者弗克陵虚之实。徒称无量之寿,孰见期颐之叟。次嗟金刚之固,安觌不朽之质?苟于事不符,宜寻立言之指,遗其所寄之说也。且要天堂以就善,曷若服义而蹈道。惧地狱以敕身,孰与从理以端心?礼拜以求免罪,不由祗肃之意;施一以徼百倍,弗乘无悋之情。美泥洹之乐,生耽逸之虑;赞法身之妙,肇好奇之心。近欲未弭,远利又兴,虽言菩萨无欲,群生固以有欲矣。甫救交敝之氓,永开利竞之俗,澄神反道,其可得乎?'黑曰:'不然,若不示以来生之欲,何以权其当生之滞?物情不能顿至,故积渐以诱之。夺此俄顷,要彼无穷。若弗勤春稼,秋穑何期?端坐井底,而息意庶虑者,长沦于九泉之下矣。'白曰:'异哉!何所务之乖也。道在无欲,而以有欲要之。北行求郢,西征索越,方长迷于幽都,永谬滞于昧谷,辽辽闽楚,其可见乎?所谓积渐者,日损之谓也。当先遗其所轻,然后忘其所重,使利欲日去,淳白自生耳。岂得以少要多,以粗易妙?俯仰之间,非利不动,利之所荡,其有极哉?乃丹青眩媚彩之目,土木夸好壮之心,兴糜废之道,单九服之财,树无用之事,割群生之急,致营造之计,成私树之权,务劝化之业,结师党之势,苦节以要厉精之誉,护法以展陵竞之情,悲矣!夫道其安寄乎?是以周、孔敦俗,弗关视听之外;老、庄陶风,谨守性分而已。'黑曰:'三游本于仁义,盗跖资于五善,圣迹之敝,岂有内外?且黄老之家,符章之伪,水祝之诬,不可胜论。子安于彼,骇于此,玩于浊水,违于清渊耳。'白曰:'有迹不能不敝,有术不能无伪,此乃圣人所以桎梏也。今所惜在作法于贪,遂以成俗,不正其敝,反以为高耳。至若淫妄之徒,世自近鄙,源流蔑然,固不足论。'黑曰:'释氏之教,专救夷俗,便无取于诸华耶?'白曰:'曷为其然?为则开端,宜怀属绪,受物去杀,尚施周人,息心遗荣华之愿,大士布兼济之念,仁义玄一者,何以尚之?惜乎幽旨不亮,末流为累耳。'黑曰:'子之论善殆同矣,便事尽于生乎?'白曰:'幽冥之理,固不极于人事矣。周、孔疑而不辨,释迦辨而不实,将宜废其显晦之迹,存其所要之旨。请尝言之,夫道之以仁义者,服理以从化;帅之以劝戒者,循利而迁善。故甘辞兴于有欲,而灭于悟理。淡说行于天解,而息于贪伪。是以示来生者,蔽亏于道释不得已;杜幽暗者,冥符于姬、孔闭其兑。由斯论之,言之者未必远,知之者未必得,不知者未必失。但知六度与五教并行,信顺与慈悲齐立耳。殊途而同归者,不得守其发轮之辙也。'"论行于世,旧僧谓其贬黜释氏,欲加摈斥。宋主见论赏之。衡阳太守何承天东海郯人,徐广姊子。与琳比狎,雅相击扬,著《达性论》,诋呵佛教。永嘉太守颜延之、太子中舍人宗炳,信法者也,检驳二论,各万余言。琳等始亦往还,后乃止。炳因著《明佛论》以广其宗。琳又注《孝经》及《庄子·逍遥篇》,文论传于世。

[出处]《弘明集》卷第十一　《宋书》卷九十七

十三年　丙子(436)　　　二年

宋征雷次宗,不就　次宗隐退不交世务,本州辟从事,员外散骑侍郎征,并不就。与子侄书以言所守曰:"夫生之修短,咸有定分;定分之外,不可以智力求。但当于所禀之中,顺而勿率耳。吾少婴羸患,事钟养疾,为性好闲,志栖物表。故虽在童稚之年,已怀远迹之意。暨于弱冠,遂托业庐山,逮事释和尚。于时师友渊源,务训弘道,外慕等夷,内怀徘发。于是洗气神明,玩心坟典,勉志勤躬,夜以继日。爰有山水之好,悟言之欢,实足以通理辅性,成夫亹亹之业,乐以忘忧,不知朝日之晏矣。自游道餐风,二十余载,渊匠既倾,良朋凋索。续以衅逆违天,备尝荼蓼,畴昔诚愿,顿尽一朝。心虑荒散,情意衰损。故遂与汝曹归耕垄畔,山居谷饮,人理久绝,日月不处,忽复十年。犬马之齿,已逾知命,崦嵫将迫,前涂几何!实远想尚子五岳之举,近谢居室琐琐之勤。及今耄未至惛,衰不及顿，尚可厉志于所期，纵心于所托。栖诚来生之津梁，专气莫年之摄养，玩岁日于良辰，偷余乐于将除。在心所期，尽于此矣。汝等年各长成，冠娶已备，修惜衡泌，吾复何忧？但愿守全所志以保令终耳。自今以往，家事大小，一勿见关。子平之言，可以为法。"

〔出处〕《宋书》卷九十三《隐逸·雷次宗传》

〔考证〕 按书中有"犬马之齿，已逾知命"之语，是年次宗始五十一岁，而十五年则被征至京师。故知此书之作，必在十三、十四二年之间也。

求那跋陀罗于建康译经 求那跋陀罗，宋云功德贤。中天竺人，以大乘学，故世号摩诃衍。本婆罗门种，幼学《五明》诸论，天文、书算、医方、咒术靡不该博。后遇见《阿毗昙杂心》，寻读惊悟，乃深崇佛法焉。其家世外道，禁绝沙门，乃舍家潜遁，远求师范。即投簪落发，专精志学。及受具戒，博通三藏。为人慈和恭恪，事师尽礼。顷之，辞小乘师，进学大乘。大乘师试令探取经匣，即得《大品》《华严》。师嘉而叹曰："汝于大乘有重缘矣。"于是读诵讲宣，莫能酬抗。进受菩萨戒法。乃奉书父母，劝归正法曰："若专守外道，则虽还无益。若归信三宝，则长得相见。"其父感其言至，遂弃邪从正。跋陀前到师子诸国，皆传送资供。既有缘东方，乃随舶泛海，元嘉十二年至广州。刺史车朗表闻，宋主遣使迎接。既至建康，敕名僧慧严、慧观于新亭慰劳。见其神情朗彻，莫不虔仰。虽因译交言，而欣若倾盖。初住祇洹寺，俄而宋主延请，深加崇敬。琅琊颜延之通才硕学，束带造门。于是京师远近，冠盖相望。大将军彭城王义康、丞相南谯王义宣，并师事焉。顷之，众僧共请出经，于祇洹寺集义学诸僧译出《杂阿含经》五十卷，法显赍来。东安寺出《法鼓经》，二卷。后于丹阳郡译出《胜鬘》、即《胜鬘师子吼一乘大方便经》，一卷。《楞伽》，即《楞伽阿跋多罗宝经》，四卷。徒众七百余人，宝云传译，慧观执笔。往复谘悉，妙得本旨。

　　[出处]《高僧传初集》卷三　《出三藏记集》卷第二　《历代三宝纪》卷第十

十四年　丁丑（437）　　　三年

　　宋傅隆论新礼　宋主以新撰《礼论》付傅隆使下意，隆上表曰："臣以下愚，不涉师训，孤陋闾阎，面墙靡识，谬蒙询逮，愧惧流汗。原夫礼者，三千之本，人伦之至道。故用之家国，君臣以之亲。用之婚冠，少长以之仁爱，夫妻以之义顺。用之乡人，朋友以之三益，宾主以之敬让。所谓极乎天，播乎地，穷高远，测深厚，莫尚于礼也。其《乐》之五声，《易》之八象，《诗》之《风》、《雅》，《书》之《典》、《诰》，《春秋》之微婉劝惩，无不本乎礼而后立也。其源远流广，其体大而义精，非夫睿哲大贤，孰能明乎此哉？况遭暴秦焚亡，百不存一。汉兴，始征召故老，搜集残文。其体例纰缪，首尾脱落，难可详论。幸高堂生颇识旧义，诸儒各为章句之说，既明不独达，所见不同，或师资相传，共枝别干。故闻人、二戴俱事后苍，俄以分异。卢植、郑玄偕学马融，人各名家。又后之学者，未逮曩时。而问难星繁，充斥兼两，摛文列锦，焕烂可观。然而五服之本或差，哀敬之制舛杂，国典未一于四海，家法参驳于缙绅。诚宜考详远虑以定皇代之盛礼者也。伏惟陛下钦明玄圣，同规唐虞，畴咨四岳，兴言《三礼》。而伯夷未登，微臣窃位，所以大惧负乘形神交恶者，无忘夙夜矣。而复猥充博采之数，与闻爱发之求，实无以仰酬圣旨万分之一。不敢废嘿，谨率管穴所见五十二事上呈，蚩鄙茫浪，伏用竦赧。"

　　[出处]《宋书·傅隆传》

　　北凉献书于宋　北凉王沮渠茂虔奉献方物，并献《周生子》十三卷、《时务论》十二卷、《三国总略》十二卷①、《俗问》十一卷、《十

_____

① 《宋书》"十二卷"作"二十卷"。

三州志》十卷、《文检》六卷、《四科传》四卷、《燉煌实录》十卷、《凉书》十卷、《汉皇德传》二十五卷、《亡典》七卷、《魏驳》九卷、《谢艾集》八卷、《古今字》二卷、《乘丘先生》三卷、《周髀》一卷、《皇帝王历三合纪》一卷、《赵歐传》并《甲寅元历》一卷、歐，河西人，善历算。《孔子赞》一卷，合一百五十四卷。茂虔又求晋赵《起居注》诸杂书数十件，宋主与之。

　　〔出处〕《宋书·氏胡传》

十五年　　戊寅(438)　　　　四年

宋立四学　宋征雷次宗至京师，开馆于鸡笼山，聚徒教授，置生百余人。会稽朱膺之、颖川庾蔚之并以儒学兼总诸生。时国子学未立，上留心艺术，使丹阳尹何尚之字彦德，卢江灊人。立玄学，太子率更令何承天立史学，时承天方受诏撰国史。司徒参军谢元立文学，凡四学并建。车驾数幸次宗学馆，资给甚厚。

　　〔出处〕《宋书·隐逸·雷次宗传》

十六年　　己卯(439)　　　　五年

魏诏崔浩监修国史　魏主既平凉州，诏浩曰："昔皇祚之兴，世隆北土，积德累仁，多历年载。泽流苍生，义闻四海。我太祖道武皇帝，协顺天人，以征不服，应其拨乱，奄有区夏。太宗承统，光隆前绪，厘正刑典，大业维新。然荒域之外，犹未宾服，此祖宗之遗志而贻功于后也。朕以眇身，获奉宗庙，战战兢兢，如临渊海，惧不能负荷至重，继名丕烈。故即位之初，不遑宁处。扬威朔裔，埽定赫连。逮于神麚，始命史职注集前功，以成一代之典。自尔以来，戎旗仍举。秦陇克定，徐兖无尘，平逋寇于龙川，讨僭竖于凉域。岂朕一人，获济于此？赖宗庙之灵，群公卿士宣力之效也。而史阙其职，篇籍不著，每惧斯事之坠焉。公德冠朝列，言为世范，小大之任,望君存之。命公留台,综理史务,述成此书,务从实录。"浩于是监秘书事,以中书侍郎高允、散骑侍郎张伟参著作,续成前记。至于损益褒贬,折中润色,浩所总焉。

　　[出处]　《魏书·崔浩传》

　　北凉译本《毗婆沙》至宋　北凉王茂虔以是岁首命更写《毗婆沙》,送至宋台宣布。会魏兵西伐,凉土崩乱,经书什物,皆被焚荡。仅存六十卷,传至宋台,道挺为之序曰:"《毗婆沙》者,盖是三藏之指归,九部之司南。司南既准,则群迷革正;指归既宣,则邪轮辍驾。自释迦迁晖,六百余载。时北天竺有五百应真,以为灵烛久潜,神炬落耀,含生昏丧,重梦方始。虽法胜、迦旃延撰《阿毗昙》以拯颓运,而后进之贤,寻其宗致,儒墨竞构,是非纷然。故乃澄神玄观,搜简法相,造《毗婆沙》,抑正众说。或即其殊辩,或标之诠评。理致渊旷,文蹄艳博。使西域胜达之士,莫不资之以镜心,览之以朗识。而冥澜潜洒,将洽殊方。然理不虚运,弘之由人。大沮渠河西王者,天怀遐廓,标诚冲寄,虽迹缠纷务,而神栖玄境。用能丘豁廊庙,馆第林野。是使渊叟投竿,岩逸来廷,息心升堂,玄客入室,诚诣既著,理感不期。有沙门道泰,才敏自天,冲气疏朗,博关奇趣,远参异言。往以汉土方等既备,幽宗粗畅,其所未练,唯三藏九部。故杖策冒崄,爰至葱西,总揽梵文,义承高旨,并获其梵本十万余偈。既达凉境,王即欲令宣译。然惧环中之固,将或未尽,所以侧席虚衿,企睸明胜。时有天竺沙门浮陀跋摩,周流敷化,会至凉境。其人开悟渊博,神怀深邃,研味钻仰,喻不可测。遂以乙丑之岁四月中旬,于凉城内苑闲豫宫寺,请令传译理味。沙门智嵩、道朗等三百余人,考文详义,务存本旨。除烦即实,质而不野。王亲屡回御驾,陶其幽趣,使文当理诣,片言有寄。至丁卯岁七月上旬都讫,通一百卷。会凉城覆没,沦湮遐境,所出经本,零若殆尽。今凉王信向发中,深探幽趣,故每至新异,悕仰寄—作奇。闻。其年岁首,更写已出本六十卷,令送至宋台,宣布未闻。庶令日新之美敞于当时,福祚之兴垂于来叶。挺以后缘,得参听末,欣遇之诚,窃不自默,粗列时事,以贻来哲。"而跋摩避乱西返,不知所终。

[出处]　《高僧传初集》卷三《译经下·浮陀跋摩传》《出三藏记集》卷第十

[考证]　按北凉以是年九月亡,而本叙所谓"其年岁首,更写已出本六十卷"者当在正月。盖未及送至宋地,而国覆灭,灰烬之中,仅余六十卷,为僧人展转携至南朝也。

十七年　庚辰(440)　　　太平真君元年

魏改元　寇谦之于嵩山立坛,为魏主祈福,自称老君复降,授帝以太平真君之号。托崔浩以书献。魏主信之,遂改元为太平真君,大赦。

[出处]　《佛祖统纪》卷第三十八

魏常爽设馆温水之右,教授门徒　爽字仕明,河内温人,曹魏太常卿林六世孙也。祖珍,苻坚南安太守,因世乱,遂居凉州。父坦,乞伏世镇远将军、夏镇将、显美侯。爽少而聪敏,严正有志概。虽家人僮隶,未尝见其宽诞之容。笃志好学,博闻强识,明习纬候,《五经》百家,多所研综。州郡礼命皆不就。魏主西征凉土,爽与兄仕国归款军门。魏主嘉之,赐仕国爵五品,显美男;爽为六品,拜宣威将军。是时戎车屡驾,征伐为事,贵游子弟,未遑学术。爽置馆温水之右,教授门徒七百余人。京师学业,翕然复兴。爽立训甚有劝罚之科,弟子事之若严君焉。尚书左仆射元赞、平原太守司马贞安①、著作郎程灵虬皆是爽教所就。崔浩、高允并称爽之严教,奖励有方。允曰:"文翁柔胜,先生刚克,立教虽殊,成人一也。"其为

_____

① 《魏书》"司马贞安"作"司马真安"。

通识叹服如此。因教授之暇，述《六经略注》以广制作，甚有条贯。其序曰："《传》称：'立天之道，曰阴与阳；立地之道，曰柔与刚；立人之道，曰仁与义。'然则仁义者，人之性也；经典者，身之文也。皆以陶铸神情，启悟耳目，未有不由学而能成其器，不由习而能利其业。是故季路勇士也，服道以成忠烈之概；宁越庸夫也，讲艺以全高尚之节。盖所由者习也，所因者本也。本立而道生，身文而德备焉。昔者先王之训天下也，莫不导以《诗》、《书》，教以《礼》、《乐》，移其风俗，和其人民。故恭俭庄敬而不烦者，教深于《礼》也；广博易良而不奢者，教深于《乐》也；温柔敦厚而不愚者，教深于《诗》也；疏通知远而不诬者，教深于《书》也；洁静精微而不贼者，教深于《易》也；属辞比事而不乱者，教深于《春秋》也。夫《乐》以和神，《诗》以正言，《礼》以明体，《书》以广听，《春秋》以断事。五者盖五常之道，相须而备，而《易》为之源。故曰：'《易》不可见，则乾坤其几乎息矣。'由是言之，《六经》者先王之遗烈，圣人之盛事也，安可不游心寓目，习性文身哉？顷因暇日，属意艺林，略撰所闻，讨论其本，名曰《六经略注》，以训门徒焉。"其《略注》行于世。爽不事王侯，独守闲静，讲肆经典，二十余年，时人号为儒林先生。年六十三卒于家。

[出处]　《魏书》卷八十四《儒林·常爽传》

十八年　辛巳（441）　　二年

宋临川王义庆撰《世说》、《集林》等书　义庆本长沙景王道怜次子，出继临川王道规。永初元年，袭封临川王。元嘉九年，出为使持节、都督荆雍益宁梁南北秦七州诸军事、平西将军、荆州刺史。在州八年，为西土所安。撰《徐州先贤传》十卷奏上之。又拟班固《典引》为《典叙》，以述皇代之美。十六年，改授散骑常侍，都督江州之西阳、晋熙、新蔡三郡诸军事，卫将军，江州刺史，持节如故。十七年，即本号都督南兖州徐兖青冀幽六州诸军事、南兖州刺史。

至是,加开府仪同三司。义康为性简素,寡嗜欲,爱好文义,文词虽
不多,然足为宗室之表。受任历藩,无浮淫之过。唯晚节奉养沙
门,颇致费损。少善骑乘,及长,以世路艰难,不复跨马。招聚才学
之士,远近必至。阳夏袁淑字阳源。文冠当时,义庆请为卫军谘议
参军。其余吴郡陆展、东海何长瑜、鲍照等并有辞章之美,引为佐
吏国臣。所著《世说》十卷,撰《集林》二百卷,并行于世。帝每与义
庆书,常加意斟酌。照字明远,文辞赡逸,尝为古乐府,文甚遒丽。

[出处]　《南史》卷十三　《宋书·宗室·临川烈武王道规传》

十九年　壬午(442)　　　三年

宋立国子学　正月乙巳诏曰:"夫所因者本,圣哲之远教;本立
化成,教学之为贵。故诏以三德,崇以四术,用能纳诸义方,致之轨
度。盛王祖世,咸必由之。永初受命,宪章弘远,将陶钧庶品,混一
殊风。有诏典司,大启庠序。而频遭屯夷,未及修建,永瞻前猷,思
敷鸿烈。今方隅乂宁,戎夏慕向,广训胄子,实维时务。便可式遵
成规,阐扬景业。"于是太子率更令何承天以本官领国子博士。至
十二月丙申又诏曰:"胄子始集,学业方兴。自微言泯绝,逝将千
祀。感事思人,意有慨然。奉圣之胤,可速议继袭。于先庙地,特
为营造。依旧给祠置令,四时飨祀。阙里往经寇乱,黉校残毁。并
下鲁郡,修复学舍,采召生徒。昔之贤哲及一介之善,犹或卫其丘
垄,禁其刍牧。况尼父德表生民,功被百代,而坟茔荒芜,荆棘弗
翦。可蠲墓侧数户,以掌洒扫。鲁郡上民孔景等五户居近孔子墓
侧,蠲其课役,供给洒扫,并耘松六百株。"

[出处]　《宋书·文帝纪》、《何承天传》

魏主亲至道坛受符箓　寇谦之奏于魏主曰:"今陛下以真君御
世,建静轮天宫之法,开古以来,未之有也。应登受符书,以彰圣
德。"魏主从之,于是亲至道坛受符箓。备法驾,旗帜尽青,以从道

家之色也。自后诸帝每即位,皆如之。太子晃见谦之奏造静轮宫,必令其高,不闻鸡鸣狗吠之声,欲上与天神交接,功役万计,经年不成,乃言于魏主曰:"人天道殊,卑高定分。今谦之欲要以无成之期,说以不然之事。财力费损,百姓疲劳,无乃不可乎? 必如其言,未若因东山万仞之上,为功差易。"魏主深然其言,但以崔浩赞成,难违其意,沈吟者久之,乃曰:"吾亦知其无成,事既尔,何惜五三百功?"

[出处] 《魏书·释老志》

二十年　癸未(443)　　　四年

宋何承天上新历　宋主颇好历数,太子率更令何承天私撰新法,至是上表曰:"臣授性顽惰,少所关解,自昔幼年,颇好历数,耽情注意,迄于白首。臣亡舅故秘书监徐广素善其事,有既往《七曜历》,每记其得失,自太和至泰元之末,四十许年。臣因比岁考校,至今又四十载,故其疏密差会,皆可知也。夫圆极常动,七曜运行,离合去来,虽有定势,以新故相涉,自然有毫末之差,连日累岁,积微成著。是以《虞书》著钦若之典,《周易》明治历之训,言当顺天以求合,非为合以验天也。汉代杂侯清台,以昏明中星,课日所在,虽不可见,月盈则蚀,必当其冲①,以月推日,则躔次可知焉。舍易而不为,役心于难事,此臣所不解也。《尧典》云:'日永星火,以正仲夏。'今季夏则火中。又'宵中星虚,以殷仲秋'。今季秋则虚中。尔来二千七百余年,以中星检之,所差二十七八度。则尧令冬至日须在须女十度左右也。汉之《太初历》,冬至在牵牛初。后汉《四分》及魏《景初法》,同在斗二十一。臣以月蚀检之,则《景初》令②之冬至应在斗十七。又史官受诏以土圭测景,考校二至,差三日有余。从来积岁,及交州所上,检其增减,亦相符验,然则今之二至,非天之二至也。天之南日在斗十三四矣。此则十九年七闰,数微多差,复改法易章,则用算滋繁。宜当随时迁革,以取其合。案《后

---

① "冲"原作"衡",据《宋书》改。
② 《宋书》"令"作"今"。

汉志》，春分日长，秋分日短，差过半刻。寻二分在二至之间，而有长短，因识春分近夏至故长，秋分近冬至故短也。杨伟不悟，即用之上历，表云：自古及今，凡诸历数，皆未能并己之妙，何此不晓？亦何以云是？故臣更建《元嘉历》，以六百八为一纪，半之为度法，七十五为室分。以建寅之月为岁首，雨水为气初，以诸法闰余一之岁为章首。冬至从上三日五时，日之所在移旧四度。又月有迟疾合朔，月蚀不在朔望，亦非历意也。故《元嘉》皆以盈缩定其小余，以正朔望之日。伏惟陛下允迪圣哲，先天不违，劬劳庶政，寅亮鸿业，究渊思于往籍，探妙旨于未闻，穷神知化，罔不该览。是以愚臣欣遇盛明，效其管穴。伏愿以臣所上《元嘉法》下史官，考其疏密，若谬有可采，庶或补正阙谬，以备万分。"诏曰："何承天所陈，殊有理据，可付外详之。"太史令钱乐之、兼丞严粲奏曰："太子率更令领国子博士何承天表更改《元嘉历法》，以月蚀检今冬至，日在斗十七，以土圭测影，知冬至已差三日，诏使付外检署。以元嘉十一年被敕，使考月蚀。土圭测影。检署由来用伟《景初法》，冬至之日，日在斗二十一度少，检十一年七月十六日望，月蚀加时在卯。到十五日四更二唱，丑初始蚀，到四唱蚀既，在营室十五度末。《景初》，其日日在轸三度，以月蚀所冲考之，其日日应在翼十五度半。又到十三年十二月十六日望月蚀，加时在酉，到亥初始蚀，到一更三唱蚀既，在鬼四度。《景初》，其日日在女三，以冲考之，其日日应在牛六度半。又到十四年十二月十六日望月蚀，加时在戌之半。到二更四唱亥末始蚀，到三更一唱食既，在井三十八度。《景初》，其日日在斗二十五，以冲考之，其日日应在斗二十二度半。到十五年五月十五日望月蚀，加时在戌，其日月始生而已蚀，光已生四分之一格，在斗十①度许。《景初》，其日日在井二十四，考取其冲，其日日

───────────

① 《宋书》"十"作"十六"。

应在井二十。又到十七年九月十六日望月蚀,加时在子之少,到十五日未二更一唱始蚀,到三唱蚀十五分之十二格,在昴一度半。《景初》,其日在房二,以冲考之,则其日日在氐十三度半。凡此五蚀,以月冲一百八十二度半考之,冬至之日,日并不在斗二十一度少,并在斗十七度半间,悉如承天所上。又去十一年起,以土圭测景。其年,《景初法》十一月七日冬至前后,阴不见影。到十二年十一月十八日冬至,其十五日影极长。到十三年十一月二十九日冬至,其二十六日影极长。到十四年十一月十一日冬至,其前后并阴不见。到十五年十一月二十一日冬至,十八日影极长。到十六年十一月二日冬至,其十月二十九日影极长。到十七年十一月十三日冬至,其十日影极长。到十八年十一月二十五日冬至,二十一日影极长。到十九年十一月六日冬至,其三日影极长。到二十年十一月十六日冬至,其前后阴不见影。寻校前后,以影极长为冬至,并差三日。以月蚀检日所在,已差四度。土圭测影,冬至又差三日。今之冬至,乃在斗十四间,又如承天所上。又承天法,每月朔望及弦,皆定大小余,于推交会,时刻虽审,皆用盈缩。则月有频三大,频二小,比旧法殊为异。旧日蚀不唯在朔,亦有在晦及二日,《公羊传》所谓'或失之前,或失之后'。愚为此一条自宜仍旧。"员外散骑郎皮延宗又难承天,若晦朔定大小余纪,首值盈则退一日,便应以故岁之晦为新纪之首。承天乃改新法,依旧术,不复每月定大小余,如延宗所难,太史所上。有司奏:"治历改宪,经国盛典,爰及汉魏,屡有变革。良由术无常是,取协当时。方今皇猷载晖,旧域光被,诚应综核晷度,以播维新。承天历术,合可施用,宋二十二年普用《元嘉历》。"诏可。

　　[出处]《宋书·历志上》

二十一年　甲申(444)　　五年

宋临川王义庆卒　义庆在广陵有疾,而白虹贯城,野麕入府。心甚恶之,因陈求还。宋主许解州,以本号还朝。是年正月戊午薨于都下,时年四十二。追赠司空,谥曰康王。

　　[出处]　《宋书·文帝纪》、《临川烈武王道规传》《南史》卷十三
　　[附录]　刘义庆著述表
　　《后汉书》一百二卷《新唐志》。《旧唐志》为五十八卷。
　　《徐州先贤传》十卷《宋书》本传。《隋志》作九卷。
　　《江左名士传》一卷
　　《宣验记》三十卷
　　《幽明录》二十卷
　　《世说》八卷
　　《小说》十卷《新唐志》
　　《集林》二百卷
　　集八卷《新唐志》

魏禁挟藏谶纬之书及容匿沙门、师巫　正月戊申下诏曰:“愚民无识,信惑妖邪,私养师巫,挟藏谶记、阴阳、图纬、方伎之书。又沙门之徒,假西戎虚诞,生致妖孽,非所以壹齐政化,布淳德于天下也。自王公已下,至于庶人,有私养沙门、师巫及金银工巧之人,在其家者,皆遣诣官曹,不得容匿。限今年二月十五日,过期不出,师巫、沙门身死,主人门诛。明相宣告,咸使闻知。”

　　[出处]　《魏书·世祖太武帝纪》

魏禁私立学校　正月庚戌下诏曰:“自顷以来,军国多事,未宣文教,非所以整齐风俗,示轨则于天下也。今制自王公以下至于卿士,其子息皆诣太学。其百工伎巧、驺卒子息,当习其父兄所业,不听私立学校。违者身死,主人门诛。”

　　[出处]　《魏书·世祖太武帝纪》

二十二年　乙酉(445)　　六年

宋范晔谋反伏诛　初,鲁国孔熙先博学文史,兼通数术,为员外散骑侍郎,愤愤不得志。父默之,为广州刺史,以赃获罪,彭城王义康救解得免。及义康迁豫章,熙先密怀报效。且以为天文图谶,宋主必以非道晏驾,祸由骨肉,而江州应出天子。以范晔志意不满,欲引与同谋。乃厚结晔甥太子中书舍人谢综,综引熙先见晔。熙先家故饶于财,数与晔博,故为拙行,以物输之。晔既利其财宝,又爱其文艺,由是情好款洽。熙先从容说晔弑宋主,立义康。晔愕然。晔素有闺庭论议,朝野所知,故门胄虽华而国家不与姻娶。熙先因以此激之曰:"丈人若谓朝廷相待厚者,何故不与丈人婚? 为是门户不得邪? 人作犬豕相遇,而丈人曾不之耻,欲为之死,不亦惑乎!"晔默然不应,反意乃决。综素为义康所厚,弟约又娶其女。丹阳尹徐湛之及尼法静,皆义康党,并与熙先往来。法静妹夫许曜领队在台,许为内应。熙先以笺书与义康,陈说图谶,于是密相署置。又诈作义康与湛之书,令诛君侧之恶,宣示同党。宋主燕衡阳王义季、南平王铄于武帐冈,晔等谋以其日作乱,许曜扣刀目晔,晔不敢发。湛之恐事不济,密白其谋。宋主乃命有司收晔等付廷尉,晔在狱中与诸甥侄书以自序曰:"吾狂衅覆灭,岂复可言! 汝等皆当以罪人弃之。然平生行己在怀,犹应可寻。至于能不,意中所解,汝等或不悉知。吾少懒学问,晚成人,年三十许,政始有向耳。自尔以来,转为心化,虽老将至者,亦当未已也。往往有微解,言乃不能自尽。为性不寻注书,心气恶,小苦思,便愤闷,口机又不调利,以此无谈功。至于所通解处,皆自得之胸怀耳。文章转进,但才少思难,所以每于操笔,其所成篇,殆无全称者。常耻作文士文,患其事尽于形,情急于藻,义牵其旨,韵移其意,虽时有能者,大较多不免此累,政可类工巧图缋,竟无得也。常谓情志所托,故当以意为主,以文传意。以意为主,则其旨必见。以文传意,则其词不流。然后抽其芬芳，振其金石耳。此中情性旨趣，千条百品，屈曲有成理，自谓颇识其数。尝为人言，多不能赏，意或异故也。性别宫商，识清浊，斯自然也。观古今文人，多不全了此处，纵有会此者，不必从根本中来。言之皆有实证，非为空谈。年少中谢庄最有其分。手笔差易，文不拘韵故也。吾思乃无定方，特能济难适轻重，所禀之分，犹当未尽。但多公家之言，少于事外远致，以此为恨，亦由无意于文名故也。本未关史书，政恒觉其不可解耳。既造《后汉》，转得统绪，详观古今著述及评论，殆少可意者。班氏最有高名，既任情无例，不可甲乙辨。后赞于理，近无所得，唯志可推耳。博瞻或不及之，整理未必愧也。吾杂传论，皆有精意深旨，既有裁味，故约其词句。至于《循吏》以下及《六夷》诸序论，笔势纵放，实天下之奇作。其中合者，往往不减《过秦》篇。尝共比方班氏所作，非但不愧之而已。欲遍作诸志，《前汉》可有者悉令备。虽事不必多，且使见文得尽。又欲因事就卷内发论，以正一代得失，意复未果。赞自是吾文之杰思，殆无一字空设，奇变不穷，同含异体，乃自不知所以称之。此书行，故应有赏音者。纪传例为举其大略耳。诸细意甚多，自古体大而思精，未有此也。恐世人不能尽之，多贵古贱今，所以称情狂言耳。吾于音乐，听功不及自挥，但所精非雅声为可恨。然至于一绝处，亦复何异邪？其中体趣，言之不尽，弦外之意，虚响之音，不知所从而来。虽少许处，而旨态无极。亦尝以授人，士庶中未有一毫似者，此永不传矣。吾书虽小小有意，笔势不快，余竟不成就，每愧此名。"晔遂伏诛，时年四十八。初，晔撰《后汉书》十志，一皆托谢俨搜。至是，撰垂毕，遇晔败，悉蜡以覆车。宋主令丹阳尹徐湛之就俨寻求，已不复得，一代以为恨。

[出处]《宋书·范晔传》《南史》卷三十三《范晔传》《后汉书·皇后纪附皇女》注引沈约《谢俨传》

二十三年　丙戌(446)　　　七年

魏诛沙门,毁佛寺　魏主初即位,富于春秋,既而锐志武功,每以平定祸乱为先。虽归宗佛法,敬重沙门,而未存览经教深求缘报之意。及得寇谦之,道魏主以清静无为有仙化之证,遂信行其术。时司徒崔浩博学多闻,魏主每访以大事。浩奉谦之道,尤不信佛。与帝言,数加非毁,常谓虚诞为世费害。魏主以其辩博,颇信之。会盖吴反杏城,关中骚动。魏主乃西伐,至于长安。先是长安沙门种麦寺内,御驹牧马于麦中。魏主入观马,沙门饮从官酒。从官入其便室,见大有弓矢矛楯,出以奏闻。魏主怒曰:"此非沙门所用,当与盖吴通谋规害人耳。"命有司案诛一寺,阅其财产,大得酿酒具及州郡牧守富人所寄藏物,盖以万计。又为屈室,与贵室女私行淫乱。帝既忿沙门非法,浩时从行,因进其说。诏诛长安沙门,焚破佛像,敕留台下四方令一依长安行事。时太子晃监国,素敬佛道,频上表陈刑杀沙门之滥,又非图像之罪。今罢其道,杜诸寺门,世不修奉,土木丹青,自然毁灭。如是再三,不许。乃下诏曰:"昔后汉荒君,信惑邪伪,妄假睡梦,事胡妖鬼,以乱天常。自古九州之中无此也。夸诞大言,不本人情。叔季之世,暗君乱主,莫不眩焉。由是政教不行,礼义大坏,鬼道炽盛,视王者之法蔑如也。自此以来,代经乱祸,天罚亟行,生民死尽。五服之内,鞠为丘墟。千里萧条,不见人迹,皆由于此。朕承天绪,属当穷运之敝,欲除伪定真,复羲、农之治,其一切荡除胡神,灭其踪迹,庶无谢于风氏矣。自今以后,敢有事胡神及造形像泥人、铜人者,门诛。虽言胡神,问今胡人,共云无有。皆是前世汉人无赖子弟刘元真、吕伯强之徒,乞胡之诞言,用老、庄之虚假,附而益之,皆非真实。至使王法废而不行,盖大奸之魁也。有非常之人,然后能行非常之事,非朕孰能去此历代之伪物?有司宣告征镇诸军刺史,诸有佛图形像及胡经,尽皆击破焚烧,沙门无少长悉坑之。"时三月也。晃言虽不用,然犹缓宣诏书,远近皆豫闻知,得各为计。四方沙门,多亡匿获免。在京邑者,亦蒙全济,金银宝像及诸经论大得秘藏。而土木宫塔,声教所及,莫不毕毁矣。始谦之与浩同从车驾,苦与浩争,浩不肯。谓浩曰:"卿今促年受戮,灭门户矣。"后四年浩诛,备五刑,年七十。浩既诛死,帝颇悔之。业已行,难中修复,晃潜欲兴之,未敢言也。佛沦废终帝世,积七八年。然禁稍宽弛,笃信之家,得密奉事沙门,专至者犹窃法服诵习焉,唯不得显行于京都矣。

［出处］《魏书·释老志》

二十四年　丁亥(447)　　　八年

宋何承天免官归家　承天博见古今,为一时所重。张永尝开玄武湖,遇古冢,冢上得一铜斗,宋主以访朝士,承天曰:"此亡新威斗,王莽三公亡皆赐之,一在冢外,一在冢内。时三台居江左者,唯甄邯为大司徒,必邯之墓。"俄而永又启冢内,更得一斗,复有一石铭,大司徒甄邯之墓。时宋主每有疑义,必先访之,信命相望于道。承天性褊促,尝对主者厉声曰:"天何言哉?四时行焉,百物生焉。"宋主知之,应遣先戒曰:"善侯伺颜色,如其不悦,无须多陈。"是年,由御史中丞迁廷尉。未拜,宋主欲以为吏部郎,已受密旨,承天宣漏之,坐免官。卒于家。

［出处］《宋书·何承天传》《南史》卷三十三《何承天传》
［附录］何承天著述表

《礼论》三百卷见《宋书》及《南史》本传。先是《礼论》有八百卷,承天删减并合,以类相从,凡为三百卷。

《分明土制》三卷

《注孝经》一卷

《春秋前传》十卷

《春秋前传杂语》九卷《唐志》

《合皇览》一百二十三卷

《宋元嘉历》二卷

《历术》一卷

《验日食法》三卷

《漏刻经》一卷

集三十二卷

《陆机连珠注》一卷

《纂文》三卷《唐志》

《姓苑》十卷《唐志》

二十五年　戊子(448)　　　九年

魏道士寇谦之卒　谦之卒,葬以道士之礼。先于未亡谓诸弟子曰:"及谦之在,汝曹可求迁录。吾去之后,天宫真难就。"复遇设会之日,更布二席于上师坐前。弟子问其故,谦之曰:"仙官来。"是夜卒。前一日忽言:"吾气息不接,腹中大痛。"而行止如常。至明旦便终。须臾口中气状若烟云,上出窗中,至天半乃消。尸体引长,弟子量之,八尺三寸。三日已后稍缩,至敛量之,长六寸。于是弟子以为尸解变化而去,不死也。

[出处] 《魏书·释老志》

魏班崔浩所注《五经》　著作令史太原闵堪、赵郡郄櫙①素诣事浩,见浩所注《诗》、《论语》、《尚书》、《易》,遂上疏言:"马、郑、王、贾虽注述《六经》,并多疏谬。不如浩之精微,乞收境内诸书,藏之秘府。班浩所注,命天下习业。并求敕浩注《礼传》,令后生得观正义。"

[出处] 《魏书》卷三十五《崔浩传》、卷四十八《高允传》

---

① 《魏书》"闵堪"作"闵湛","郄櫙"作"郄标"。"郄櫙",后文又作"郄摽"。

二十六年　己丑（449）　　　十年

魏崔浩上《五寅元历》　自天兴初，命太史令晁崇修浑仪以观星象，仍用《景初历》。岁年积久，颇以为疏。至是，司徒崔浩上《五寅元历》，表曰："太宗即位元年，敕臣解《急就章》、《孝经》、《论语》、《诗》、《尚书》、《春秋》、《礼记》、《周易》，三年成讫。复诏臣学天文星历、《易》式、九宫，无不尽看。至今三十九年，昼夜无废。臣禀性劣弱，力不及健妇人，更无余能。是以专心思书，忘寝与食。至乃梦共鬼争义，遂得周公、孔子之要术。始知古人有虚有实，妄语者多，真正者少。自秦始皇烧书之后，经典绝灭，汉高祖以来，世人妄造历术者有十余家，皆不得天道之正。大误四千，小误甚多，不可言尽。臣愍其如此，今遭陛下太平之世，除伪从真，宜改误历，以从天道。是以臣前奏造历，今始成讫。谨以奏呈，唯恩省察。以臣历术宣示中书博士，然后施用。非但时人，天地鬼神知臣得正，可以益国家万世之名，过于三皇五帝矣。"未及施行，浩诛遂寝。初，太武帝平凉土，得赵𣇈所修《玄始历》，后以为密，文成帝时，遂用之。

　　［出处］《魏书·崔浩传》、《律历志上》《隋书·律历志中》

宋谢庄为随王诞记室　庄字希逸，陈郡阳夏人。七岁能属文，通《论语》。及长，韶令美容仪。宋王见而异之曰："蓝田出玉，岂虚也哉！"至是，为随王诞后军谘议，领记室。分《左氏经传》，随国立篇。制木方丈，图山川地土，各有分理。离之则州郡殊别，合之则宇内为一。

　　［出处］《宋书·谢庄传》

二十七年　庚寅（450）　　　十一年

宋罢国子学　三月戊寅事也。

　　［出处］《宋书·文帝纪》

魏杀崔浩，废史官　著作令史闵湛、郄摽素谄事浩，请立石铭载国书,以彰直笔,<small>高允闻之,谓著作郎宗钦曰:"闵湛所营,方寸之间,恐为崔氏万世之祸,吾徒无类矣。"</small>并勒浩所注《五经》。浩赞成之,太子晃善焉。遂营于天郊东三里,方百步,用功三百万乃讫。浩书国事,无所隐恶,而石铭显在衢路,北人咸悉忿毒,相与构浩于帝。帝大怒,使有司案浩,取秘书郎及长历生数百人意状。浩服受赇。是年六月,诛浩。<small>浩既幽执,被置槛内,送于城南,使卫士数十人溲其上,呼声嗷嗷,闻于行路,自宰司之被戮辱,未有如浩者也。</small>清河崔氏无远近,及范阳卢氏、太原郭氏、河东柳氏,皆浩之姻亲,尽夷其族。浩之被收也,高允直中书省,太子晃使召允,留宿宫内。翌日,晃入奏魏主,命允骖乘至宫门,谓曰:"入当见至尊,吾自导卿。脱至尊有问,但依吾语。"允请曰:"为何等事也?"晃曰:"入自知之。"既入见魏主,晃曰:"中书侍郎高允自在臣宫,同处累年,小心密慎,臣所委悉。虽与浩同事,然允微贱,制由于浩。请赦其命。"魏主召允谓曰:"国书皆崔浩作不?"允对曰:"太祖记前著作郎邓渊所撰,先帝记及今记臣与浩同作。然浩总务处多,总裁而已。至于注疏,臣多于浩。"魏主大怒曰:"此甚于浩,安有生路?"晃曰:"天威严重,允是小臣,迷乱失次耳。臣向备问,皆云浩作。"帝问:"如东宫言不?"允曰:"臣以下才,谬参著作,犯逆天威,罪应灭族。今已分死,不敢虚妄。殿下以臣侍讲日久,哀臣乞命耳,实不问臣,臣无此言。臣以实对,不敢迷乱。"魏主谓晃曰:"直哉!此亦人情所难,而能临死不移,不亦难乎!且对君以实,贞臣也。如此言,宁失一有罪,宜宥之。"允竟得免。于是诏浩前,使人诘浩,浩惶惑不能对。允事事申明,皆有条理。时魏主怒甚,敕允为诏。自浩以下僮吏以上一百二十八人,皆夷五族。允持疑不为,频诏催切。允乞更一见然后为诏。诏引前,允曰:"浩之所坐,若更有余衅,非臣敢知。直以犯触,罪不至死。"魏主怒,命介士执允。晃拜请。魏主曰:"无此人忿朕,当有数千口死矣。"浩竟族灭,余皆身死。<small>宗钦临刑叹曰:"高允其殆圣乎!"</small>而史官自此废。晃后让允，以不同己所导之言而令魏主怒。允曰："夫史籍，帝王之实录，将来之炯诫。今之所以观往，后之所以知今，是以言行举动，莫不备载，故人君慎焉。然浩世受殊遇，荣曜当时，孤负圣恩，自贻灰灭。即浩之迹，时有可论。浩以蓬蒿之才，荷栋梁之重，在朝无謇谔之节，退私无委蛇之称。私欲没其公廉，爱憎蔽其直理，此浩之责也。至于书朝廷起居之迹，言国家得失之事，此亦为史之大体，未为多违。然臣与浩实同其事，死生荣辱，义无独殊。诚荷殿下大造之慈，违心苟免，非臣之意。"晃动容称叹。

　　［出处］《魏书·崔浩传》、《高允传》《北史·崔浩传》

二十八年　辛卯(451)　　　正平元年

宋车频纂《秦纪》　初，武帝入关，曾访前秦国事，又命梁州刺史吉翰字休文，冯翊池阳人。问诸仇池，并无所获。先是秦秘书郎赵整参撰国史，值秦灭，隐于商洛山著书不辍。有冯翊车频助其经费。整卒，翰乃启频纂成其书。以元嘉九年起，至是方罢，定为三卷。

　　［出处］《史通·正史》《宋书·吉翰传》

宋裴松之卒　初，松之出为永嘉太守，勤恤百姓，吏民便之。入补通直为常侍，复领二州大中正，寻出为南琅邪太守。十四年致仕，拜中散大夫，寻领国子博士，进太中大夫，博士如故。续何承天国史，未及撰述。至是卒，时年八十。子骃，南中郎参军。松之所著文论及《晋记》，骃注司马迁《史记》，并行于世。

　　［出处］《宋书·裴松之传》

　　［附录］　裴松之著述表

《集注丧服经传》二卷　　　　　　《三国志注》六十五卷

《裴氏家传》四卷　　　　　　　　《家记》三卷

集二十一卷

高宗文成帝

二十九年　　壬辰（452）　　　　兴安元年

魏复兴佛教　魏主初即位，以是年十二月乙卯下诏曰："夫为帝王者，必祇奉明灵，显彰仁道。其能惠著生民，济益群品者，虽在古昔，犹序其风烈。是以《春秋》嘉崇明之礼，祭典载功施之族。况释迦如来，功济大千，惠流尘境。等死生者，叹其达观；览文义者，贵其妙明。助王政之禁律，益仁智之善性，排斥群邪，开演正觉。故前代已来，莫不崇尚，亦我国家常所尊事也。世祖太武皇帝，开广边荒，德泽遐及。沙门道士，善行纯诚，惠始之伦，无远不至，风义相感，往往如林。夫山海之深，怪物多有，奸淫之徒，得容假托，讲寺之中，致有凶党。是以先朝因其瑕衅，戮其有罪。有司失旨，一切禁断。景穆皇帝，即太子晃。每为慨然。值军国多事，未遑修复。朕承洪绪，君临万邦，思述先志，以隆斯道。今制诸州郡县于众居之所，各听建佛图一区，任其财用，不制会限。其好乐道法，欲为沙门，不问长幼，出于良家，性行素笃，无诸嫌秽，乡里所明者，听其出家。率大州五十，小州四十人，其郡遥远台者，十人，各当局分，皆足以化恶就善，播扬道教也。"天下承风，朝不及夕，往时所毁图寺，仍还修矣。佛像经论，皆复得显。京城沙门师贤，本罽宾国王种人，少入道，东游凉城。凉平赴京。罢佛法时，师贤假为医术还俗，而守道不改。至是修复，即反沙门。其同辈五人，帝乃亲为下发，师贤仍为道人统。

　　［出处］《魏书·释老志》

三十年　　癸巳（453）　　　　　二年

世祖孝武皇帝

孝建元年　　甲午（454）　　　　兴光元年

宋周朗请严伸佛律　周朗字义利，汝南安成人。初为通直郎，孝武帝初即位，除建平王宏中军录事参军。时普责百官谠言，朗上书有云："……自释氏流教，其来有源，渊检精测，固非深矣。舒引容润，既亦广矣。然习慧者日替其修，束诫者月繁其过。遂至靡散锦帛，侈饰车从，复假糅医术，托杂卜数，延姝满室，置酒浃堂。寄夫托妻者不无，杀子乞儿者继有。而犹倚灵假像，背亲傲君，欺废疾老，震损宫邑。是乃外刑之所不容戮，内教之所不悔罪，而横天地之间，莫之纠察。人不得然，岂其鬼与！今宜申严佛律，禅重国令。其疵恶显著者，悉皆罢遣。余则随其艺行，各为之条例。使禅义经诵，人能其一。食不过蔬，衣不出布。若应更度者，则令先习。义行本其神心，必能草腐人天，竦精以往者。虽侯王家子，亦不宜拘。……"不从。

[出处]《宋书·周朗传》

宋沙门释昙斌讲佛经于建康新安寺　昙斌姓苏，南阳人。十岁出家，事道祎为师。始住江陵辛寺，听经论，学禅道，覃思深至，而情未尽达。夜梦神人谓斌曰："汝所疑义，游方自决。"于是振锡挟衣，殊邦问道。初下京师，仍住吴郡，值僧业讲《十诵》，餐听少时，悟解深入。后还都，从静林法师谘受《涅槃》。又就吴兴小山法瑶研访《泥洹》、《胜鬘》。晚从南林法业受《华严》、《杂心》。既遍历众师，备闻异释，乃潜思积时，以穷其妙。融冶百家，陶贯诸部。于是还止樊邓，开筵讲说。四远名宾，负帙皆至。至是，敕王玄谟资发出京。初止新安寺，讲《小品》、《十地》，并申顿悟、渐悟之旨。时心竞之徒，苦相雠校。斌既辞惬理诣，终莫能屈。陈郡袁粲令望当时，而嘉斌行解。尝令中书舍人巢尚介意欲试之，斌不为屈，粲乃躬自往候。粲每劝斌数观天子，斌曰："贫道方外之人，岂宜与天子同游？"粲益以高之，后请为母师。建平王景素亦谘其戒范。元徽中，卒于庄严寺，春秋六十有七。时庄严复有昙济、昙宗，并以学业才力见重一时。济述七家论宗，一本无宗，二本无异宗，三即色宗，四心无宗，五识含宗，六幻化宗，七缘会宗。又除本无异宗而名为六家。又著《经目》及《数林》①。

　　[出处]　《高僧传初集》卷八《义解五·释昙斌传》②　《大正藏》卷六十五《中观论疏记》

二年　乙未（455）　　　太安元年

宋议郊庙乐　九月甲午，有司奏前殿中曹郎荀万秋议："案礼祭天地有乐者，为降神也。故《易》曰：'雷出地奋豫，先王以作乐崇德。殷荐之上帝，以配祖考。'《周官》曰：'作乐于圜丘之上，天神皆降；作乐于方泽之中，地祇皆出。'又曰：'乃奏黄钟，哥大吕，舞《云门》以祀天神，乃奏太簇，哥应钟，舞《咸池》以祀地祇。'由斯而言，以乐祭天地，其来尚矣。今郊享阙乐，窃以为疑。《祭统》曰：'夫祭有三重焉，献之属莫重于裸，声莫重于升哥，舞莫重于《武宿夜》，此周道也。'至于秦奏《五行》，魏舞《咸熙》，皆以用享。爰逮晋氏，泰始之初，傅玄作《晋郊庙哥诗》三十二篇。元康中，荀蕃受诏成父勖业，金石四县用之郊庙，是则相承郊庙有乐之证也。今庙祠登哥虽奏，而象舞未陈，惧阙备礼。夫圣王经世，异代同风，虽损益或殊，降杀迭运，未尝不执古御今，同规合矩。方兹休明在辰，文物大备，礼仪遗逸，罔不具举。而况出祇降神，辍乐于郊祭，昭德舞功，有阙于庙享。谓郊庙宜设备乐。"于是使内外博议。骠骑大将军竟陵王诞等五十一人并同万秋议。尚书左仆射建平王宏议以为："圣王之德虽同，创制之礼或异。乐不相沿，礼无因袭。自宝命开基，皇符在运，业富前王，风通振古，朝仪国章，并循先代。自后晋东迁，日不暇给，虽大典略备，遗阙尚多。至于乐号庙礼，未该往正。今帝德再昌，大孝御宇，宜讨定礼

---

① 《高僧传》作"济述《七宗论》，宗著《经目》及《数林》"，"《七宗论》"一作"《七家论》"。
② 《大正藏》本见于《高僧传》卷七《义解四·释昙斌传》。

本，以昭来叶。寻舜乐称《韶》，汉改《文始》；周乐《大武》，秦革《五行》。眷夫祖有功而宗有德，故汉高祖庙乐称《武德》，太宗庙乐称《昭德》。魏制《武始》舞武庙，制《咸熙》舞文庙，则祖宗之庙别有乐名。晋氏之乐，《正德》、《大豫》。及宋不更名，直为前后二舞。依据昔代，义舛事乖。今宜厘改权称，以《凯容》为《韶舞》，《宣烈》为《武舞》，祖宗庙乐总以德为名。若庙非不毁，则乐无别称。犹汉高、文、武，咸有嘉号；惠、景二主，乐无余名；章皇太后庙，依诸儒议，唯奏文乐。何休、杜预、范宁注'初献六羽'，并不言佾者，佾则干在其中，明妇人无武事也。郊祀之乐，无复别名，仍同宗庙而已。寻诸《汉志》，《永至》等乐各有义况，宜仍旧不改。宋及东晋，太祝唯送神而不迎神。近议者或云：庙以居神，恒如在也，不应有迎送之事。意以为并乖其衷，立庙居灵，四时致享，以申孝思之情。夫神升降无常，何必恒安所处？故《祭义》云：'乐以迎来，哀以送往。'郑注云：'迎来而乐，乐亲之来；送往而哀，哀亲之返。其享否不可知也。'《尚书》有神天。又《诗》云：'神保遹归。'注曰：'归于天地也。'此并言神有去来，则有送迎明矣。即周《肆夏》之名，备迎送之乐。古以尸象神，故《仪礼》祝有迎尸送尸。近代虽无尸，岂可阙迎送之礼？又傅玄有迎神送神哥辞，明江左不迎非旧典也。"散骑常侍、丹阳尹建城县开国侯颜竣字士逊，颜延之之子。议以为："德业殊称，则干羽异容。时无沿制，故物有损益。至于礼失道愆，称习忘反。中兴厘运，视听所革，先代缪章，宜见刊正。郊之有乐，盖生《周易》、《周官》，历代著议，莫不援准。夫'埽地而祭，器用陶匏'，唯质与诚，以章天德。文物之备，理固不然。《周官》曰：'国有故则旅上帝及四望。'又曰：'四圭有邸，以祀天旅上帝；两圭有邸，以祀地旅四望。'四望非地，则知上帝非天。《孝经》云：'郊祀后稷以配天，宗祀文王于明堂以配上帝。'则《豫》之作乐，非郊天也。大司乐，职'奏黄钟，哥

大吕,舞《云门》以祀天神'。郑注:天神,五帝及日月星辰也。王
者以夏正月祀其所受命之帝于南郊。则二至之祀,又非天地。考
之众经,郊祀有乐,未见明证;宗庙之礼,事炳载籍。爰自汉元,
迄乎有晋,虽时或更制,大抵相因,其为不袭名号而已。今乐曲沦
灭,知音世希,改作之事,臣闻其语。《正德》、《大豫》礼容具存,
宜殊其徽号,饰而用之,以《正德》为《宣化》之舞,《大豫》为《兴
和》之舞。庶足以光表世烈,悦被后昆。前汉祖宗,庙处各异。主
名既革,舞号亦殊。今七庙合食,庭殿共所,舞蹈之容,不得庙有
别制,后汉东平王苍已议之矣。又王肃、韩祇①以王者德广无外,
六代四夷之舞,金石丝竹之乐,宜备奏宗庙,愚谓苍、肃、祇②议合
于典礼,适于当今。"宏又议:"竣据《周礼》、《孝经》,天与上帝连
文重出,故谓上帝非天,则《易》之作乐,非谓祭天也。按《易》称:
'先王以作乐崇德,殷荐之上帝以配祖考。'《尚书》云:'肆类于上
帝。'《春秋传》曰:'告昊天上帝。'凡上帝之言,无非天也。天尊
不可以一称,故或谓昊天,或谓上帝,或谓昊天上帝,不得以天有
数称便谓上帝非天。徐邈推《周礼》:国有故则旅上帝。以知礼
天、旅上帝同是祭天。言礼天者,谓常祀也;旅上帝者,有故而祭
也。《孝经》称'严父莫大于配天',故云'郊祀后稷以配天,宗祀
文王于明堂以配上帝'。既天为议,则上帝犹天益明也。不欲使
二天文同,故变上帝尔。《周礼》祀天之言再见,故郑注以前天神
为五帝,后冬至所祭为昊天,竣又云'二至之祀,又非天地',未知
天地竟应以何时致享?《记》云'埽地而祭,器用陶匏',旨明所用
质素,无害以乐降神。万秋谓郊宜有乐,事有典据。竣又云:'东
平王苍以为前汉诸祖别庙,是以祖宗之庙可得各有舞乐。至于祫

----

① "韩祇"原作"乾祇",据《宋书》改。
② "祇"原作"祇",据《宋书》改。

祭始祖之庙,则专用始祖之舞。故谓后汉诸祖共庙同庭,虽有祖宗,不宜入别舞。'此诚一家之意,而未统适时之变也。后汉从俭,故诸祖共庙,犹以异室存别庙之礼。晋氏以来,登哥诵美,诸室继作。至于祖宗舞乐,何独不可迭奏? 苟所咏者殊,虽复共庭,亦非嫌也。魏三祖各有舞乐,岂复是异庙邪?"众议并同宏:"祠南郊,迎神奏《肆夏》,皇帝初登坛奏《登哥》,初献奏《凯容》、《宣烈》之舞,送神奏《肆夏》。祠庙迎神奏《肆夏》,皇帝入庙门奏《永至》,皇帝诣东壁奏《登哥》,初献奏《凯容》、《宣烈》之舞,终献奏《永安》,送神奏《肆夏》。"诏可。

　　〔出处〕《宋书·乐志一》

三年　丙申(456)　　　　　二年
大明元年　丁酉(457)　　　三年

　　宋裴景仁撰成《秦纪》　景仁,河东人也,为殿中员外将军,以是年助徐州刺史沈昙庆守徐州。先是车频纂成《秦纪》,年月失次,首尾不伦。景仁本北人,多悉关中事。昙庆使其正《秦纪》讹谬,撰为十卷。《史通》作十一篇,《隋志》作十一卷。

　　〔出处〕《史通·正史》《宋书·沈昙庆传》

　　宋沈麟士隐居吴差山讲经　沈麟士字云祯,吴兴武康人也。祖膺期,晋太中大夫。父虔之,宋乐安令。麟士幼而俊敏,年七岁,听叔父岳言玄,宾散,言无所遗失。岳抚其肩曰:"若斯文不绝,其在尔乎!"及长,博通经史,有高尚之心。亲亡,居丧尽礼。服阕,忌日辄流泪弥旬。居贫,织帘诵书,口手不息。乡曲号为织帘先生。尝为人作竹,误伤手,便流涕而还。同作者曰:"此不足损,何至涕零?"答曰:"此本不痛,但遗体毁伤,感而悲耳。"元嘉末,文帝令尚书仆射何尚之抄撰《五经》,访举学士,县以麟士应选,不得已至都。尚之谓子偃曰:"山薮故多奇士,沈麟士,黄叔度之流也,岂可澄清淆浊邪？汝师之。"麟士尝苦无书，因游都下，历观四部毕，乃叹曰：
"古人亦何人哉！"少时，称疾归乡，更不与人物通。养孤兄子，义著
乡曲。或劝麟士仕，答曰："鱼县兽槛，天下一契，圣人玄悟，所以每
履吉先。吾诚未能景行坐忘，何为不希企日损？"乃作《玄散赋》以
绝世。太守孔山士辟不应。宗人徐州刺史昙庆、侍中怀文、左率勃
来候之，麟士未尝答也。隐居余干吴差—作羌。山讲经教授，从学
者数十百人，各营屋宇，依止其侧。时为之语曰："差山中有贤士，
开门教授居成市。"麟士重陆机《连珠》，每为诸生讲之。征北张永为吴兴，请麟士
入郡，麟士闻郡后堂有好山水，即戴安道游吴兴因古墓为山池也，欲一观之，乃往停数
月。永欲请为功曹，麟士曰："明府德履冲素，留心山谷，是以被褐负杖，忘其疲病。必
欲饰浑沌以蛾眉，冠越客于文冕，走虽不敏，请附高节，有蹈东海死耳，不认受此黔劓。"
永乃止。

〔出处〕《南齐书·高逸·沈麟士传》《南史》卷七十六《隐
逸下·沈麟士传》

〔附录〕沈麟士传学表

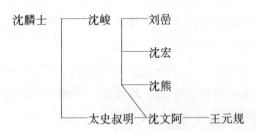

二年　戊戌(458)　　四年

宋下诏沙汰僧尼　有昙标道人与羌人高阇谋反，宋主因下诏
曰："佛法讹替，沙门混杂，未足扶济弘教，而专成逋薮。加奸心频
发，凶状屡闻，败乱风俗，人神交怨。可付所在，精加沙汰，后有违
犯，严加诛坐。"于是设诸条禁，自非诚行精苦，并使还俗。而诸寺
尼出入宫掖，交关妃后，此制竟不能行。

［出处］《宋书·蛮夷·迦毗黎国传》

魏殷绍上《四序堪舆》表　殷绍,长乐人也,少聪敏,好阴阳术数。游学诸方,达九章七曜。太武帝时,为算生博士,给事东宫西曹,以艺术为太子晃所知。是年夏,上《四序堪舆》表曰:"臣以姚氏之世,行学伊川,时遇游遁大儒成公兴,从求《九章要术》。兴字广明,自云胶东人也。山居隐迹,希在人间。兴时将臣南到阳翟九崖岩释县影间,兴即北还,臣独留住,依止影所,求请《九章》,影复将臣向长广东山,见道人法穆。法穆时共影为臣开述《九章》数家杂要,披释章次,意况大旨,又演隐审五藏六府心髓血脉,商功大算端部,变化玄象,土圭《周髀》,练精锐思,蕴习四年,从穆所闻,粗皆仿佛。穆等仁矜,特垂忧闵,复以先师和公所注黄帝《四序经》文三十六卷,合有三百二十四章,专说天地阴阳之本。其第一孟序,九卷八十一章,说阴阳配合之原。第二仲序,九卷八十一章,解四时气王休杀吉凶。第三叔序,九卷八十一章,明日月辰宿,交会相生为表里。第四季序,九卷八十一章,具释六甲刑祸福德。以此等文,传授于臣。山神严禁,不得赍出,寻究经年,粗举纲要。山居险难,无以自供,不堪窘迫,心生懈怠。以甲寅之年,日维鹑火,月吕林钟,景气郁盛,感物怀归,奉辞影等,自尔至今,四十五载。历观时俗堪舆八会,迳世已久,传写谬误。吉凶禁忌,不能备悉。或考良日而值恶会,举吉用凶,多逢殃咎。又史迁、郝振,中吉大儒,亦各撰注,流行于世,配会大小,序述阴阳,依如本经,犹有所阙。臣前在东宫,以状奏闻,奉被景穆皇帝圣诏,敕臣撰录,集其要最。仰奉明旨,谨审先所见《四序经》文,抄撮要略,当世所须,吉凶举动,集成一卷。上至天子,下及庶人,又贵贱阶级,尊卑差别,吉凶所用,罔不毕备。未及内呈,先帝晏驾,臣时狼狈,几至不测。停废以来,径由八载,思欲上闻,莫能自彻。加年夕齿颓,余龄旦暮,每惧殂殒,填仆沟壑,先帝遗志,不得宣行。夙夜悲愤,理难违匿,依先撰录奏,谨以上闻。请付中秘通儒达士,定其得失。事若可施,令即班用。"其《四序堪舆》遂大行于世。

[出处]　《魏书》卷九十一《殷绍传》

四年　庚子(460)　　　和平元年

魏复史官　自崔浩诛后,史官遂废,是年六月,复置史官。

[出处]　《魏书·高宗文成帝纪》

魏于武州塞凿山石壁,开窟镌佛像　太安初,有师子国胡沙门邪奢遗多、浮陀难提等五人奉佛像三到京都。皆云备历西域诸国,见佛影迹及肉髻。外国诸王相承,咸遣工匠摹写其容,莫能及难提所造者,去十余步,视之炳然,转近转微。又沙勒胡沙门赴京师致佛钵并画像迹。至是,师贤卒。昙曜代之。昙曜白魏主于京城西武州塞北面石崖就而镌之,开窟五所,镌佛像各一,建佛寺,名曰灵岩。自后续有开凿,于是东西三十里,石龛栉比相连。龛之大者,举高二十余丈,可受三千许人。面别镌像,穷诸巧丽;龛别异状,骇动人神。佛像高者七十尺,次六十尺,小至径尺云。

[出处]　《魏书·释老志》　《续高僧传·昙曜传》　《大唐内典录》卷第四　《朔平府志》　《开元释教录》卷第六

[考证]　按大同石窟佛像,盖非一时所成。魏室各代君主或群臣,每有修福之事,大率凿石龛镌佛像,又有敬隆僧人之事,亦往往凿窟以居之。关于前者,已见《释老志》。又云冈自西向东第十一大窟接引佛洞,有造像铭,乃太和七年群臣所镌。知像之造成,非尽由君主也。关于后者,见《续高僧传·昙曜》、《佛陀》诸传。《大唐内典录》卷四载:"魏道武皇帝生知信佛,兴建太寺。恒安郊西大谷石壁,皆凿为窟。高十余丈,东西三十里,栉比相连,其数众矣。谷东石碑见在,纪其功绩,不可以算也。其碑略云:自魏国所统资赋,并成石龛。故其规度宏远,所以神功逾久而不朽也。"考道

武之时,正当兵马倥偬之际,必无尽以钱财耗于佛事之理,此语未免过其辞。观碑中语气,决非当代人所出。且南北统一之后,塞外久已荒凉,后人仅凭遗碑追忆前事,自难得其真像也。

[附录] 云冈佛洞表(自东向西数之)

洞　名	种类	佛像雕刻之状况
石鼓洞	支提窟	三重
寒泉洞	支提窟	二重
碧霞洞	支提窟	未成
灵岩寺洞	支提窟	一重
阿弥陀佛洞	佛窟	佛坐像,定印。
释迦佛洞	支提窟	二重
准提阁菩萨洞	僧窟	
佛籁洞	僧窟	
阿閦佛洞	佛窟	佛倚像,左手置膝上,右手施无畏。
毗卢佛洞	佛窟	佛坐像,定印,上置钵。
接引佛洞	支提窟	二重
离垢地菩萨洞	僧窟	
文殊菩萨像	佛窟	菩萨交脚倚像,左手置膝上,右手施无畏。
(中窟)		
万佛洞	支提窟	二重
(中窟)		
？		
接引佛像		
普贤菩萨像	佛窟	菩萨趺坐,右手作舒掌式。

（续表）

洞　名	种类	佛像雕刻之状况
接引佛像	佛窟	佛立像,左手施愿,右手施无畏。
阿閦佛洞	佛窟	菩萨交脚倚像。
阿閦佛洞	佛窟	佛立像,左手执衣角,右手缺。
宝生佛洞	佛窟	佛坐像。
白佛爷洞	佛窟	佛坐像,定印。

自白佛爷洞以西,尚有十一洞,皆无主佛,总名曰千佛洞。

五年　辛丑(461)　　　二年

宋修葺庠序　八月己丑,宋下诏曰:"自灵命初基,圣图重远。参正乐职,感神明之应;崇殖礼闱,奋至德之光。声实同和,文以均节,化调其俗,物性其情。故临经式奠,焕乎炳发,道丧世屯,学落年永。狱讼微衰息之术,百姓忘退素之方。今息警夷嶂,恬波河渚,栈山航海,乡风慕义,化民成俗,兹时笃矣。来岁可修葺庠序,旌延国胄。"

[出处]　《宋书·孝武帝纪》

宋道士陆修静隐居卢山　修静字元德,吴兴人。生禀异相,目重瞳子,掌有篆字,背有斗文。少宗儒氏,坟索谶纬,靡不总该。以为先天辅化,混一精气,与真宰为徒者,载在金编玉字。乃祖述三张,弘衍二葛。南游衡、湘、九疑、罗浮,西至巫峡、峨嵋。自称得感神明,授以灵诀。元嘉末,售药京邑。文帝素钦其道风,作停霞宝车,使左仆射徐湛宣旨留之。修静固辞弗顾,拂衣而去。后泝江南,尤嗜卢阜之胜。至是,遂构精庐于白云峰下。

[出处]　《御览》六六七引《道学传》　《历代真仙体道通鉴》卷

二十四第六《陆修静传》

六年　壬寅（462）　　　三年

宋徐爰撰国史　初，元嘉中，何承天草创国史。宋主之初，又使奉朝请山谦之、南台御史苏宝生踵成之。至是，又以徐爰字长玉，南琅邪开阳人。领著作郎，使终其业。爰虽因前作，而专为一家之书。上表曰："臣闻虞史炳图，原光被之美；夏载昭策，先随山之勤。天飞虽王德所至，终陟固有资田，跃神宗始于俾乂，上日兆于纳揆。其在《殷颂》《长发》玄王，受命作周，实唯雍伯，考行之盛，则振古之弘轨。降逮二汉，亦同兹义。基帝创乎丰郊，绍祚本于昆邑。魏以武命国志，晋以宣启《阳秋》，明黄初非更姓之本，太始为造物之末。又近代之令准，式远之鸿规，典谟缅邈，纪传成准，善恶具书，成败毕记。然余分紫色，滔天泯夏，亲所芟夷而不序于始传。涉、圣、卓、绍，烟起云腾，非所诛灭，而显冠乎首述。岂不以事先归之前录，功偕著之后撰。伏维皇宋承金行之浇季，钟经纶之屯极，拥玄光以凤翔，秉神符而龙举。剿定鲸鲵，天人伫属，晋禄数终，上帝临宋。便应奄膺纮寓，对越神功，而恭服勤于三分，让德迈于不嗣。其为巍巍荡荡，赫赫明明，历观逖闻，莫或斯等。宜依衔书改文，登舟变号。起元义熙，为王业之始，载序宣力，为功臣之断。其伪玄篡窃，同于新莽。虽灵武克殄，自详之晋录。及犯命干纪，受戮霸朝，虽揖让之前，皆著之宋策。国典体大，方垂不朽，请外详议，伏须遵承。"于是内外博议。太宰江夏王义恭等三十五人同爰议，宜以义熙元年为断，散骑常侍巴陵王休若、尚书金部郎檀道鸾二人谓宜以元兴三年为始。太学博士虞龢谓宜以开国为宋公元年。诏曰："项籍、圣公，编录二汉，前史已有成例，《桓玄传》宜在宋典，余如爰议。"

　　［出处］《宋书·恩幸·徐爰传》

[考证]　按《宋书》载此事于六年,而《南史》则迳谓为孝建六年。考孝建仅有三年,则此事当在大明六年无疑。盖《宋书》脱略大明二字,而作《南史》者见其事载于孝建三年之后,乃误认为孝建六年也。

宋使沙门敬王者　宋主欲令沙门敬王者,乃使有司奏曰:"臣闻遂宇崇居,非期宏峻,拳跪槃伏,非止敬恭。将以施张四维,缔制八宇。故虽儒法枝派,名墨条分,至于崇亲严上,厥繇靡爽。唯浮图为教,遐自龙堆,反经提传,训遐事远。练生莹识,恒俗称难;宗旨缅谢,微言沦隔;拘文蔽道,在末弥扇。遂乃陵越典度,偃倨尊戚,失随方之眇迹,迷制化之渊义。夫佛法以谦俭自牧,忠虔为道,不轻比丘,遭道人斯拜;目连桑门,遇长则礼。宁有屈膝四辈而简体二亲,稽颡者腊而直体万乘者哉?故咸康创议,元兴载述,而事屈偏党,道挫余分。今鸿源遥洗,群流仰镜,九仙贲宝,百神耸职,而畿辇之内,舍弗臣之氓;陛席之间,延抗礼之客,惧非所以澄一风范,详示景则者也。臣等参议,以为沙门接见,比当尽虔,礼敬之容,依其本俗。则朝徽有序,乘方兼遂矣。"诏可。前废帝初始复旧。

[出处]　《宋书》卷九十七《夷蛮·天竺迦毗黎国传》

七年　癸卯(463)　　　　四年

宋豫章王子尚立左学　子尚字孝师,宋主第二子也,以六①年封豫章王,领会稽太守。是年加使持节,进号车骑将军。又加散骑常侍,以本号开府仪同三司。时东土大旱,鄞县多暵田。宋主使子尚上表至鄞县劝农,又立左学,召生徒。置儒林祭酒一人,学生师敬,位比州中从事;文学祭酒一人,比西曹;劝学从事二人,比祭酒从事。

———————

① 《宋书》"六"作"五"。

[出处]《宋书·孝武十四王传》

宋祖冲之上《甲子元历》　冲之字文远，范阳蓟人也。少稽古，有机思。宋孝武使直华林学省，赐宅宇车服。解褐南徐州从事、公府参军。自元嘉以来，用何承天所制历，比古十一家为密。冲之以为尚疏，乃更造新法，上表曰："臣博访前坟，远稽昔典，五帝躔次，三王交分，《春秋》朔气，《纪年》薄蚀，谈、迁载述，彪、固列志，魏世注历，晋代《起居》，探异今古，观要华戎。书契以降，二千余稔，日月离会之征，星度疏密之验，专功耽思，咸可得而言也。加以亲量圭尺，躬察仪漏，目尽毫氂，心穷筹策，考课推移，又曲备其详矣。然而古历疏舛，类不精密，群民纠纷，莫审其会。寻何承天所上，意存改革，而置法简略，今已乖远。以臣校之，三睹厥谬。日月所在，差觉三度二至晷景，几失一日。五星见伏，至差四旬。留逆进退，或移两宿。分至失实，则节闰非正；宿度违天，则伺察无准。臣生属圣辰，询逮在运，敢率愚瞽，更创新历。谨立改易之意有二，设法之情有三。改易者，一以旧法一章十九岁有七闰，闰数为多，经二百年，辄差一日。节闰既移，则应改法。历纪屡迁，实由此条。今改章法三百九十一年有一百四十四闰，令却合周汉，则将来永无复差动。其二以《尧典》云，日短星昴，以正仲冬。以此推之，唐世冬至日在今宿之左五十许度。汉代之初，即用秦历，冬至日在牵牛六度。汉武改立《太初历》，冬至日在牛初。后汉《四分法》，冬至日在斗二十二。晋世姜岌以月蚀检日，知冬至在斗十七。今参以中星，课以蚀望，冬至之日，在斗十一。通而计之，未盈百载，所差二度。旧法并令冬至日有定处，天数既差，则七曜宿度，渐与舛讹。乖谬既著，辄应改易。仅合一时，莫能通远。迁革不已，又由此条。今令冬至所在岁岁微差，却检汉注，并皆审密，将来久用，无烦屡改。又设法者，其一以子为辰首，位在正北，爻应初九，升气之端，虚为北方，列宿之中，元气肇初，宜在此次。前儒虞喜，备论其义。今历上元日度，发自虚一。其二以日辰之号，甲子为先，历法设元，应在此岁。而黄帝以来，世代所用，凡十一历。上元之岁，莫值此名。今历上元岁在甲子。其三以上元之岁，历中众条，并应以此为始。而《景初历》交会迟疾，元首有差。又承天法，日月五星，各自有元，交会迟疾，亦并置差。裁得朔气合，而已条序纷错，不及古意。今设法日月五纬交会迟疾，悉以上元岁首为始，群流共源，庶无乖误。若夫测以定形，据以实效。悬象著明，尺表之验可推；动气幽微，寸管之候不忒。今臣所立，易以取信。但综核始终，大存缓密，革新变旧，有约有繁。用约之条，理不自惧；用繁之意，顾非谬然。何者？夫纪闰参差，数各有分，分之为体，非不细密。臣是用深惜毫氂，以全求妙之准；不辞积累，以成永定之制，非为思而莫知，悟而弗改也。若所上万一可采，伏愿颁宜群司，赐垂详究。"事奏，宋主令朝士善历者难之，不能屈。会宋主崩，不施行。迄于齐末，仍用何承天历。冲之历位娄县令、谒者仆射、长水校尉。齐永元二年卒，年七十二，著《易》、《老》、《庄》义，释《论语》、《孝经》，注《九章》，造《缀述》数十篇。

　　[出处]　《南齐书·文学·祖冲之传》《南史》卷七十二《文学·祖冲之传》《隋书·律历志中》

八年　甲辰(464)　　　　五年

宋以顾颉之[①]为吴郡太守　颉之字伟仁，吴郡吴人。初为吏部尚书，出为吴郡太守，是年复为吏部尚书，加侍中[②]。未拜，欲以为会稽不果，还为吴郡太守。颉之家门雍睦，为州乡所重。五子约、缉、绰、缜、绲。绰私财甚丰，乡里士庶多负其责。颉之每禁之，不能止。至是为吴郡，诱绰曰："我常不许汝出责，定思贫薄，亦不

---

① 《宋书》"顾颉之"作"顾觊之"，下同。
② 《宋书》作"加给事中"。

可居,民间与汝交关,有几许不尽? 及我在郡,为汝督之,将来岂可得? 凡诸券书皆何在?"绰大喜,悉出诸文券一大厨与颛之。颛之悉焚烧,宣语远近:"负三郎责,皆不须还,凡券书悉烧之矣。"绰懊叹弥日。颛之常谓秉命有定分,非智力所移,唯应恭己守道,信天任运。而暗者不达,妄求侥幸,徒亏雅道,无关得丧。乃以其意命弟子愿著《定命论》,其辞曰:"仲尼云:'道之将行,命也;道之将废,命也。'丘明又称:'天之所支不可坏,天之所坏不可支。'卜商亦曰:'死生有命,富贵在天。'孟轲则以不遇鲁侯为辞。斯则运命奇偶,生数离合,有自来矣。马迁、刘向、扬雄、班固之徒,著书立言,咸以为首,世之论者,多有不同。尝试申之曰:夫生之资气,清浊异原;命之禀数,盈虚乖致。是以心貌诡贸,性运舛殊,故有邪正昏明之差,修夭荣枯之序。皆理定于万古之前,事征于千代之外。冲神寂鉴,一以贯之。至乃卜相末技,巫史贱术,犹能豫题兴亡,逆表成败。祸福指期,识照不能徙;吉凶素著,威卫不能防。若夏氓宅生于帝宫,岂蠋残伤之祟? 汉臣衍货于天府,宁免喂毙之魂? 且又善恶之理虽详,而祸福之验常昧;逆顺之体诚分,而吉凶之效常隐。智络天地,犹罹沈膇之灾;明照日月,必婴深匡之难。增信积德,离患于长饥;席义枕仁,徽祸于促算。何则? 理运苟其必至,圣明其犹病诸。况乃蕞迹流惑之徒,投心颛蒙之域,而欲役虑以揣利害,策情以笮穷通,其为重伤,岂不惑甚! 是以通人君子,闲泰其神,冲缓其度,不矫俗以延声,不依世以期荣,审乎无假,自求多福。荣辱修夭,夫何为哉? 问曰:'夫《书》称惠迪贻吉,《易》载履信逢祐。前哲余议,亦以将迎有会,沦塞无兆,宜摄有方,夭阙无命,善游销魂于深梁,工骑烬生于旷野,明珠招骇于暗至,蟠木取悦于先容。是以罕、乐以阳施长世,景、惠以阴德遐纪,彭、窦以缮卫延命,盈、忌以荒湎促龄,陈、张称台鼎之荣,严、辛衍宰司之盛。若乃游恶蹈凶,处逆践祸,宣昭史策,易以研正。至于神仙所序,天竺所书,事

虽难征,理未易诘,留滞倾光,思闻通裁。'对曰:'子可谓扶绳而辨,
循刻而议。若乃宣摄有方,岂非吉运所属? 将迎有会,实亦凶数自
挺。若夫阳施阴德,长世遐年,揆厥所原,孰往非命? 研复来旨,雠
校往说,起予惟商,未识所异。资生禀运,参差万殊,逆顺吉凶,理
数不一。原夫食椒非养生之术,咀剑岂卫性之经。命之所延,人肉
其骨。而含嚼膏粱,时或婴患,深涧乖徽宠之津,空谷绝探荣之辙。
运之所集,物稊其枯;而俯仰竿牍,终然离沮。尔乃跷、跖横行,曾、
原窘步,汤、周延世,诩、邑绝绪。吉凶征应,纠缠若兹。毕万保躯,
宓贱伤领,梁野之言,岂不或妄! 谷南、鲁北,甘此促生。彭翁、窦
叟,将以何术! 晋平、赵敬,淫放已该,汉主、魏相,奚独伤夭! 同异
若斯,是非孰正? 至如雷滨凝分,挫志远图;棘津阴拱,振功高世。
樊生冲矫,镌旌善之人;华子高抗,铭惩非之策,皆士衡所云同川而
异归者也。殊涂均致,实繁有征,即理易推,在言可略。昔两都全
盛,六合殷昌,雾集贵宠之间,云动权豪之术,钩贸贻谈,岂唯陈、张
而已。观夫二子才未越众,而此以藉荣挥价,彼独摈景沦声,通否
之运,断可知矣。严、辛不安时任命,而委罪亮直,亦地脉之徒欤。
若神仙所序,显明修习,齐强、燕平,厥验未著? 李覃、董芬,其效安
在? 乔、松之侣,云飞天居;夷、列之徒,风行水息。良由理数悬挺,
实乃钟兹景命。天竺遗文,星华方策,因造前定,果报指期,贫豪莫
差,修夭无爽,有允琐辞,无恧鄙说。统而言之,孰往非命? 冥期前
定,各从所归,善恶无所矫其趋,愚智焉能殊其理? 若乃得议其工,
失蛊其拙,操之则栗,舍之则悲。斯固染情于近累,岂不贻诮于通
识?'问曰:'清论光心,英辩溢目,求诸鄙怀,良有未尽。若
动止皆连,险易自天,理定前期,靡非暗至。玉门犁丘,睿识弗免,
岂非圣愚齐致,仁虐同功? 昏明之用,将何施而可?'对曰:'夫圣人
怀虚以涵育,凝明以洞照。惟虚也,故无往而不通;惟明也,故无来
而不烛。涸海流金,弗染温凉之咀;严兵猛咒,无累爪刃之灾。忘

生而生愈全，遗神而神弥畅。若玉门犁丘，盖同迹于人，故同人有患。然而均心于天，亦均天无害。大贤则体备形器，虑尽藏假，静默以居否，深拱以违碛，皆数在清全，故钟兹妙识。是以禀仲尼之道，不在奔车之上；资伯夷之运，不处覆舟之下。若乃越难趋险，逡巡弗获，履危践机，僶俯从事，愚之所司，圣亦何为？及中下之流，驰心妄动，是非舛斡，倚伏移贸。故北宫意逆而功顺，东门心晦而迹明，宣应遗筮而逢吉，张松协数而遭祸。且智防有纪，患累无方，尔乃猘狗逐而华子奔，腐鼠遗而虞氏灭，匣猿逸而林木残，楱珠亡而池水竭。凡厥条流，曲难详备，摇形役思，其效安征？岂若澡雪灵府，洗练神宅，据道为心，依德为虑，使迹穷则义斯畅，身泰则理兼通，岂不美哉？何必遗此而取彼。'问曰：'夫建极开化，树声贻则，典防之兴，由来尚矣。必乃幽府悬兆，冥数指期，善恶前征，是非素定，名教之道，不亦几乎息哉？'对曰：'天生蒸民，树之物则，教义所禀，岂非冥数！何则？形气之具，必有待而存；颛蒙之伦，岂无因而立？必假纤纩以安生，藉粱豢以延祀，资信礼以缮性，秉廉义以劲情。圣人聪明深懿，履道测化，通体天地，同情日月，仰观俯察，抚运裁风。于是乎昭日星之纪，正霜雨之度，张云霞之明，衍风露之渥，浮舟翼滞，腾驾振幽。又乃甄理三才，辨综五德，弘铺七体之端，宣昭八经之绪。是以时雍在运，群方自通，抱德烆和，全真保性。故信食相资，代为唇齿；富教相假，递成辅车。今弛弃纤纩，损绝粱豢，必云徼生委命，岂不已晓其迷？至乎湮斥廉义，屏黜信礼，责以祈存推数，遂乃未辨其惑。连类若斯，乖妄滋甚。然则教义之道，生运所资，宠辱荣枯，常由此作，斯固命中之一物，非所以为难也。'问曰：'循复前旨，既以理命悬兆，生数冥期，研覆后文，又云依杖名教，帅循训范。若藉数任天，则放情荡思；拘训驯范，则防虑检丧。函矢殊用，矛戈异适，双美之谈，岂能两遂？'对曰：'夫性运乖舛，心貌诡殊，请布末怀，略言其要。若乃吉命所钟，纵情蹈道，训性而顺，因心则灵。凶数所挺，率由践逆。闻言不信，长恶无悛，比愚智不移，声训所遗者也。其有见善如不及，从谏如顺流，是则命待教全，运须化立。譬以良医之室，病者所存。至如澄神清魂，平心实气，无妄之痾，勿药有喜。所谓纵情蹈道，无假隐括。若膏肓之疾，长桑不治，体府之病，阳庆弗理。此则率由践逆，自绝调御。至乃赵储之命宜永，须扁鹊而后全；齐后之数必延，待文挚而后济。亦犹运钟循奖，彝范所兴，善恶无主，唯运所集而异。膏粱方丈，沈疾弗顾；瑶碧盈尺，阽危弗存。夫静躁之容，造次必于是；曲直之性，颠沛不可移。是以夷、惠均圣而异方，遵、竦齐通而殊事。虽复钳楗羿、翲，思服巢、许之情；捶勒曾、史，言膺跷、跖之虑，不然之事，断可知也。必幽符钻仰，冥数修习，虽存陵惰，其可得乎？故运属波流，势无防虑；命徽山立，理无放情。用殊函矢，双美奚踬？谈异矛戈，两济何伤？'问曰：'夫君臣恩深，师资义固，所以沾荣涂施，提饰荷声。故刳心流肠，捐生以亢节；火妻灰子，殣名以偿义。若幽期天兆，则明扬可遗；冥数自宾，则感效宜绝，岂其然乎？'对曰：'论之所明，原本以为理；难之所疑，即末以为用。盖阴闭之巧不传，萌渐之调长绝，故知妄言赏理，古人所难。吾所谓命，固以绵络古今，弥贯终始。爰及君臣父子，师友夫妻，皆天数冥合，神运玄至。逮乎睽爱离会，既命之所甄；昏爽顺戾，亦运之所渐。尔乃松柳异质，荼荠殊性，故疾风知劲草，严霜识贞木。何异忠孝之质资行凤昭。至于刻志酬生，题诚复施，殉节投命，驯义忘己。亦由石虽可毁，坚不可销；丹虽可磨，赤不可灭。因斯而言，君臣师资，既幽期自宾心力，感效亦冥数天兆，夫独何怪哉？'"愿字子恭，父渊之，散骑侍郎。愿好学，有文辞于世。是时举秀才，对策称旨，擢为著作佐郎、太子舍人。早卒。

[出处]　《宋书》卷八十一《顾觊之传》

[考证]　按此文乃顾愿述觊之之意而作，觊之不自作而授意

于愿令作者，必由己身年老故也。且愿于大明中对策为著作佐郎，当编纂之任，其成文亦当在此时，故附记其文于此。

太宗明帝
泰始元年　乙巳（465）_{十二月以前为前废帝永光元年}　六年

宋修复诸寺　初，孝武宠姬殷贵妃薨，为之立寺，贵妃子子鸾封新安王，故以新安为寺号。前废帝杀子鸾，乃毁废新安寺，驱斥僧徒。寻又毁中兴、天宝诸寺。至是，宋主定乱，下令曰："先帝建中兴及新安诸寺，所以长世垂范，弘宣盛化。顷遇昏虐，法像残毁，师徒奔迸，甚以矜怀。妙训渊谟，有扶名教，可招集旧僧，普各还本。并使材官，随宜修复。"

[出处]　《宋书》卷九十七《夷蛮·迦毗黎国传》

魏刁雍请制礼乐　特进刁雍_{字淑和，渤海饶安人。}上表曰："臣闻有国有家者，莫不礼乐为先。故《乐记》云：礼所以制外，乐所以修内。和气中释，恭敬温文。是以安上治民，莫善于礼；易俗移风，莫善于乐。且于一民一俗尚须崇而用之，况统御八方，陶钧六合者哉。故帝尧修五礼以明典章，作《咸池》以谐万类，显皇轨于云岱，扬鸿化于介丘。令木石革心，鸟兽率舞，包天地之情，达神明之德。夫感天动神，莫近于礼乐。故大乐与天地同和，大礼与天地同节。和故百物阜生，节故报天祭地。礼行于郊则上下和肃。肃者礼之情，和者乐之致。乐至则无怨，礼至则不违，揖让而治天下者，礼乐之谓欤。唯圣人知礼乐之不可以已，故作乐以应天，制礼以配地，所以承天之道，治人之情。故王者治定制礼，功成作乐，虞、夏、殷、周，易代而起。及周之末，王政陵迟。仲尼伤礼乐之崩亡，痛文武之将坠，自卫返鲁，各得其中。逮乎秦皇，翦弃道术，灰灭典籍，坑烬儒士，盲天下之目，绝象魏之章，《箫韶》来仪不可复矣。赖大汉之兴，改正朔，易服色，协音乐，制礼仪，正声古礼，粗欲周备。至于

孝章,每以三代损益,优劣殊轨,叹其薄德,无以易民视听。博士曹
褒睹斯诏也,知上有制作之意。乃上疏求定诸仪,以为汉礼。终于
休废,寝而不行。及魏晋之日,修而不备。伏维陛下无为以恭己,
使贤以御世,方鸣和鸾以陟岱宗,陪群后以升中岳。而三礼阙于唐
辰,象舞替于周日。夫君举必书,古之典也;柴望之礼,帝王盛事。
臣今以为有其时而无其礼,有其德而无其乐。史阙封石之文,工绝
清颂之缫,良由礼乐不兴,王政有阙致也。臣闻乐由礼所以象德,
礼由乐所以防淫。五帝殊时不相沿,三王异世不相袭,事与时并,
名与功偕故也。臣识昧儒先,管窥不远,谓宜修礼正乐以光大圣之
治。"诏令公卿集议,会魏主崩,遂寝。

　　[出处]　《魏书·刁雍传》

显祖献文帝

二年　丙午(466)　　　　天安元年

　　宋王僧虔为书戒子　僧虔,琅邪临沂人,尝为吴兴太守。至
是,为书诫子曰:"知汝恨吾不许汝学,欲自悔厉,或以阖棺自期,或
更择美业,且得有慨,亦慰穷生。但尫闻斯唱,未睹其实,请从先师
听言观行,冀此不复虚身,吾未信汝,非徒然也。往年有意于史,取
《三国志》聚置床头,百日许,复徙业就玄,自当小差于史,犹未近仿
佛。曼倩有云:'谈何容易!'见诸玄,志为之逸,肠为之抽,专一书
转诵数十家注,自少至老,手不释卷,尚未敢轻言。汝开《老子》卷
头五尺许,未知辅嗣何所道,平叔何所说,马、郑何所异,指例何所
明,而便盛于麈尾,自呼谈士,此最险事。设令袁令命汝言《易》,谢
中书挑汝言《庄》,张吴兴叩汝言《老》,端可复言未尝看邪?谈故如
射,前人得破,后人应解,不解即输赌矣。且论注百氏,荆州八帙。
又《才性四本》、《声无哀乐》,皆言家口实,如客至之有设也。汝皆
未经拂耳瞥目,岂有庖厨不修而欲延大宾者哉?就如张衡思侔造

化，郭象言类悬河，不自劳苦，何由至此？汝曾未窥其题目，未辨其指归。六十四卦，未知何名；《庄子》众篇，何者内外；八帙所载，凡有几家；《四本》之称，以何为长。而终日欺人，人亦不受汝欺也。由吾不学，无以为训。然重华无严父，放勋无令子，亦各由己耳。汝辈窃议亦当云：‘何日一云阿越。不学，在天地间可嬉戏，何忽自课谪？幸及盛时逐岁暮，何必有所减？’汝见其一耳，不全尔也。设令吾学如马、郑，亦必《南史》作复。甚胜，复倍不如，今亦必大减，致之有由，从身上来也。汝今壮年自勤，数倍许胜，劣及吾耳。世中比例举眼是，汝足知此，不复具言。吾在世，虽乏德素，要复推排人间数十许年，故是一旧物，人或以比数汝等耳。即化之后，若自无调度，谁复知汝事者？舍中亦有少负令誉，弱冠越超清级者，于时王家门中，优者则龙凤，劣者犹虎豹，失荫之后，岂龙虎之议？况吾不能为汝荫，政应各自努力耳。或有身经三公，蔑尔无闻；布衣寒素，卿相屈体；或父子贵贱殊，兄弟声名异，何也？体尽读数百卷书耳。吾今悔无所及，欲以前车诫尔后乘也。汝年入立境，方应从官，兼有室累，牵役情性，何处复得下帷如王郎时邪？为可作世中学取过一生耳。试复三思，勿讳吾言。犹捶挞志辈，冀脱万一，未死之间望有成就者，不知当有益否。各在尔身。已切身岂复关吾邪？鬼唯知爱深松茂柏，宁知子弟毁誉事？因汝有感，故略叙胸怀。”

［出处］《南齐书·王僧虔传》

［考证］　按《南齐书·王僧虔传》将此书附于传末，且称“宋世尝有书诫子”，盖史家亦不能确知其年代也。余按书所指袁令，即袁粲也；谢中书即谢庄也。《宋书·袁粲传》，粲以是年为中书令，《宋书·谢庄传》，庄是时为中书令，且卒于是年。则此书之作，当于粲为中书令之后，庄卒之前，故志之于此。

魏立乡学　相州刺史李欣字元盛，范阳人。上疏求立学校曰：“臣闻至治之隆，非文德无以经纶王道；太平之美，非良才无以光赞皇化。是以昔之明主,建庠序于京畿,立学官于郡邑,教国子弟,习其道艺,然后选其俊异,以为造士。今圣治钦明,道隆三五,九服之民,咸仰德化。而所在州土,学校未立。臣虽不敏,诚愿备之。使后生闻《雅》、《颂》之音,童幼睹经教之本。臣昔蒙恩宠,长管中秘,时课修学,有成立之人,髦俊之士,已蒙进用。臣今重荷荣遇,显任方岳,思阐帝猷,光宣于外。自到以来,访诸文学,旧德已老,后生未进。岁首所贡,虽依制遣,对问之日,惧不克堪。臣愚欲仰依先典,于州郡治所各立学官。使士望之流,冠冕之胄,就而受业,庶必有成。其经艺通明者,贡之王府。则郁郁之文,于是不坠。"书奏,魏主从之,于是诏左将军高允曰:"自顷以来,庠序不建,为日久矣。道肆陵迟,学业遂废。子衿之叹复见于今。朕既纂统大业,八表晏宁,稽之旧典,欲置学官于郡国,使进修之业,有所津寄。卿儒宗元老,朝望旧德,宜与中、秘二省参议以闻。"允表曰:"臣闻经纶大业,必以教养为先;咸秩九畴,亦由文德成务。故辟雍光于周诗,泮宫显于《鲁颂》。自永嘉以来,旧章殄灭,乡闾芜没《雅》、《颂》之声,京邑杜绝释奠之礼。道业陵夷,百五十载。仰维先朝,每欲宪章昔典,经阐素风,方事尚殷,弗遑克复。陛下钦明文思,纂成洪烈,万国咸宁,百揆时叙,申祖宗之遗志,兴周礼之绝业。爰发德音,惟新文教,摷缙黎献,莫不幸甚。臣承旨敕,并集二省,披览史籍,备究典纪。靡不敦儒以劝其业,贵学以笃其道。伏思明诏,玄同古义,宜如圣旨,荣建学校以厉风俗。使先王之道光演于明时,郁郁之音流闻于四海。请制大郡立博士二人,助教四人,学生一百人。次郡立博士二人,助教二人,学生八十人。中郡立博士一人,助教二人,学生六十人。下郡立博士一人,助教一人,学生四十人。其博士取博关经典,世履忠清,堪为人师者,年限四十以上。助教亦与博士同,年限三十以上。若道业夙成,才任教授,不拘年齿。学生取郡中清望,人行修谨,堪循名教者,先尽高门,次及中第。"魏主从之。

郡国立学,自此始也。

[出处]《魏书·显祖献文帝纪》、《高允传》、《李欣传》

三年　丁未(467)　　　皇兴元年

宋顾欢作《夷夏论》　欢字景怡,吴郡盐官人,少好学,从雷次宗谘玄从诸义。隐遁不仕,于天台山开馆聚徒,受业者常近百人。以佛道二家教异,学者互相非毁,乃著《夷夏论》曰:"夫辩是与非,宜据圣典。寻二教之源,故两标经句。道经云:'老子入关之天竺维卫国,国王夫人名曰净妙,老子因其昼寝,乘日精入净妙口中。后年四月八日夜半子时,剖左腋而生,坠地即行七步,举手指天曰:"天上天下,唯我为尊,三界皆苦,何可乐者?"于是佛道兴焉。'此出《玄妙内篇》。佛经云:'释迦成佛,有尘劫之数。'出《法华》、《无量寿》。或'为国师道士,儒林之宗'。出《瑞应本起》。欢论之曰:'五帝三王,不闻有佛。国师道士,无过老、庄。儒林之宗,孰出周、孔?若孔、老非圣,谁则当之?然二经所说,如合符契。道则佛也,佛则道也,其圣则符,其迹则反。或和光以明近,或曜灵以示远。道济天下,故无方而不入;智周万物,故无物而不为。其入不同,其为必异,各成其性,不易其事。是以端委搢绅,诸华之容;翦发旷衣,群夷之服。擎跽磬折,侯甸之恭;狐蹲狗踞,荒流之肃。棺殡椁葬,中夏之制;火焚水沈,西戎之俗。全形守礼,继善之教;毁貌易性,绝恶之学。岂伊同人,爱及异物,鸟王兽长,往往是佛。无穷世界,圣人代兴。或昭五典,或布三乘。在鸟而鸟鸣,在兽而兽吼,教华而华言,化夷而夷语耳。虽舟车均于致远,而有川陆之节;佛道齐乎达化,而有夷夏之别。若谓其致既均,其法可换者,而车可涉川,舟可行陆乎?今以中夏之性,效西戎之法,既不全同,又不全异,下弃妻孥,上废宗祀。嗜欲之物,皆以礼伸;孝敬之典,独以法屈。悖德犯顺,曾莫之觉。弱丧忘归,孰识其旧?且理之可贵者道也,事之可贱者俗也,舍华效夷,义将安取? 若以道邪,道固符合矣。若以俗邪,俗则大乖矣! 屡见刻舷沙门,守株道士,交诤大小,互相弹射,或域道以为两,或混俗以为一。是牵异以为同,破同以为异,则乖争之由,淆乱之本也。寻圣道虽同,而法有左右,始乎无端,终乎无末;泥洹仙化,各是一术。佛号正真,道称正一,一归无死,真会无生,在名则反,在实则合。但无生之教赊,无死之化切,切法可以进谦弱,赊法可以退夸强。佛教文而博,道教质而精。精非粗人所信,博非精人所能。佛言华而引,道言实而抑。抑则明者独进,引则昧者竞前。佛经繁而显,道经简而幽,幽则妙门难见,显则正路易遵,此二法之辨也。圣匠无心,六圆有体,器既殊用,教亦异施。佛是破恶之方,道是兴善之术。兴善则自然为高,破恶则勇猛为贵。佛迹光大,宜以化物;道迹密微,利用为己。优劣之分,大略在兹。夫蹲夷之仪,娄罗之辩,各出彼俗,自相聆解,犹虫跃鸟聒,何足述效?'"欢虽同二法,而意党道教,司徒袁粲托为道人通公驳之,其略曰:"白日停光,恒星隐照,诞降之应,事在老先,似非入关方炳斯瑞。又老、庄、周、孔,有可存者,依日末光,凭释遗法,盗牛窃善,反以成蠹,检究源流,终异吾党之为道耳。西域之记,佛经之说,俗以膝行为礼,不慕蹲坐为恭;道以三绕为虔,不尚踞傲为肃。岂专戎土,爰亦兹方。襄童谒帝,膝行而进;赵王见周,三环而止。今佛法在华,乘者常安,戒善行交,蹈者恒通。文王造周,太伯创吴,革化戎夷,不因旧俗,岂若舟车,理无代用。佛法垂化,或因或革,清信之士,容衣不改;息心之人,服貌必变。变本从道,不遵彼俗,教风自殊,无患其乱。孔、老、释迦,其人或同;观方设教,其道必异。孔、老治世为本,释氏出世为宗,发轸既殊,其归亦异。符合之唱,自由臆说。又仙化以变形为上,泥洹以陶神为先。变形者白首还缁而未能无死,陶神者使尘惑日损,湛然常存。泥洹之道,无死之地,乖诡若此,何谓其同?"欢答曰:"案道经之作,著自西周;佛经之来,始乎东汉。年逾八百,代悬数十,若谓黄老虽久而滥在释前,是吕尚盗陈恒之齐,刘季窃王莽之汉也。经云:'戎气强犷。'乃复略人頰车耶?又夷俗长跽,法与华异,翘左跂右,全是蹲踞。故周公禁之于前,仲尼诫之于后。又舟以济川,车以征陆。佛起于戎,岂非戎俗素恶邪?道出于华,岂非华风本善邪?今华风既变,恶同戎狄,佛来破之,良有以矣。佛道实贵,故戒业可遵;戎俗实贱,故言貌可弃。今诸华士女,氏族弗革,而露首偏踞,滥用夷礼。云于翦落之徒,全是胡人。国有旧风,法不可变。又若观风流教,其道必异。佛非东华之道,道非西夷之法,鱼鸟异川,永不相关,安得老释二教交行八表。今佛既东流,道亦西迈,故知俗有精粗,教有文质。然则道教执本以领末,佛教救末以存本,请问所归,异在何许?若以翦落为异,则胥靡翦落矣。若以立像为异,则俗巫立像矣。此非所归,归在常住。常住之象,常道孰异?神仙有死,权便之说。神仙是大化之总称,非穷妙之至名。至名无名,其有名者二十七品。仙变成真,真变成神,或谓之圣,各有九品。品极则入空寂,无为无名。若服食茹芝,延寿万亿,寿尽则死,药极则枯,此修考之士,非神仙之流也。"

[出处]《南齐书·高逸·顾欢传》《南史》卷七十五《隐逸上·顾欢传》

宋道士陆修静至建康 修静立道士衣服之号,月帔、星巾、霓裳、霞袖、十绝灵幡,于此著矣。宋主闻其有道,复诏征之,使刺史王景文敦劝,修静不得已而就焉。既至阙,宋主设崇虚馆、通仙台以待之。顺风问道,朝野归心。

[出处]《历代真仙体道通鉴》卷二十四第九

五年 己酉(469) 三年

宋明僧绍作《正二教论》 僧绍字休烈,一字承烈,平原鬲人。

祖玩,州中从事;父略,给事中。僧绍明经有儒术。宋元嘉中,再举秀才;永光中,镇北府辟功曹,并不就。隐长广郡崂山,聚徒立学。淮北没魏,乃南渡江。见顾欢《夷夏论》,遂作《正二教论》以正之曰:"及闻殊论,锐言置家,有惧诬圣,将明其归。故先详正所证二经之句,庶可两悟幽津。论称:'道经云:"老子入关之于天竺维卫国,国王夫人名曰清妙,老子因其昼寝,乘日之精,入清妙口中。后年四月八日夜半时,剖左腋而生,堕地即行七步。举手指天曰:'天上天下,唯我为尊,三界皆苦,何可乐者?'于是佛道兴焉。"'正曰:道家之旨,其在老氏二经;敷玄之妙,备乎庄生七章。而得一尽灵,无闻形变之奇;彭殇均寿,未睹无死之唱。故恬其天和者,不务变常;安时处顺,夫何取长生? 若乘日之精,入口剖腋,年事不符,托异合说。称非其有,诞议神化,秦汉之妄,妖延魏晋,言不经圣,何云真典乎? 论称:'佛经云:"释迦成佛,已有尘劫之数,或为儒林之宗,国师道士。"'正曰:佛经之宗,根明极教,而三世无得,俗证觉道,非可事显。然精深所会,定慧有征于内;缘感所应,因果无妄于外。夫释迦发穷源之真唱,以明神道之所通也。故其练精研照,非养正之功。微善阶极,异殆庶自崖。道济在忘形,而所贵非全生。生生不贵,存存何功? 忘功而功著,寂灭而道常。出乎无始,入乎无终,靡应非身,尘劫非遐,此其所以为教也。论曰:'二经之旨,若合符契。'正曰:夫佛开三世,故圆应无穷;老止生形,则教极浇淳。所以在形之教,不议殊生;圆应之化,爱尽物类。是周、孔、老、庄诚帝王之师,而非前说之证。既开塞异教,又违符合之验矣。论曰:'道则佛也,佛则道也。'正曰:既教有方圆,岂睹其同? 夫由佛者,固可以权老;学老者,安取同佛? 苟挟竞慕高,撰会杂妄,欲因其同,树邪去正,是乃学非其学,自漏道蠹,祗多不量,见耻守器矣。论曰:'其入不同,其为必异,各成其性,不易其事。'又曰:'或照五典,或布三乘,在华而华言,化夷而夷语。'又曰:'佛道齐乎达化,而

有夷夏之别。'正曰：寂感遂通，在物必畅，佛以一音，随类受悟，在
夷之化，岂必三乘？教华之道，何拘五教？冲用因感，既夷华未殊，
而俗之所异，孰乖圣则？虽其入不同，然其教自均也。论曰：'端委
搢绅，诸华之容也。翦发缁衣，群夷之服也。'正曰：将求理之所贵，
宜先本礼俗。沿袭异道，唯其时物。故君子豹变，民文先革；颛孙
膺训，丧志学殷。夫致德韶武，则禅代异典；后圣有作，岂限夷华？
况由之极教，必拘国服哉？是以系其恒方，而迷深动踬矣。水陆既
变，致远有节，舟车之譬，得无翩乎？而刻船守株，固以两见所归。
论曰：'下弃妻孥，上废宗祀。嗜欲之物，咸以礼伸；孝敬之典，独以
法屈。悖德犯顺，曾莫之觉。'又曰：'全形守祀，继善之教也。毁貌
易姓，绝恶之学也。理之可贵者道，事之可贱者俗。'正曰：今以废
宗祀为犯顺，存嗜欲以申礼，则是孝敬之典，在我为得，俗无必贱
矣。毁貌绝恶，自彼为鄙，道无必贵矣。爱俗拘旧，崇华尚礼，贵贱
迭置，义成独说。徒欲蠹溺于凡观，岂期卒埋—作本理。于圣言耶？
论曰：'泥洹仙化，各是一术。佛号正真，道称正一。一归无死，真
会无生。'正曰：侯王得一而天下贞，莫议仙化；死而不亡者寿，不论
无死。臆说诬滥，辞非而泽，大道既隐，小成互起，诚哉是言。其诸
诬诡谤慢，欲以苟济其违，求之圣言，固不容讥矣。今之道家所教，
唯以长生为宗，不死为主。其练映金丹，餐霞饵玉，灵升羽蜕，尸解
形化，是其托术，验之而竟无睹其然也。又称其不登仙死则为鬼。
或召补天曹，随其本福。虽大乖老、庄立言本理，然犹可无违世教。
损欲趣善，乘化任往，亡生生存存之旨，实理归于妄，而未为乱常
也。至若张、葛之徒，又皆杂以神变化俗，怪诞惑世，符咒章劾，咸
托老君所传。而随稍增广，遂复远引佛教，证成其伪。立言舛杂，
师学无依，考之典义，不然可知。将令真妄浑流，希悟者永惑，莫之
能辩，诬乱已甚矣。客既悉于佛老之正，犹未值其津，今将更粗言
其隅而使自反焉。夫理照研心，二教两得，乃可动静兼尽，所遇斯

乘也。老子之教,盖修身治国,绝弃贵尚,事止其分,虚无为本,柔
弱为用,内视反听,深根宁极,浑思天元,恬高人世,浩气养和,失得
无变,穷不谋通,致命而俟,达不谋己,以公为度。此学者之所以询
仰余流而其道若存者也,安取乎神化无方,济世不死哉? 其在调霞
羽蜕,精变穷灵,此是缮积前成,生甄异气,故虽记奇之者有之,而
言理者弗由矣。稽之神功,爰及物类,大若麟凤怪瑞,小则雀雉之
化,夫既一受其形,而希学可至乎? 至乃颜、孔道邻,亲资纳之极,
固将仰灵尘而止,欲从莫由,则分命之不妄有,推之可明矣。故仲
尼贵知命,而必有所不言;伯阳去奇尚,而固守以无为,皆将以抑其
诞妄之所自来也。然则穷神尽教,固由之有宗矣;道成事得,各会
之有元矣。夫行业著于前生,而强学以求致其功;积习成于素屡,
而横慕以妄易其为。首燕求越,其希何由哉? 故学得所学,而学
以成也;为其可为,而为可致也。则夫学镜生灵,中天设教,观象测
变,存而不论,经世之深,孔、老之极也。为于未有,尽照穷缘,殊生
共理,练伪归真,神功之正,佛教之弘也。是乃佛明其宗,老全其
生,守生者蔽,明宗者通。然静止大方,乃虽蔽而非妄;动由其宗,
则理通而照极。故必德贵天全,自求其道,崇本资通,功归四大,不
谋非然,守教保常,孔、老之纯,得所学也。超宗极览,寻流讨源,以
有生为尘毒,故息敬于君亲。不惊议其化异,不执方而骇奇,妙寂
观以拓思,功积见而要来,则佛教之粹,明于为也。故夫学得所学,
则可以资全生灵,而教尊域中矣。明为于为,将乃灭习反流,而邈
天人矣。过此以往,未之或知,洗虑之得,其将在兹。”

[出处]《南齐书·高逸·明僧绍传》《南史》卷五十《明僧
绍传》《弘明集》卷六

六年　庚戌(470)　　　四年

宋置总明观　宋以国学废,置总明观,以集学士,或谓之东观,

置祭酒一人，总明访举郎二人。玄、儒、文、史四科，科置学士各十人。正令史一人，书令史二人，干一人，门吏一人，典观吏二人。初置之时，本为儒、道、文、史、阴阳五部，后以言阴阳者无其人遂阙。齐建元中，掌治五礼。永明三年，国学建省。

[出处]《南齐书·百官志》《南史·宋明帝纪》

宋虞龢上表论书　龢，会稽余姚人，少好学，居贫屋漏，恐湿坟典，乃舒被覆书，书获全而被大湿，时人以比高凤。大明中，为太学博士。泰始中，迁仪曹郎长，兼博士，又为中书郎。至是，上表论书曰："臣闻爻画既肇，文字载兴，六艺归其善，八体宜其妙。厥后群能间出，泊乎汉魏，钟、张擅美，晋末二王称英。羲之书云：'顷寻诸名书，钟、张信为绝伦，其余不足存。'又云：'吾书比之钟、张当抗行，张草犹当雁行。'羊欣云：'羲之便是小推张，不知献之自谓云何？'欣又云：'张字形不及右军，自然不如小王。'谢安尝问子敬：'君书何如右军？'子敬答云：'故当胜。'安云：'物论殊不尔。'子敬答曰：'世人那得知！夫古质而今妍，数之常也；爱妍而薄质，人之情也。'钟、张方之二王，可谓古矣，岂得无妍质之殊？且二王暮年，皆胜于少。父子之间，又为今古，子敬穷其妍妙，固其宜也。然优劣既微，而会美俱深，故同为终古之独绝，百代之楷式。桓玄耽玩，不能释手，乃撰二王纸迹，杂有缣素，正行之尤美者，各为一秩，尝置左右。及南奔，虽甚狼狈，犹以自随。擒获之后，莫知所在。刘毅颇尚风流，亦甚爱书，倾意搜求。及将败，大有所得。卢循素善尺牍，尤珍名法。西南豪士，咸慕其风；人无长幼，翕然尚之。家赢金币，竞远寻求。于是京师三吴之迹，颇散四方。羲之为会稽，献之为吴兴，故三吴之近地偏多遗迹也。又是末年遒美之时，中世宗室诸王尚多素嗤，贵游不甚爱好，朝廷亦不搜求，人间所秘，往往不少。新渝惠侯雅所爱重，悬金招买，不计贵贱。而轻薄之徒，锐意摹学，以茅屋漏汁染变纸色，加以劳辱，使类久书。真伪相糅，莫之能别,故惠侯所蓄,多有非真。然招聚既多,时有佳迹。如献之吴兴二笺,足为名法。孝武亦纂集佳书,都鄙士人,多有献奉,真伪混杂。谢灵运母刘氏,子敬之甥,故灵运能书而特多王法。臣谢病东皋,游玩山水,守拙乐静,求志林壑,造次之遇,遂纡雅顾。预涉泛之游,参文咏之末,其诸佳法,恣意披览。愚好既深,稍有微解。及臣遭遇,曲沾恩诱,渐渍玄猷,朝夕谘训,题勒美恶,指示蚩妍,点画之情,昭若发蒙。于时圣虑,未存草体,凡诸教令,必应真正。小不在意,则伪谩难识;事事留神,则难为心力。及飞龙之始,戚藩告衅,方事经略,未遑研习。及三年之初,始玩宝迹。既科简旧秘,再诏寻求景和时所散失。及乞左右嬖幸者,皆原往罪,兼赐其直。或有愚顽,不敢献书,遂失五卷,多是戏学。伏惟陛下爰凝睿思,淹留草法,拟效渐妍,赏析弥妙,旬日之间,转求精秘。字之美恶,书之真伪,剖判体趣,穷微入神。机息务闲,从容研究,乃使使三吴、荆、湘诸境,穷幽测远,鸠集散逸。及群臣所上,数月之间,奇迹云萃。诏臣与前将军巢尚之、司徒参军事徐希秀、淮南太守孙奉伯科简二王书,评其品题,除猥录美,供御赏玩。遂得游目瓌翰,展好宝法,锦质绣章,烂然毕睹。大凡秘藏所录钟繇纸书六百九十七字,张芝缣素及纸书四千八百二十五字,年代既久,多是简帖。张昶缣素及纸书四千七十字,毛弘八分缣素书四千五百八十八字,索靖纸书五千七百五十五字。钟会书五纸,四百六十五字,是高祖平秦川所获,以赐永嘉公主,俄为第中所盗,流播始兴。及泰始开运,地无遁宝,诏庞沈搜索,遂乃得之。又范仰恒献上张芝缣素书三百九十八字,希世之宝,潜采累纪,隐迹于二王,耀美于盛辰,别如缮饰,在新装二王书所录之外。由是拓书悉用薄纸,厚薄不均,辄好绉起。范晔装治,卷帖小胜,犹谓不精。孝武使徐爰治护,随纸长短,参差不同。具以数十纸为卷,披视不便,不易劳茹善恶,正草不相分别。今所治缮,悉改其弊。孝武撰子敬学书戏写十卷为秩,传云戏学而不题，或真行章草杂在一纸，或重作数字，或学前辈名人能书者，或有聊尔戏书。既不留意，亦殊猥劣，徒闻则录，曾不披简。卷小者数纸，大者数十，巨细差悬，不相匹类。是以更裁减，以二丈为度，亦取小王。书古诗赋赞论，或草或正，言无次第者，入戏学部。其有恶者，尽皆删去。卷既调均，书又精好。羲之所书紫纸，多是少年临川时迹，既不足观，亦无取焉。今拓书皆用大厚纸，泯若一体同度，翦截皆齐。又补接败字，体势不失，墨色更明。凡书虽同在一卷，要有优劣。今此一卷之中，以好者在首，下者次之，中者最后。所以然者，人之看书，必锐于开卷，懈怠于将半，既而略进，次遇中品，赏悦留连，不觉终卷。又旧书目秩无次第，诸秩中各有第一至于第十，脱落散乱，卷秩殊等。今各题其卷秩所在，与目相应。虽相涉入，终无杂谬。又旧以封书，纸次相随，草正混糅，善恶一贯。今各随其品，不从本封，条目纸行，凡最字数，皆使分明，一毫靡遗。二缣素书珊瑚轴二秩，二十四卷。纸书金轴二秩，二十四卷。又纸书玳瑁轴五秩，五十卷。皆互秩金题玉，变织成带。又有书扇二秩二卷，又纸书飞白章草二秩十五卷，并栴檀轴。又纸书戏学一秩十二卷，玳瑁轴。此皆书之冠冕也。自此以下，别有三品，书凡五十二秩，五百二十卷，悉旃檀轴。又羊欣缣素及纸书，亦选取其妙者，为十八秩，一百八十卷，皆漆轴而已。二王新入书，各装为六秩，六十卷。又其中入品之余，各有条贯，足以声华寓，价轻五都，天府之名珍，盛代之伟宝。陛下渊昭自天，触理必镜，凡诸思制，莫不妙极。乃诏张永，更制御纸，紧洁光丽，辉日夺日。又合秘墨，美殊前后，色如点漆，一点竟纸。简笔则一二简毫，专用白兔，大简丰毛，胶漆坚密。草书笔悉使长毫，以利纵舍之便。兼使吴兴郡作青石圆砚，质滑而停墨，殊胜南方瓦石之器。缣素之工，殆绝于昔。王僧虔寻得其术，虽不及古，不减郗家所制。二王书，献之始学父书，正体乃不相似。至于绝笔，章草殊相拟类。笔迹流怿宛转,妍媚乃欲过之。羲之书在始未有奇殊,不胜庾翼、郗愔,迨其末年,乃造其极。尝以章草答庾亮,亮以示翼,翼叹服,因与羲之书云:'吾昔有伯英章草书十纸,过江亡失,常痛妙迹永绝。忽见足下答家兄书,焕若神明,顿还旧观。'旧说,羲之罢会稽,住蕺山下。一老姥捉十许六角竹扇出市,王聊问一枝几钱,云直二十许。右军取笔书扇,扇为五字。姥大怅惋云:'举家朝餐,惟仰于此,何乃书坏!'王云:'但言王右军书字,索一百。'入市,市人竞市去。姥复以十数扇来请书,王笑不答。又云:羲之常自书表与穆帝,帝使张翼写效,一毫不异,题后答之。羲之初不觉,更详看,乃叹曰:'小人几欲乱真!'又羲之性好鹅,山阴昙瓤村有一道士养好鹅十余,王清旦乘小船故往,意大愿乐,乃告求市易。道士不与,百方譬说不能得。道士乃言:'性好道,久欲写河上公《老子》,缣素早办而无人能书。府君若能自屈书《道德经》各两章,便合群以奉。'羲之便住半日,为写毕,笼鹅而归。又尝诣一门生,家设佳馔,供亿甚盛。感之,欲以书相报。见有一新棐床几,至滑净,乃书之,草正相半。门生送王归郡,还家,其父已刮尽。生失书,惊懊累日。桓玄爱重书法,每宴集辄出法书示宾客。客有食寒具者,仍以手捉书,大点污。后出法书,辄令客洗手,兼除寒具。子敬常笺与简文十许纸,题最后云:'民此书甚合,愿存之。'此书为桓玄所宝,高祖后得,以赐王武刚,未审今何在。谢奉起庙,悉用棐材,右军取棐书之满床,奉收得一大簏。子敬后往,谢为说右军书甚佳,而密已削作数十棐版,请子敬书之,亦甚合。奉并珍录。奉后孙履分半与桓玄,用履为扬州主簿。余一半,孙恩破会稽,略以入海。羲之为会稽,子敬七八岁学书,羲之从后掣其笔,不脱,叹曰:'此儿书后当有大名。'子敬出戏,见北馆新泥,垩壁白净,子敬取帚沾泥汁书方丈一字,观者入市。羲之见,叹美,问谁所作,答云七郎。羲之作书与亲故云:'子敬飞白大有意。'是因于此壁也。有一好事年少,故作精白纱裓,着诣子敬。子敬便取书之,草正诸体悉备,两袖及襟略周。年少觉王左右有凌夺之色,掣裓而走。左右果逐之及门外,斗争分裂,少年才得一袖耳。子敬为吴兴,羊欣父不疑为乌程令。欣时年十六,书已有意,为子敬所知。子敬往县入欣斋,欣衣白新绢裙昼眠。子敬因书其裙幅及带,欣觉欢乐,遂宝之。后以上朝廷中,乃零失。子敬门生以子敬书种蚕,后人于蚕中寻取纸,大有所得。谢安善书,不重子敬,每作好书,必谓被赏,安辄题后答之。朝廷秘宝名书,久已盈积,太初狂迫,乃欲一时烧除。左右怀让者苦相譬说,乃止。臣见卫恒《古来能书人录》一卷,时有不通,今随事改正,并写诸杂势一卷。今新装二王镇书定目各六卷,又羊欣书目六卷。钟、张等书目一卷,文字之部备矣。谨诣省上表,并上录势新书以闻。六年九月,中书侍郎臣虞龢上。"

〔出处〕《南史·文学·丘巨源传》 《御览》七四八引

高祖孝文帝

七年　辛亥(471)　　　　延兴元年

宋道士陆修静上《道经目录》 修静上《道经目录》云:"《上清经》一百八十六卷,一百一十七卷已行。《始清》已下四十部六十九卷,未行于世。《洞玄经》一十五卷,犹隐天宫。"

〔出处〕《佛祖统纪》卷第三十六 《广弘明集》卷第九 《集古今佛道论衡》卷甲 《御览》六六七引《道学传》

泰豫元年　壬子(472)　　　　二年

宋益州刺史刘亮服仙药卒 益州刺史刘亮服食修道,欲至长生。迎武当山道士孙道胤,令合仙药至益州。是年药始成,而未出火毒。孙不听亮服,亮苦欲服。平旦开城门,取井华水,服至食鼓后,心动如刺,中间便绝。世遂以为尸解云。

[出处] 《宋书·刘怀慎传》

魏沙门吉迦夜于石窟寺译经　　西域沙门吉迦夜,魏言何事,以是年为沙门统释昙曜于北台译《杂宝藏经》十三卷、《付法藏因缘传》六卷、或四卷,因缘广异昙曜自出者。《称扬诸佛功德经》三卷、第三出。一名《集华经》,一名《现在佛名经》,一名《诸佛华经》,凡四名。与秦罗什、宋跋陀罗译者本同出异。《大方广菩萨十地经》一卷、第二出,与晋世法护所出《菩萨十地》,大同小异。《方便心论》二卷,或一卷,凡四品。皆刘孝标笔受。孝标名峻,平原平原人,本名法武。父埏,宋始兴内史。峻生期月而父卒,母许氏携峻及其兄法凤还乡里。宋泰始初,魏克青州,峻时年八岁,为人所略,为奴。至中山,中山富人刘宝愍峻,以束帛赎之,教以书学。魏人闻其江南有戚属,更徙之代都。居贫不自立,与母并出家为尼僧,既而还俗。

[出处] 《南史》卷四十九《刘怀珍传》　《梁书·文学·刘峻传》　《历代三宝纪》卷第九

后废帝

元徽元年　癸丑(473)　　　三年

宋王俭校秘书　　俭字仲宝,王僧虔兄子也。幼有神彩,专心笃学,手不释卷。解褐秘书郎,太子舍人。超迁秘书丞,上表求校坟籍。依《七略》撰《七志》四十卷,八月辛亥,上表献之。一曰《经典志》,纪六艺、小学、史记、杂传。二曰《诸子志》,纪古今诸子。三曰《文翰志》,纪诗赋。四曰《军书志》,纪兵书。五曰《阴阳志》,纪阴阳图书。六曰《术艺志》,纪方技。七曰《图谱志》,纪地域及图书。其道佛附见,合九条。然亦不述作者之意,但于书名之下,每立一传,而又作九篇条例编乎首卷之中。又撰定《元徽四部书目》,大凡二千二十帙,万五千七百四卷。

[出处] 《南齐书·王俭传》　《隋书·经籍志》　《宋书·后废帝纪》

三年　乙卯(475)　　　五年

宋徐爰卒　初，爰秉权日久，明帝昔在藩，素所不悦。及景和世，屈辱卑约，爰礼敬甚简，益衔之。泰始三年，诏暴其罪，徙交州。及行，又诏除广州统内郡，有司奏以为宋隆太守。除命既下，爰已至交州。久之，听还，仍除南康郡丞。明帝崩，还都，以爰为济南太守，复除中散大夫。至是卒，年八十二。

　　［出处］《宋书·恩幸·徐爰传》

　　［附录］　徐爰著述表

《并合皇览》八十卷《唐志》　　　　《系辞注》二卷《隋志》

《礼记音》二卷《隋志》　　　　　　《三国志评》三卷《隋志》

《宋书》六十五卷《隋志》　　　　　《杂逸书》二十二卷《隋志》

《家仪》一卷《唐志》　　　　　　　集十卷《隋志》

四年　丙辰(476)　　　　　　　　永明元年
顺帝

昇明元年　丁巳(477)七月以前为元徽五年　太和元年

宋道士陆修静卒　初，修静屡请还山，明帝不许。至是年春正月忽谓门人曰："吾迫于恩命，违其宿尚，今将还旧山。尔可饬装整驾。"弟子皆迓之。至三月二日，忽偃然解化。其肤体晖映，异香芬馥。遗命盛以布囊，投所在崖谷。门人不忍，遂奉还卢山。时春秋七十二。有诏谥曰简寂先生，始以故居为简寂观，宗有道也。先是洞真之部真伪混淆，修静刊而正之，泾渭乃判。故斋戒仪轨，为将来典式。凡撰记论议百有余篇，并行于世。

　　［出处］《历代真仙体道通鉴》卷二十四第十①

---

①　陆修静事迹出处前后略有出入，《道藏》本见于《历世真仙体道通鉴》卷二十四第七。

宋以刘法先为崇虚馆主　法先,彭城人也。宋明帝先师陆修静。至是,修静卒,宋主又师事法先,尽北面之礼,以为崇虚_{旧作灵。}馆主。

[出处]　《御览》六七九引《珠囊》

二年　戊午(478)　　　二年

宋王僧虔请正雅乐　尚书令王僧虔好文史,解音律,以朝廷礼乐多违正典,民间竞造新声杂曲。时萧道成辅政,僧虔上表曰:“夫悬钟之器,以雅为用;《凯容》之礼,八佾为仪。今总章羽佾,音服舛异。又歌钟一肆,克谐女乐,以歌为务,非雅器也。大明中,即以宫悬合和《鞞》、《拂》,节数虽会,虑乖雅体,将来知音,或讥圣世。若谓钟舞已谐,重违成宪;更立歌钟,不参旧例。四县所奏,谨依雅条;即义沿理,如或可附。又今之《清商》,实由铜爵,三祖风流,遗音盈耳。京洛相高,江左弥贵。谅以金石干羽,事绝私室;桑濮郑卫,训隔绅冕;中庸和雅,莫复于斯。而情变听移,稍复销落,十数年间,亡者将半。自顷家竞新哇,人尚谣俗,务在噍杀,不顾音纪。流宕无崖,未知所极;排斥正曲,崇长烦淫。士有等差,无故不可去乐;礼有攸序,长幼不可共闻。故喧丑之制,日盛于廛里;风味之响,独尽于衣冠。宜命有司,务勤功课,缉理遗逸,迭相开晓。所经漏忘,悉加补缀。曲全者禄厚,艺妙者位优。利以动之,则人思刻厉。反本还源,庶可跂踵。”道成乃使侍中萧惠基调正清商音律。_{虽微有厘改,尚多遗失。及齐受命,欲通使北朝,僧虔与兄子俭书曰:“古语云,中国失礼,求之四夷。计乐亦如。苻坚败后,东晋始备金石乐,故知不可全诬也。北国或有遗乐,诚未可便以补中夏之阙。且得知其存亡,亦一理也。但《鼓吹》旧有二十一曲,今所能者,十一而已。意谓北使会有散役,得今北乐一人粗别同异者,充此使限。虽复延州难追,其得知所知,亦当不同。若谓有此理者,可得申吾意上闻否?试为思之。”事竟不行。}

[出处]　《南齐书·王僧虔传》　《南史》卷二十二《王僧虔传》

南天竺僧菩提达磨自宋之魏 菩提达磨，南天竺婆罗门种，神慧疏朗，闻皆晓悟。志存大乘，冥心虚寂。通微彻数，定学高之。悲此边隅，以法相导。初达宋境南越，至是北度至魏。随其所止，诲以禅教。于时合国，盛弘讲授，乍闻定法，多生讥谤。有道育、慧可，释僧可一名慧可，俗姓姬氏，虎牢人。外览坟索，内通藏典。末怀道京辇，默观时尚。独蕴大照，解悟绝群。虽成道非新，而物贵师受。一时令望，咸共非之，但权道无谋，显会非远，自结斯要，谁能系之。年登四十，遇菩提达磨游化嵩洛，可怀宝知道，一见悦之，奉以为师，毕命承旨。此二沙门年虽在后，而锐志高远，初逢法将，知道有归，寻亲事之，经四五载。给供咨接。感其精诚，诲以真法。如是安心，谓壁观也。如是发行，谓四法也。如是顺物，教护讥嫌。如是方便，教令不著。然则入道多途，要唯二种，谓理行也。藉教悟宗，深信含生同一真性；客尘障故，令舍伪归真，凝住壁观，无自无他，凡圣等一，坚住不移，不随他教；与道冥符，寂然无为，名理入也。行入，四行，万行同摄。初报怨行者，修道苦至，当念往劫，舍本逐末，多起爱憎；今虽无犯，是我宿作；甘心受之，都无怨怼。经云：逢苦不忧，识达故也。此心生时，与道无违，体怨进道故也。二，随缘行者，众生无我，苦乐随缘；纵得荣誉等事，宿因所构，今方得之，缘尽还无，何喜之有？得失随缘，心无增减；违顺风静，冥顺于法也。（敦煌写本《楞伽师资纪》引此文作"喜风不动，冥顺于道"。较为明显。）三，名无所求行，世人长迷，处处贪著，名之为"求"。道士悟真，理与俗反；安心无为，形随运转。三界皆苦，谁而得安？经曰：有求皆苦，无求乃乐也。四，名称法行，即性静之理也。磨以此法开化魏土，识真之士，从奉归悟，录其言语卷流于世。

　　［出处］《续高僧传》卷第十八《菩提达磨传》、《僧可传》

　　［考证］ 按《菩提达磨传》："初达宋境南赵……"则来时当在宋时。又按《僧副传》："释僧副，太原祁县人也。……有达磨禅师，善明观行，……遂从而出家。……齐建武年，南游杨辇，止于钟山

定林下寺。"可知达磨于建武之前已至北朝,则其初由南至北之时,必在宋齐之间矣。而《历代法宝记》载有见梁武帝之事,若达磨已于前时游化嵩洛,则无缘得至梁朝。《法宝记》又载萧梁武帝造碑文,此碑文今见《说嵩》卷二十三《艺林》中有云:"大师讳达磨,天竺人也。莫知其所居,未详其姓氏。"其未见梁武之状况甚明。盖撰《法宝记》者仅知梁武有撰碑之事,而未见其碑文,故不免沿袭俗说耳。

卷之四

齐

高帝

建元元年　己未(479)　　　三年

齐王逡之为国子博士　右仆射王俭重儒术,王逡之字宣约,琅邪临沂人。以著作郎兼尚书左丞,参定齐国仪礼。初,俭撰《古今丧服集记》,逡之难俭十一条,更撰《世行》五卷,转国子博士。

[出处]《南齐书·文学·王逡之传》

齐于襄阳得古物　齐皇孙南郡王长懋镇雍州,时襄阳有盗发古冢者,相传云,是楚王冢。大获宝物,玉屐、玉屏风、竹简书、青丝编。简广数分,长二尺,皮节如新。盗以把火自照。后人有得十余简以示抚军王僧虔,僧虔云:"是科斗书《考工记》,《周官》所阙文也。"是时州遣按验,颇得遗物,故有同异之论。

[出处]《南齐书·文惠太子传》

齐顾欢上《政纲》　初,欢早孤,每读《诗》至"哀哀父母",辄执书恸泣,学者由是废《蓼莪篇》,不复讲焉。晚节服食,不与人通。每旦出户,山鸟集其掌取食。好黄老,通解阴阳书,为数术,多效验。齐主辅政,悦欢风教,征为扬州主簿,遣中使迎欢。及践阼乃至。称山谷臣顾欢,上表进《政纲》一卷。时员外郎刘思劾表陈谠言,优诏并称美之。欢东归,齐王赐麈尾、素琴。

[出处]《南史》卷七十五《隐逸上·顾欢传》《南齐书·高逸·顾欢传》

二年　庚申(480)　　　四年

齐置史官　齐初置史官,以司徒右长史檀超字悦祖,高平金乡人。与骠骑记事江淹字文通,济阳考城人。掌史职。上表立条例,开元纪号,不取宋年。封爵各详本传,无假年表。立十志:《律历》、《礼乐》、《天文》、《五行》、《郊祀》、《刑法》、《艺文》依班固,《朝会》、《舆服》依蔡邕、司马彪,《州郡》依徐爰,《百官》依范晔合《州郡》。班固五星载《天文》,日蚀载《五行》,改日蚀入《天文志》。以建元为始,帝女体自皇宗,立传以备甥舅之重。又立《处士》、《列女传》。诏内外详议。秘书丞袁彖字伟才,陈郡阳夏人。议其《处士传》曰:"夫事关业用,方得列其名行。今栖遁之士,排斥皇王,陵轹将相。此偏介之行,不可长风移俗,故迁书未传,班史莫编。一介之善,无缘顿略。宜列其姓业,附出他篇。"左仆射王俭议:"金粟之重,八政所先,食货通则国富民实,宜加编录,以崇务本。《朝会志》前史不书,蔡邕称先师胡广说《汉旧仪》,此乃伯喈一家之意,曲碎小仪无烦录。宜立《食货》,省《朝会》。《洪范》九畴,一曰五行,五行之本,先乎水火之精,是为日月五行之宗也。今宜宪章前轨,无所改革。又立《帝女传》,亦非浅识所安。若有高德异行,自当载在《列女》。若止于常美,则仍旧不书。"诏:"日月灾隶《天文》,余如俭议。"超史功未就,卒官。江淹撰成之,犹不备也。时豫章熊襄著《齐典》,上起十代,其序云:"《尚书·尧典》,谓之《虞书》,则附所述,故通谓之齐,名为《河洛金匮》。"

　　[出处]　《南齐书·文学·檀超传》

　　齐豫章王于荆州立学　夏,豫章王嶷于南蛮园东南开馆立学,上表言状。置生四十人,取旧族父祖位正佐台郎年二十五以下十五以上补之。置儒林参军一人,文学祭酒一人,劝学从事二人,行释菜礼。

　　[出处]　《南齐书·豫章王嶷传》

　　齐撰立郊庙歌　有奏撰立郊庙歌,敕司徒褚渊、字彦回,河南阳翟人。侍中谢朏、字敬冲,陈郡阳夏人。散骑侍郎孔稚珪、字德璋,会稽山阴人。太学博士王咺之、总明学士刘融、何法图、何昙秀十人并作。太庙登歌用司徒褚渊,余悉用黄门郎谢超宗谢灵运之孙。辞。超宗所撰,多删颜延之、谢庄辞,以为新曲,备改乐名。永明二年,太子步兵校尉伏曼容(字公仪,平昌安丘人)上表,宜集英儒,删纂雅乐,诏付外详,竟不行。

　　[出处]　《南齐书·乐志》、《谢超宗传》

三年　辛酉(481)　　　五年

　　齐司徒褚渊上臧荣绪所作《晋书》　荣绪,东莞莒人也。祖奉先,建陵令。父庸民,国子助教。荣绪幼孤,躬自灌园以供祭祀。母丧后,乃著《嫡寝论》,埽洒堂宇,置筵席,朔望辄拜,荐甘珍未尝先食。纯笃好学,括东西晋为一书,纪录志传百一十卷。隐居京口教授,南徐州辟西曹,举秀才,不就。齐主为扬州,征荣绪为主簿,不到。司徒褚渊少时尝命驾寻之。至是,启齐主曰:"荣绪,朱方隐者,昔臧质在宋,以国戚出牧彭岱,引为行佐,非其所好,谢疾求免。蓬庐守志,漏湿是安,灌蔬终老。与友关康之沈深典素,追古著书,撰《晋史》十帙。赞论虽无逸才,亦足弥纶一代。臣岁时往京口,早与之遇,近报其取书,始方送出。庶得备录渠阁,采异甄善。"齐主答曰:"公所道臧荣绪,吾甚志之。其有史翰,欲令入天禄,甚佳!"

荣绪惇爱《五经》，谓人曰："昔吕尚奉丹书，武王致斋降位。李释教诫，并有礼敬之仪。因甄明至道，乃著《拜五经序论》。"常以宣尼庚子日生，其日陈《五经》拜之，自号被褐先生。又以饮酒乱德，言常为诫。永明六年卒，年七十四。初，荣绪与关康之（字伯愉，河东人）俱隐在京口，时因号为二隐云。

［出处］《南齐书》卷五十四《高逸·臧荣绪传》《南史》卷七十六《隐逸下·臧荣绪传》

齐以刘瓛为会稽郡丞 刘瓛字子珪，沛国相人。晋丹阳尹惔六世孙也。祖弘之，给事中。父惠，临贺太守。瓛笃志好学，博通训义。年五岁，闻舅孔熙先读《管宁传》，欣然欲读，舅更为说之，精意听受，曰："此可及也。"宋大明四年，举秀才。兄瑑亦有名，先应州举。别驾东海王元曾与瓛父惠书曰："此岁贤子充秀，州闾可谓得人。"除奉朝请，不就。兄弟三人，共处蓬室一间，为风所倒，无以葺之，怡然自乐。习业不废，聚徒教授，常有数十。丹阳尹袁粲于后堂夜集，瓛在坐，粲指庭中柳树谓瓛曰："人谓此是刘尹时树，每想高风。今复见卿，清德可谓不衰矣。"荐为秘书郎，不见用。除邵陵王郡主簿，安陆王①国常侍，安成王抚军行参军，公事免。瓛素无宦情，自此不复仕。袁粲诛，瓛微服往哭，并致赙助。齐主践阼，召瓛入华林园谈语，问以政道。答曰："政在《孝经》，宋氏所以亡，陛下所以得之，是也。"齐主咨嗟曰："儒者之言，可宝万世。"又谓瓛曰："吾应天革命，物议以为何如？"瓛曰："陛下戒前轨之失，加之以宽厚，虽危可安。若循其覆辙，虽安必危矣。"既出，齐主顾谓司徒褚渊曰："方直乃尔，学士故自过人。"敕瓛使数入，而瓛自非诏见，未尝到宫门。齐主欲用瓛为中书郎，使吏部尚书何戢喻旨。戢谓瓛曰："上意欲以凤池相处，恨君资轻，可且就前除，少日当转国子博士，便即所授。"瓛笑曰："平生无荣进意，今闻得中书郎而拜记

---

① "陆王"原作"令"，据《南齐书》改。

室,岂本心哉?"后以母老阙养,拜彭城郡丞,谓司徒褚渊曰:"自省无廊庙之才,所愿唯保彭城耳。"齐主又以瓛兼总明观祭酒,除豫章王骠骑记室参军,丞如故。瓛终不就。武陵王曅为会稽太守,齐主欲令瓛为曅讲,除会稽郡丞。学徒从之者转众。

[出处]　《南齐书·刘瓛传》《南史》卷五十《刘瓛传》《南齐书·武陵王曅传》

[附录]　刘瓛传学表

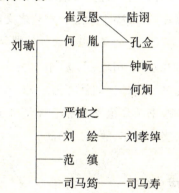

魏征刘献之典内校书　献之,博陵饶阳人也,少而孤贫,雅好《诗》传。曾受业于渤海程玄,后遂博观众籍。见名法之言,掩卷而笑曰:"若使杨、墨之流不为此书,千载谁知其小也?"曾谓其所亲曰:"观屈原《离骚》之作,自是狂人。死其宜矣,何足惜也!吾常谓濯缨洗耳,有异人之迹;哺糟歠醨,有同物之志。而孔子曰:'我则异于是,无可无不可。'诚哉斯言!实获我心。"人有从献之学者,献之辄谓之曰:"人之立身,虽百行殊途,准之四科,要以德行为首,君若能入孝出悌,忠信仁让,不待出户,天下自知。傥不能然,虽复下帷针股,蹑屩从师,正可博闻多识,不过为土龙乞雨,眩惑将来,其于立身之道,有何益乎?孔门之徒,初亦未悟,见皋鱼之叹,方归而养亲。嗟乎,先达何自觉之晚也。束脩不易,受之亦难,敢布心腹,子其图之。"由是四方学者,莫不高其行义,而希造其门。献之善

《春秋》、《毛诗》,每讲《左氏》,尽隐公八年便止,云:"义例已了,不复须解。"由是弟子不能究竟其说。后本郡举孝廉,非其好也。逼遣之,乃应命。至代京,称疾而还。至是,魏主幸中山,诏征典内校书,献之喟然叹曰:"吾不如庄周散木远矣,一之谓甚,其可再乎?"固以疾辞。时中山张吾贵与献之齐名,海内皆曰儒宗。吾贵每一讲唱,门徒千数,其行业可称者寡。献之著录数百而已,皆经通之士。于是有识者辨其优劣。魏承丧乱之后,《五经》大义虽有师说,而海内诸生,多有疑滞,咸决于献之。六艺之文,虽不悉注,然所标宗旨,颇异旧义。撰《三礼大义》四卷,《三传略例》三卷,《注毛诗序义》一卷,行于世,并立《章句疏》三卷。注《涅槃经》,未就而卒。

[出处]　《魏书·儒林·刘献之传》

[考证]　按《魏书·高祖孝文帝纪》,太和五年车驾南巡,至中山。则其征献之,当在此年,故志之于此。

四年　壬戌(482)　　　　六年

齐立国学　正月壬戌诏曰:"夫胶庠之典,彝伦攸先,所以昭振才端,启发性绪,弘字黎氓,纳之轨仪。是故五礼之迹可传,六乐之容不泯。朕自膺历受图,志阐经训,且有司群僚,奏议咸集,盖以戎车时警,文教未宣,思乐泮宫,永言多慨。今关燧无虞,时和岁稔,远迩同风,华夷慕义。便可式遵前准,修建敩学,精选儒官,广延国胄。"于是立国学,置学生百五十人,其有位乐人者五十人。生年十五以上,二十以还。取王公以下至三将、著作郎、廷尉正、太子舍人、领护诸府司马谘议经除敕者、诸州别驾治中等见居官及罢散者子孙。悉取家去都二千里为限。会帝崩,乃以国讳废。

[出处]　《南齐书·高帝纪下》、《礼志一》

齐道士孟景翼作《正一论》　齐太子长懋及竟陵王子良并好释法,平昌孟景翼字道辅。为道士,太子召入玄圃园。众僧大会,子良使景翼礼佛,景翼不肯。子良送《十地经》与之。景翼造《正一论》,大略曰:"《宝积》云:'佛以一音广说法。'老子云:'圣人抱一以为天下式。'一之为妙,空玄绝于有景,神化赡于无穷。为万物而无为,处一数而无数。莫之能名,强号为一。在佛曰实相,在道曰玄牝。道之大象,即佛之法身。以不守之守守法身,以不执之执执大象。但物有八万四千行,说有八万四千法。法乃至于无数,行亦达于无央。等级随缘,须导归一。归一回向,向正即无邪。邪观既遣,亿善日新,三四五六,随用而施,独立不改,绝学无忧,旷劫诸圣,共遵斯一。老释未始于尝分,迷者分之而未合。亿善遍修,修遍成圣,虽十号千称,终不能尽。终不能尽,岂可思议!"司徒从事中郎张融字思光,吴郡吴人。作《门律》云:"道之与佛,逗极无二。吾见道士与道人战儒墨,道人与道士辨是非。昔有鸿飞天首,积远难亮,越人以为凫,楚人以为乙。人自楚越,鸿常一耳。"以示太子仆周颙,字彦伦,汝南安城人。颙难之曰:"虚无法性,其寂虽同,住寂之方,其旨则别。论所谓'逗极无二'者,为逗极于虚无,当无二于法性邪?足下所宗之本,一物为鸿乙耳。驱驰佛道,无免二乖。未知高鉴缘何识本轻而宗之。其有旨乎?"互相论难,往复之文甚多。

　　[出处]　《南齐书·高逸·顾欢传》《南史·隐逸·顾欢传》《御览》六六六引《道学传》

　　[考证]　按《广弘明集》卷第十九有沈约所作之《南齐皇太子解讲疏》,称"皇太子以建元四年四月十五日集大乘望僧于玄圃园"。且张融为司徒从事中郎,周颙为太子仆,俱在是时,故志其事于此。

武帝

永明元年　癸亥(483)　　　七年

齐征明僧绍为国子博士,不就　初,宋明帝泰始六年,征僧绍为通直郎,不就。昇明中,齐高帝为太傅,教辟僧绍及顾欢、臧荣绪,以旌币之礼征为记室参军,不至。僧绍弟庆符为青州,僧绍乏粮食,随庆符之郁州,住弇榆山栖云精舍,欣玩水石,竟不一入州城。建元元年冬诏曰:"朕侧席思士,载怀尘外。齐郡明僧绍标志高栖,耽情坟素,幽贞之操,宜加贲饰。"征为正员外郎,称疾不就。其后高帝与崔思祖书曰:"明居士标意可重,吾前旨竟未达耶? 小凉欲有讲事,卿可至彼,具述吾意。令与庆符俱归。"又曰:"不食周粟而食周薇,古犹发议,在今宁得息谈耶? 聊以为笑。"庆符罢任,僧绍随归,住江乘摄山。高帝谓庆符曰:"卿兄高尚其事,亦尧之外臣。朕虽不相接,有时通梦。"遗僧绍竹根如意、笋箨冠。僧绍闻沙门释僧远风德,往候定林寺。高帝欲出寺见之。僧远问僧绍曰:"天子若来,居士若为相对?"僧绍曰:"山薮之人,政当凿坏以遁。若辞不获命,便当依戴公故事耳。"既而遁还摄山,建栖霞寺而居之,高帝甚以为恨。昔戴颙高卧牖下,以山人之服加其身,僧绍故云。至是,明帝敕召,僧绍称疾不肯见。诏征国子博士,不就,卒。子山宾,字孝若。

[出处]《南齐书·高逸·明僧绍传》《南史》卷五十《明僧绍传》

齐征顾欢、顾黯,不就　诏征顾欢为太学博士,同郡顾黯为散骑郎,黯字长儒,有隐操。俱不就。会稽孔珪尝登岭寻欢,共谈《四本》。欢曰:"兰石危而密,宣国安而疏,士季似而非,公深谬而是。总而言之,其失则同;曲而辩之,其涂则异。何者? 同昧其本而竞谈其末,犹未识辰纬而意断南北。群迷暗争,失得无准,情长则申,意短则屈,所以《四本》并通,莫能相塞。夫中理唯一,岂容有二?《四本》无正,失中故也。"于是著《三名论》以正之。尚书刘澄、临川王常侍朱广之并立论难,与之往复。而广之才尤精诣也。广之字处深,吴郡钱塘人,善清言。欢口不辩,善于著论。又注《王弼易二系》,学者传之。知将终,赋诗言志曰:"五涂无恒宅,三清有常舍,精气因天行,游魂随物化,鹏鹬适大海,蜩鸠之桑柘。达生任去留,善死均日夜,委命安所乘,何方不可驾? 翘心企前觉,融然从此谢。"自克死日,自择葬时,卒于剡山,时年六十四。身体香软,道家谓之尸解仙化焉。齐主诏欢诸子撰欢文议三十卷。

[出处] 《南史》卷七十五《隐逸上·顾欢传》《南齐书·高逸·顾欢传》

[附录] 顾欢著述表

《王弼易二系注》本传

《尚书百问》一卷

《毛诗集解叙义》

《三名论》本传

《老子义纲》一卷

《老子义疏》一卷《隋志》。《唐志》四卷。

《夷夏论》二卷

集三十卷

二年　甲子(484)　　　八年

齐定礼乐　太子步兵校尉伏曼容表定礼乐,于是诏尚书令王俭制定新礼,立治礼乐学士及职局。置旧学四人,新学六人,正书令史各一人,干一人。秘书省差能书弟子二人。因集前代,撰治五礼。俭令曼容与河内司马宪、吴郡陆澄(字彦渊)共撰丧服义,既成,又欲与之定礼乐,会俭薨乃止。

[出处] 《南齐书·礼志上》《梁书·儒林·伏曼容传》

齐以道士孙游岳为兴世馆主　游岳字颖达①,东阳人,有吴后也。幼而恭,长而和,其静如渊,其气如春,甄汰九流,潜神希微。尝步赤松涧缙云堂,遂卜终焉之地。宋太初中,陆修静至自庐岳,

---

① 《云笈七签》"颍达"作"颖达"。

云游帝宅。游岳乃抠衣而趋,嗣承奥旨,授《三洞》并所秘杨真人、许掾手迹。因茹术却粒,服谷仙丸。六十七年,颜彩轻润,精爽秀洁。暨修静上宾,方旋旧室,捃摭道机,断核真假,与褚、章、朱四君交密。至是诏以代师,并任主兴世馆。于是搜奇之士,知袭教有宗。若凤萃于桐,万禽争赴矣。孔德璋、刘孝标等争结尘外之好。后游岳频谢病归山,朝命未许。至永明七年五月内,以挥神托化。沐浴称疾,怡然而终,门徒弟子数百人,唯陶弘景入室焉。

[出处] 《云笈七签》卷之五《齐兴世馆主孙先生传》

三年　乙丑(485)　　　九年

齐立国学　正月诏曰:"《春秋国语》云:'生民之有学斅,犹树木之有枝叶。'果行育德,咸必由兹。在昔开运,光宅华夏,方弘典谟,克隆教思,命彼有司,崇建庠塾。甫经就始,仍离屯故。仰瞻徽猷,岁月弥远。今遐迩一体,车轨同文,宜高选学官,广延胄子。"于是创立堂宇,召公卿子弟下及员外郎之胤,凡置生二百人。国学既立,省总明观。于王俭宅开学士馆,以总明四部书充之,又诏俭以家为府。

[出处] 《南齐书·武帝纪》、《礼志上》、《王俭传》

齐陆澄、王俭议国学置经　澄领国子博士,时国学置郑、王《易》,杜、服《春秋》,何氏《公羊》,麋氏《穀梁》,郑玄《孝经》,澄谓尚书令王俭曰:"《孝经》,小学之类,不宜列在帝典。"乃与俭书论之曰:"《易》近取诸身,远取诸物,弥天地之道,通万物之情。自商瞿至田何,其间五传。年未为远,无讹杂之失;秦所不焚,无崩坏之弊。虽有异家之学,以象数为宗。数百年后,乃有王弼。王济云:弼所悟者多,何必能顿废前儒?若谓《易》道尽于王弼,方须大论。意者无乃仁智殊见,四道异传,无体不可以一体求,屡迁不可以一迁执也。晋太兴四年,太常荀崧请置《周易》郑玄注博士,行乎前代。于时政由王、庾,皆俊神清识,能言玄言,舍辅嗣而用康成,岂其妄然？泰元立王肃《易》，当以在玄、弼之间。元嘉建学之始，玄、弼两立，逮颜延之为祭酒，黜郑置王，意在贵玄，事成败儒。今若不大弘儒风，则无所立学。众经皆儒，惟《易》独玄，玄不可弃，儒不可缺。谓宜并存，所以合无体之义。且弼于注经中，已举《系辞》，故不复别注。今若专取弼《易》，则《系》说无注。《左氏》泰元取服虔而兼取贾逵，经服传无，经虽在注中，而传又有无经者故也。今留服而去贾，则经有所阙。案杜预注传，王弼注《易》，俱是晚出，并贵后生。杜之异古，未如王之夺实。祖述前儒，特举其违。又《释例》之作，所引惟深。《谷梁》泰元旧有麋信注，颜益以范宁，麋犹如故。颜论闰分，范注当以同我者亲。常谓《谷梁》劣《公羊》，为注者又不尽善，竟无及《公羊》之有何休，恐不足两立。必谓范善，便当除麋。世有一《孝经》，题为郑玄注，观其用辞，不与注书相类。案玄自序所注众书，亦无《孝经》。"俭答曰："《易》体微远，实贯群籍。施、孟异闻，周、韩殊旨，岂可专据小王便为该备？依旧存郑，高同来说。元凯注传，超迈前儒，若不列学官，其可废矣。贾氏注经，世所罕习。《谷梁》小书，无俟两注。存麋略范，率由旧式。凡此诸义，并同雅论。疑《孝经》非郑所注，仆以此书明百行之首，实人伦所先。《七略》、《艺文》并陈之六艺，不与《苍颉》、《凡将》之流也。郑注虚实，前代不嫌，意谓可安，仍旧置立。"俭自以博闻多识，读书过澄。澄曰："仆年少来无事，唯以读书为业，且年已倍令君。令君少便鞅掌王务，虽复一览便谙，然见卷轴，未必多仆。"俭集学士何宪等盛自商略，澄待俭语毕，然后谈所遗漏，数千百条，皆俭所未睹。俭乃叹服。俭在尚书省，出巾箱机案杂服饰，令学士隶事，事多者与之。人人各得一两物。澄后来，更出诸人所不知事，复各数条，并夺物将去。

　　[出处]《南齐书·陆澄传》

齐征刘虬、宗测、宗尚之、庾易、刘昭，不至　虬字灵祯，《南齐书》祯作预。一字德明，南阳涅阳人也。晋豫州刺史刘乔七世孙。徙居江陵。虬少而抗节好学，须得禄便隐。宋泰始中，仕至晋平王骠骑记室、当阳令,罢官归家静处。常服鹿皮裘,断谷,饵术及胡麻。建元初,豫章王嶷为荆州,教辟虯为别驾,与同郡宗测、新野庾易并遗书礼请,各修笺答,而不应辟命。至是,刺史庐陵王子卿表虯及同郡宗测、宗尚之、庾易、刘昭字宣卿,平原高唐人。五人,请加蒲车束帛之命,诏征为通直郎,不就。竟陵王子良致书通意,虯答曰:“虯四节卧病,三时营灌,畅余阴于山泽,托暮情于鱼鸟。宁非唐、虞重恩,周、邵宏施?虯进不研机入玄,无洙泗稷馆之辩;退不凝心出累,非冢间树下之节。远泽既洒,仁规先著,谨收樵牧之嫌,敬加轼蛙之义。”虯精信释氏,衣粗布衣,礼佛长斋,注《华严》、《法华经》。讲《涅槃》、《大品》、《小品》。又以渐、顿二门判教,著《无量义经序》曰:“《无量义经》者,取其无相一法,广生众教,含义不资,故曰无量。夫三界群生,随业而转,一极正觉,任机而通。流转起灭者,必在苦而希乐,此叩圣之感也。顺通示现者,亦施悲而用慈,即救世之应也。根异教殊,其阶成七。先为波利等说五戒,所谓人天善根,一也。次为拘邻等转四谛,所谓授声闻乘,二也。次为中根演十二因缘,所谓授缘觉乘,三也。次为上根举六波罗蜜,所谓授以大乘,四也。众教宜融,群疑须导,次说《无量经》。既称得道差品,复云未显真实,使发求实之冥机,用开一极之由序,五也。故《法华》接唱,显一除三,顺彼求实之心,去此施权之名,六也。虽权开而实现,犹掩常住之正义;在双树而临崖,乃畅我净之玄音,七也。过斯以往,法门虽多,撮其大归,数尽于此。亦由众声不出五音之表,百氏并在六家之内。其《无量义经》,虽《法华》首戴其目,而中夏未睹其说。每临讲肆,未尝不废谈而叹,想见斯文。忽有武当山比丘慧表,生自羌,伪帝姚略从子。国破之日,为晋军何澹之所得。数岁聪黠,澹之字曰螟蛉,养为假子。俄放出家,便勤苦求道,南北游寻,不择夷险。以齐建元三年,复访奇搜秘,远至岭南。于广州朝亭寺,遇中天竺沙门昙摩伽陀耶舍,手能隶书,口解齐言。

欲传此经，未知所授。表便殷勤致请，心形俱至。淹历旬朔，仅得一本。仍还峤北，赍入武昌。以今永明三年九月十八日，顶戴出山，见校弘通，奉觌真文，欣敬兼诚。咏歌不足，手舞莫宣。辄虔访宿解，抽刷庸思，谨立序注云。自极教应世，与俗而差；神道救物，称感成异。玄圃以东，号曰太一；罽宾以西，字为正觉。东国明殃庆于百年，西域辩休咎于三世。希无之与修空，其揆一也。有欲于无者，既无得无之分；施心于空者，岂有入空之照？而讲求释教者，或谓会理可渐，或谓入空必顿。请试言之，以筌幽寄。立渐者，以万事之成，莫不有渐。坚冰基于履霜，九成作于累土。学人之入空也，虽未员符，譬入斩木。去寸无寸，去尺无尺，三空稍登，宁非渐耶？立顿者，以希有之功，莫过观于法性。法性从缘，非有非无。忘虑于非有非无，理照斯一者，乃曰解空。存心于非有非无，境智犹二者，未免于有。有中伏结，非无日损之验。空上论心，未有入理之效。而言纳罗汉于一听，判无生于终朝。是接诱之言，非称实之说，妙得非渐，理固必然。既二谈分路，两意争途，一去一取，莫之或正。寻得旨之匠，起自支、安。支公之论无生，以七住为道慧。阴足十住，则群方与能，在迹斯异，语照则一。安公之辩异，观三乘者始匮之因，称定慧者终成之实。录此谓始，求可随根。三入解则其慧不二，《譬喻》亦云，大难既夷，乃无有三，险路既息，其化即亡。此则名一为三，非有三悟明矣。生公云：'道品可以泥洹，非罗汉之名；六度可以至佛，非树王之谓。'斩木之喻，木存故尺寸可渐。无生之证，生尽故其照必顿。案三乘名教，皆以生尽照息，去有入空，以此为道。不得取像于形器也。今无量义，亦以无相为本，若所证实异，岂曰无相？若入照必同，宁曰有渐？非渐而云渐，密筌之虚教耳。如来亦云，空拳诳小儿，以此度众生。微文接麁，渐说或允；忘象得义，顿义为长。聊举大较，谈者择焉。"虯以江陵西沙洲去人远，乃徙居之。建武二年，诏征国子博士，不就。其岁冬，病卒，年五十八。

　　[出处]　《南齐书·高逸·刘虬传》《南史》卷五十《刘虬传》
《出三藏记集》卷第九

　　魏焚图谶　正月戊寅诏曰："图谶之兴,起于三季。既非经国
之典,徒为妖邪所凭。自今图谶及名为《孔子闭房记》者,一皆焚
之,留者以大辟论。又诸巫觋,假称鬼神,妄说吉凶,及委巷诸卜非
坟典所载者,严加禁断。"

　　[出处]　《魏书·高祖孝文帝纪》

四年　丙寅(486)　　　　　十年

　　齐王俭领吏部　俭以尚书右仆射领吏部。先是宋孝武好文
章,天下悉以文采相尚,莫以专经为业。俭弱年便留意《三礼》,尤
善《春秋》,发言吐论,造次必于儒教。由是衣冠翕然,并尚经学。
儒教于此大兴。何承天《礼论》三百卷,俭抄为八帙,又别抄条目为
十三卷。朝仪旧典,晋宋来施行故事,撰次谙忆,无遗漏者。所以
当朝理事,断决如流,每博议引证,先儒罕有其例。八坐丞郎,无能
异者。令史谘事,宾客满席,俭应接铨序,傍无留滞。十日一还,监
试诸生,巾卷在庭,剑卫令史,仪容甚盛。作解散髻,斜插帻簪,朝
野慕之,相与放效。俭常谓人曰:"江左风流宰相,唯有谢安。"盖自
比也。齐主深委仗之,士流选用,奏无不可。

　　[出处]　《南史》卷二十二《王俭传》

　　刘峻自魏归齐　峻好学家贫,寄人庑下,自课读书,常燎麻
炬,从夕达旦。时或昏睡,爇其须发,及觉复读,其精力如此。时
魏孝文选尽物望,江南人士才学之徒咸见申擢。峻兄弟不蒙选
拔。至是,俱奔江南,遂改名峻,字孝标。孝标自以少时未开悟,
晚更厉精,明慧过人。苦所见不博,更求异书,闻京师有者,必往
祈借。清河崔慰祖字悦宗。谓之书淫。于是博极群书,文藻秀出。
故其《自序》云:"黉中济济皆升堂,亦有愚者解衣裳。"时竟陵王子

良博招学士，峻因人求为子良国职，吏部尚书徐孝嗣抑而不许，用为南海王侍郎，不就。至明帝时，萧遥欣为豫州，引为府刑狱，礼遇甚厚。遥欣寻卒，久不调。

[出处] 《南史》卷四十九《刘怀珍传》《梁书·文学·刘峻传》 刘孝标《自序》

魏起明堂辟雍　魏改中书学为国子学。又于九月辛卯，诏起明堂辟雍。

[出处] 《魏书·高祖孝文帝纪》、《儒林传》

五年　丁卯(487)　　　十一年

齐竟陵王子良集《四部要略》　子良少有清尚，礼才好士，居不疑之地，倾意宾客，天下才学皆游集焉。至是，移居鸡笼山西邸，集学士钞《五经》、百家，依《皇览》例，为《四部要略》千卷。又招致名僧，讲论佛法，造经呗新声，道俗之盛，江左未有也。

[出处] 《南齐书·竟陵王子良传》

齐太子长懋临国学策试诸生　长懋既正位东储，喜立名尚。解声律，工射，饮酒至数斗而未尝举杯。从容有风仪，音韵和辩。引接朝士，人人自以为得意。文武士多所招集，会稽虞炎、济阳范岫、汝南周颙、陈郡袁廓并以学行才能，应对左右。而武人略阳垣历生、襄阳蔡道贵拳勇秀出，当时以比关羽、张飞。永明三年，于崇正殿讲《孝经》，少傅王俭以摘句令太子仆周颙撰为义疏。是年冬，太子临国学，亲临策试诸生。于坐问少傅王俭曰："《曲礼》云：'无不敬。'寻下之奉上，可以尽礼；上之接下，慈而非敬。今总同敬名，将不为昧？"俭曰："郑玄云：'礼主于敬。'便当是尊卑所同。"太子曰："若如来通，则忠惠可以一名，孝慈不须别称。"俭曰："尊卑号称，不可悉同；爱敬之名，有时相次；忠惠之异，诚以圣旨；孝慈互举，窃有征据。《礼》云'不胜丧比于不慈不孝'，此则其义。"太子曰:"资敬奉君,资爱事亲,兼此二涂,唯在一极。今乃移敬接下,岂复在三之义?"俭曰:"资敬奉君,必同至极,移敬逮下,不慢而已。"太子曰:"敬名虽同,深浅既异,而文无差别,弥复增疑。"俭曰:"繁文不可备设,略言深浅已见。《传》云:'不忘恭敬,民之主也。'《书》云:'奉先思孝,接下思恭。'此又经典明文,互相起发。"太子问金紫光禄大夫张绪,字思曼,吴郡吴人。绪曰:"愚谓恭敬是立身之本,尊卑所以并同。"太子曰:"敬虽立身之本,要非接下之称。《尚书》云:'惠鲜鳏寡。'何不言恭敬鳏寡耶?"绪曰:"今别言之,居然有恭惠之殊,总开记首,所以共同斯称。"竟陵王子良曰:"礼者敬而已矣,自上及下,愚谓非嫌。"太子曰:"本不谓有嫌,正欲使言与事符,轻重有别耳。"临川王映曰:"先举必敬,以明大体,尊卑事数,备列后章,亦当不以总略而碍。"太子又以此义问诸学生,谢几卿等十一人并以笔对。太子问王俭曰:"《周易·乾卦》,本施天位,而《说卦》云'帝出乎震',震本非天,义岂相当?"俭曰:"乾健震动,天以运动为德,故言帝出震。"太子曰:"天以运动为德,君自体天居位,震雷为象,岂体天所出?"俭曰:"主器者莫若长子,故受之以震。万物出乎震,故亦帝所与焉。"俭又谘太子曰:"《孝经》:'仲尼居,曾子侍。'夫孝理弘深,大贤方尽其致,何故不受颜子而寄曾生?"太子曰:"曾生虽德惭体二,而色养尽礼,去物尚近,接引非隔。弘宣规教,义在于此。"俭曰:"接引非隔,弘宣虽易,去圣转远,其事弥轻。既云'人能弘道',将恐人轻道废。"太子曰:"理既有在,不容以人废言。而况中贤之才,弘上圣之教,宁有壅塞之嫌?"临川王映谘曰:"孝为德本,常是所疑,德施万善,孝由天性。自然之理,岂因积习?"太子曰:"不因积习而至,所以可为德本。"映曰:"率由斯至,不俟明德,大孝荣亲,众德光备。以此而言,岂得为本。"太子曰:"孝有深浅,德有大小,因其分而为本,何所稍疑?"太子以长年临学,亦前代未有也。

　　［出处］《南齐书·文惠太子传》《南史》卷四十四《齐武帝诸子传》

魏诏高祐、李彪、崔光撰国记　魏自成帝以来至于太和，崔浩、高允著述国书，编年序录为《春秋》之体。遗落时事，三无一存。至是，秘书令高祐、_{字子集，勃海人。}秘书丞李彪_{字道固，顿丘卫国}人。奏曰："臣等闻典谟兴，话言所以光著；载籍作，成事所以昭扬。然则《尚书》者记言之体，《春秋》者录事之辞。寻览前志，斯皆言动之实录也。夏殷以前，其文弗具；自周以降，典章备举。史官之体，文质不同；立书之旨，随时有异。至若左氏，属词比事，两致并书，可谓存史意而非全史体。逮司马迁、班固，皆博识大才，论叙今古，曲有条章。虽周达未兼，斯实前史之可言者也。至于后汉魏晋，咸以放焉。惟圣朝创制上古，开基《长发》，自始祖以后至于成帝，其间世数久远，是以史弗能传。臣等疏陋，忝当史职，披览国记，窃有志焉。愚谓自王业始基，庶事草创，皇始以降，光宅中土。宜依迁、固大体，令事类相从，纪传区别，表志殊贯，如此修缀，事可备尽。伏惟陛下先天开物，洪宣帝命，太皇太后淳曜二仪，惠和王度，声教之所渐洽，风译之所覃加，固已义振前王矣。加太和以降，年未一纪，然嘉符祯瑞，备臻于往时；洪功茂德，事萃于曩世。会稽伫玉牒之章，岱宗想石记之列，而秘府策勋，述美未尽。将令皇风大猷，或阙而不载；功臣懿绩，或遗而弗传。著作郎已下，请取有才用者参造国书，如得其人，三年有成矣。然后大明之德功光于帝篇，圣后之勋业显于皇策，佐命忠贞之伦，纳言司直之士，咸以备著载籍矣。"帝从之，遂于十二月诏祐、彪及著作郎崔光清_{河人，本名孝伯，字长仁，孝文赐名。}改析国记，依纪传之体。

　　［出处］《魏书·高祖纪下》、《高祐传》、《李彪传》、《崔光传》

六年　戊辰(488)　　　十二年

齐沈约上《宋书》　初,宋元嘉中,著作郎何承天草创纪传。自此以外,悉委奉朝请山谦之补承天残缺。后又命裴松之续成国史。松之寻卒,史佐孙冲之表求别自创立为一家之言。孝建初,又敕南台侍御史苏宝生续造诸传。元嘉名臣,皆其所撰。宝生被诛,大明六年,又命著作郎徐爰踵成前作。爰因何、孙、山、苏所述,勒为一书。其臧质、鲁爽、王僧达诸传,又皆孝武自造,而序事多虚,难以取信。自永光以后至于禅让,十余年中,阙而不载。永明五年春,中书郎沈约字休文,吴兴武康人。被敕撰《宋书》。至是年二月毕功。表上之曰:"……窃惟宋氏南面,承历统天,虽世穷八主,年减百载,而兵车亟动,国道屡屯。垂文简牍,事数繁广。若夫英主启基,名臣建绩,拯世夷难之功,配天光宅之运,亦足以勒铭钟鼎,昭被方策。及虐后暴朝,前王罕二,国衅家祸,旷古未书,又可以式规万叶,作鉴于后。宋故著作郎何承天始撰《宋书》,草立纪传,止于武帝功臣,篇牍未广。其所撰志,唯《天文》、《律历》,自此外悉委奉朝请山谦之。谦之孝建初又被诏撰述,寻值病亡,仍使南台侍御史苏宝生续造诸传。元嘉名臣,皆其所撰。宝生被诛,大明中,又命著作郎徐爰踵成前作。爰因何、苏所述,勒为一史。起自义熙之初,讫于大明之末。至于臧质、鲁爽、王僧达诸传,又皆孝武所造。自永光以来,至于禅让,十余年内,缺而不续,一代典文,始末未举。且事属当时,多非实录。又立传之方,取舍乖衷,进由时旨,退傍世情,垂之方来,难以取信。臣今谨更创立,制成新史。始自义熙肇号,终于昇明三年。桓玄、谯纵、卢循、马、鲁之徒,身为晋贼,非关后代。吴隐、谢混、郗僧施义止前朝,不宜滥入宋典。刘毅、何无忌、魏咏之、檀凭之、孟昶、诸葛长民志在兴复,情非造宋,今并刊除,归之晋籍。臣远愧南、董,近谢迁、固,以间阎小才,述一代盛典,属辞比事,望古惭良,鞠躬跼蹐,靦汗亡厝。本纪列传缮写已毕,合志表七十卷。臣今谨奏呈,所撰诸志,须成续上。谨条目录,诣省拜表奉书以闻。"

[出处]《宋书·自序》

齐王俭、贾渊撰《百家谱》 渊字希镜,平阳襄陵人。永明初,渊为尚书外兵郎,历大司马司徒府参军。竟陵王子良使渊撰《见客谱》,出为句容令。先是谱学未有名家,渊祖弼之广集百氏谱记,专心治业。晋太元中,朝廷给弼之令史书吏撰定缮写藏秘阁,乃迁左民曹。渊父及渊三世传学,凡十八州士族谱,合百帙,七百余卷,该究精悉,当世莫比。至是,王俭抄次《百家谱》,与渊参怀撰定。共成十卷。

[出处]《南齐书·文学·贾渊传》《隋书·经籍志》

齐征沈麟士为太学博士,不就 初,宋昇明末,吴兴太守王奂上表荐麟士,诏征为奉朝请,不就。至是,吏部郎沈渊、中书郎沈约又表荐麟士义行曰:"吴兴沈麟士英风夙挺,峻节早树。贞粹禀于天然,综博生乎笃习。家世孤贫,藜藿不给,怀书而耕,白首无倦,挟琴采薪,行歌不辍。长兄早卒,孤侄数四,摄衣鞠稚,吞苦推甘,年逾七十,业行无改。元嘉以来,聘召仍叠,玉质逾洁,霜操日严,若使闻政王庭,服道槐掖,必能孚朝规于边鄙,播圣泽于荒垂。"诏又征为太学博士,不就。乃与约书曰:"名者实之宾,本所不庶,中央无心,空勤南北,为惠反凶,将在于斯。"

[出处]《南史·隐逸下·沈麟士传》《南齐书》卷五十四《高逸·沈麟士传》

七年 己巳(489) 十三年

齐王俭卒 初,俭请求解选,齐主不许。是年乃上表曰:"臣比年辞选,具简天朝。款言彰于待接,丹诚布于朝野。物议不以为非,圣心未垂矜纳。臣闻知慧不如明时,求之微躬,实允斯义。妄庸之人,沈浮无取。命偶休泰,遂践康衢。秋叶辞条,不假风飙之力；太阳跻景，无俟萤爝之晖。晦往明来，五德递运，圣不独治，八元亮采。臣逢其时而叨其位，常总端右，亟管铨衡，事涉两朝，岁绵一纪。盛年已老，孙孺巾冠，人物徂迁，逝者将半。三考无闻，九流寂寞。能官之咏，辍响于当时；《大车》之刺，方兴于来日。若夫珥貂衣衮之贵，四辅六教之华，诚知匪服，职务差简。端揆虽重，犹可勉励。至于品藻之任，尤惧其阻。夙宵罄竭，屡试无庸；岁月之久，近世罕比。非唯悔吝在身，故乃惟尘及国。方今多士盈朝，群才竞爽，选众而授，古亦何人？冒陈微翰，必希天昭。至敬无文，不敢烦黩。"见许，改领中书监，参掌选事。五月乙巳，以疾卒，年三十八。谥文宪公。俭寡嗜欲，唯以经国为务，车服尘素，家无遗财。手笔典裁，为当时所重。

[出处]　《南齐书·王俭传》、《武帝纪》

[考证]　按《南齐书》载俭卒时年三十八，而《南史》则谓为四十八。考俭以宋齐禅代之际为右仆射领吏部，时年二十八，两书所载均同。至是恰为三十八岁，可知《南史》之误。

　　　[附录]　王俭著述表

《尚书音义》四卷《唐志》　　　　　《丧服古今集记》三卷

《丧服图》一卷　　　　　　　　　　《礼论要钞》十卷

《礼答问》三卷　　　　　　　　　　《礼仪答问》八卷

《吊答仪》十卷　　　　　　　　　　《吉书仪》二卷

《春秋公羊音》二卷《唐志》　　　　《四部书目录》四卷

《今书七志》七十卷　　　　　　　　集五十一卷

齐使何胤撰新礼　先是王俭受诏撰新礼，未就而卒，又使特进张绪续成之。绪又卒，属在司徒竟陵王子良，子良以让国子博士何胤。字子季，卢江灊人。乃置学士二十人，佐胤撰录。

[出处]　《梁书·处士·何点传》

[考证]　按《梁书·徐勉传》，勉上《五礼表》有云："以事付国

子祭酒何胤,经涉九载,犹复未备。建武四年,胤还东山。"自建武四年至是,恰为九年,故志其事于此。

齐刘瓛卒 瓛姿状纤小,儒学冠于当时。京师士子贵游,莫不下席受业。当世推其大儒,以比古之曹、郑。性谦率通美,不以高名自居。游诣故人,唯一门生持胡床随后。主人未通,便坐门待答。住在檀桥,瓦屋数间,上皆穿漏,学徒敬慕,不敢指斥,呼为青溪焉。竟陵王子良亲往修谒,是年表齐主,请为瓛立馆,良记室参军任昉(字彦昇,乐安博昌人)之辞也。曰:"昔在魏中,爰及晋始,书贵虚玄,人悦陶纵。瑚琏废泗上之容,樽俎恣林下之适。春干秋羽,委旷而弗陈;西序东胶,寂寥而谁仰。所以金鸡忘晓,玉羊失驭,神器毁于獯戎,宝历迁于干越,岂不悲欤!刘瓛澡身浴德,修行明经,贱珪璧于光阴,竟松筠于岁晚。贫不陨获其心,穷不二三其操。而困无居止,浮寓亲游,垣栋倾钻,窜衢垫侧。有朋自远,无用栖凭,皆负笈担簦,栉风沐露。瓛之器学,无谢前修。辄欲与之周旋,开馆招屈。臣第西偏,官有闲地,北拒晋山,南望通邑。虽曰人境,实少浮喧,广轮裁盈数亩,布以施立黉塾,薄艺桑麻,粗创茨宇。"于是以扬烈桥故主第给瓛。生徒皆贺,瓛曰:"室美为人灾,此华宇岂吾宅邪?幸可诏作讲堂,犹恐见害也。"未及徙,遇病。子良遣从瓛学者彭城刘绘、顺阳范缜字子真,南乡舞阴人。将厨于瓛宅营斋。及卒,门人受学者并吊服临送,时年五十六。瓛有至性,祖母病疽经年,手持膏药,渍指为烂。母孔氏甚严明,谓亲戚曰:"阿称便是今世曾子。"阿称,瓛小名也。年四十余,未有婚对。建元中,高帝与司徒褚渊为瓛娶王氏女。王氏穿壁挂履,土落孔氏床上。孔氏不悦,瓛即出其妻。及居母忧,《南齐书》母字误为父。住墓下,不出庐,足为之屈,杖不能起。此山常有鸲鹆鸟,瓛在山三年,不敢来,服释还家,此鸟乃至。梁武帝少时,尝经伏膺,及天监元年,下诏为瓛立碑,谥曰贞简先生。所著文集行于世。初,瓛讲《月令》毕,谓学生严植之(字孝源,建平秭归人)曰:"江左以来,阴阳律数之学废矣。吾今讲此,曾不得其仿佛。"学者美其退让。时济阳蔡仲熊礼学博闻,谓人曰:"凡钟律在南,不容复得调平。昔五音金石,本在中土,今既来南,土气偏设,故不能感动金石。"瓛亦以为然。仲熊执经议论,往往与时宰不合,亦终不改操求同。故坎壈不进,历年方至尚书左丞,当时恨其不遇。又东阳娄幼瑜字季玉,著《礼捃拾》三十卷。

　　[出处]　《南齐书·刘瓛传》《南史》卷五十《刘瓛传》
　　[附录]　刘瓛著述表

　　《周易乾坤义》一卷　　　　　　《周易系辞义疏》二卷
　　《周易四德例》一卷　　　　　　《毛诗序义疏》三卷瓛等撰
　　《毛诗篇次义》一卷　　　　　　《丧服经传义疏》一卷
　　集三十卷

八年　庚午(490)　　　　十四年

齐晋安王子懋上《春秋例苑》　子懋字云昌,齐主第七子也。诸子中最为清恬,有意思,廉让好学。以是年撰《春秋例苑》三十卷,奏之,齐主敕付秘阁。十一年,启求所好书,齐主曰:"知汝常以书读在心,足为深欣。"赐以杜预手所定《左传》及《古今善言》。

　　[出处]　《南齐书·武十七王传》《南史》卷四十四《齐武帝诸子传》

九年　辛未(491)　　　　十五年

齐孔稚珪删定律令　初,江左相承用晋世张、杜律二十卷,及齐主留心法令,数讯囚徒,诏狱官详正旧注。先是永明七年尚书删定郎王植撰定律章,表奏之曰:"臣寻晋律,文简辞约,旨通大纲,事之所质,取断难释。张斐、杜预同注一章,而生杀永殊。自晋泰始以来,唯斟酌参用。是则吏挟威福之势,民怀不对之怨。所以温舒献辞于失政,绛侯慷慨而兴叹。皇运革祚,道冠前王,陛下绍兴,光开帝业，下车之痛，每恻上仁，满堂之悲，有矜圣思。爰发德音，删正刑律，敕臣集定张、杜二注。谨砺愚蒙，尽思详撰，削其烦害，录其允衷。取张注七百三十一条，杜注七百九十一条，或二家两释于义乃备者又取一百七条，其注相同者，取一百三条。集为一书，凡一千五百三十二条，为二十卷。请付外详，校摘其违谬。"从之。于是公卿八座，参议考正。旧注有轻重处，竟陵王子良下意，多使从轻。其中朝议不能断者，制旨平决。至是，廷尉孔稚珪上表曰："臣闻匠万物者，以绳墨为正；驭大国者，以法理为本。是以古之圣王临朝思理，远防邪萌，深杜奸渐，莫不资法理以成化，明刑赏以树功者也。伏维陛下蹑历登皇，乘图践帝，天地更筑，日月再张，五礼裂而复缝，六乐颓而爰缉。乃发德者，下明诏，降恤刑之文，申慎罚之典，敕臣与公卿八座共删注律。谨奉圣旨，谘审司徒臣子良，禀受成规，创立条绪。使兼监臣宋躬、兼平臣王植等抄撰同异，定其去取，详议八座，裁正大司马臣嶷。其中洪疑大议，众论相背者，圣照玄览，断自天笔，始就成立，律文三十卷，录叙一卷，凡二十一卷。二字疑三之误。今以奏闻，请付外施用，宣下四海。臣又闻老子、仲尼曰：'古之听狱求，求所以生之；今之听狱者，求所以杀之。''与其杀不辜，宁失有罪。'是则断狱之职，自古所难矣。今律文虽定，必须用之。用失其平，不异无律。律书精细，文约例广，疑似相倾，故误相乱，一乖其纲，枉滥横起。法吏无解，既多谬僻；监司不习，无以相断。则法书徒明于帙里，冤魂犹结于狱中。今府州郡县千有余狱，如令一狱岁枉一人，则一年之中枉死千余矣。冤毒之死，上干和气，圣明所急，不可不防。致此之由，又非但律吏之咎，列邑之宰，亦乱其经。或以军勋余力，或以劳力暮齿，犷情浊气，忍并生灵；昏心很态，吞剥氓物。虐理残其命，曲文被其罪，冤积之兴，复缘斯发。狱吏虽良，不能为用。使于公哭于边城，孝妇冤于遐外。陛下虽欲宥之，其已血溅九泉矣。寻古之名流，多有法学。故释之、定国,声光汉室;元常、文惠,绩映魏阁。今之士子,莫肯为业。
纵有习者,世议所轻。良由空勤永岁,不逢一朝之赏;积学当年,终
为闾伍所蚩,将恐此书永坠下走之手矣。今若弘其爵常,开其劝
慕,课业官流,班习胄子。拔其精究,使处内局;简其才良,以居外
任。方岳咸选其能,邑长并擢其术。则皋陶之谋,指掌可致;杜、郑
之业,郁焉何远?然后奸邪无所逃其刑,恶吏不能藏其诈。如身手
之相驱,若弦栝之相接矣。臣以疏短,谬司大理。陛下发自圣衷,
忧矜刑网,御廷奉训,远照民瘼。臣仰述天官,伏奏云陛。所奏谬
允者,宜写律上。国学置律助教,依《五经》律,国子二。有欲读者,
策试上过高第,即便擢用。使处法职,以劝士流。"诏报从纳,事竟
不施行。

[出处]《南齐书·孔稚珪传》

齐王颙上《齐职仪》 王逡之之弟珪之,有史学,撰《齐职仪》。
至是,其子中军参军颙上启曰:"臣亡父故长水校尉珪之,籍素为
基,依儒习性。以宋元徽二年被敕使撰集古设官,历代分职。凡在
坟策,必尽详究。是以等级掌司,咸加编录,黜陟迁补,悉该研记。
述章服之差,兼冠佩之饰。属值启运,轨度惟新。故太宰臣渊奉宣
敕旨,使速洗正。刊定未毕,臣私门凶祸,不揆庸微,谨冒启上。凡
五十卷,谓之《齐职仪》。仰希永升天阁,长铭秘府。"诏付秘阁。

[出处]《南齐书·文学·王逡之传》

魏高祐于西兖州立教学小学 祐出为西兖州刺史,假东光侯,
镇滑台。祐以郡国虽有太学,县党宜有黉序,乃县立讲学,党立教
学,村立小学。又令一家之中,自立一碓。五家之外,共造一井,以供行客。不听妇
人寄春取水。又设禁贼之方,令五五相保,若盗贼发,则连其坐。初虽烦碎,后风化大
行,寇盗止息。

[出处]《魏书·高祐传》

魏立崇虚寺 魏以是年秋立崇虚寺于都南桑乾之阴,岳山之

阳,为道士也。下诏曰:"夫至道无形,虚寂为主。自有汉以后,置立坛祠。先朝以其至顺可归,用立寺宇。昔京城之内,居舍尚希。今者里宅栉比,人神猥凑,非所以祗崇至法,清敬神道。可移于都南桑乾之阴,岳山之阳,永置其所。给户五十,以供斋祀之用,仍名为崇虚寺。可召诸州隐士员满九十人。"迁洛移邺,踵如故事,其道坛在南郊,方二百步。以正月七日、七月七日、十月十五日,坛主、道士、哥人一百六人以行拜祠之礼。

　　[出处]　《魏书·释老志》

十年　壬申(492)　　　十六年

　　齐裴子野撰《宋略》　子野字几原,河东闻喜人。曾祖松之宋元嘉中受诏续修何承天宋史,未成而卒。子野常欲继成先业。至是,沈约所撰《宋书》既行,称松之已后无闻焉。子野更撰为《宋略》二十卷,其叙事评论多善。而云戮淮南太守沈璞,沈约之父。以其不从义师故也。约惧,徒跣谢之,请两释焉。叹其述作曰:"吾弗逮也。"兰陵萧琛言其评论可与《过秦》、《王命》分路扬镳。

　　[出处]　《南史》卷三十三《裴子野传》

　　齐奉朝请陶弘景辞禄隐茅山　弘景字通明,丹阳秣陵人。以宋孝建三年丙申岁夏至日生。幼有异操。年四五岁,恒以荻为笔画灰中学书。至十岁,得葛洪《神仙传》,昼夜研寻,便有养生之志。谓人曰:"仰青云,睹白日,不觉为远矣。"父为妾所害,弘景终身不娶。及长,身长七尺七寸,一作四寸。神仪明秀,朗目疏眉,长额耸耳。读书万余卷,一事不知,以为深耻。善琴棋,工草隶。年十七,与江敩、褚炫、刘俣一作俁。为宋昇明四友。齐高帝作相,引为诸王侍读。虽在朱门,闭影不交外物,唯以披阅为务,朝仪故事,多取决焉。年二十余,服道。后就兴世馆孙先生谘禀经法,精行道要,通幽洞微。转奉朝请。拜竟怏怏,与从兄书云:"昔仕宦应以体中打断,必期四十左右作尚书郎,出为浙东一好名县,粗得山水,便投簪高迈,宿昔之志,谓言指掌。今年三十六矣,方作奉朝请,此头颇可知矣。不如早去,无自劳辱。"至是年五月,脱朝服,挂神武门,上表辞禄。诏许之,赐以束帛。敕所在月给伏苓五斤,白蜜二升,以供服饵。及发,公卿祖之于征虏亭,供帐甚盛,车马填咽,咸云宋齐以来,未有斯事。于是止于句容之句曲山,恒曰此山下是第八洞宫,名金坛,华阳之天,周回一百五十里。昔汉有咸阳三茅君得道,来掌此山,故谓之茅山。乃中山立馆,自号华阳陶隐居。人间书札,即以隐居代名。自此遍历名山,寻访仙药。身既轻捷,性爱山水,每经洞谷,必坐卧其间,吟咏盘桓,不能已已。谓门人曰:"吾见朱门广厦,虽识其华乐,而无欲往之心。望高岩,瞰大泽,知此难立止,自恒欲就之。且永明中求禄,得辄差舛。若不尔,岂得为今日之事。岂惟身有仙相,亦缘势使之然。"

[出处] 《南史》卷七十六《隐逸下·陶弘景传》《梁书·处士·陶弘景传》《云笈七签》卷之五《梁茅山贞白陶先生》、卷之一百七《华阳隐居先生本起录》

[考证] 按《南史》本传及《本起录》俱称弘景生于孝建三年,而《南史》、《梁书》及《贞白先生传》又称弘景卒于大同二年,年八十五。二者相差四年,必有一误。

十一年 癸酉(493) 十七年

齐陆厥、沈约论四声 时盛为文章,沈约、谢朓、字玄晖,陈郡阳夏人。王融字元长,琅邪临沂人。以气类相推毂。周颙善识声韵,约等文皆用宫商,以平上去入为四声,以此制韵,不可增减,世呼为永明体。沈约《宋书·谢灵运传》后又论宫商。陆厥字韩卿,吴郡吴人。与约书曰:"范詹事自序,性别宫商,识清浊,特能识轻重,济艰难。古今文人,多不全了斯处,纵有会此者,不必从根本中来。沈尚书亦云:自灵均以来,此秘未睹,或暗与理合,匪由思至。张、蔡、曹、王,曾无先觉,潘、陆、颜、谢,去之弥远。大旨钧使宫羽相变,低昂舛节。若前有浮声,则后须切响。一简之内,音韵尽殊;两句之中,轻重悉异。辞既美矣,理又善焉。但观历代众贤,似不都暗此处,而云此秘未睹,近于诬乎!案范云不从根本中来,尚书云匪由思至,斯可谓揣情谬于玄黄,摘句差其音律也。范又云时有会此者,尚书云或暗与理合,则美咏清讴,有词章调韵者,虽有差谬,亦有会合,推此以往,可得而言。夫思有合离,前哲同所不免;文有开塞,即事不得无之。子建所以好人讥弹,士衡所以遗恨终篇。既曰遗恨,非尽美之作,理可诋诃,君子执其诋诃,便谓合理为暗,岂如指其合理而寄诋诃为遗恨耶?自魏文属论,深以清浊为言;刘桢奏书,大明体势之致。岨峿妥帖之谈,操末续颠之说,兴玄黄于律吕,比五色之相宣。苟此秘未睹,兹论为何所指耶?故愚谓前英已早识宫徵,但未屈曲指的,若今论所申。至于掩瑕藏疾,合少谬多,则临淄所云人之著述不能无病者也。非知之而不改,谓不改则不知,斯曹、陆又称竭情多悔,不可力强者也。今许以有病有悔为言,则必自知无悔无病之地。引其不了不合为暗,何独诬其一合一了之明乎?意者亦质文时异,古今好殊,将急在情物而缓于章句。情物文之所急,美恶犹且相半,章句意之所缓,故合少而谬多,义兼于斯,必非不知,明矣。《长门》、《上林》,殆非一家之赋;《洛神》、《池雁》,便成二体之作。孟坚精正,《咏史》无亏于东主;平子恢富,《羽猎》不累于凭虚。王粲《初征》,他文未能称是;杨修敏捷,《暑赋》弥日不献。率意寡尤,则事促乎一日;翳翳愈伏,而理赊于七步。一人之思,迟速天悬;一家之文,工拙壤隔,何独宫商律吕必责其如一邪?论者乃可言未穷其致,不得言曾无先觉也。"约答曰:"宫商之声有五,文字之别累万。以累万之繁,配五声之约,高下仰昂,非思力所举,又非止若斯而已也。十字之文,颠倒相配,字不过十,巧历已不能尽,何况复过于此者乎?灵均以来,未经用之于怀抱,固无从得其仿佛矣。若斯之妙,而圣人不尚,何邪? 此盖曲折声韵之巧,无当于训义,非圣哲立言之所急也。是以子云譬之雕虫篆刻,云壮夫不为。自古辞人,岂不知宫羽之殊,商徵之别? 虽知五音之异,而其中参差变动,所昧实多。故鄙意所谓此秘未睹者也。以此而推,则知前世文士便未悟此处。若以文章之音韵,同弦管之声曲,则美恶妍蚩,不得顿相乖反。譬由子野操曲,安得忽有阐缓失调之声? 以《洛神》比陈思他赋,有似异手之作。故知天机启则律吕自调,六情滞则音律顿舛也。士衡虽云焕若缛锦,宁有濯色江波,其中复有一片是卫文之服? 此则陆生之言,即复不尽者矣。韵与不韵,复有精粗,轮扁不能言,老夫亦不尽辨此。"约论四声,妙有诠辩,而诸赋亦往往与声韵乖。时有王斌者,不知何许人,著《四声论》,行于时。斌初为道人,博涉经籍,雅有才辩,善属文,能昌导而修容仪,尝弊衣于瓦棺寺听云法师讲《成实论》,无复坐处。唯僧正慧超尚空席,斌直坐其侧。慧超不能平,乃骂曰:"那得此道人? 禄蔽似队父,唐突人。"因命驱之。斌笑曰:"既有叙勋僧正,何为无队父道人?"不为动,而抚机问难,辞理清举,四坐皆属目。后还俗,以诗乐自乐,人莫能名之。

[出处]《南齐书·陆厥传》《南史》卷五十《陆慧晓传》①

齐王智深成《宋纪》 初,沈约撰《宋书》,拟立《袁粲传》,以审齐主,齐主曰:"袁粲自是宋家忠臣。"约又多载孝武、明帝诸鄙渎事。齐主遣左右谓约曰:"孝武事迹,不容顿尔。我昔经事宋明帝,卿可思讳恶之义。"于是多所省除。又敕王智深字云才,琅邪临沂人。撰《宋纪》,召见芙蓉堂,赐衣服,给宅。智深告贫于豫章王,王曰:"须卿书成,当相论以禄。"书成三十卷。齐主召见智深于璿明殿,令拜表奏上。未奏而齐主崩。隆昌元年,敕索其书,智深迁为竟陵王司徒参军。坐事免。江夏王锋、衡阳王钧并善待之。初,智深为袁粲所接,及撰《宋纪》,意常依依。粲幼孤,祖母名其为愍孙,后慕荀粲,自改名,会稽贺乔讥之,智深于是著论。家贫无人事,尝饿五日不得食,掘觅根食之。司空王僧虔及子志分其衣食,卒于家。先是

---

① 中华书局本《南史》见于卷四十八《陆慧晓传》。

陈郡袁炳,字叔明,有文学,亦为袁粲所知,著《晋书》未成,卒。颍川庾铣善属文,见赏豫章王,引为大司马记室参军,卒。

[出处]　《南齐书·文学·王智深传》

明帝

建武元年　甲戌(494) 七月以前为郁林王隆昌元年,以后为海陵王延兴元年,自十月以后始为建武。　　**十八年**

二年　乙亥(495)　　　　　　　　　　**十九年**

魏禁北语　六月己亥,魏诏不得以北俗之语言于朝廷,若有违者,免所居官。魏主尝引见朝臣诏之曰:"卿等欲令魏朝齐美于殷周? 为令汉晋独擅于上代?"咸阳王禧曰:"陛下圣明御运,实愿迈迹前王。"魏主曰:"若然,将以何事致之? 为欲修身改俗? 为欲仍染前事?"禧对曰:"宜应改旧,以成日新之美。"魏主曰:"为欲止在一身? 为欲传之子孙?"禧对曰:"既卜世灵长,愿欲传之来业。"魏主曰:"若然,必须改作,卿等当各从之,不得违也。"禧对曰:"上命下从,如风靡草。"魏主曰:"自上古以来,及诸经籍,焉有不先正名而得行礼乎? 今欲断诸北语,一从正音。年三十已上,习性已久,容或不可卒革。三十以下,见在朝廷之人,语音不听仍旧。若有故为,当降爵黜官,各宜深戒。如此渐习,风化可新。若仍旧俗,恐数世之后,伊洛之下,复成被发之人。王公卿士,咸以然不?"禧对曰:"实如圣旨,宜应改易。"魏主曰:"朕尝与李冲论此。冲言:'五方之语,竟知谁是? 帝者言之,即为正矣。何必改旧从新?'冲之此言,应合死罪。"乃谓冲曰:"卿实负社稷,合令御史牵下。"冲免冠陈谢。又引见王公卿士,责留京之官曰:"昨望见妇人之服,仍为夹领小袖。我徂东山,虽不三年,既离寒暑,卿等何为而违前诏?"禧对曰:"陛下圣过尧、舜,光化中原,臣虽仰禀明规,每事乖互。将何以宣布皇经,敷赞帝则? 舜违之罪,实合刑宪。"魏主曰:"若朕言非,卿等当须庭论。如何入则顺旨,退有不从? 昔舜语禹:'汝无面从,退有后言。'其卿等之谓乎。"

[出处]　《魏书·高祖纪》第七下、《献文六王·咸阳王传》

魏诏求遗书　六月癸丑,诏求天下遗书,秘阁所无、裨益时用者,加以优赏。又借书于齐秘府之中以充实之。

[出处]　《魏书·高祖孝文帝纪》《隋书·经籍志》

三年　丙子(496)　　　　二十年

魏立四门博士　魏主命御史中尉李彪与吏部尚书任城王澄等妙选英儒,以崇文教。澄等依旨,置四门博士四十人,助教二十人。

[出处]　《魏书·刘芳传》、《郑道昭传》

四年　丁丑(497)　　　　二十一年

齐修国学　正月庚午诏曰:"嘉肴停俎,定方旨于必甘;良玉在攻,表珪璋于既就。是以陶钧万品,务本为先;经纬九区,学敩为大。往因时康,崇建庠序,屯虞荐有,权从省废。讴诵寂寥,倏移年稔。永言古昔,无忘旰昃。今华夏乂安,要荒慕向,缔造东序,实允适时。便可式依旧章,广延国胄,弘敷景业,光被后昆。"

[出处]　《南齐书·明帝纪》

齐姚方兴上《孔传舜典》　方兴,吴兴人,采《尚书》马、王之注,造《孔传舜典》一篇,又于"慎徽五典"前增"曰若稽古帝舜曰重华,协于帝"十二字,云于大舫头买得,上之。萧衍时为博士,议曰:"《孔序》称伏生误合五篇,皆文相承接,所以致误。《舜典》首有'曰若稽古',伏生虽昏耄,何容合之?"又值方兴有罪,事遂寝。至隋开皇二年,购募遗典,乃得其篇。

[出处]《尚书正义》《经典释文·叙录》

齐司徒左长史张融卒　融卒,年五十四。遗令建白旐无旒,不设祭,令人捉麈尾,登屋复魂,曰:"吾生平所善,自当凌云一笑,三千买棺,无制新衾,左手执《孝经》、《老子》,右手执《小品法华经》。妾二人,哀事毕,各遣还家。"又曰:"以吾平生之风调,何至使妇人行哭失声? 不许暂停闺阁。"融玄义无师法,而神解过人。白黑谈论,鲜能抗拒。永明中,遇疾,为《问津》,自序曰:"吾文章之体,多为世人所惊,汝可师耳以心,不可使耳为心师也。夫文岂有常体? 但以有体为常政,当使常有其体。丈夫当删《诗》、《书》,制礼乐,何至因循寄人篱下? 且中代之文,道体阙变,尺寸相资,弥缝旧物。吾之文章,体亦何异? 何尝颠温凉而错寒暑,综哀乐而横歌哭哉? 政以属辞多出,比事不羁,不阡不陌,非途非路耳。然其传音振逸,鸣节竦韵,或当未极,亦已极其所矣。汝若复别得体者,吾不拘也。吾义亦如文,造次乘我,颠沛非物,吾无师无友,不文不句,颇有孤神独逸耳。义之为用,将使性入清波,尘洗犹沐,无得钓声同利,举价如高,俾是道场,险成军路。吾昔嗜僧言,多肆法辩,此尽游乎言笑,而汝等无幸。"又云:"人生之口,正可论道说义,惟饮与食,此外如树网焉。吾每以不尔为恨,尔曹当振纲也。"临卒,又戒其子曰:"手泽存焉,父书不读,况父音情婉在其韵。吾意不然,别遗尔音。吾文体英绝,变而屡奇,既不能远至汉魏,故无取嗟晋宋。岂吾天挺? 盖不陨家声。汝若不看父祖之意,欲汝见也,可号哭而看之。"融自名集为《玉海》,司徒褚渊问《玉海》名。融答玉以比德,海崇上善。文集数十卷行于世。张氏知名,前有敷、演、镜、畅,后有充、融、卷、稷。时又有《三破论》者,称融所作,以评击佛家,而佛家谓道士伪托,其辞曰:"道家之教,妙在精思得一,而无死入圣。佛家之化,妙在三昧神通,无生可冀。諂死为泥洹,未见学死而不得死者也。……若言太子是教主,主不落发而使人剃头,主不弃妻而使人断种,实可笑哉! 明知佛教是灭恶之术也。伏闻君子之德,身体发肤,受之父母,不敢毁伤,孝之始也。……第一破曰:入国而破国者,诳言说伪,兴造无费,苦克百姓,使国空民穷。不助国生人,减损见人,不蚕而衣,不田而食,国灭人绝,由此为失。日用损费,无纤毫之益。五灾之害,不复过此。第二破曰:入家而破家,使父子殊事,兄弟异法,遗弃二亲,孝道顿绝。忧娱各异,歌哭不同。骨肉生仇,服属永弃。悖化犯顺,无昊天之报,五逆不孝,不复过此。第三破曰:入身而破身。人身之体,一有毁伤之疾,二有髡头之苦,三有不孝之逆,四有绝种之罪,五有亡体。从诚唯学不孝,何故言哉? 诚令不跪父母,便竞从之。儿先作沙弥,其母后作阿尼,则跪其儿。不礼之教,中国绝之,何可得从? 佛旧经本云浮屠,罗什改佛屠,知其源恶故也。所以名为浮屠,胡人凶恶故。老子云:化其始不欲伤其形,故髡其头名为浮屠,况屠割也,至僧祎后改为佛图。本旧经云:丧门丧门由死灭之门。云其法无生之教,名曰丧门。至罗什又改为桑门,僧祎又改为沙门。沙门由沙汰之法,不足可称。有此三破之法,不施中国,本正西域,何言之哉? 胡人无二,刚强无礼,不异禽兽,不信虚无。老子入关,故作形像之教化之。……胡人麁犷,欲断其恶种故,令男不娶妻,女不嫁夫,一国伏法,自然灭尽。盖闻三皇五帝三王之徒,何以学道并感应而未闻佛教? 为是九皇忽之,为是佛教未出。若是佛教未出,则为邪伪,不复云云。道以气为宗,名为得一,寻中原人士,莫不奉道。今中国有佛者,必是羌胡之种,若言非耶,何以奉佛。"

[出处]《南齐书·张融传》《弘明集》卷第八

永泰元年　戊寅(498)　　　　二十二年

齐迎陶弘景往蒋山,不至　初,弘景遍历山水,寻求灵异,在茅山得杨、许手书,至会稽大洪山谒居士娄慧明,至余姚太平山谒居士杜京产,至始宁兀山谒法师钟义山,又至始丰天台山谒诸僧标及诸处宿旧道士,并得真人遗迹十余卷。爰及东阳长山,吴兴天目山,于潜、临海、安固诸名山,无不毕践。沈约为东阳郡守,高其志节,累书要之,不至。是年,齐主欲迎往蒋山,恳辞得止。然敕命饷赉,恒为烦剧。乃造三层楼,弘景居其上,弟子处其中,宾客至其下,与物遂绝,唯一家僮得侍其旁。本便马善射,晚皆不为,唯听吹笙而已。特爱松风,庭院皆植松,每闻其响,欣然为乐。有时独游泉石,望见者以为仙人。性好著述,尚奇异,顾惜光景,老而弥笃。尤明阴阳五行、风角星算、山川地理、方图产物、医术本草、帝代年历。以算推知汉熹平三年丁丑冬至加时在日中,而天实以乙亥冬至加时在夜半,凡差三十八刻,是汉历后天二日十二刻也。又以历代皆取其先妣母后配享地祇,以为神理宜然。硕学通儒,咸所不悟。又尝造浑天象,高三尺许,地居中央,天转而地不动。二十八宿度数,七曜行道,昏明中星见伏早晚,以机转之,悉与天相会。云此修道所须,非但史官家用。又欲因流水作自然刻漏,使十二时轮转循环,不须守视。而患山涧水易生苔垢,参差不定,是故未立。深慕张良为人,云古贤无比。

　　[出处]　《南史》卷七十六《隐逸下·陶弘景传》《梁书·处士·陶弘景传》《云笈七签》卷之五《梁茅山贞白陶先生》、卷之一百七《华阳隐居先生本起录》

　　[考证]　按《贞白先生传》称:"明帝时,欲迎往蒋山,恳辞得止,然敕命饷赉,常为烦剧,乃造三层楼。……"《南史》本传称:"永元初,更筑三层楼……"知其必为明帝末东昏初之事,故志之于此。

　　齐议废学　东昏侯即位,尚书符依永明旧事废学。领国子助教曹思文上表曰:"古之建国君民者,必教学为先,将以节其邪情而禁其流欲，故能化民裁俗习与性成也。是以忠孝笃焉，信义成焉，礼让行焉，尊教宗学，其致一也。是以成均焕于古典，虎门炳于前经。陛下体睿淳神，缵承鸿业。今制书既下，而废学先闻。将恐观国之光者有以拟议也。若以国讳故宜废，昔汉成立学，爰洎元始，百余年中，未尝暂废，其间有国讳也。且晋武之崩，又其学犹存，斯皆先代不以国讳而废学之明文也。永明以无太子故废，斯非古典也。寻国之有学，本以兴化致治也。天子于以谘谋焉，于以行礼焉。《记》云：'天子出征，受命于祖，受成于学，执有罪反释奠于学。'又云：'食三老五更于太学，天子袒而割牲，执爵而酳，以教诸侯悌也。'于斯学是天子之基教也。或以之所言皆太学事也，今引太学，不非证也。据臣所见，今之国学，即古之太学。晋初，太学生三千人，既多猥杂。惠帝时，欲辨其泾渭，故元康三年始立国子学。官品第五以上得入国学。天子去国学入太学，以行礼也；太子去太学入国学，以齿让也。太学之与国学，斯是晋世殊其士庶，异其贵贱耳。然贵贱士庶，皆须教成，故国学太学两存之也，非有太子故立也。然系废兴于太子者，此永明之钜失也。汉崇儒雅，几致刑厝，而犹道谢三五者，以其致教之术未笃也。古之教者，家有塾，党有庠，术有序，国有学，以讽诵相摩。今学非唯不宜废而已，乃宜更崇向其道，望古作规。使郡县有学，乡闾立教。请付尚书及二学详议。"有司奏从之，学竟不立。

　　［出处］《南齐书·礼志上》

东昏侯

永元元年　己卯(499)　　　　　二十三年

　　魏以房景先为著作佐郎　景先字光胄，清河绎幕人。幼孤贫，无资从师，其母自授《毛诗》、《曲礼》。年十二，请其母曰："岂可使兄佣赁以供景先也？请自求衣，然后就学。"母哀其小，不许。苦请，从之，遂得一羊裘，忻然自足，昼则樵苏，夜诵经史。自是精勤，遂大通赡。太和中，郡辟功曹，州举秀才，值州将卒，不得对策。解褐太学博士，时太常刘芳、字伯文，彭城人。侍中崔光当世儒宗，叹其精博。光遂奏兼著作佐郎，修国史。景先尝作《五经疑问》百余篇，其言该典，行于时。其略云："问王者受命，木火相生曰：五精代感，禀灵者兴。金德方隆，祯发华渚。水运告昌，瑶光启祚。人道承天，天理应实，受谢既彰，玄命若契。相生之义，有允不违。至如汤武革命，杀伐是用，水火为次，遵而不改。既事乖代终，而数同纳麓，逆顺且殊，祯运宜异，而兆征不差，有疑符应。问禹以鲧配天，舜不尊父曰：明明上天，下土是冒，道高者负扆四方，神积者郊原斯主。是以则天不能私其子，绍尧不敢尊其父。鲧既罪彰于山川，受殛于羽裔，化质与鳞甲为群。铭精不能上乘箕尾，而厚尊配于国阳，当升烟之大礼。苟存及躬，以乱祀典。降上帝为罪鬼之宾，奏夹钟为介虫之乐，奉天之道，不乃有沦乎？问汤尊稷废柱曰：神积道存，异世同尊，列山见享，绵纪前代。成汤革命承天，当愆阳之运，不思理数之有时，黜元功于百世。且毕箕感应，风雨异征，尊播殖之灵，而邀滂澍之润。升废之道，无乃谬与？若柱不合荐，虞夏应失之于前。如以岁久宜迁，百神可计日而代。求之二三，未究往旨。问汤克桀欲迁夏社为不可，武王灭纣以亳社为亡国之诫曰：神无定方，唯人为主，道协无为，天地是依，弃德弗崇，百灵更祀。周武承天，礼存咸秩，升后稷当四圭之尊，贬土祇隔牲币之享。就如言之，稷禀灵威，诚允聿追之宜；社非商祖，孝乎乃考之咎。殷鉴致诚，何独在斯？问《易》著革命之文而无揖让之象曰：玄黄剖别，人道为尊，含灵仁化，故义始元首。是以飞龙启征，大人载就。及理运相推，帝图异序，虞宾以为善终顺守，有惭未尽，不显揖让之象,而著已日之美。岂可兆巨衅为贻厥之谋,训万世而开安忍之口?求之反衷,未识理恕。问《周礼·秋官》司烜氏,邦若屋诛,为明竃焉曰:王道贵产,法理尚恩。旧德见食,八象载其美;五宥三刺,经礼宝其仁。是以禄父巨衅,殷礼不辍;三监乱德,蔡胤犹存。罪莫极于无上,逆莫甚于违天。行大辟祸不及族,理正刑愆止于身。何恶当参夷之祸?何戾受沦殄之辜?问《仪礼》继母出嫁,从为之服,《传》曰'贵终其恩'曰:继母配父,本非天属,与尊合德,名义以兴。兼鞠育有加,礼服是重。既体违义尽,弃节毁慈,作嫔异门,为鬼他族,神道不全,何终恩之有?方齐服是追,哭于野次,苟存降重,无乃过犹不及乎?问《礼记》生不及祖父母,父税丧,已则否曰:服以恩制,礼由义立。慈母三年孙无缌葛者,以戚非天属,报养止身。祖虽异域,恩不及己,但正体于下,可无服乎?且缟冠玄武,子姓之服,缘练之后,缞绖已除,犹怀惨素,未忍从吉。况斩焉初之,创巨方始,复吊之宾,尚改缁袭,奉哀苦次,而无追变。孝子孝孙,岂天理是与?问《左氏传》齐人杀哀姜,君子以为不可曰:受醮从天,人伦所重,保育异宗,承奉郊奠。而乃肆极昏淫,祸倾合卺之尊;怙乱无终,殄灭诞鞠之爱。齐桓匡翼四方,正存刑矩,割不忍之恩,行至公之法。方生贬违,以杀为甚,而神道幽默,祸降未期。虽穷勃履朝,臣不宜纠。既事反人灵,咎将有所,施之取衷,孰为优允?问《公羊传》王者之后郊天曰:神不谬享,帝无妄尊。介丘偏祀,犹不歆季氏之旅;昊天至重,岂可纳废飨之虔?唐虞已往,事无斯典;三后已降,始见其文。揖让之胄,礼不上通;昏瘝后烬,四圭是主。此便至道相承,乾无二统,纯风既诐,玄牡肆尊,礼不虚革,庶昭异闻。问《穀梁传》鲁僖三十一年夏四月,卜郊不从,乃免牲,《传》曰'乃者,亡乎人之辞也'曰:乐以观风,礼为教本,其细已甚,民不堪命。齐不加兵,屈于周典。僖公鲁之盛君,告诚虔祀,穆卜迎吉,而休征不至。若推咎于天,则神不弃鉴;归愆于人,则颂声宜替。既命龟失辰,灵威弗眷,郊禋不从,配天斯缺,即《传》所言,殆非虚美,何承而制?问《尚书·胤征》羲和诘其罪,乃季秋月,朔辰弗合于房曰:衡纪不移,日月有度,炎凉启辰,次舍无代,履端屡臻,归余成闰。是以爰命羲和,升准徂节,使晷数应时,火流协运。致望舒后律,耀灵爽次。即官……永容可为愆。玄象一差,未成巨戾。且杪秋岂回星之辰,授衣非合璧之月,叙食弗当,积失加诛,律度暂差,便遭殄绝。仁者之兵,义不妄兴,王赫斯举,将有异说。问《毛诗》'十月之交,朔日辛卯,日有食之,亦孔之丑'曰:日月次周,行舍有常,分至之候,不为愆咎。今同之辰而为深庆者,专以金木相残,指日成衅,推步不一,容可如之。若谪见正阳,日维戊午,生育相因,犹子归母。但以阴阳,得无深忌乎?若为忌也,朔亦应为灾。如不忌也,辛卯岂独成丑?且举凡之始,以属月时;系之在日,有爽明例。义不妄构,理用何依?问《论语》河不出图,泣麟自伤曰:圣人禀灵天地,资识未形,齐生死于一同,等荣辱于彼我。孔子自生不辰,从心告齿,乐正既修,素王斯著。方兴吾已之叹,结反袂之悲。进涉无上之心,退深负杖之惧,圣达之理,无乃缺如!"寻除司徒祭酒、员外郎,侍中穆绍又启景先撰《世宗起居注》。累迁步兵校尉,领尚书郎,齐州中正,所历皆有当官之称。神龟元年卒,年四十三,谥曰文。符玺郎王神贵答景先《五经疑问》,名为《辩疑》,合成十卷,亦有可观。前废帝时奏上之。帝亲自执卷,与神贵往复,嘉其用心,特除神贵子鸿彦为奉朝请。

[出处] 《魏书》卷四十三《房法寿传》

世宗宣武帝

二年　庚辰(500)　　　　景明元年

魏刘芳上表请立学　国子祭酒刘芳上表曰:"夫为国家者,

罔不崇儒尊道,学敩为先。……唐虞已往,典籍无据;隆周以降,任居虎门。《周礼·大司乐》云:'师氏掌以媺诏王,居虎门之左,司王朝,掌国中之事,以教国子弟。'蔡氏《劝学篇》云:'周之师氏,居虎门左,敷陈六艺以教国子。今之祭酒,即周师氏。'《洛阳记》:'国子学宫与天子宫对,太学在开阳门外。'案《学记》云:'古之王者,建国亲民,教学为先。'郑氏注云:'内则设师保以教,使国子学焉。外则有太学庠序之官。'由斯而言,国学在内,太学在外,明矣。案如《洛阳记》,犹有仿像。臣愚谓今既徙县嵩瀍,皇居伊洛,宫阙府寺,佥复故趾。至于国学,岂可舛错!校量旧事,应在宫门之左。至如太学,基所炳在,仍旧营构,又去太和二十年,发敕立四门博士,于四门置学。臣案自周以上,学唯以二。或尚西,或尚东,或贵在国,或贵在郊。爰暨周室,学盖有六。师氏居内,太学在国,四小在郊。《礼记》云:'周人养庶老于虞庠,虞庠在国之四郊。'又云:'天子设四学,当入学而太子齿。'注云:'四学,周四郊之虞庠也。'案《大戴·保傅篇》云:'帝入东学,尚亲而贵仁;帝入南学,尚齿而贵信;帝入西学,尚贤而贵德;帝入北学,尚贵而尊爵;帝入太学,承师而问道。'周之五学,于此弥彰。案郑注《学记》,周则六学。所以然者,注云:'内则设师保以教,使国子学焉。外则有太学庠序之官。'此其证也。汉魏以降,无复四郊。谨寻先旨,宜在四门。案王肃注云:'天子四郊有学,去王都五十里。'考之郑氏,不云远近。今太学故坊,基址宽旷,四郊别置,相去辽阔,检督难周。计太学坊,并作四门,犹为太广。以臣愚量,同处无嫌。且今时制置,多循中代。未审四学应从古不,求集名儒礼官议其定所。"从之。

[出处]《魏书·刘芳传》《北史》卷四十二《刘芳传》

魏孙惠蔚校秘书　魏宣武即位,孙惠蔚字叔炳,武邑武遂人。自冗散仆射,迁秘书丞。惠蔚既入东观,见典籍未周,乃上疏曰:"臣闻圣皇之御世也，必幽赞人经，参天贰地，宪章典故，述遵鸿猷。故《易》曰：'观乎天文以察时变，观乎人文以化成天下。'然则《六经》、百氏，图书秘籍，乃承天之正术，治人之贞范。是以温柔疏远，《诗》《书》之教；恭俭易良，礼乐之道；爻象以精微为神，《春秋》以属辞为化。故大训炳于东序，艺文光于麟阁，斯实太平之枢宗，胜残之要道，有国之灵基，帝王之盛业。安上靖民，敦风美俗，其在兹乎！及秦弃学术，礼经泯绝。汉兴求访，典文载举，先王遗训，灿然复存。暨光武拨乱，日不暇给，而入洛之书二千余两。魏晋之世，尤重典坟，收亡集逸，九流咸备。观其鸠阅史篇，访购经论，纸竹所载，略尽无遗。臣学阙通儒，思不及远，徒循章句，片义无立。而慈造曲覃，厕班秘省，忝官承乏，唯书是司。而观阁旧典，先无定目，新故杂糅，首尾不全。有者累帙数十，无者旷年不写。或篇第褫落，始末沦残；或文坏字误，谬烂相属。篇目虽多，全定者少。臣请依前丞臣卢昶所撰《甲乙新录》，欲裨残补缺，损并有无，校练句读，以为定本。次第均写，永为常式。其省先无本者，广加推寻，搜求令足。然经记浩博，诸子纷纶，部帙既多，章篇纰缪，当非一二校书，岁月可了。今求令四门博士及在京儒生四十人在秘书省，专精校考，参定字义。如蒙听许，则典文允正，群书大集。"诏许之。

　　［出处］《魏书·儒林·孙惠蔚传》

魏营洛南伊阙山石窟佛像　魏主诏大长秋卿白整准代京灵岩寺石窟，于洛南伊阙山为高祖、文昭皇太后营石窟二所。初建之始，窟顶去地三百一十尺，至正始二年中，始出斩山二十三丈。至大长秋卿王质谓斩山太高，费功难就，奏求下移就平，去地一百尺，南北一百四十。永平中，中尹刘腾奏为世宗复造石窟一，凡为三所，从景明元年至正光四年六月已前，用功八十万二千三百六十六。总计后魏一代在龙门建寺凡十，石窟灵岩之外，尚有乾元、广化、崇训、宝应、嘉善、天竺、奉先、香山八寺。

　　［出处］《魏书·释老志》

　　［附录］伊阙龙门山等处造像数目表按龙门山在洛阳城南，石壁峭

立如阙，伊水流其间，故亦称伊阙。东崖有香山寺，系石凿所成，最称名胜。佛像多在西崖，故称龙门千佛崖。惟龙门造像，出于隋唐时代者亦甚多，与云冈之成于一代者不同，兹列表志之如下：

造像所在地		大佛		小佛		石佛在门外者	其他	备考
山名	洞或寺名	完整	残破	完整	残破			
龙门山	潜溪寺	七		一六○			门外二区一九○	俗讹欠喜寺，旧以牡丹著名，见欧阳修《牡丹花品》。
	正宾阳洞	一一				二		宾阳三窟乃唐魏王泰为其母长孙皇后造。
	左宾阳洞	一○				二	门外小佛三区五五二	
	右宾阳洞	四五		五二五	三○一			
	斋佛堂	三二	四二	二五○	一九○			
	景阳寺		六					
	敬善寺	六三		一五三八	四五二	二		俗名敬山，唐太宗时开凿，高宗时成。
	锣鼓洞	四						即魏时灵岩寺所在也。
	万佛洞	一九		一五二三五	一○五			

（续表）

造像所在地		大佛		小佛		石佛在门外者	其　他	备　　考
山名	洞或寺名	完整	残破	完整	残破			
龙门山	龙窝			三〇五	一二〇			
	大洞	二七		四一二	二三二			
	千佛洞	一一	八	一三七〇	一三〇			俗名双垚。
	老龙洞	二〇		一〇九一八	三三一			
	莲花洞	一一		二九〇	三三四			
伊水西岸	龙门洞	六		五七〇	四二五			俗名四扭溪。
	破垚	二〇		一三二〇	四八〇			
	位子垚	三	四					
	位子南垚	六		二〇九二	三〇七			
	奉仙寺	二五	二三	四八	五五			俗名九间房，唐高宗咸亨三年开崖，上元二年始毕。

（续表）

造像所在地		大佛		小佛		石佛在门外者	其　他	备　　考
山名	洞或寺名	完整	残破	完整	残破			
伊水西岸	老君洞	三	一九	一〇四三五	一二五			老君洞佛像最初为北魏太和二十二年所造，有《始平公造像记碑》记其事。
	王相瑶	一		三一〇	一四〇			
	药方瑶		一〇	四一五	一三〇			窟盖北魏时开凿，至北齐复造石像并治疾方于其内。
	火烧瑶	八		五九〇	一一〇			
	路边破瑶	三	一四	五五				
	石窟寺	一四	一九	一〇九	一五〇			
	大路崖		一〇					
	清明寺	二四		二三四〇	五六〇			
伊水东岸	龙化寺		七	三〇〇				
	擂鼓寺	二三	二三	三七九二八	一五九三			

（续表）

造像所在地		大佛		小佛		石佛在门外者	其他	备考
山名	洞或寺名	完整	残破	完整	残破			
伊水东岸	乾元沟北崖	一七	一一					
	看经寺	五三	三	三六六				
	香山寺山路旁				五			
总　计		四七六	一八〇	八八六三	七二五三〇	六	七四二	

和帝

中兴元年　辛巳(501)　　　　二年

魏元英请校练州郡学生　常山侯英奏："谨案学令,诸州郡学生三年一校所通经数,因正使列之,然后遣使就郡练考。臣伏维圣明,崇道显成均之风,蕴义光胶序之美。是以太学之馆久置于下国,四门之教方构于京廛。计习训淹年,听受累纪。然俊造之流,应问于魏阙;不革之辈,宜返于齐民。使就郡练考,核其最殿。顷以皇都迁构,江扬未一,故乡校之训弗遑正试。致使薰莸之质,均海学庭;兰萧之体,等教文肆。今外宰京官,铨考向讫。求遣四门博士明通五经者道别校练,依令黜陟。"诏曰:"学业堕废,为日已久,非一使能劝,比当别敕。"

〔出处〕《魏书·南安王桢传》

魏李彪复修国记 初,彪于孝文时坐事免官。至是,魏主践阼,彪自托于尚书令王肃,字恭懿,琅邪临沂人。又与邢峦字洪宾,河间鄚人。诗书往来,迭相称重。因论求复旧职修史官之事,王肃等许为左右。彪乃表曰:"臣闻龙图出而皇道明,龟书见而帝德昶,斯实冥中之书契也。自瑞官文而卑高陈,民师建而贱贵序,此乃人间之绳式也。是以《唐典》篆钦明之册,《虞书》铭睿徽之篇,《传》著夏氏之《箴》,《诗》录商家之《颂》,斯皆国史明乎得失之迹也。逮于周姬,鉴乎二代,文王开之以两经,公旦申之以六联,郁乎其文,典章大略也。故观《雅》、《颂》识文武之丕烈,察歌音辨周公之至孝。是以季札听《风》而知始基,听《颂》而识盛德。至若尼父之别鲁籍,丘明之辨孔志,可谓婉而成章,尽而不污者矣。自余乘、志之比,其亦有趣焉。暨史、班之录,乃文穷于秦汉,事尽于哀平,惩劝两书,华实兼载,文质彬彬,富哉言也。令大汉之风,美类三代。炎……崇道冠来事,降及华、马、陈、于,咸有放焉,四敷赞弗远不可力致,岂虚也哉。其余率见而书,睹事而作者多矣。寻其本末,可往来焉。唯我皇魏之奄有中华也,岁越百龄,年几十纪。太祖以弗违开基,武皇以奉时拓业,虎啸域中,龙飞宇外,小往大来,品物咸亨。自兹以降,世济其光,史官叙录,未充其盛。加以东观中圮,册勋有阙,美随日落,善因月稀。故谚曰:'一日不书,百事荒芜。'至于太和之十一年,先帝、先后远惟景业,绵绵休烈,若不恢史阐录,惧上业茂功始有缺矣。于时召名儒之士,充麟阁之选,于是忘臣众短,采臣片志,令臣出纳,授臣丞职。猥属斯事,无所与让。高祖时,诏臣曰:'平尔雅志,正尔笔端,书而不法,后世何观?'臣奉以周旋,不敢失坠,与著作等鸠集遗文,并取前记,撰为国书。假有新进时贤制作于此者,恐闺门既异,出入生疑,弦柱既易,善者或谬。自十五年以来,臣使国迁,频有南辕之事,故载笔遂寝,简牍弗张,其于书功录美，不其阙欤？伏惟孝文皇帝，承天地之宝，崇祖宗之业，景功未疑①，奄焉崩殒。凡百黎萌，若无天地。赖遇陛下体明睿之真，应保合之量，恢大明以烛物，履静恭以安邦。天清其气，地乐其静，不愆不忘，率由旧章。可谓重明叠圣，元首康哉。惟先皇之开创造物，经纶浩旷，加以魏典流制，藻缋垂篇，穷理于有象，尽性于众变，可谓日月出矣，无幽不烛也。《记》曰：善迹者欲人继其行，善歌者欲人继其声。故《传》曰：文王基之，周公成之。又曰：无周公之才，不得行周公之事，今之亲王，可谓当之矣。然先皇之茂猷圣达，今王之懿美洞鉴，准之前代，其德靡悔也。时哉时哉！可不光昭哉。合德二仪者，先皇之陶钧也；齐明日月者，先皇之洞昭也；虑周四时者，先皇之茂功也；合契神鬼者，先皇之玄烛也；迁都改邑者，先皇之达也；变是协和者，先皇之鉴也；思同书轨者，先皇之远也；守在四夷者，先皇之略也；海外有截者，先皇之威也；礼田岐阳者，先皇之义也；张乐岱郊者，先皇之仁也；銮幸幽漠者，先皇之智也；爕伐南荆者，先皇之礼也；升中告成者，先皇之肃也；亲虔宗社者，先皇之敬也；衮实无阙者，先皇之德也；开物成务者，先皇之贞也；观乎人文者，先皇之蕴也；革弊创新者，先皇之志也；孝慈道洽者，先皇之衷也。先皇有大功二十，加以谦尊而光，为而弗有，可谓四三皇而六五帝矣。诚宜功书于竹素，声播于金石。臣窃谓史官之达者，大则与日月齐明，小则与四时并茂。其大者，孔子、左丘是也；小者，史迁、班固是也。故能声流于无穷，义昭于来裔，是以金石可灭而流风不泯者，其唯载籍乎。谚曰：'相门有相，将门有将。'斯不唯其性，盖言习之所得也。窃谓天文之官，太史之职，如有其人，宜其世矣。故《尚书》称羲和世掌天地之官，张衡赋曰'学乎旧史氏'，斯盖世传之义也。若夫良冶之子，善知为裘；良弓之子，善知为箕。

---

① 《魏书》"疑"作"就"。

物岂有定,习贯则知耳。所以言及此者,史职不修,事多沦旷,天人之际,不可须臾阙载也。是以谈、迁世事而功立,彪、固世事而名成。道争乃前鉴之轨辙,后镜之蓍龟也。然前代史官之不终业者有之,皆陵迟之世,不能容善。是以平子去史而成赋,伯喈违阁而就志。近僣晋之世,有佐郎王隐,为著作虞预所毁,亡官在家。昼则樵薪供爨,夜则观文属缀,集成《晋书》,存一代之事,司马绍敕尚书,唯给笔札而已。国之大籍,成于私家,末世之弊,乃至如此,史官之不遇时也。今大魏之史,职则身贵,禄则亲荣,优哉游哉,式谷尔休矣。而典谟弗恢者,其有以也。而故著作渔阳傅毗、北平阳尼、河间邢产、广平宋弁、昌黎韩显宗等,并以文才见举,注述是同,皆登见不永,弗终茂绩,前著作程灵虬同时应举,共掌此务。今从他职,官非所司。唯崔光一人虽不移任,然侍官两兼,故载述致阙。臣闻载籍之兴,由于大业;《雅》、《颂》垂荐,起于德美。虽时有文质,史有备略,然历世相仍,不改此度也。昔史谈诫其子迁曰:'当世有美而不书,汝之罪也。'是以久而见美。孔明在蜀,不以史官留意,是以久而受讥。取之深衷,史谈之志,贤亮远矣。《书》称'无旷庶官',《诗》有'职思其忧',臣虽今非所司,然昔忝斯任,故不以草茅自疏,敢言及于此。语曰:'患为之者不必知,知之者不得为。'臣诚不知,强欲为之耳。窃寻先朝赐臣名彪者,远则拟汉史之叔皮,近则准晋史之绍统。推名求义,欲罢不能,荷恩佩泽,死而后已。今求都下乞一静处,综理国籍,以终前志。官给事力,以充所须,虽不能光启大录,庶不为饱食终日耳。近则期月可就,远则三年有成。正本蕴之麟阁,副贰藏之名山。"时司空北海王详、尚书令王肃以其无禄,颇相赈饷。遂在秘书省同王隐故事,白衣修史。魏主亲政,崔光表曰:"伏见前御史中尉臣李彪夙怀美意,创刊魏典。臣昔为彪所致,与之同业积年。其志力贞强,考述无倦,督劝群寮,注缀略举。虽顷来契阔,多所废离,近蒙收起,还综厥事。老而弥厉,史才日新。若克复旧职,专功不殆,必能昭明《春秋》,阐成皇籍。既先帝厚委,宿历高班,纤负微愆,应从涤洗。愚谓宜申以常伯,正缩著作,停其外役,展其内思,研积岁月,纪册必就。鸿声巨迹,蔚乎有章;盛轨懋咏,铄焉无泯矣。"魏主不许,诏彪兼通直散骑常侍,行汾州事,非彪好也。固请不行,有司切遣之,会遘疾累旬。是年秋,卒于洛阳,年五十八。彪在秘书岁余,史业竟未及就。然区分书体,皆彪之功。述《春秋》三传,合成十卷。其所著诗、颂、赋、诔、章奏、杂笔百余篇,别有集。

　　[出处] 《魏书·李彪传》

卷之五上

梁

高祖武皇帝

天监元年　壬午(502)　　　三年

梁刘勰撰《文心雕龙》　勰字彦和,东莞莒人也。父尚,越骑校尉。勰早孤,笃志好学,家贫,不婚娶,依沙门僧祐,与之居处,积十余年,遂博通经论。因区别部类,录而序之。定林寺经藏,勰所定也。又撰《文心雕龙》五十篇,论古今文体,引而次之。其《序志》曰:"夫文心者,言为文之用心也。昔涓子《琴心》,王孙《巧心》,心哉美矣夫,故用之焉。古来文章,以雕缛成体,岂取骓奭群言雕龙也?夫宇宙绵邈,黎献纷杂,拔萃出类,智术而已。岁月飘忽,性灵不居,腾声飞实,制作而已。夫肖貌天地,禀性五才,拟耳目于日月,方声气乎风雷,其超出万物,亦已灵矣。形甚草木之脆,名逾金石之坚。是以君子处世,树德建言,岂好辩哉?不得已也。予生七龄,乃梦彩云若锦,则攀而采之。齿在逾立,则尝夜梦执丹漆之礼

器,随仲尼而南行;旦而寤,乃怡然而喜。大哉,圣人之难见也。乃
小子之垂梦欤? 自生人以来,未有如夫子者也。敷赞圣旨,莫若注
经。而马、郑诸儒,弘之已精;就有深解,未足立家。唯文章之用,
实经典枝条,五礼资之以成,六典因之致用;君臣所以炳焕,军国所
以昭明。详其本源,莫非经典。而去圣久远,文体解散,辞人爱奇,
言贵浮诡,饰羽尚画,文绣鞶帨,离本弥甚,将遂讹滥。盖《周书》论
辞,贵乎体要;尼父陈训,恶乎异端。辞训之异,宜体于要。于是搦
笔和墨,乃始论文。详观近代之论文者多矣,至如魏文述《典》,陈
思序《书》,应玚《文论》,陆机《文赋》,仲洽《流别》,弘范《翰林》,各
照隅隙,鲜观衢路,或臧否当时之才,或铨品前修之文,或举雅俗之
旨,或撮题篇章之意,魏《典》密而不周,陈《书》辩而无当,应《论》华
而疏略,陆《赋》巧而碎乱,《流别》精而少功,《翰林》浅而寡要。又
君山、公干之徒,吉甫、士龙之辈,泛议文意,往往间出,并未能振叶
以寻根,观澜而索源,不述先哲之诰,无益后生之虑。盖《文心》之
作也,本乎道,师乎圣,体乎经,酌乎纬,变乎骚,文之枢纽,亦云极
矣。若乃论文叙笔,则囿别区分,原始以表末,释名以章义,选文以
定篇,敷理以举统,上篇以上,纲领明矣。至于割情析表,笼圈条
贯,摛神性,图风势,苞会通,阅声字,崇赞于《时序》,褒贬于《才
略》,怊怅于《知音》,耿介于《程器》,长怀《序志》,以驭群篇,下篇以
下,毛目显矣。位理定名,彰乎大易之数,其为文用,四十九篇而
已。夫铨序一篇为易,弥纶群言为难,虽复轻采毛发,深极骨髓,或
有曲意密源,似近而远,辞所不载,亦不胜数矣。及其品评成文,有
同乎旧谈者,非雷同也,势自不可异也。有异乎前论者,非苟异也,
理自不可同也。同之与异,不屑古今,擘肌分理,唯务折衷,案辔文
雅之场,而环络藻绘之府,亦几乎备矣。但言不尽意,圣人所难,识
在瓶管,何能矩矱? 茫茫往代,既洗予闻,眇眇来世,倘尘彼观也。”
书既成,未为时流所称。勰自重其文,欲取定于沈约。约时贵盛,

无由自达。乃负其书,候约出,干之于车前,状若货鬻者。约便命取读,大重之,谓为深得文理,常陈诸几案。

　　[出处]　《梁书·文学·刘勰传》《文心雕龙·序志篇》

　　[考证]　按《文心雕龙·时序篇》序齐代之后,有"今圣历方兴"之语,知为梁开国时之言,且观其干沈约之情形,亦似无位者。《梁书》本传称其于天监初起家奉朝请,则为《文心雕龙》当在天监最初之时,故志其事于此。

　　梁集坟籍　初,齐永元末,后宫火,延烧秘书图书,散乱殆尽。王泰为秘书丞,表校定缮写,梁主从之,下令曰:"近灾起柏梁,遂延渠阁,青编素简,一同煨烬;缃囊缥帙,荡然无余。故以痛深秦末,悲甚汉季,求之天道,昭然有征。岂不以昏嗣作孽,礼乐崩坏。及圣人有作,更俟兹辰。今虽百度草创,日不暇给。而下车所务,非此孰先? 便宜选陈农之才,采河间之阙,怀铅握素,汗简杀青。依秘阁旧录,速加缮写,便施行。"任昉之辞也。

　　[出处]　《梁书·王泰传》《文馆词林》

　　魏郑道昭请树汉魏石经　道昭字僖伯,荥阳开封人,为国子祭酒,上表曰:"窃以为崇治之道,必也须才。养才之要,莫先于学。今国子学堂房粗置,弦诵阙尔。城南太学,汉魏石经,丘墟残毁,藜藿芜秽。游儿牧竖,为之叹息;有情之辈,实亦悼心。况臣亲司,而不言露? 伏愿天慈,回神纡昒,赐垂鉴察。若臣微意万一合允,求重敕尚书、门下考论营制之模,则五雍可翘立而兴,毁铭可不日而就。树旧经于帝京,播茂范于不朽,斯有天下之美业也。"不从。

　　[出处]　《魏书·郑羲传》

　　魏修立宗室四门学　任城王澄上表请立四门学曰:"臣参训先朝,藉规有日,前言旧轨,颇亦闻之。又昔在恒代,亲习皇宗,熟秘序,……庭无阙日。臣每于侍坐,先帝未尝不以书典在怀,礼经为事,周旋之则,不辍于时。自凤举中京,方隆礼教,宗室之范,每蒙委及,四门之选,负荷铨量。自先皇升遐,未遑修述。学宫虚荷四门之名,宗人有阙四时之业。青衿之绪,于兹将废。臣每惟其事,窃所伤怀。伏惟圣略宏远,四方罕务,宴安之辰,于是乎在。何为太平之世而令子衿之叹兴焉?圣明之日而使宗人之训阙焉?愚谓可敕有司修复皇宗之学,开辟四门之教。使将落之族,日就月将。"诏曰:"胄子崇业,自古盛典。国均之训,无应久废。尚书更可量宜修立。"

[出处] 《魏书·任城王澄传》

[考证] 按《魏书》本传载此事于澄为扬州刺史之时,又载其时有破梁将张嚣之之事,《魏书·宣武帝纪》载此事于景明三年,即梁天监元年也。则上表请立学亦当在此时,故志之于此。

二年　癸未(503)　　　四年

梁置道正　梁主信道,置大小道正。孟景翼时为大正,屡为国讲说。天监四年,建安王伟于坐问曰:"道家经教,科禁甚重。《老子》二篇,盟誓乃授,岂先圣之旨非凡所说耶?"景翼曰:"崇秘严科,正宗妙化,理在相成,事非乖越。"

[出处] 《御览》六六六引《道学传》

梁王僧孺为南海太守　僧孺,东海郯人,初除临川王后军记室参军,待诏文德省。至是,出为南海郡太守。下教求士曰:"……是以文举下车,瘝梦于根雉;长孙入境,明发于龙丘。此境三闽粤壤,百越旧都。汉开吴别,分星画部,风序泱泱,衣簪斯盛。其川岳所产,岂直明珠大贝桂蠹翠羽而已哉?孝实人经,则有罗威、唐颂;学惟业本,又闻陈元、士燮。至于高尚独往,相望于琪岩;怀仁抱义,继踪于前史。……"视事二岁,声绩有闻。诏征将还,郡中道俗六百人,诣阙请留,不许。至拜中书侍郎,领著作。复直文德省,撰《起居注》、《中表簿》。迁尚书左丞,俄迁[1]御史中丞。

---

① 《南史》"迁"作"兼"。

[出处]《南史》卷五十九《王僧儒传》《艺文类聚》卷五十三

梁沙门智稜改为道士　沙门智稜善《涅槃》、《净名》,尤通《庄》、《老》。以值寇还俗,道士孟悉达劝为黄冠。见道家诸经略无宗旨,遂引佛教为之润色。解《西升妙真》诸经义,皆自稜始。梁主常引稜于五明殿竖义。

[出处]《佛祖统纪》卷第三十七引《僧镜录》

梁沈约作《均圣论》　论曰:"自天地权舆,民生攸始,邈哉眇邈,无得而言焉。无得而言,因有可言之象。至于太虚之空旷,无始之杳茫,岂唯言象莫窥,良以心虑事绝,及天地蕞尔,来宅其中,毫端之泛巨海,方斯非譬。然则有此天地以来,犹一念也。我之所久,莫过轩、羲,而天地之在彼太虚,犹轩、羲之在彼天地。龌龊之徒,唯谓赫胥为远,何其琐琐为念之局耶? 世之有佛,莫知其始,前佛后佛,其道不异。法身湛然,各由应感。感之所召,跨大千而咫尺;缘苟未应,虽践迹而弗睹。娑婆南界,是曰阎浮;葱岭以西,经途密迩,缘运未开,自与理隔。何以言之? 夏殷已前,书传简寡;周室受命,经典备存。象寄狄鞮,随方受职,重译入贡,总括要荒,而八蛮五狄莫不愚鄙,文字靡识,训义不通,咸纳赆王府,登乐清庙。西国密迹,厥路非远,虽叶书横字,华梵不同,而深义妙理,于焉自出。唐虞三代,不容未有。事独西限,道未东流,岂非区区中国缘应未启? 求其会归,寻其要旨,宁与四时之乐同日而语乎? 非为姬公所遗,盖由斯法宜隐故也。炎昊之世,未火未粒,肉食皮衣,仁恻之事,弗萌怀抱。非肉非皮,死亡立至,虽复大圣殷勤,思存救免,而身命是资,理难顿夺,实宜导之以渐,稍启其源。故燧人火化,变腥为熟,腥熟既变,盖佛教之萌兆也。何者? 变腥为熟,其事渐难,积此渐难,可以成著。迄乎神农,复垂汲引,嘉谷肇播,民用粒食。歉腹充虚,非肉可饱,则全命减杀,于事弥多。自此已降,矜护日广。春搜免其怀孕,夏苗取其害谷,秋狝冬狩,所害诚多。顿去之难，已备前说。周、孔二圣，宗条稍广，见其生不忍其死，闻其声不食其肉。草木斩伐有时，麛卵不得妄犯，渔不竭泽，畋不漉原，钓而不纲，弋不射宿，肉食蚕衣，皆须耆齿，牛羊犬豕，无故不杀。此则戒有五支，又开其一也。逮于酗酗于酒，淫迷乎色，诡妄于人，攘滥自己，外典所禁，无待释教。四者犯人，人为含灵之首；一者害兽，兽为生品之末。上圣开宗，宜有次第，亦由佛戒杀人为业最重也。内圣外圣，义均理一。而蔽理之徒，封著外教，以为烹羊豢豕，理固宜然。惑者又云：'若如释氏之书，咸有缘报之业，则禹、汤、文、武并受剉剞，周公、孔子俱入鼎镬。'是何迷于见道若斯之笃耶！试寻斯证，可以有悟矣。"隐士陶弘景难之曰："山民陶隐居仰谘论云：前佛后佛，其道不异。周室受命，象寄狄鞮，随方受职。西国密迩，厥路非远，唐虞三代，不容未有。事独西限，道未东流，非为姬公所遗，盖由斯法宜隐。燧人火粒，变生为熟，盖佛教之萌兆。周、孔二圣，宗条稍广，见生不忍其死，闻声不食其肉，草木斩伐有时，麛卵不得妄犯。又戒有五校，四者犯人，人为含灵之首；一者害兽，兽为生品之物。内圣外圣，义均理一。咨曰：谨按佛经，一佛之兴，动逾累劫。未审前佛后佛相去宜几？释迦之现，近在庄王。唐虞夏殷，何必已有？周公不言，恐由未出，非关宜隐。育王造塔，始敬王之世，既阎浮有四，则东国不容都寡。夫子自以华礼兴教，何宜乃说夷法？故叹'中国失礼，求之四夷'，亦良有别意。且四夷之乐，裁出要荒之际；投诸四裔，亦密迩危羽之野。禹迹所至，不及河源；越裳白雉，尚称重译。则天竺、罽宾，久与上国殊绝。衰周以后，时或有闻，故邹子以为赤县于宇内止是九州中之一耳。汉初长安乃有浮屠，而经像眇昧。张骞虽将命大夏，甘英远届安息，犹不能宣译风教，阐扬斯法。必其发梦帝庭，乃稍就兴显，此则似如时致通阂，非关运有起复也。若必以缘应有会，则昔之淳厚，群生何辜？今之浇薄，群生何幸？假使斯法本以救济者，夫为罪莫过于杀，肉食之时,杀孰甚焉！而方俟火粒,甫为教萌,于大慈神力,不有所蹶乎？若粳粮未播,杀事难以息,未审前时过去诸佛,复以何法为教？此教之萌,起在何佛？兼四戒犯人,为报乍轻,一杀害兽,受对更重,亦为未达。夫立天之道,曰仁与义,周、孔所云'闻声不食,斩伐有时'者,盖欲大明仁义之道,于鸟兽草木,尚曰其然,况在乎人,而可悖虐？非谓内惕寡方,意在缘报,睹迹或似,论情顾乖,不审于内外两圣,其是可得是均已不,此中参差,难用顿悟,谨备以谘洗,愿具启诸蔽。"约报云:"难云:'释迦之现,近在庄王。唐虞夏殷,何必已有？周公不言,恐由未出,非关宜隐。育王造塔,始敬王之世。阎浮有四,则东国不容都无。'答曰:释迦出世,年月不可得知。佛经既无年历注记,此法又未东流,何以得知是周庄之时？不过以《春秋》鲁庄七年四月辛卯恒星不见为据。三代年既不同,不知外国用何历法,何因知鲁庄之四月是外国之四月乎？若外国用周正邪,则四月辛卯长历推是五日,了非八日。若用殷正邪,周之四月,殷之三月。用夏正邪,周之四月,夏之二月。都不与佛家四月八日同也。若以鲁之四月为证,则日月参差,不可为定。若不以此为证,则佛生年月无证可寻。且释迦初诞,唯空中自明,不云星辰不见也。瑞相又有日月星辰停住不行,又云明星出时堕地行七步,初无星辰不见之语。与《春秋》恒星不见,意趣永乖。若育王造塔是敬王之世,阎浮有四,此道已流东国者,敬王以来至于六国,记注繁密,曾无一及育王立塔,非敬王之时又分明也。以此而推,则释迦之兴,不容在近周世,公旦之情,何得未有？难云:'夫子自以华礼兴教,何宜乃说夷法？故叹"中国失礼,求之四夷",亦良有别意。'答曰:弘教次第,前论已详,不复重辨。难云:'四夷之乐,裁出要荒之际。投诸四裔,亦密迩危羽之野。禹迹所至,不及河源;越裳白雉,尚称重译。则天竺、罽宾,久与上国殊绝。衰周已后,时或有闻,故邹子以为赤县于宇内止是九州中之一耳。汉初长安乃有浮

图,而经像眇昧。张骞虽将命大夏,甘英远届安息,犹弗能宣译风
教。必其发梦帝庭,乃稍兴显。此则似时有通碍,非关运有起伏
也。'答曰:本以西域路近而大法不被,此盖由缘应未发,非谓其途
为远也。其路既近而此法永不东流,若非缘应未至,何以致此。及
后东被,皆由缘应宜发,通碍各有其时,前论已尽。难曰:'若必
以缘应有会,则昔之淳厚,群生何辜? 今之浇薄,群生何幸? 假使
斯法本以救浇者,夫为罪莫过于杀,肉食之时,杀孰甚焉。而方俟
火粒,甫为教萌,于大慈神力不有所踬乎? 若秔粮未播,杀事难息,
未审前时过去诸佛,复以何法为教? 此教之萌,起在何佛? 兼四戒
犯人,为报乍轻,一杀害兽,受对更重。首轻末重,亦为未达。夫立
人之道,曰仁与义,周、孔所云"闻声不食,斩伐以时"者,盖欲大明
仁义之道。于鸟兽草木尚曰其然,况在乎人而可悖虐? 非谓内惕
寡方,意在缘报。睹迹或似,论情顾乖。不审于内外两圣,其事可
得是均已不,此中参差,难用顿悟。请备以谆洗,愿具启诸蔽。'答
曰:民资肉食,而火粒未启,便令不肉,教岂得行? 前论言之已具,
不复重释。众生缘果所遭,各有期会。当昔佛教未被,是其恶业盛
时。后之闻法,是其善业萌时。善恶各有其时,何关淳厚之与浇
薄? 五支之戒,各有轻重,非杀戒偏重,四支并轻。且五业虽异,而
互相发起。犯人之戒,人重故先出;犯兽之戒,兽轻故后被。训教
之道,次第宜然。周公、孔子,渐弘仁恻,前论已详,请息重辨。若
必以释教乖方,域之理外,此自一家之学,所不敢言。"

[出处]《广弘明集》卷五

梁颁新律 四月癸卯,尚书删定郎蔡法度上《梁律》二十卷,
《令》三十卷,《科》四十卷。

[出处]《梁书·武帝纪》

梁以到洽为司徒主簿 洽字茂泫,彭城武原人。齐时,除晋安
王国左常侍,不就。遂筑室岩阿,幽居者积岁。乐安任昉有知人之

鉴,与洽兄沼、溉字茂灌。并善,尝访洽于田舍,叹曰:"此子日下无双。"遂申拜亲之礼。梁主即位,诏洽为太子舍人。至是,迁司徒主簿,直待诏省,敕使抄甲部书,为十二卷。

[出处]《梁书·到洽传》《南史》卷二十五《到洽传》

梁沈麟士卒　麟士无所营求,以笃学为务,恒凭素几鼓素琴,不为新声。负薪汲水,并日而食。守操终老,读书不倦。遭火烧书数千卷。麟士年过八十,耳目犹聪明,以火故抄写,灯下细书复成二三千卷,满数十箧,时人以为养身静嘿之所致也。制《黑蝶赋》以寄意,著《周易两系》等书数十卷。天监元年,与何点字子皙,何胤之兄。同征,又不就。至是卒,年八十五。以杨王孙、皇甫谧深达生死,而终礼矫俗,乃自作终制。子爨奉而行之,州乡皆称叹焉。

[出处]《南齐书·高逸·沈麟士传》《南史》卷七十六《隐逸下·沈麟士传》

[附录]　沈麟士著述表

《周易两系》本传	《易经注》本传
《礼记注》本传	《春秋注》本传
《尚书注》本传	《论语注》本传
《孝经注》本传	《丧服注》本传
《老子要略》本传	《庄子内篇训注》本传

集六卷《隋志》

三年　甲申(504)　　　　正始元年

梁下诏舍道　梁主先信道教,至是复信佛,乃下诏舍道曰:"唯天监三年四月八日,梁国皇帝兰陵萧衍稽道和南十方诸佛十方尊法十方圣僧。伏见经云:'发菩提心者,即是佛心。'其余诸善,不得为喻。能使众生出三界之苦门,入无为之胜路。故如来漏尽,智凝成觉,至道通机,德圆最圣。发慧炬以照迷,镜法流以澄垢,启瑞迹于天中，烁灵仪于像外，度群迷于欲海，引含识于涅槃，登常乐之高山，出爱河之深际。言乖四句，语绝百非，应迹娑婆，王宫诞相。步三界而为尊，普大千而流照。但以机心浅薄，好生厌怠。遂乃湛说圆常，亦复潜辉鹤树。阇王灭罪，婆薮除殃，若不逢遇大圣法王，谁能救接？在迹虽隐，其道无亏。弟子比经迷荒，耽事老子，历叶相承，染此邪法。习因善散，弃迷知反，今舍旧醫，归凭正觉。愿使未来生世，童男出家，广弘经教，化度含识，同共成佛。宁在正法中长沦恶道，不乐依老子教暂得生天。涉大乘心，离二乘念，正愿诸佛证明，菩萨摄受。弟子萧衍和南。"于时梁主与道俗二万人于重云殿重阁上，手书此文，发菩提心。至四月十一日，又敕："门下大经中说道有九十六种，唯佛一道是于正道。其余九十五种，名为邪道。朕舍邪外以事正内诸佛如来，若有公卿能入此誓者，各可发菩提心。老子、周公、孔子等虽是如来弟子，而化迹既邪，止是世间之善，不能革凡成圣。其公卿百官、侯王宗族，宜反伪就真，舍邪入正。故经教《成实论》云：'若事外道心重，佛法心轻，即是邪见。'若心一等，是无记性，不当善恶。若事佛心强，老子心弱者，乃是清信。言清信者，清是表里俱净，垢秽惑累皆尽。信是信正不信邪，故言清信佛弟子。其余诸信，皆是邪见，不得称清信也。门下速施行。"

[出处]《集古今佛道论衡》卷甲

梁下诏定历　梁下诏定历，员外散骑侍郎祖暅字景烁，祖冲之之子。奏曰："臣先在晋以来，世居此职，仰寻黄帝，至今十二代，历元不同，周天斗分疏密亦异。当代用之，各垂一法。宋大明中，臣先人考古法以为正历，垂之于后，事皆符验，不可改张。"八年，暅又上疏论之，诏使太史令将匠道秀等候新旧二历气朔交会及七曜行度。起八年十一月，讫九年七月，新历密，旧历疏。暅乃奏称："史官今所用何承天历，稍与天乖，纬绪参差，不可承案。被诏付灵台与新历对课疏密，前期百日。并又再申，始自去冬，终于今朔，得失之效,并已月别启闻。夫七曜运行,理术深妙,一失其源,则岁积弥爽。所上脱可施用,宜在来正。"至九年正月用祖冲之所造《甲子元历》颁朔。至大同十年,制诏更造新历,以甲子为元,六百一十九为章岁,一千五百三十六为日法,一百八十三年冬至差一度,月朔以迟疾定,其小余有三大二小。未及施用,而遭侯景乱,遂寝。陈氏因梁,亦用祖冲之之历,更无所创改。

　　[出处]　《隋书·律历志中》《南史》卷七十二《文学·祖冲之传》

　　魏营缮国学　十一月戊午诏曰:"古之哲王,创业垂统,安民立化,莫不崇建胶序,开训国胄,昭宣《三礼》,崇明四术,使道畅群邦,风流万宇。自皇基徙构,光宅中区,军国务殷,未遑经建。靖言思之,有惭古烈。可敕有司依汉魏旧章营缮国学。"

　　[出处]　《魏书·宣武帝纪》

四年　乙酉(505)　　　二年

　　梁置五经博士　正月癸卯朔,诏曰:"自今九流常选,年未三十,不通一经,不得解褐。若有才同甘、颜,勿限年次。"又诏曰:"二汉登贤,莫非经术,服膺雅道,名立行成。魏晋浮荡,儒教沦歇,风节罔树,抑此之由。朕日昃罢朝,思闻俊异,收士得人,实惟酬奖。可置五经博士各一人,广开馆宇,招内后进。"于是以平原明山宾、吴郡陆琏、吴兴沈峻、字士嵩。建平严植之、会稽贺场字德琏。补博士,各主一馆。馆有数百生,给其饩廪。其射策通明者,即除为吏。十数月间,怀经负笈者云会京师。

　　[出处]　《梁书·儒林传》、《武帝纪中》《南史》卷七十一《儒林传序》

　　梁遣学生入云门山受业于何胤　初,梁主践阼,诏以何胤为特进、右光禄大夫。手敕曰:"吾猥当期运,膺此乐推,而顾己蒙蔽,昧于治道。虽复劬劳日昃,思致隆平,而先王遗范,尚蕴方策,自举之用，存乎其人。兼以世道浇暮，争诈繁起，改俗迁风，良有未易。自非以儒雅弘朝，高尚轨物，则汩流所至，莫知其限。治人之与治身，独善之与兼济，得失去取，为用孰多？吾虽不学，颇好博古，尚想高尘，每怀击节。今世务纷乱，忧责是当，不得不屈道岩阿，共成世美。必望深达往怀，不吝濡足。今遣领军司马王果宣旨谕意，迟面在近。”果至，胤单衣鹿巾，执经卷，下床跪受诏书，就席伏读。胤因谓果曰：“吾昔于齐朝，欲陈两三条事：一者欲正郊丘，二者欲更铸九鼎，三者欲树双阙。世传晋室欲立阙，王丞相指牛头山云：‘此天阙也。’是则未明立阙之意。阙者谓之象魏，县象法于其上，浃日而收之。象者法也，魏者当涂而高大貌也。鼎者神器，有国所先，故王孙满斥言，楚子顿尽。圆丘国郊，旧典不同，南郊祠五帝灵威仰之类，圆丘祠天皇大帝、北极大星是也。往代合之郊丘，先儒之巨失。今梁德告始，不宜遂因前谬，卿宜诣阙陈之。”果曰：“仆之鄙劣，岂敢轻议国典！此当敬俟叔孙生耳。”胤曰：“卿讵不遣传诏还朝拜表，留与我同游耶？”果愕然曰：“古今不闻此例。”胤曰：“《檀弓》两卷，皆言物始，自卿而始，何必有例？”果曰：“今君遂当邈然绝世，犹有致身理不？”胤曰：“卿但以事见推，吾年已五十七，月食四斗米不尽，何容得有宦情？昔荷圣王眄识，今又蒙旌贲，甚愿诣阙谢恩。但比腰脚大恶，此心不遂耳。”果还，以胤意奏闻。有敕给白衣尚书禄，胤固辞。又敕山阴库钱月给五万，胤又不受。乃敕胤曰：“顷者学业沦废，儒术将尽，闾阎搢绅，鲜闻好事。吾每思弘奖其风，未移当扆，兴言为叹。本欲屈卿暂出，开导后生，既属废业，此怀未遂。延伫之劳，载盈梦想。理舟虚席，须俟来秋。所望惠然申其宿抱耳。卿门徒中，经明行修，厥数有几？且欲瞻彼堂堂，置此周行。便可具以名闻，副其劳望。”至是，又诏曰：“比岁学者，殊为寡少，良由无复聚徒，故明经斯废，每一念此，为之慨然。卿居儒宗，加以德素，当敕后进有意向者就卿受业。想深思诲诱，使斯文载兴。"于是遣何子朗、孔寿等六人于东山受学。又分遣博士祭酒到州郡立学。会稽太守衡阳王元简深敬礼胤,月中常命驾式闾,谈论终日。胤以若邪处势迫隘,不容生徒,乃迁秦望山。山有飞泉,西起学舍,即林成援,因岩为堵,别为小阁室,寝处其中,躬自启闭,僮仆无得至者。山侧营田二顷,讲隙从生徒游之。及元简去郡,入山与胤别,送至都赐埭,去郡三里。因曰:"仆自弃人事,交游路断,自非降贵山薮,岂容复望城邑? 此埭之游,于今绝矣。"执手涕零。

[出处]《梁书》卷五十一《处士·何胤传》《南史》卷三十《何胤传》《梁书》卷四十八《儒林传》

梁任昉、殷钧校秘书　初,齐末兵火,延烧秘阁,经籍遗散。至是,任昉为秘书监,殷钧字季和,陈郡长平人。为秘书丞,校定秘阁四部书,更为目录。又于文德殿内列藏众书,华林园中总集释典,大凡二千九百六十八帙,二万三千一百六卷,而释氏不与焉。又有《文德殿目录》,术数之书,更为一部,使奉朝请祖暅撰其名,故梁有《五部目录》。

[出处]《梁书·任昉传》、《殷钧传》《隋书·经籍志》阮孝绪《七录序》

梁隐士陶弘景移居积金东涧　初,梁主伐建康,兵至新林,弘景遣弟子戴猛之假道奉表。及闻议禅代,弘景援引图谶数处,皆成"梁"字,令弟子进之。梁主既早与之游,及即位后,恩礼愈笃,书问不绝,冠盖相望。弘景既得神符秘诀,以为神丹可成,而苦无药物。梁主给黄金、朱砂、曾青、雄黄等。后合飞丹,色如霜雪,服之体轻。及梁主服飞丹有验,益敬重之。每得其书,烧香虔受。梁主手敕招之,锡以鹿皮巾。后屡加礼聘,并不出。唯画两牛,一牛散放水草之间,一牛著金笼头,有人执绳以杖驱之。梁主笑曰:"此人无所求,欲效曳尾龟,岂有可致之理?"国家每有吉凶征讨大事,无不前以谘询,月中常有数信,时人谓为山中宰相。二宫及公王贵要,参候相继,赠遗未尝脱时。多不纳受,纵留者即作功德。至是,移居积金东涧。

[出处]《南史》卷七十六《隐逸下·陶弘景传》《梁书·处士·陶弘景传》《云笈七签》卷之五《梁茅山贞白陶先生传》此传又见卷之一百七。

魏郑道昭请置学官生徒　昭上表曰："臣闻唐虞启运,以文德为本;殷周致治,以道艺为先。然则礼乐者为国之基,不可斯废也。是故周敷文教,四海宅心;鲁秉周礼,强齐归义。及至战国纷纭,干戈递用,五籍灰焚,群儒坑殄,贼仁义之经,贵战争之术。遂使天下分崩,黔黎荼炭,数十年间民无聊生者,斯之由矣。爰暨汉祖,于行陈之中,尚优引叔孙通等。光武中兴,于拨乱之际,乃使郑众、范升校书东观。降逮魏晋,何尝不殷勤于篇籍,笃学于戎伍?伏维大魏之兴也,虽群凶未殄,戎马在郊,然犹招集英儒,广开学校。用能阐道义于八荒,布盛德于万国,教靡不怀,风无不偃。今者乘休平之基,开无疆之祚,定鼎伊瀍,惟新宝历,九服感至德之和,四垠坏击壤之庆。而蠢尔闽吴,阻化江湫,先帝爰震武怒,戎车不息。而停銮伫跸,留心典坟。命故御史中尉臣李彪与吏部尚书任城王澄等妙选英儒,以崇文教。澄等依旨,置四门博士四十人。其国子博士、太学博士,及国子助教,宿已简置。伏寻先旨,意在速就,但军国多事,未遑营立。自尔迄今,垂将一纪,学官凋落,四术寝废。遂使硕儒耆德,卷经而不谈;俗学后生,遗本而逐末;进竞之风,实由于此矣。伏维陛下钦明文思,玄鉴洞远。越会未款,务修道以来之;遐方后服,敷文教而怀之。垂心经素,优柔坟籍,将使化越轩唐,德隆虞夏。是故屡发中旨,敦营学馆,房宇既修,生徒未立。臣学陋全经,识蔽篆素,然往年删定律令,谬预议筵,谨依准前修,寻访旧事,参定学令,事讫封呈。自尔迄今,未蒙报判。但废书历年,经术淹滞,请学令并制,早敕施行,使选授有依,生徒可准。"诏褒美之,而尚未允遂。道昭又表曰:"窃惟鼎迁中县,年将一纪,缙绅裋业,俎豆阙闻。遂使济济明朝,无观风之美,非所以光国宣风,纳民轨义。臣自往年以来,频请学令,并置生员,前后累上,未蒙一报,故当以臣识浅滥官,无能有所感悟者也。馆宇既修,生房粗构,博士见员,足可讲习。虽新令未班,请依旧权置国子学生,渐开训业。使播教有章,儒风不坠,后生睹徙义之机,学徒崇知新之益。至若孔庙既成,释奠告始,揖让之容,请俟令出。"不报。

[出处]　《魏书·郑羲传》

[考证]　按《魏书·世宗宣武帝纪》,正始元年十二月己卯诏群臣议定律令,上书既称往年删定律令,当在其后。然魏自迁洛邑至是,适十二年,过此则与"年将一纪"之语不合,故志之于此。

五年　丙戌(506)　　　　三年

梁置集雅馆　五月,置集雅馆,以招远学。

[出处]　《南史·梁武帝纪》

六年　丁亥(507)　　　　四年

魏营国学,树小学　六月己丑朔,诏曰:"高祖德格两仪,明并日月,播文教以怀远人,调礼学以旌俊造。徙县中区,光宅天邑,总霜露之所均,一姬卜于洛浍。戎缮兼兴,未遑儒教。朕纂承鸿绪,君临宝历,思模圣规,述遵先志。今天平地宁,方隅无事,可敕有司准访前式,置国子,立太学,树小学于四门。"于是大选儒生以为小学博士,员四十人。虽黉宇未立,而经术弥显。

[出处]　《魏书·世宗宣武帝纪》、《儒林传》《北史·儒林传》

魏考验历法　初,景明中,诏太乐令公孙崇、太乐令赵樊生等同共考验历法。至是年冬,崇表曰:"……伏惟皇魏绍天明命,家有率土,戎轩仍动,未遑历事。因前魏《景初历》,术数差违,不协晷度。世祖……乃命故司徒东郡公崔浩错综其数。浩博涉渊通,更修历数,兼著《五行论》。是时故司空咸阳公高允该览群籍,赞明五纬,并述《洪范》。然浩等考察,未及周密。高宗践祚,乃用燉煌赵欧甲寅之历。然其星度稍为差远。臣辄鸠集异同,研其损益,更造新历,以甲寅为元。考其盈缩,晷象周密。又从约省,起自景明,因名《景明历》。然天道盈虚,岂曰必协?要须参候是非,乃可施用。太史令辛宝贵职司玄象,颇闲秘数。秘书监郑道昭才学优赡,识览该密。长兼国子博士高僧裕名绰。乃故司空允之孙,世综文业。尚书祠部郎中宗景,博涉经史。前兼尚书郎中崔彬,微晓法术。请此数人在秘省参候,而伺察晷度。要在冬夏二至前后各五日,然后乃可取验。臣区区之诚,冀效万分之一。"诏曰:"测度晷象,考步宜审,可令太常卿芳率太学、四门博士等依所启者,悉集详察。"

[出处]《魏书·律历志上》

七年 戊子(508) 永平元年

梁大启庠序 春正月乙酉朔诏曰:"建国君民,《儒林传》民作臣。立教为首。不学将落,嘉植靡由。《儒林传》作"砥身砺行,由乎经术"。朕肇基明命,光宅区宇。虽耕耘雅业,傍阐艺文,而成器未广,志本犹阙。非所以镕范贵游,纳诸轨度。思欲式敦让齿,自家刑国。今声训所渐,戎夏同风。宜大启庠敩,博延胄子。务彼十伦,弘此三德。使陶钧远被,微言载表。"

[出处]《梁书·武帝纪中》

梁命张率治丙丁部书钞 张率字士简,吴郡吴人。天监初,为鄱阳王友,迁司徒谢朏掾,直文德待诏省,敕使钞乙部书,又使撰妇人事二十余条,勒成百卷,以给后宫。至是,除中权建安王中记室参军,俄直寿光省,修丙丁部书钞。

[出处]《南史》卷三十一《张裕传》 《梁书》卷三十三《张

率传》

　　[考证]　按《隋书·经籍志》子部杂家类有《寿光书苑》二卷，称梁尚书左丞刘杳撰。考《梁书》及《南史》杳传均无作《书苑》之文，则此书必出于众手而使杳专其名也。窃疑其书之作，当即此事，姑志之于此以俟考。

　　梁安成王秀于荆州立学校，招隐逸　秀迁都督荆湘雍益宁南北梁秦州九州诸军事、平西将军、荆州刺史，又迁号安西将军。立学校，招隐逸。下教曰："夫鹑火之禽，不匿影于丹山；昭华之宝，乍耀采于蓝田。是以江汉有濯缨之歌，空谷著来思之咏。弘风阐道，靡不由兹。处士河东韩怀明、南平韩望、南郡庾承先、河东郭麻，并脱落风尘，高蹈其事。两韩之孝友纯深，庾、郭之形骸枯槁，或橡饭菁羹，惟日不足；或葭墙艾席，乐在其中。昔伯武贞坚，就仕河内；史云孤劭，屈志陈留。岂曰场苗，实惟攻玉。可加引辟，并遣喻意。既同魏侯致礼之请，庶无辟疆三缄之叹。"

　　[出处]　《梁书·安成康王秀传》

　　梁缵《众经要抄》　梁主以法海浩瀚，浅识难寻，选才学道俗释僧智、僧晃、临川王记室东莞刘勰等三十人同集上定林寺，抄一切经论，以类相从，凡八十八卷，名为《众经要抄》，皆令取衷于庄严僧旻。又敕开善智藏缵众经义理，号曰《义林》，八十卷。

　　[出处]　《续高僧传》卷第一《译经篇初·释宝唱传》、卷第五《义解篇初·僧旻传》

　　梁范缜作《神灭论》　初，缜为尚书左丞，坐事徙广州。在南累年，追还建康，既至，以为中书郎。缜先在齐世，尝侍竟陵王子良。子良精信释教，而缜盛称无佛。子良问曰："君不信因果，世间何得有富贵？何得有贫贱？"缜答曰："人之生譬如一树花，同发一枝，俱开一蒂，随风而堕。自有拂帘幌，坠于茵席之上；自有关篱墙，落于溷粪之侧。坠茵席者，殿下是也。落粪溷者，下官是也。贵贱虽复殊途，因果究在何处？"子良不能屈，深怪之。至是，缜复论其理，著《神灭论》曰："或问余曰：'神灭，何以知其灭也？'答曰：'神即形也，形即神也，是以形存则神存，形谢则神灭也。'问曰：'形者无知之称，神者有知之名。知与无知，即事有异。神之与形，理不容一。形神相即，非所闻也。'答曰：'形者神之质，神者形之用，是则形称其质，神言其用，形之与神，不得相异也。'问曰：'神故非用，不得为异，其义安在？'答曰：'名殊而体一也。'问曰：'名既已殊，体何得一？'答曰：'神之于质，犹利之于刀。形之于用，犹刀之于利。利之名非刀也，刀之名非利也；然而舍利无刀，舍刀无利，非闻刀没而利存，岂容形亡而神在？'问曰：'刀之与利，或如来说；形之与神，其义不然。何以言之？木之质无知也，人之质有知也，人既有如木之质而有异木之知，岂非木有一，人有二邪？'答曰：'异哉言乎！人若有如木之质以为形，又有异木之知以为神，则可如来论也。今人之质，质有知也；木之质，质无知也。人之质非木质也，木之质非人质也，安有如木之质而复有异木之知哉？'问曰：'人之质所以异木质者，以其有知耳。人而无知，与木何异？'答曰：'人无无知之质，犹木无有知之形。'问曰：'死者之形骸，岂非无知之质邪？'答曰：'是无人质。'问曰：'若然者，人果有如木之质而有异木之知矣。'答曰：'死者如木，而无异木之知；生者有异木之知而无如木之质也。'问曰：'死者之骨骼，非生之形骸邪？'答曰：'生形之非死形，死形之非生形，区已革矣，安有生人之形骸而有死人之骨骼哉？'问曰：'若生者之形骸非死者之骨骼，非死者之骨骼则应不由生者之形骸，不由生者之形骸，则此骨骼从何而至此邪？'答曰：'是生者之形骸变为死者之骨骼也。'问曰：'生者之形骸虽变为死者之骨骼，岂不从生而有死？则知死体犹生体也。'答曰：'如因荣木变为枯木，枯木之质宁是荣木之体？'问曰：'荣体变为枯体，枯体即是荣体；丝体变为缕体，缕体即是丝体，有何别焉？'答曰：'若枯即是荣，荣即是枯，应荣时凋零,枯时结实也。又荣木不应变为枯木,以荣即枯,无所复变也。荣枯是一,何不先枯后荣?要先荣后枯,何也?丝缕之体,亦同此破。'问曰:'生形之谢,便应豁然都尽,何故方爱死形绵历未已邪?'答曰:'生灭之体,要有其次故也。夫歘而生者必歘而灭,渐而生者必渐而灭。歘而生者,飘骤是也。渐而生者,动植是也。有歘有渐,物之理也。'问曰:'形即是神者,手等亦是邪?'答曰:'皆是神之分也。'问曰:'若皆是神之分,神既能虑,手等亦应能虑也。'答曰:'手等亦应能有痒痛之知,而无是非之虑。'问曰:'虑为一为异?'答曰:'知即是虑,浅则为知,深则为虑。'问曰:'若尔,应有二乎?'答曰:'人体惟一,神何得二?'问曰:'若不得二,安有痛痒之知,复有是非之虑?'答曰:'如手足虽异,总为一人。是非痛痒,虽复有异,亦总为一神矣。'问曰:'是非之虑,不关手足,当关何处?'答曰:'是非之意,心器所主。'问曰:'心器是五藏之心非耶?'答曰:'是也。'问曰:'五藏有何殊别而心独有是非之虑乎?'答曰:'七窍亦复何殊?而司用不均。'问曰:'虑思无方,何以知是心器所主?'答曰:'五藏各有所司,无有能虑者,是以心为虑本。'问曰:'何不寄在眼等分中?'答曰:'若虑可寄于眼分,何故不寄于耳分邪?'问曰:'虑体无本,故可寄之于眼分,眼目有本,不假寄于佗分也。'答曰:'眼何故有本而虑无本?苟无本于我形而可遍寄于异地,亦可张甲之情寄王乙之躯,李丙之情托赵丁之体,然乎哉?不然也。'问曰:'圣人形犹凡人之形,而有凡圣之殊,故知形神异矣。'答曰:'不然,金之精者能昭,秽者不能昭,有能昭之精金,宁有不昭之秽质?又岂有圣人之神而寄凡人之器?亦无凡人之神而托圣人之体。是以八采重瞳,勋、华之容;龙颜马口,轩、暤之状,形表之异也。比干之心,七窍列角;伯约之胆,其大若拳,此心器之殊也。是知圣人定分,每绝常区,非惟道革群生,乃亦形超万有。凡圣均体,所未敢安。'问曰:'子云圣人之形必异于凡者,敢问阳货类仲尼,项籍似大舜,舜、项、孔、阳,智革形同,其故何邪?'答曰:'珉似玉而非玉,鸡类凤而非凤,物诚有之,人故宜尔。项、阳貌似而非实似,心器不均,虽貌无益。'问曰:'凡圣之殊,形器不一,可也。真极理无有二,而丘、旦殊姿,汤、文异状,神不侔色,于此益明矣。'答曰:'圣同于心器,形不必同也。犹马殊毛而齐逸,玉异色而均美。是以晋棘、荆和,等价连城;骅骝、盗骊,俱致千里。'问曰:'形神不二,既闻之矣;形谢神灭,理固宜然。敢问经云为之宗庙,以鬼飨之,何谓也?'答曰:'圣人之教然也。所以弭孝子之心而厉偷薄之意,神而明之,此之谓矣。'问曰:'伯有被甲,彭生豕见,坟素著其事,宁是设教而已邪?'答曰:'妖怪茫茫,或存或亡,强死者众,不皆为鬼,彭生、伯有,何独能然? 乍为人豕,未必齐郑之公子也。'问曰:'《易》称故知鬼神之情状与天地相似而不违。又曰,载鬼一车,其义云何?'答曰:'有禽焉,有兽焉,飞走之别也。有人焉,有鬼焉,幽明之别也。人灭而为鬼,鬼灭而为人,则未之闻也。'问曰:'知此神灭,有何利用邪?'答曰:'浮屠害政,桑门蠹俗,风惊雾起,驰荡不休。吾哀其弊,思拯其溺。夫竭财以赴僧,破产以趋佛,而不恤亲戚,不怜穷匮者何? 良由厚我之情深,济物之意浅。是以圭撮涉于贫友,吝情动于颜色;千钟委于富僧,欢意畅于容发。岂不以僧有多稌之期,友无遗秉之报。务施阙于周急,归德必在于己。又惑以茫昧之言,惧以阿鼻之苦;诱以虚诞之辞,欣以兜率之乐。故舍逢掖,袭横衣,废俎豆,列瓶钵,家家弃其亲爱,人人绝其嗣续。致使兵挫于行间,吏空于官府,粟馨于惰游,货殚于泥木。所以奸宄弗胜,颂声尚拥,惟此之故。其流莫已,其病无限。若陶甄禀于自然,森罗均于独化,忽焉自有,恍尔而无,来也不御,去也不追,乘夫天理,各安其性,小人甘其垄亩,君子保其恬素。耕而食,食不可穷也;蚕而衣,衣不可尽也。下有余以奉其上,上无为以待其下,可以全生,可以匡国,可以霸君,用此道也。'"此论出,朝野喧哗。梁主下敕难之。释法云复以敕旨分致朝贵，凡六十二人。于是为文难缜者日纷纷也。东宫舍人曹思文遂为《难神灭论》："论曰：'神即形也，形即神也，是以形存则神存，形谢则神灭也。'难曰：'形非即神也，神非即形也，是合而为用者也，而合非即矣。生则合而为用，死则形留而神逝也。何以言之？昔者赵简子疾，五日不知人，秦穆公七日乃寤，并神游于帝所，帝赐之钧天广乐，此其形留而神逝者乎。若如论言，形灭则神灭者，斯形之与神应如影响之必俱也。然形既病焉，则神亦病也。何以形不知人，神独游帝，而欣欢于钧天广乐乎？斯其寐也魂交，故神游于蝴蝶，即形与神分也。其觉也形开，蘧蘧然周也，即形与神合也。然神之与形，有分有合。合则共为一体，分则形亡而神逝也。是以延陵窆子而言曰：骨肉归复于土，而魂气无不之也。斯即形亡而神不亡也。然经史明证灼灼也，如此，宁是形亡而神灭者也？'论曰：'问者曰，经云为之宗庙，以鬼飨之。通云，非有鬼也，斯是圣人之教然也，所以达孝子之心而厉偷薄之意也。'难曰：'今论所云，皆情言也，而非圣旨。请举经记以证圣人之教。《孝经》云："昔者周公郊祀后稷以配天，宗祀文王于明堂以配上帝。"若形神俱灭，复谁配天乎？复谁配帝乎？且无神而为有神，宣尼云，天可欺乎？今稷无神矣，而以稷配，斯是周公旦其欺天乎？果其无稷也，而空以配天者，既其欺天矣，又其欺人也。斯是圣人之教：以欺妄也。设欺妄以立教者，复何达孝子之心，厉偷薄之意哉？'原寻论旨，以无鬼为义。试重诘之曰：孔子菜羹瓜祭，祀其祖祢也。《记》云：'乐以迎来，哀以送往。'神既无矣，迎何所迎？神既无矣，送何所送？迎来而乐，斯假欣于孔貌。送往而哀，又虚泪于丘体。斯则夫子之祭祀也。欺伪满于方寸，虚假盈于庙堂，圣人之教，其若是乎？而云圣人之教然也，何哉？"缜答曰："难曰：'形非即神也，神非即形也，是合而为用者也，而合非即也。'答曰：'若合而为用者，明不合则无用，如蛩駏相资，废一则不可。此乃是灭神之精据，而非

存神之雅决。子意本欲请战,而定为我援兵耶?'难曰:'昔赵简子
疾,五日不知人,秦穆公七日乃寤,并神游于帝所,帝赐之钧天广
乐,此形留而神逝者乎。'答曰:'赵简子之上宾,秦穆之游上帝,既
云耳听钧天,居然口尝百味,亦可身安广厦,目悦玄黄,或复披文绣
之衣,控如龙之辔。故知神之须待,既不殊人,四肢七窍,每与形
等。只翼不可以适远,故不比不飞。神无所阙,何故凭形以自立?'
难曰:'若如论旨,形灭则神灭者,斯形之与神,应如影响之必俱也。
然形既病焉,则神亦病也,何以形不知人,神独游帝所?'答曰:'若
如来意,便是形病而神不病也。今伤之则痛,是形痛而神不痛也。
恼之则忧,是形忧而神不忧也。忧虑痛废,形已得之,如此,何用劳
神于无事耶?'难曰:'其寐也魂交,故神游于蝴蝶,即形与神分也。
其觉也形开,蘧蘧然周也,即形与神合也。'答曰:'此难可谓穷辩,
未可谓穷理也。子谓神游蝴蝶,是真作飞虫耶? 若然者,或梦为
牛,则负人辕辀;或梦为马,则入人跨下,明旦应有死牛死马。而无
其物,何也? 又肠绕阃门,此人即死,岂有遗其肝肺而可以生哉?
又日月丽天,广轮千里,无容下从匹妇,近入怀袖。梦幻虚假,有自
来矣,一旦实之,良足伟也。明结想霄,坐周天海,神昏于内,妄见
异物。岂庄生实乱南园,赵简真登阊阖耶? 外弟萧琛,亦以梦为文
句,甚悉,想就取视也。'难曰:'延陵窆子而言曰:骨肉归复于土,而
魂气无不之也,斯即形亡而神不亡也。'答曰:'人之生也,资气于
天,禀形于地。是以形销于下,气灭于上,气灭于上,故言无不之。
无不之者,不测之辞耳,岂必其有神与知耶?'难曰:'今论所云,皆
情言也,而非圣旨,请举经记以正圣人之教。《孝经》云:"昔周公郊
祀后稷以配天,宗祀文王于明堂以配上帝。"若形神俱灭,复谁配天
乎? 复谁配帝乎?'答曰:'若均是圣达,本自无教,教之所设,实在
黔首。黔首之情,常贵生而贱死。死而有灵,则长畏敬之心;死而
无知,则生慢易之意。圣人知其若此,故庙祧坛墠以笃其诚心,肆

筵授几以全其罔己,尊祖以穷郊天之敬,严父以配明堂之享。且忠信之人,寄心有地;强梁之子,兹焉是惧。所以声教照于上,风俗淳于下,用此道也。故经云,为之宗庙,以鬼享之,言用鬼神之道致兹孝享也。春秋祭祀,以时思之,明厉其追远,不可朝死夕亡也。子贡问死而有知,仲尼云:"吾欲言死而有知,则孝子轻生以殉死。吾欲言死而无知,则不孝之子弃而不葬。"子路问事鬼神,夫子曰:"未能事人,焉能事鬼?"适言以鬼享之,何故不许其事耶?死而有知,轻生以殉是也。何故不明言其有而作此悠漫以答耶?研求其义,死而无知,亦已审矣。宗庙郊社,皆圣人之教迹,彝伦之道,不可得而废耳。'难曰:'且无神而为有神,宣尼云:天可欺乎?今稷无神矣,而以稷配,斯是周旦其欺天乎?既其欺天,又其欺人,斯是圣人之教以欺妄。以欺妄为教,何达孝子之心,厉偷薄之意哉?'答曰:'夫圣人者,显仁藏用,穷神尽变,故曰圣达节而贤守节也。宁可求之蹄筌,局以言教?夫欺者,谓伤化败俗,导人非道耳。苟可以安上治民,移风易俗,三光明于上,黔黎悦于下,何欺妄之有乎?请问汤放桀,武伐纣,是弑君非邪?而孟子云闻诛独夫纣,未闻弑君也。子不责圣人放弑之迹,而勤勤于郊稷之妄乎?郊丘明堂,乃是儒家之渊府也,而非形神之滞义,当如此何耶?'难曰'乐以迎来,哀以送往'云云。答曰:'此义未通而自释,不复费辞于无用,《礼记》有斯言多矣。近写此条,小恨未周耶。'"缜旋迁国子博士,卒官,文集十卷。

[出处] 《梁书·儒林·范缜传》《弘明集》卷九、卷十

[考证] 按《弘明集》卷十王泰、曹思文等答释法云审《神灭论》之书,俱称缜为中书,则是文宣布当在其作中书之时。又按《梁书·裴子野传》,缜由中书迁国子博士乃上表荐子野,时子野年四十。考子野卒于中大通二年,年六十二。则其四十岁,正当天监八年。是年缜迁国子博士,其为中书当在前,故志之于此。

八年　己丑(509)　　　　二年

梁撰《类苑》　安成王秀雅重刘峻，秀迁荆州刺史，引为户曹参军，给其书籍，使撰《类苑》。未及成，复以疾去，因游东阳紫岩山，筑室居焉，为《山栖志》，其文甚美。

［出处］《南史》卷第四十九

魏张彝上《历帝图》及《风诗》　彝字庆宾，清河东武城人。初为秦州刺史，坐事免，停废数年。得偏风，手脚不便，然志性不移，善自将摄，稍能朝拜。久之，除光禄大夫，加金章紫绶。彝爱好知己，轻忽下流，非其意者，视之蔑尔。虽疹疾家庭，而志气弥亮。上表曰："臣闻元天高朗，尚假列星以助明；洞庭渊湛，犹藉众流以增大。莫不以孤照不诣其幽，独深未尽其广。先圣识其若此，必取物以自诫。故尧称则天，设谤木以晓未明；舜称尽善，悬谏鼓以规政阙。虞人献箴规之旨，盘盂著举动之铭。庶几见善而思齐，闻恶以自改。眷眷于悔往之衢，孜孜于不逮之路。用能声高百王，卓绝中古，经十氏而不渝，历二千以孤郁。伏惟太祖拨乱，奕代重光。世祖以不世之才，开荡函夏。显祖以温明之德，润伏九区。高祖大圣临朝，经营云始，未明求衣，日昃忘食。开翦荆棘，徙御神县，更新风轨，冠带朝流。海东杂种之渠，衡南异服之帅，沙西毡头之戎，漠北辫发之虏，重译纳贡，请吏称藩。积德懋于夏殷，富仁盛于周汉。泽教既周，武功亦匝。犹且发明诏，思求直士，信是苍生荐言之秋，祝史陈辞之日。况臣家自奉国八十余年，纡金锵玉，及臣四世。过以小才，藉荫出仕，学惭专门，武阙方略。早荷先帝眷仗之恩，未蒙陛下不遗之施。侍则出入两都，官历纳言常伯，忝牧秦藩，号兼安抚。实思碎首膏原，仰酬二朝之惠；轻尘碎石，远增嵩岱之高。辄私访旧书，窃观图史。其帝皇兴起之元，配天隆家之业，修造益民之奇，龙麟云凤之瑞，卑宫爱物之仁，释网改祝之泽，前歌后舞之应，囹圄寂寥之美，可为辉风景行者，辄谨编丹青，以摽睿范。至如

太康好田,遇穷后迫祸;武乙逸禽,罹震雷暴酷;夏桀淫乱,南巢有
非命之诛;殷纣昏酗,牧野有倒戈之陈;周厉逐兽,灭不旋踵;幽王
遇惑,死亦相寻。暨于汉成失御,亡新篡夺;桓灵不纲,魏武迁鼎;
晋惠暗弱,骨肉相屠,终使聪、曜鸮视并州,勒、虎狼据燕赵:如此之
辈,罔不毕载。起元庖牺,终于晋末,凡十六代,百二十八帝,历三
千二百七十年,杂事五百八十九,合成五卷,名曰《历帝图》,亦谤
木、谏鼓、虞人、盘盂之类。脱蒙置御坐之侧,时复披览,冀或起予
左右,上补未萌。伏愿陛下远惟宗庙之忧,近存黎民之念,取其贤
君,弃其恶主,则微臣虽沈沦地下,无异乘云登天矣。"魏主善之。
彝又表曰:"窃惟皇王统天,必以穷幽为美,尽理作圣,亦假广采成
明。故询于刍荛,著之周什。舆人献箴,深于夏典。不然,则美刺
无以得彰,善恶有时不达。逮于两汉魏晋,虽道有隆污,而被绣传
檄,未始阙也。及惠帝失御,中夏崩离。刘苻专据秦西,燕赵独制
关左。姚夏继起,五凉竞起。致使九服摇摇,民无定主,礼仪典制,
此焉湮灭。暨大魏应历,拨乱登皇,翦彼鲸鲵,龛靖神县,数纪之
间,天下宁一,传辉七帝,积圣如神。高祖迁鼎成周,永兹八百,偃
武修文,宪章斯改,实所谓加五帝,登三王,民无德而名焉。犹且虑
独见之不明,欲广访于得失,乃命四使观察风谣。臣时忝常伯,充
一使之列,遂得仗节挥金,宣恩东夏。周历于齐鲁之间,遍驰于梁
宋之域,询采诗颂,研检狱情,实庶片言之不遗,美刺之俱显。而才
轻任重,多不遂心。所采之诗,并始申目。而值銮舆南讨,问罪宛
邓。臣复忝行军,枢机是务。及辇驾之返,膳御未和。续以大讳奄
臻,四海崩慕,遂尔推迁,不及闻彻。未几改牧秦蕃,违离阙下,继
以遣疾相缠,宁丁八岁。常恐所采之诗永沦丘壑,是臣夙夜所怀以
为深忧者也。陛下垂日月之明,行云雨之施,察臣枉罪之滥,矜臣
贫病之切,既蒙崇以禄养,复得拜扫丘坟,明目友朋,无所负愧。且
臣一二年来所患不剧,寻省本书,粗有仿佛,凡有七卷。今写上呈,

伏愿昭览，敕付有司，使魏代所采之诗，不堙于丘井，臣之愿也。”

［出处］《魏书·张彝传》

［考证］ 按表中称：“改牧秦蕃，违离阙下，继以遣疾相缠，宁丁八岁。”而本传载其为秦州刺史之年冬太极初就，考《魏书·宣武帝记》，太极殿成于景明三年。其表若上于八年之后，则当在是年，故志之于此。

九年 庚寅(510) 三年

梁命太子及王侯子入学 三月己丑，梁主幸国子学，亲临讲肆。赐国子祭酒以下帛各有差。乙未诏曰：“王子从学，著自《礼经》。贵游咸在，实惟前诰。所以式广义方，克隆教道。今成均大启，元良齿让。自斯以降，并宜隶业。皇太子及王侯之子年在从师者，可令入学。”

［出处］《梁书·武帝纪二》

魏崔鸿上《十六国春秋》 鸿字彦鸾，崔光弟敬友之子也。弱冠便有著述之志，见晋魏前史皆成一家，无所措意。以刘渊、石勒、慕容儁、苻健、慕容垂、姚苌、慕容德、赫连屈孑、张轨、李雄、吕光、乞伏国仁、秃发乌孤、李暠、沮渠蒙逊、冯跋等并因事改，跨僭一方，各有国书，未有统一。鸿乃撰为《十六国春秋》，勒成百卷。因其旧记，时有增损褒贬焉。鸿二世仕江左，故不录东晋、刘、萧之书。又恐识者责之，未敢出行于外。魏主闻其撰录，遣散骑常侍赵邕诏鸿曰：“闻卿撰定诸史，甚有条贯，便可随成者送呈，朕当于机事之暇览之。”鸿以其书有与魏初相涉，言多失体。且既未讫，迄不奏闻。至是，典起居，乃妄载其表曰：“臣闻帝王之兴也，虽诞应图箓，然必有驱除，盖所以翦彼厌政，成此乐推。故战国纷纭，年过十纪，而汉祖夷殄群豪，开四百之业。历文景之柔怀蛮夏，世宗之奋扬威武，始得凉朔同文，牂越一轨。于是谈、迁感汉德之盛，痛诸史放绝，乃钤括旧书，著成《太史》，所谓缉兹人事，光彼天时之义也。昔晋惠不竞，华戎乱起，三帝受制于奸臣，二皇晏驾于非所，五都萧条，鞠为煨烬。赵燕既为长蛇，辽海缅成殊域。穷兵锐进，以力相雄，中原无主，八十余年。遗晋僻远，势略孤微，民残兵革，靡所归控。皇魏龙潜幽代，世笃公刘，内修德政，外抗诸伪。并冀之民，怀宝之士，襁负而至者日月相寻。虽邠岐之赴太王，讴歌之归西伯，实可同年而语矣。太祖道武皇帝以神武之姿，接金行之运，应天顺民，龙飞受命。太宗必世重光，业隆玄默。世祖雄才睿略，阐曜威灵，农战兼修，埽清氛秽，岁垂四纪而寰宇一同。儋耳文身之长，卉服断发之酋，莫不请朔率职，重译来庭。隐愍鸿济之泽，三乐击壤之歌。百姓始得陶然苏息，欣于尧、舜之世。自晋永宁以后，虽所在称兵，竞自尊树，而能建邦命氏成为战国者十有六家，善恶兴灭之形，用兵乖会之势，亦足以垂之将来，昭明劝戒。但诸史残缺，体例不全，编录纷缪，繁略失所。宜审正不同，定为一书。伏维高祖以大圣应期，钦明御运，合德乾坤，同光日月，建格天之功，创不世之法，开凿生民，惟新大造。陛下以青阳继统，睿武承天。应符屈己，则道高三五；颐神至境，则洞彼玄宗。剖判百家，斟酌六籍，远迈石渠，美深白虎。至如导礼革俗之风，昭文变性之化，固以感彼禽鱼，穆兹寒暑。而况愚臣沐浴太和，怀音正始，而可不勉强难革之性，砥砺木石之心哉？诚知敏谢允南，才非承祚，然《国志》、《史考》之美，窃亦辄所庶几。始自景明之初，搜集诸国旧史，属迁京甫尔，率多分散，求之公私，驱驰数岁。又臣家贫禄薄，唯任孤力，至于纸尽，书写所资，每不周接。暨正始元年，写乃向备。谨于吏按之暇，草构此书，区分时事，各系本录。破彼异同，凡为一体；约损烦文，补其不足。三豕五门之类，一事异年之流，皆稽以长历，考诸旧志，删正差谬，定为实录。商校大略，著《春秋》百篇。至三年之末，草成九十五卷。唯常璩所撰李雄父子据蜀时书，寻访不获，所以未及缮成。辍笔私求，七载于今。此书本江南撰录，恐中国所无，非臣私力所能终得。其起兵僭号，事之始末，乃亦颇有；但不得此书，惧简略不成。久思陈奏，乞敕缘边求采。但愚贱无因，不敢轻辄。散骑常侍、太常少卿、荆州大中正臣赵邕忽宣明旨，敕臣送呈。今谨以所讫者附臣邕呈奏。臣又别作序例一卷，年表一卷，仰表皇朝统括大义，俯明愚臣著录微体，徒窃慕古人立言美意，文致疏鄙，无一可观。简御之日，伏深惭悸。"鸿意如此，然自正光以前不敢显行其书。自后以其伯光贵重当朝，知时人未能发明其事，乃颇相传读。亦以光故，执事者遂不论之。鸿经综既广，多有违谬。至如太祖天兴二年姚兴改号，鸿以为改在元年。太宗永兴二年，慕容超擒于广固，鸿又以为事在元年。太常二年，姚泓败于长安，而鸿亦以为灭在元年。如此之失，多不考正。

[出处] 《魏书·崔光传》

魏重求遗书于天下　六月壬寅诏也。

[出处] 《魏书·宣武帝纪》

十年　辛卯(511)　　　四年

魏李谧作《明堂制度论》　谧字永和，涿郡人，相州刺史安世之子。少好学，博通诸经，周览百氏。初师事小学博士孔璠，数年后，璠还就谧请业。同门生为之语曰："青成蓝，蓝谢青，师何常？在明经。"谧以公子征，拜著作郎，辞以授弟郁，诏许之。州再举秀才，公府二辟，并不就，惟以琴书为业，有绝世之心。览《考工记》、《大戴礼·盛德篇》，以明堂之制不同，遂著《明堂制度论》曰："余谓论事辨物，当取正于经典之真文；援证定疑，必有验于周、孔之遗训，然后可以称准的矣。今礼文残缺，圣言靡存，明堂之制，谁使正之？是以后人纷纠，竞兴异论，五九之说，各信其习。是非无准，得失相半。故历代纷纭，靡所取正。乃使裴頠云：'今群儒纷纠，互相掎摭。就令其象可得而图，其所以居用之礼莫能通也。为设虚器耳。

况汉氏所作四维之个,复不能令各处其辰。愚以为尊祖配天,其义明著;庙宇之制,理据未分。直可为殿屋以崇严父之祀,其余杂碎,一皆除之。'斯岂不以群儒舛互,并乖其实,据义求衷,莫适可从哉?但恨典文残灭,求之靡据而已矣。乃复遂去室牖诸制,施之于教,未知其所隆政;求之于情,未可喻其所以必须。惜哉言乎!仲尼有言曰:'赐也,尔爱其羊,我爱其礼。'余以为隆政必须其礼,岂彼一羊哉?推此而论,则圣人之于礼殷勤而重之,裴頠之于礼任意而忽之,是则頠贤于仲尼矣。以斯观之,裴氏之子以不达而失礼之旨也。余窃不自量,颇有鄙意,据理寻义,以求其真,贵合雅衷,不苟偏信。乃藉之以《礼》传,考之以训注,博采先贤之言,广搜通儒之说,量其当否,参其同异,弃其所短,收其所长,推义察图,以折厥衷。岂敢必善,聊亦合其言志矣。凡论明堂之制者虽众,然校其大略,则二途而已。言五室者,则据《周礼·考工》之记以为本,是康成之徒所执。言九室者,则案《大戴·盛德》之篇以为源,是伯喈之论所持。此之二书,虽非圣言,然是先贤之中博见洽通者也。但各记所闻,未能全正,可谓既尽美矣,未尽善也。而先儒不能考其当否,便各是所习,卒相非毁,岂达士之确论哉?小戴氏传礼事四十九篇,号曰《礼记》。虽未能全当,然多得其衷,方之前贤,亦无愧矣。而《月令》、《玉藻》、《明堂》三篇,颇有明堂之义。余故采掇二家,参之《月令》。以为明堂五室,古今通则,其室居中者谓之太庙,太室之东者谓之青阳,当太室之南者谓之明堂,当太室之西者谓之总章,当太室之北者谓之玄堂。四面之室各有夹房,谓之左右个,三十六户七十二牖矣。室个之形,今之殿前是其遗像耳。个者即寝之房也,但明堂与寝施用既殊,故房个之名亦随事而迁耳。今粗书其像,以见鄙意,案图察义,略可验矣。故检之五室,则义明于《考工》;校之户牖,则数协于《盛德》;考之施用,则事著于《月令》;求之闰也,合《周礼》与《玉藻》。既同夏殷,又符周秦,虽乖众儒,傥或在斯矣。《考工记》曰：‘周人明堂度以九尺之筵，东西九筵，南北七筵，堂崇一筵。五室，凡室二筵，室中度以几，堂上度以筵。’余谓《记》得之于五室，而谬于堂之修广。何者？当以理推之，令惬古今之情也。夫明堂者，盖所以告月朔、布时令、宗文王、祀五帝者也。然营构之范，自当因宜创制耳。故五室者，合于五帝各居一室之义。且四时之祀，皆据其方之正，又听朔布令，咸得其月之辰，可请施政，及记二三俱允，求之古义，窃为当矣。郑康成汉末之通儒，后学所宗正，释五室之位，谓土居中，木火金水各居四维。然四维之室，既乖其正；施令听朔，各失厥衷；左右之个，弃而不顾。乃反文之以美说，饰之以巧辞，言水木用事交于东北，木火用事交于东南，火土用事交于西南，金水用事交于西北。既依五行，当从其用事之交，出何经典？可谓攻于异端，言非而博，疑误后学，非所望于先儒也。《礼记·玉藻》曰，天子‘听朔于南门之外，闰月则阖门左扉，立于其中’。郑玄注曰：‘天子之庙及路寝皆如明堂制，明堂在国之阳，每月就其时之堂而听朔焉。卒事反宿路寝，亦如之。闰月非常月，听其朔于明堂门下，还处路寝门终月也。’而《考工记》‘周人明堂’，玄注曰：‘或举王寝，或举明堂，互言之，以明其制同也。’其同制之言皆出郑注，然则明堂与寝不得异矣。而《尚书·顾命篇》曰：‘迎子钊南门之外，延入翼室。此之翼室即路寝矣。’其下曰‘大贝、贲鼓在西房’，‘垂之竹矢在东房’，此则路寝有左右房见于经史者也。《礼记·丧大记》曰，君夫人卒于路寝，小敛，妇人髽，带麻于房中。郑玄注曰，此盖诸侯礼，带麻于房中则西南，天子诸侯左右房见于注者也。论路寝则明其左右，言明堂则阙其左右个，同制之说，还相矛楯，通儒之注，何其然乎？使九室之徒奋笔而争锋者，岂不由处室之不当哉？《记》云：‘东西九筵，南北七筵，五室，凡室二筵。’置五室于斯堂，虽使班倕构思，王尔营度，则不能令三室不居其南北也。然则三室之间，便居六筵之地，而室壁之外，裁有四尺五寸之堂焉。岂有天子布政施令之所,宗祀文王以配上帝之堂,周公负扆以朝诸侯之处,而室户之外仅余四尺而已哉? 假在俭约,为陋过矣。论其堂宇,则偏而非制;求之道理,则未惬人情,其不然一也。余恐为郑学者,苟求必胜,竞生异端,以相訾抑。云二筵者,乃室之东西耳,南北则狭焉。余故备论之曰:若东西二筵,则室户之外为丈三尺五寸矣。南北户外复如此,则三室之中,南北裁各丈二尺耳。《记》云:'四房两夹窗。'若为三尺之户,二尺之窗,窗户之间,裁盈一尺。绳枢瓮牖之室,荜门圭窦之堂,尚不然矣。假令复欲小广之,则四面之外,阔狭不齐,东西既深,南北更浅,屋室之制,不为通矣。验之众涂,略无算焉。且凡室二筵,丈地八耳,然则户牖之间不逾二尺也。《礼记·明堂》:'天子负斧扆南向而立。'郑玄注曰:'设斧于户牖之间。'而郑氏《礼图》说扆制曰:'纵广八尺,画斧文于其上,今之屏风也。'以八尺扆置二尺之间,此之巨通,不待智者,较然可见矣。且若二筵之室,为四尺之户,则户之两颊,裁各七尺耳。全以置之,犹自不容,矧复户牖之间哉? 其不然二也。又复以世代检之,即虞夏尚朴,殷周稍文,制造之差,每加崇饰。而夏后世室堂修二七,周人之制,反更促狭,岂是夏禹卑宫之意,周监郁郁之美哉? 以斯察之,其不然三也。又云'堂崇一筵',便基高九尺。而壁户之外,裁四尺五寸,于营制之法,自不相称,其不然四也。又云:'室中度以几,堂上度以筵。'而复云'凡室二筵'而不以几,还自相违,其不然五也。以此验之,《记》者之谬,抑可见矣。《盛德篇》云:'明堂凡九室,三十六户七十二牖,上圆下方,东西九仞,南北七筵,堂高三尺也。'余谓《盛德篇》得之于户牖,失之于九室。何者? 五室之制,傍有夹房,面各有户,户有两牖。此乃因事立则,非拘异术,户牖之数固自然矣。九室者,论之五帝,事既不合;施之时令,又失其辰;左右之个,重置一隅;两辰同处,参差出入,斯乃义无所据,未足称也。且又堂之修广裁六十三尺耳,假使四尺五寸为外之基,其中五十四尺便是五室之地。计其一室之中,仅可一丈,置其户牖,则于何容之哉?若必小而为之以容其数,则令帝王侧身出入,斯为怪矣。此匪直不合典制,抑亦可哂之甚也。余谓其九室之言,诚亦有由。然而窃以为戴氏闻三十六户七十二牖,弗见其制,靡知所置,便谓一室有四户之窗,计其户牖之数,即以为九室耳,或未之思也。蔡伯喈汉末之时学士,而见重于当时。即识其修广之不当,而未必思其九室之为谬,更修而广之,假其法象,可谓因伪饰辞,顺非而泽,谅可叹矣。余今省彼众家,委心从善,庶探其衷,不为苟异。但是古非今,俗间之常情;爱远恶近,世中之恒事。而千载之下,独论古制,惊俗之谈,固延多诮,脱有深赏君子者,览而揣之,倪或存焉。”

　　[出处]《魏书·逸士·李谧传》

　　天竺沙门菩提流支于魏译《十地论》　菩提流支,魏言道希,北天竺人也。遍通三藏,妙入总持,志在宏法,广流视听。遂挟道宵征,远莅葱左。以魏永平之初来游东夏,魏主下敕引劳,供拟殷华。遂于太极紫殿,译《十地经论》。此论为天亲菩萨所造,曰初欢喜地,曰离垢地,曰明地,曰焰地,曰难胜地,曰现前地,曰远行地,曰不动地,曰善慧地,曰法云地。以是年夏译讫,分为十二卷。侍中崔光为作序曰:“《十地经》者,盖是神觉之玄苑,灵慧之妙宅,亿善之基舆,万度之纲统,理包群藏之秘,义冠众典之奥。积渐心行,穷忍学之源;崇广往德,极道慧之府。所以厚集肇虑,朗成圆种,离怖首念,赫为雷威。其为教也,微密精远,究净照之宗;融冶莹练,尽性灵之妙。自寂场启旭,固林辍晖。虽复圣训充感,金言满世,而渊猷冲赜,莫不网罗于其中矣。至于光宣真轨,融畅玄门,始自信仁,终泯空寂。因果既周,化业弥显,默耀大方,影焕八极。岂直日月丽天,洞烛千象;溟壑带地,混纳百川而已哉?既理富瀛岳,局言靡测,廓明洪旨,实系渊儒。北天竺大士婆薮槃豆,魏云天亲,挺高悟于像运,拔英规于季俗,故能徽踪马鸣,继迹龙树。每恨此经文约而义丰,言迩而旨远。乃超然遐慨,邈尔悠想,慕释迦之余范,追刚藏之遗轨,诚复岁逾五百,处非六天,人梵乖辽,正像差迥。而妙契寰中,神协靡外,通法贯玄,莫愧往烈。遂乃准傍大宗,爰制兹论,发趣精微,根由睿哲。旨奥音殊,宣译俟贤,固以义嘱中兴,时凭圣代。大魏皇帝俊神天凝,玄情汉远,扬治风于宇县之外,敷道化于千载之下。每以佛经为游心之场,释典为栖照之囿。搜隐访缺,务乎炤阳,有教必申,无籍不备。以永平元年岁次玄枵四月上日,命三藏法师北天竺菩提留支(魏云道希)、中天竺勒那摩提(魏云宝意)及传译沙门北天竺伏陀扇多并义学缁儒一十余人,在太极紫殿译出斯论十有余卷。斯二三藏并以迈俗之量,高步道门,群藏渊部,罔不研揽。善会地情,妙尽论旨。皆手执梵文,口自敷唱,片辞只说,辩诣蔑遗。于是皇上,亲纡玄藻,飞翰轮首,臣僚僧徒,毗赞下风。四年首夏,翻译周讫,洋洋亹亹,莫得其门;义富趣玄,孰云窥测?刚藏妙说,更兴于像世;天亲玄旨,再光于季运。忝厕末筵,敢窃祇记。"

　　[出处]　《续高僧传》卷第一《译经篇初·菩提留支传》 《十地经论》大正藏第二十六卷

十一年　壬辰(512)　　　　延昌元年

　　梁主注《大品经》　梁主亲注《大品经》,凡五十卷,自序曰:"机事未形,六画得其悔吝;玄象既运,九章测其盈虚。斯则鬼神不能隐其情状,阴阳不能遁其变通。至如《摩诃般若波罗蜜》者,洞达无底,虚豁无边,心行处灭,言语道断,不可以数求,不可以意识知,非三明所能照,非四辩所能论。此乃菩萨之正行,道场之直路,还源之真法,出要之上首。本来不然,毕竟空寂。寄大不能显其博,名慧不能庶其用,假度不能机其通,借岸不能穷其实。若谈一相,事绝百非,补处默然,等觉息行。始乃可谓无德而称,以无名相作名相说。导涉求之意,开新发之眼,故有般若之字,彼岸之号。顷者,学徒罕有尊重,或时闻听不得经味,帝释诚言,信而有征。此实贤重之百虑,菩萨之魔事。故唱愈高和愈寡,知愈希道愈贵,致使正经沈匮于世。实由虚己情少,怀疑者多。虚己少则是我之见深,怀疑多则横构之虑繁。然则虽繁虑纷纭,不出四种:一谓此经非是究竟,多引《涅槃》以为硕诀。二谓此经未是会三,咸诵《法华》以为盛难。三谓此经三乘通教,所说般若即声闻法。四谓此经是阶级行,于渐教中第二时说。旧意如斯,乃无是非。较略四意,粗言所怀。《涅槃》是显其果德,《般若》是明其因行。显果则以常住佛性为本,明因则以无生中道为宗。以世谛言说,是《涅槃》是《般若》。以第一义谛言说,岂可复得谈其优劣?《法华》会三以归一,则三遣而一存。一存未免乎相,故以万善为乘体。《般若》即三而不三,则三遣而一亡。然无法之可得,故以无生为乘体。无生绝于戏论,竟何三之可会?所谓百花异色,共成一阴;万法殊相,同入般若。言三乘通教,多执二文。今复开五意,以增所疑。一、声闻若智若断,皆是菩萨无生法忍。二、三乘学道,宜闻《般若》。三、三乘同学《般若》,俱成菩提。四、二乘欲住欲证,不离是忍。五、罗汉、辟支,从般若生。于此五义不善分别,坚著三乘教同一门,遂令朱紫共色,珉玉等价。若明察此说,深求经旨,连环既解,弄丸自息。谓第二时是亦不然,人心不同,皆如其面,根性差别,复过于此。非可局以一教,限以五时。般若无生,非去来相,岂以数量拘?宁可以次第求?始于道树,终于双林,初中后时常说智慧,复何可得名为渐教?《释论》言,须菩提闻《法华经》中说于佛所作少功德,乃至戏笑,渐渐必当作佛。又闻《阿鞞跋致品》中有退不退,又复闻声闻人皆当作佛。是故今问为毕定为不毕定,以此而言,去之弥远。夫学出离,非求语言,应定观道以正宗致。三乘不分,依何义说?相与无相,有如水火,二性相违,岂得共贯?虽一切圣人以无为法,三乘入空,其性各异:声闻以坏缘观观生灭空,缘觉以因缘观观法性空,菩萨以无生观观毕竟空。此则淄渑殊味,泾渭分流,非可以口胜,非可以力争。欲及弱丧,去斯何适?值大宝而不取,遇深经而不求,亦何异穷子反走于宅中,独姥掩目于道上。此乃惑行之常性,迷涂之恒心。但好龙而观画,爱象而玩迹,荆山可为流恸,法水所以大悲,经譬兔马,论喻鹿犀,俱以一象配成三兽。用度河以测境,因围箭以验智,格得空之浅深,量相心之厚薄。悬镜在前,无待耳识;离娄既睇,岂劳相者?若无不思谊之理,岂有不思谊之事?放瑞光于三千,集奇莲于十方,变金色于大地,严华台于虚空,表舌相之不虚,证般若之真实。所以龙树、道安、童寿、慧远咸以大权应世,或以殆庶救时,莫不服膺上法,如说修行,况于细人,可离斯哉?此经东渐二百五十有八岁,始于魏甘露五年至自于阗。叔兰开源,弥天导江,鸠摩罗什漱以甘泉,三译五校,可谓详矣。龙树菩萨著《大智论》,训解斯经,义旨周备。此实如意之宝藏,智慧之沧海。但其文远旷,每怯近情。朕以听览余日,集名僧二十人,与天保寺法宠等详其去取,云根寺慧令等兼以笔功,探采《释论》以注经本,略其多解,取其要释。此外或捃关河旧义,或依先达故语,时复间出,以相显发。若章门未开,义势深重,则参怀同事,广其所见。使质而不简,文而不繁,庶令学者有过半之思。讲《般若经》者多说五时,一往听受,似有条理,重更研求,多不相符。唯《仁王般若》具书名部,世既以为疑经,今则置而不论。僧叡《小品序》云:斯经正文凡有四种,是佛异时适化之说,多者十万偈,少者六百偈。略出四种,而不列名。《释论》言,般若部党有多有少,《光赞》、《放光》、《道行》,只举三名,复不满四。此土别有一卷,谓为《金刚般若》,欲以配数,可得为五。既不具得经名,复不悉时之前后,若以臆断,易致讥嫌。此非义要,请俟多闻。今注《大品》,自有五段,非彼所言五时般若。

劝说以不住标其始，命说以无教通其道，愿说以无得显其行，信说以甚深美其法，广说以不尽要其终。中品所以累教，末章所以三属，义备后释，不复详言。设乃时旷正教，处无法名，犹且苦辛草泽，经历崄远，翘心遏听，澍意希夷。冀迟玄应，想像空声，轻生以重半偈，卖身以尊一言，甘渫血而不疑，欣出髓而无恪。况复龙官神珠，宝台金鍱，难得之货，难闻之法，遍布塔寺，充仞目前，岂可不伏心受持，虚怀钻仰，使佛种相续，菩提不断？知恩反复，更无他道，方以雪山，匹以香城，宁得同日语其优劣？率书所得，惧增来过。明达后进，幸依法行。"自兹以来，常躬事讲说。

　　[出处]　《大正藏》第五十五卷《目录部·出三藏记集》卷第八《广弘明集》卷第十九　《续高僧传》卷第一《译经篇初·释宝唱传》

　　梁萧子云著成《晋书》　子云字景乔，齐时封新浦县侯，天监初降爵为子。以晋代竟无全书，弱冠便留心撰著。至是，年二十六，书成百余卷，表奏之。诏付秘阁。

　　[出处]　《梁书·萧子云传》《南史·萧子云传》

　　梁敕宝亮等撰《涅槃经疏》　梁主敕建元寺僧法朗、法亮注《大涅槃经》七十二卷。朗本姓沈氏，吴兴武康人，家遭世祸，因住建业。大明七年，与兄法亮被敕绍继慧益出家，初住药王寺。亮履行高洁，经数修明。朗禀性疏率，不事威仪。声转有闻，义解传誉。而言谑调笑，不择交游。集注《涅槃》既毕，梁主亲为序曰："曰非言无以寄言，言即无言之累，累言则可以息言，言息则诸见竞起。所以如来乘本愿以托生，现慈力以应化，离文字以设教，忘心相以通道。故使珉玉异价，泾渭分流，制六师而正四倒，反八邪而归一味。折世智之角，杜异人之口，导求珠之心，开观象之目，救烧灼于火宅，拯沈溺于浪海。故法雨降而焦种更荣，慧日升而长夜蒙晓，发迦叶之悱愤，吐真实之诚言。虽复二施等于前，五大陈于后；三十四问，参差异辨；方便劝引，各随意答；举要论经，不出两涂。佛性开其本有之源,《涅槃》明其归极之宗。非因非果,不起不作,义高万善,事绝百非,空空不能测其真际,玄玄不能穷其妙门,自非德均平等,心合无主,金墙玉室,岂易入哉?"又别敕庄严寺宝唱兼赞其功,论综终始,缉成部帙。

[出处]《续高僧传》卷第一《宝唱传》、卷第五《僧韶传》《广弘明集》卷第二十

魏严敕立学速成　四月丁卯诏曰:"迁京嵩县,年将二纪,虎闱阙唱演之音,四门绝讲诵之业。博士端然,虚禄岁祀,贵游之胄,叹同子衿,靖言念之,有兼愧慨。可严敕有司,国子学孟冬使成,大学、四门明年暮春令就。"

[出处]《魏书·世宗宣武帝纪》

十二年　癸巳(513)　　　二年

梁特进中军将军沈约卒　闰三月乙丑,沈约卒,时年七十三。诏赠本官,赙钱五万,布百匹,谥曰隐。约左目重瞳子,腰有紫志,聪明过人。好坟籍,聚书至二万卷,京师莫比。少时孤贫,丐于宗党,得米数百斛,为宗人所侮,覆米而去。及贵,不以为憾,用为郡部传。尝侍宴,有妓师是齐文惠宫人,梁主问识座中客不。曰:"惟识沈家令。"约休座流涕,梁主亦悲焉,为之罢酒。约历仕三代,该悉旧章,博物洽闻,当世取则。谢玄晖善诗,任彦昇工于笔,约兼而有之,然不能过也。自负高才,昧于荣利,乘时藉势,颇累清谈。及居端揆,稍弘止足。每进一官,辄殷勤请退,而终不能去,论者方之山涛。用事十余年,未尝有所荐达,政之得失,唯唯而已。初梁主有憾于张稷,及稷卒,因与约言之。约曰:"左仆射出作边州刺史,已往之事,何足复论?"梁主以为婚家相为,大怒曰:"卿言如此,是忠臣邪?"乃辇归内殿。约惧,不觉梁主起,犹坐如初。及还,未至床,而凭空顿于户下,遂病。先是梁主欲以南海郡为巴陵国邑而迁

齐和帝,以问范云。云俯首未对。约曰:"今古事殊,魏武所云,不可慕虚名而受实祸。"梁主颔之,于是杀齐和帝。至是,约梦齐和帝以剑断其舌,召巫视之,巫言如梦。乃呼道士奏赤章于天,称禅代之事不由己出。先此约尝侍晏,会豫州献粟径寸半,梁主奇之,问粟事多少,与约各疏所忆,少梁主三事。约出谓人曰:"此公护前,不让即差死。"梁主以其言不逊,欲抵其罪,徐勉字脩仁,东海郯人。固谏乃止。及疾,梁主遣主书黄穆之专知省视,穆之夕还,增损不即启闻,惧罪。窃以赤章事因上省医徐奘以闻。又积前失。梁主大怒,中使谴责者数焉。约惧,遂卒。有司谥曰文,梁主曰:"怀情不尽曰隐。"故改为隐。约撰《四声谱》,以为在昔词人累千载而不悟,而独得胸衿,穷其妙旨,自谓入神之作。梁主雅不好焉。问周舍曰:"何谓四声?"舍曰:"天子圣哲是也。"然梁主竟不甚遵用约也。

　　[出处]《梁书·沈约传》《南史》卷五十七《沈约传》、《齐和帝纪》

　　[附录]　沈约著述表

《迩言》十卷

《谥法》十卷

《四声》一卷

《晋书》一百一十一卷

《宋书》一百卷

《齐纪》二十卷

《梁高祖纪》十四卷

《梁仪注》十卷《唐志》

《梁祭地祇阴阳仪注》二卷《唐志》

《新定官品》二十卷

《子钞》三十卷《唐志》

《宋世文章志》二卷

《俗说》五卷

《杂说》二卷

《袖中记》二卷

《袖中略集》一卷

《珠丛》一卷

《子集》十五卷

集一百一卷

集钞十卷

《梁武帝连珠注》一卷

梁使吴均等撰《通史》　均字叔庠,吴兴故鄣人。迁奉朝请,将著史以自名。欲撰《齐书》,求借《齐起居注》及《群臣行状》,梁主不许。有诏:"齐氏故事,布在流俗,闻见既多,可自搜访也。"遂私撰《齐春秋》奏之,书称梁主为齐明帝佐命。梁主恶其实录,谓其出不实,使中书舍人刘之遴字思贞,南阳涅阳人。诘问数十条,竟支离无对。敕付省焚之,坐免职。寻有敕召见,使撰《通史》。上起三皇,下终齐室。自秦以前,皆以《史记》为本,而别采他说,以广异闻。至两汉已还,则全录当时记传。而上下通达,臭味相依。又吴、蜀二主,皆入世家;五胡及拓拔氏,列于《夷狄传》。大抵其体皆如《史记》。其所为异者,惟无表而已。

[出处]　《梁书·文学上·吴均传》　《南史》卷七十二《吴均传》　《史通·六家·史记家正史》

[考证]　按《梁书·吴均传》:"建安王伟为扬州,引兼记室,掌文翰。王迁江州,补国侍郎,兼府城局,还除奉朝请。"考《梁书·南平王伟传》,伟以天监九年迁江州,是年征还。则均之为奉朝请,当在其随伟还朝之时。其撰《通史》,必在是年或是年之后。而均卒于普通元年,距此不过数年,已成本纪及世家。则为时不容太后,

故志之于此。

梁征阮孝绪,不至　孝绪字士宗,陈留尉氏人。年十三遍通《五经》,十五冠而见其父,父诫曰:"三加弥尊,人伦之始,宜思自勖,以庇余躬。"答曰:"愿迹松子于瀛海,追许由于穷谷,庶保促生,以逸尘累。"自是屏居一室,非定省未尝出户。家人莫见其面,亲友因呼为居士。至是,与吴郡范元琰字伯珪,吴郡钱唐人。俱征,并不到。陈郡袁峻谓之曰:"往者天地闭,贤人隐。今世路已清而子犹遁,可乎?"答曰:"昔周德虽兴,夷、齐不厌薇蕨。汉道方盛,黄、绮无闷山林。为仁由己,何关人世?况仆非往贤之类邪!"时有善筮者张有道谓孝绪曰:"见子隐迹而心难明,自非考之龟蓍,无以验也。"及布卦,既构五爻,曰:"此将为咸,应感之法,非嘉遁之兆。"孝绪曰:"安知后爻不为上九?"果成遁卦。有道叹曰:"此谓'肥遁无不利',象实应德,心迹并也。"孝绪曰:"虽获遁卦,而上九爻不发,升遐之道,便当高谢。"乃著《高隐传》,上自炎黄,终于天监之末,斟酌分为三品,凡若干卷。又著论云:"夫至道之本贵在无为,圣人之迹,存乎拯弊,拯弊由迹,迹用有乖于本。本既无为,为非道之至。然不垂其迹,则世无以平;不究其本,则道实交丧。丘、旦将存其迹,故宜权晦其本;老、庄但明其本,亦宜深抑其迹。迹既可抑,数子所以有余;本方见晦,尼丘是故不足。非得一之士阙彼明智,体之之徒,独怀鉴识。然圣已极照,反创其迹;贤未居宗,更言其本。良由迹须拯世,非圣不能;本实明理,在贤可照。若能体兹本迹,悟彼抑扬,则孔、庄之意,其过半矣。"南平王元襄闻其名,致书要之,不赴。孝绪曰:"非志骄富贵,但性畏庙堂。若使麋鹿可骖,何以异夫骥骡!"

[出处]　《梁书·处士·阮孝绪传》

魏刘芳卒　芳沈雅方正,概尚甚高,经传多通,魏主深器敬之。崔光于芳有中表之敬,每事询仰。至是卒,年六十一。谥文贞。

[出处]　《魏书·刘芳传》

[附录]　刘芳著述表

郑玄所注《周官音》一卷	郑玄所注《仪礼音》一卷
干宝所注《周官音》一卷	王肃所注《尚书音》一卷
何休所注《公羊音》一卷	范宁所注《穀梁音》一卷

韦昭所注《国语音》一卷　　　范晔《后汉书音》一卷

《辨类》三卷　　　　　　　　《徐州人地录》二十卷

《急就篇续注音义证》三卷　　《毛诗笺音义证》十卷

《礼记义证》十卷　　　　　　《周官义证》五卷

《仪礼义证》五卷

十三年　甲午(514)　　　三年

梁沙门释宝唱撰《名僧传》　初,唱于天监九年先疾复动,便发二愿,遍寻经论,使无遗失。搜括列代僧录,创区别之,撰为部帙,号曰《名僧传》,三十一卷。至是,始就条列。其序略云:"夫深求寂灭者,在于视听之表;考乎心行者,谅须丹青之工。是知万象森罗,立言之不可以已者也。大梁之有天下也,威加赤县,功济苍生,皇上化范九畴,神游八正,顶戴法桥,服膺甘露。窃以外典鸿文,布在方册;九品六艺,尺寸罔遗。而沙门净行,独亡纪述;玄宗敏德,名绝终古。拥叹长怀,靡兹永岁。律师释僧祐道心贞固,高行超邈,著述诸记,振发宏要。宝唱不敏,预班二落,礼诵余日,捃拾遗漏。……"初以脚气连发,入京治疗,去后敕追,因此抵罪,谪配越州。寻令依律以法处断,僧正慧超任情乖旨,摈徙广州。先忏京师大僧寺遍,方徙岭表,永弃荒裔。遂令鸠集为役多阙。昼则伏忏,夜便缵录,加又官私催逼,惟日弗暇,中甄条流,文词坠落。将发之日,遂以奏闻。有敕停摈,令住翻译。而此僧史方将刊定,改前宿繁,更加芟足。故其传后自序云:"岂敢谓僧之董狐,庶无屈笔耳。"然唱之所撰,文胜其质。后人凭据,揣而用之,故敷陈赏要,为时所列,不测其终。

[出处]　《高僧传二集》卷第一《释宝唱传》

魏崔灵恩归梁　灵恩,清河武城人,少笃学,从师,遍通《五经》,尤精《三礼》、《三传》。仕魏为太常博士,以是年归梁。梁主以其儒术,擢拜员外散骑侍郎。灵恩聚徒讲授,听者常数百人,性拙朴无风采,及解经析理,甚有精致。建康旧儒,咸称重之。灵恩累迁步兵校尉,兼国子博士。助教孔金,尤好其学。灵恩先习《左传》服解,不为江东所行,及改说杜义，每文句常申服以难杜，遂著《左氏条义》以明之。时有助教虞僧诞，又精杜，因作《申杜难服》以答灵恩，世并行焉。僧诞，会稽余姚人，以《左氏》教授，听者亦数百人，其该通义例，当时莫及。灵恩出为长沙内史，还为国子博士，讲众大盛，出为明威将军、桂州刺史，卒官。时北方儒者，又有卢广、孙详、蒋显，亦自魏归梁，并聚徒讲说。广，范阳涿人，自云晋司空从事中郎谌之后也。少明经，有儒术。天监中归国，初拜员外散骑侍郎，出为始安太守，坐事免。顷之，起为折冲将军，配千兵。北伐还，拜步兵校尉，兼国子博士，遍讲《五经》。时北来人儒学者有崔灵恩、孙详、蒋显并聚徒说，而音辞鄙拙。惟广言论清雅，不类北人。仆射徐勉兼通经术，深相赏好，寻迁员外散骑常侍，博士如故。出为信武桂阳嗣王长史、寻阳太守，又为武陵王长史，太守如故，卒官。

　　[出处]　《梁书·儒林·崔灵恩传》、《卢广传》

　　[附录]　崔灵恩著述表

《集注毛诗》二十四卷	《集注周官礼》二十卷
《三礼义宗》三十卷	《春秋经传解》六卷
《春秋申先儒传论》十卷	《春秋左氏传立义》十卷

梁以沈峻兼五经博士　峻字士嵩，吴兴武康人。家世农夫，至峻好学，与舅太史叔明吴兴乌程人。师事宗人沈麟士。在门下积年，昼夜自课，时或睡寐，辄以杖自击，其笃志如此。麟士卒后，乃出都遍游讲肆。遂博通《五经》，尤长《三礼》。初为王国中尉，稍迁侍郎，并兼国子助教。时吏部郎陆倕字佐公，吴郡吴人。与仆射徐勉书荐峻曰：“五经博士庾季达须换，计公家必欲详择其人。凡圣贤可讲之书，必以《周官》立义。则《周官》一书，实为群经源本。此学不传，多历年世。北人孙详、蒋显亦经听习，而音革楚夏，故学徒不至。唯助教沈峻，特精此书。比日时开讲肆，群儒刘昌、沈宏、沈熊之徒并执经下坐，北面受业，莫不叹服，人无间言。弟谓宜即用此人，命其专此一学，周而复始。使圣人正典，废而更兴；累世绝业，传于学者。”勉从之，奏峻兼五经博士，于馆讲授，听者常数百人。

　　[出处]　《梁书·儒林·沈峻传》

　　[考证]　按《梁书·陆倕传》，倕由吏部郎出为云麾晋安王长史、寻阳太守，行江州府事。考《简文帝纪》，简文以天监五年为晋安王。天监十四年，为都督江州诸军事、云麾将军、江州刺史。倕之为晋安王部属，必在此时。其为吏部郎必在十四年之前，其荐沈峻亦当在十四年之前。观荐书之语意，必在北人南来之后，故志其事于此年。

　　魏江式请撰集古来文字　式字法安，陈留济阳人。六世祖琼字孟琚，晋冯翊太守，善虫篆诂训。永嘉大乱，琼弃官西投张轨，因居凉土，世传家业。祖彊字文威，太延五年凉州平，内徙代京。上书三千余法，各有体例。又献经史诸子千余卷，由是擢拜中书博士，卒，赠燉煌太守。父绍兴，高允奏为秘书郎，掌国史二十余年，以谨厚称，卒于赵郡太守。式少专家学，数年之中，常梦两人时相教授。及寤，每有记识。初拜司徒长史，兼行参军、检校御史，寻除殄寇将军、符节令。以书文昭太后尊号谥册，特除奉朝请，仍符节令。式篆体尤工，洛京宫殿诸门版题皆式书也。是年三月，式上表曰："臣闻庖羲氏作而八卦列其画，轩辕氏兴而龟策彰其彩。古史：仓颉览二象之爻，观鸟兽之迹，别创文字以代结绳，用书契以维事。宣之王庭，则百工以叙；载之方策，则万品以明。迄于三代，厥体颇异，虽依类取制，未能悉殊仓氏矣。故《周礼》八岁入小学，保氏教国子以六书。一曰指事，二曰象形，三曰谐声，四曰会意，五曰转注，六曰假借，盖是史颉之遗法也。及宣王太史史籀著《大篆》十五篇，与古文或同或异，时人即谓之籀书。至孔子定《六经》，左丘明述《春秋》，皆以古文，厥意可得而言。其后七国殊轨，文字乖别。暨秦兼天下，丞相李斯乃奏蠲罢不合秦文者。斯作《仓颉篇》，中车府令赵高作《爰历篇》，太史令胡母敬作《博学篇》，皆取史籀大篆，或颇省改，所谓小篆者也。于是秦烧经书，涤除旧典，官狱繁多，以趣约易，始用隶书，古文由此息矣。隶书者，始皇使下杜人程邈附于小篆所作也。以趣徒隶，即谓之隶书。故秦有八体：一曰大篆，二曰小篆，三曰刻符书，四曰虫书，五曰摹印，六曰署书，七曰殳书，八曰隶书。汉兴有尉律学，复教以籀书，又习八体，试之，课最以为尚书史。吏民上书省字不正，辄举劾焉。又有草书，莫知谁始，考其书形，虽无厥谊，亦是一时之变通也。孝宣时，召通《仓颉》读者，独张敞从之受。凉州刺史杜邺、沛人爰礼、讲学大夫秦近亦能言之。孝平时，征礼等百余人说文字于未央宫中，以礼为小学元士。黄门侍郎杨雄采以作《训纂篇》。及亡新居摄，自以应运制作，使大司空甄丰校文字之部，颇改定古文。时有六书：一曰古文，孔子壁中书也。二曰奇字，即古文而异者。三曰篆书，云小篆也。四曰佐书，秦隶书也。五曰缪篆，所以摹印也。六曰鸟虫，所以幡信也。壁中书者，鲁恭王坏孔子宅而得《礼》、《尚书》、《春秋》、《论语》、《孝经》也。又北平侯张苍献《春秋左氏传》，书体与孔氏相类，即前代之古文矣。后汉郎中扶风曹喜号曰工篆，小异斯法而甚精巧，自是后学，皆其法也。又诏侍中贾逵修理旧文，殊艺异术，王教一端，苟有所以加于国者，靡不悉集。逵即汝南许慎古文学之师也。后慎嗟时人之好奇，叹俗儒之穿凿，惋文毁于誉，痛字败于訾，更诡任情，变乱于世，故撰《说文解字》十五篇。首一终亥，各有部属，包括六艺群书之诂，评释百氏诸子之训。天地、山川、草木、鸟兽、昆虫、杂物、奇怪、珍异、王制、礼仪、世间人事，莫不毕载。可谓类聚群分，杂而不越，文质彬彬，最可得而论也。左中郎将陈留蔡邕采李斯、曹喜之法，为古今杂形。诏于太学立石碑刊载《五经》，题书楷法多是邕书也。后开鸿都，书画奇能，莫不云集，于时诸方献篆，无出邕者。魏初博士清河张揖，著《埤仓》、《广雅》、《古今字训》。究诸埤广，缀拾遗漏，增长事类，抑亦于文为益者。然其《字诂》，方之许慎篇古今体用，或得或失矣。陈留邯郸淳亦与揖同时，博古开艺，特善《仓》、《雅》、许氏字指、八体六书，精究闲理，有名于揖。以书教诸皇子,又建《三字石经》于汉碑之西。其文蔚炳,三体复宣。校之《说文》,篆隶大同而古字少异。又有京兆韦诞、河东卫觊,二家并号能篆。当时台观榜题、宝器之铭,悉是诞书。咸传之子孙,世称其妙。晋世义阳王典祠令任城吕忱表上《字林》六卷,寻以况趣,附托许慎《说文》,而按偶章句,隐别古籀奇惑之字,文得正隶,不差篆意也。忱弟静别放故左校令李登《声类》之法,作《韵集》五卷。宫商龢徵羽各为一篇,而文字与兄便是鲁卫,音读楚夏,时有不同。皇魏承百王之季,绍五运之绪,世易风移,文字改变,篆形谬错,隶体失真。俗学鄙习,复加虚巧;谈辩之士,又以意说。炫惑于时,难以厘改。故传曰:以众非非行正。信哉,得之于斯情矣。乃曰:追来为归,巧言为辩,小儿为㝩,神虫为蚕,如斯甚众,皆不合孔氏古书、史籀大篆、许氏《说文》、《石经》三字也。凡所关古,莫不惆怅也。嗟夫,文字者,六艺之宗,王教之始,前人所以垂今,今人所以识古。故曰:'本立而道生。'孔子曰:'必也正名乎。'又曰:'述而不作。'《书》曰:'予欲观古人之象。'皆言遵修旧史而不敢穿凿也。臣六世祖琼,家世陈留,往晋之初,与从父兄应元俱受学于卫觊。古篆之法,《仓》、《雅》、《方言》、《说文》之谊,当时并收善誉。而祖官至太子洗马,出为冯翊郡。值洛阳之乱,避地河西,数世传习,斯业所以不坠也。世祖太延中,皇威西被,牧犍内附。臣亡祖文威杖策归国,奉献五世传掌之书,古篆八体之法,时蒙褒录,叙列于儒林,官班文省,家号世业。暨臣暗短,识学庸薄,渐渍家风,有忝无显。但逢时来,恩出愿外。每承泽云津,厕沾漏润,驱驰文阁,参预史官,题篆宫禁,猥同上哲。既竭愚短,欲罢不能。是以敢藉六世之资,奉遵祖考之训,窃慕古人之轨,企践儒门之辙。辄求撰集古来文字,以许慎《说文》为主。爰采孔氏《尚书》、《五经音注》、《籀篇》、《尔雅》、《三仓》、《凡将》、《方言》、《通俗文》、《祖文宗》、《埤仓》、《广雅》、《古今字诂》、《三字石经》、《字林》、《韵集》、诸赋文字有六书之谊者,皆以次类编联,文无复重,纠为一部。其古籀、奇惑、俗隶诸体,咸使班于篆下,各有区别。诂训假借之谊,佥随文而解;音读楚夏之声,并逐字而注。其所不知者,则阙如也。脱蒙遂许,冀省百氏之观,而同文字之域,典书秘书所须之书,乞垂敕给。并学士五人尝习文字者,助臣披览。书生五人,专令抄写。侍中、黄门、国子祭酒一月一监,评议疑隐,庶无纰缪。所撰名目,伏听明旨。"诏曰:"可如所请,并就太常,冀兼教八书史也。其有所须,依请给之。名目待书成重闻。"式于是撰集字书,号曰《古今文字》,凡四十卷。大体依许氏《说文》为本,上篆下隶。又除宣威将军、符玺郎,寻加轻车将军。正元中,除骁骑将军,兼著作佐郎、正史中字。四年卒,赠右将军、巴州刺史,其书竟未能成。

　　[出处]　《魏书·术艺·江式传》

十四年　乙未(515)　　　四年

梁刘峻撰《类苑》成　初,峻撰《类苑》,未及毕而已行于世。至是全成,凡一百二十卷。刘之遴与峻书曰:"闻足下作《类苑》,括综百家,驰骋千载,弥纶天地,缠络万品。撮道略之英华,搜群言之隐赜。铅摘既毕,杀青已就,义以类聚,事以群分,述往之妙,扬、班俦也。擅此博物,何快如之!虽复子野调声,寄知音于后世;文信构览,悬百金于当时,居然无以相尚。自非沈郁澹雅之思,安能闭志经年,勒成若此?吾尝闻:为之者劳,观之者逸。足下劳于精力,宜令吾见异书。"峻答曰:"九冬有隙,三余暇时,多游书圃,代树萱苏。若夫采蘦蘦于缃纨,阅微言于残竹,嗢饫膏液,咀嚼英华。不知地之为舆,天之为盖。靡测回塘,莫辩舆马,乌足以言乎!是用周流坟素,详观图谍,捅管联册,篡兹英奇。蛩蛩之谋,止于善草;周周之计,利在衔翼。故鸠集斯文,盖自缀其漏耳。岂冀藏山之石播于士大夫哉?"

[出处]　《南史》卷四十九《刘峻传》、卷五十二《梁宗室下·安成王秀传》《梁书·儒林·刘峻传》

[考证]　按《南史·刘峻传》称"及峻《类苑》成……帝即命诸学士撰《华林遍略》以高之"。则《类苑》当成于《华林遍略》初作之前，《华林遍略》初作于天监十五年，故志《类苑》成事于此。

魏崔光上表言考验历法事　是年冬，侍中、国子祭酒领著作郎崔光表曰："……太和十一年，臣自博士迁著作，忝司载述，时旧钟律郎张明豫推步历法，治己丑元。草创未备，及迁中京，转为太史令，未几丧亡，所造致废。臣中修史，景明初，奏求奉车都尉、领太史令赵樊生，著作佐郎张洪，给事中、领太乐令公孙崇等造历，功未及讫，而樊生又丧，洪出除泾州长史，唯崇独专其任。暨永平初，云已略举。时洪府解停京，又奏令重修前事。更取太史令赵胜、太庙令庞灵扶、明豫子龙祥共集秘书，与崇等详验，推建密历。然天道幽远，测步理深，候观迁延，岁月滋久。而崇及胜前后并丧。洪所造历为甲午、甲戌二元，又除豫州司马。灵扶亦除蒲阴令。洪至豫州，续造甲子、己亥二元。唯龙祥在京，独修前事，以皇魏运水德，为甲子元。兼校书郎李业兴_{上党长子人}。本虽不预，亦和造历为戊子元。三家之术，并未申用，故贞静处士李谧私立历法，言合纪次，求就其兄场追取，与洪等所造，递相参考，以知精粗。臣以仰测昏度，实难审正。又求更取诸能算术兼解经义者，前司徒司马高绰、驸马都尉卢道虔、前冀州镇东长史祖莹、前并州秀才王延业、谒者仆射常景_{字永昌，河内人}。等日集秘书，与史官同检疏密。并朝贵十五日一临，推验得失，择其善者奏闻施用，限至岁终。但世代推移，轨宪时故，上元今古，考准或异。故三代课步，始卒各别，臣职预其事，而朽惰已甚，既谢运筹之能，弥愧意算之艺。由是多历年世，兹业弗成。公私负责，俯仰惭觍。"灵太后令曰："可如所请。"

[出处] 《魏书·律历志上》

孝明帝

十五年　丙申(516)　　熙平元年

梁撰《华林遍略》　初，梁主招文学之士，有高才者，多被引进，擢不以次。峻率性而动，不能随众沈浮。梁主每集文士策经史事，时范云、沈约之徒，皆引短推长。梁主乃悦，加其赏赉。曾策锦被事，咸言已罄。梁主试呼问峻，峻时贫悴冗散，忽请纸笔疏十余事，坐客皆惊。梁主不觉失色，自是恶之，不复引见。至是，峻《类苑》成，梁主思所以高之，乃敕太子詹事徐勉举学士入华林，撰《遍略》。勉举何思澄、字元静，东海郯人。顾协、字正礼，吴郡吴人。刘杳、字士深，平原平原人。王子云、太原人。钟屿字季望，颍川长社人。等五人以应选。八年书乃成，合七百卷。思澄重交结，分书与诸宾朋校定。而终日造谒，每宿昔作名一束，晓便命驾。朝贤无不悉狎，狎处即命食，有人方之娄护，欣然当之。投晚还家，所赍名必尽。

[出处] 《南史》卷四十九《刘峻传》、卷七十二《文苑·何思澄传》《梁书·文学下》

魏李玚请翦裁沙门　玚字琚罗，赵郡人。涉历史传，颇有文才。气尚豪爽，公强当世。延昌末，司徒行参军，迁司徒长兼主簿。太师高阳王雍表荐玚，为其友，正主簿。于时民多绝户而为沙门。玚上言："礼以教世，法导将来，迹用既殊，区流亦别。故三千之罪，莫大不孝；不孝之大，无过于绝祀。然则绝祀之罪，重莫甚焉。安得轻纵背礼之情而肆其向法之意也？正使佛道，亦不应然。假令听然，犹须裁之以礼。一身亲老，弃家绝养，既非人理，尤乖礼情，埋灭大伦。……缺当世之礼，而求将来之益。孔子云：'未知生，焉知死？'斯言之至，亦为备矣。安有弃堂堂之政而从鬼教乎？又今南服未静，众役仍烦，百姓之情，方多避役。若复听之，恐捐弃孝慈,比屋而是!"沙门都统僧暹等忿场鬼教之言,以场为谤毁佛法,泣诉灵太后。太后责之,场自理曰:"窃欲清明佛法,使道俗兼通。非敢排弃真学,妄为訾毁。且鬼神之名,皆通灵达称,自百代正典,叙三皇五帝,皆号为鬼。天地曰神祇,人死曰鬼。《易》曰:"知鬼神之情状。"周公自美,亦云能事鬼神。《礼》曰:"明则有礼乐,幽则有鬼神。"是以明者为堂堂,幽者为鬼教。佛非天非地,本出于人,应世导俗,其道幽隐。名之为鬼,愚谓非谤。且心无不善,以佛道为教者,正可未达众妙之门耳。"灵太后虽知场言为允,然不免暹等之意,独罚场金一两。

[出处]《魏书·李孝伯传》

魏建永宁寺　　胡太后立永宁寺于宫前阊阖门南御道之东。中有九层浮图一所,架木为之,举高九十丈,有刹复高十丈,合去地一千尺。去京师百里,已遥见之。初掘基至黄泉下,得金像三千躯,太后以为信法之征,是以营建过度也。刹上有金宝瓶,容二十五石。宝瓶下有承露金盘三十重,周匝皆垂金铎。复有铁锁四道,引刹向浮图。四角锁上,亦有金铎,铎大小如一石瓮子。浮图有九级,角角皆悬金铎,合上下有一百二十铎。浮图有四面,面有三户六窗,户皆朱漆。扉上有五行金钉,合有五千四百枚。复有金环辅首。殚土木之功,穷造形之巧。佛事精妙,不可思议。绣柱金铺,骇人心目。至于高风永夜,宝铎和鸣,铿锵之声,闻及十余里。浮图北有佛殿一所,形如太极殿。中有丈八金像一躯、中长金像十躯、绣珠像三躯、织成五躯。作功奇巧,冠于当世。僧房楼观一千余间,雕梁粉壁,青缫绮疏,难得而言。栝柏松椿,扶疏拂檐;翠竹香草,布护阶墀。外国所献经像,皆在此寺。寺院墙皆施短椽,以瓦覆之,若后世宫墙也。四面各开一门,南门楼三重,通三道,去地二十丈。以云气画彩仙灵,绮钱青锁,辉赫丽华。拱门有四力士、四狮子,饰以金银,加之珠玉,装严焕炳,世有未闻。东西两门,亦皆如之。所可异者,唯楼二重。北门一道不施屋,似乌头门。四门外树以青槐,亘以绿水,京邑行人多庇其下。诏中书舍人常景为寺碑文,景敏学博通,知名海内。太和十九年,为高祖所器,拔为律学博士。刑法疑狱,多访于景。正始初,诏刊律令,永作通式。敕景共治书侍御史高僧裕①、羽林监王元龟、尚书郎祖莹、员外散骑侍郎李琰之等撰集其事。又诏太师彭城王勰、青州刺史刘芳入预其议。景讨正科条,商榷古今,甚有伦序,即行于世之律二十篇也。又共芳造洛阳宫殿门阁之名,经途里邑之号,出除长安令,时人比之潘岳。其后历位中书舍人、黄门侍郎、秘书监、幽州刺史、仪同三司,学徒以为荣焉。景入参近侍,出为侯牧,居室贫俭,事等农家。唯有经史,盈车满架。所著文集数百余篇,给事封昕伯作序,行于世。装饰毕功,魏主与太后共登之,视宫内如掌中,临京师若家庭。以其目见宫中,禁人不听升。西域沙门菩提达磨来游于此,见金盘炫日,日一作目。光照云表,宝铎含风,响出天外。歌咏赞叹,实是神功。自云年一百五十岁,历涉诸国,靡不周遍,而此寺精丽,阎浮所无也。极佛一作物。境界,亦未有此。口唱南无,合掌连日。寺既成,遂以处菩提留支,七百梵僧,敕以流支为译经之元匠也。至孝昌二年,大风发屋拔树,刹上宝瓶,随风而落,入地丈余。复命工匠,更铸新瓶。建义元年,尔朱荣总士马于此寺。永熙三年二月,浮图为火所烧,魏主登凌云台望火,遣南阳王宝炬、录尚书长孙稚将羽林一千来救。于斯时也,雷雨晦冥,霰雪交注。第八级中,平旦火起,有二道人不忍焚烬,投火而死。其焰相续,经余三月,入地刹柱,乃至周年,犹有烟气。其年五月,有人从东莱郡至云:"见浮图于海中,光明俨然,同睹非一。俄而云雾乱起,失其所在。"

[出处]《洛阳伽蓝记》卷第一　《续高僧传》卷第一《译经篇初·菩提留支传》

十六年　丁酉(517)　　二年

梁废国内道观　梁主既誓永弃道教,遂以是年敕废天下道观,

① "高僧裕"原作"高僧祐",据《洛阳伽蓝记》改。

道士皆反俗。

[出处]　《佛祖统纪》卷第五十四

梁宗庙荐羞始用蔬果　梁主敕太医不得以生类为药,牲牷皆代以面,宗庙荐羞,始用蔬果。通事舍人刘勰初,临川王宏引勰兼记室,迁车骑仓曹参军,出为太末令,政有清绩,除仁威南康王记室,兼东宫通事舍人。以二郊农社犹有牺牲,乃表言二郊宜与七庙同改。诏付尚书议,依勰所陈。勰迁步兵校尉,兼舍人如故,昭明太子(名统,字德施,梁主长子。)好文学,深爱接之。

[出处]　《佛祖统纪》卷第三十七　《梁书》卷五十《刘勰传》《南史》卷七十二列传第六十二《刘勰传》

梁主议自御僧官　时国家敬重三宝,利动昏心,浇波之俦,肆情下达,僧正宪纲,无施于过门。梁主欲自御僧官,维任法侣,敕主书遍令许者署名。于时盛哲无敢抗者,皆匿然投笔。后以疏闻开善智藏,藏以笔横轹之,告曰:“佛法大海,非俗人所知。”梁主览之,不以介意。然意弥盛,事将施行于世,虽藏后未同,而敕已先被。晚于华光殿设会,众僧大集,后藏方至。梁主曰:“比见僧尼多未调习,白衣僧正不解律科,以俗法治之,伤于过重。弟子暇日,欲自为白衣僧正,亦依律立法。此虽是师之事,然佛亦复付嘱国王,向来与诸僧共论,咸言不异,法师意旨如何?”藏曰:“陛下欲自临僧事,实光显正法,但僧尼多不如律,所愿垂慈矜恕,此事为后。”梁主曰:“弟子此意,岂欲苦众僧耶? 正谓俗愚过重,自可依律定之。法师乃令矜恕,此意何在?”答曰:“陛下诚欲降重从轻,但末代众僧,难皆如律,故敢乞矜恕。”梁主曰:“请问诸僧犯罪,佛法应治之不?”答曰:“窃以佛理深远,教有出没,意谓亦治亦不治。”梁主曰:“惟见付嘱国王治之,何处有不治之说?”答曰:“调达亲是其事,如来置之不治。”梁主曰:“法师意谓调达何人?”答曰:“调达乃诚不可测,夫示迹正欲显教,若不可不治,圣人何容示此? 若一向治之,则众僧不立，一向不治，亦复不立。"梁主动容，追停前敕。诸僧震惧，相率启请。梁主曰："藏法师是大丈夫心，谓是则道是，言非则道非。致词宏大，不以形命相累。诸法师非大丈夫，意实不同，言则不异。弟子向与藏法师硕诤，而诸法师默然无见助者，岂非意在不同耳。"事遂获寝。藏出告诸徒属曰："国王欲以佛法为己任，乃是大士用心。然衣冠一家，子弟十数，未必称意。况复众僧，五方混杂，未易辨明，正须去其甚泰耳。且如来戒律，布在世间，若能遵用，足相纲理。僧正非但无益，为损宏多，常欲劝令罢之，岂容赞成此事？"或曰："理极如此，当万乘之怒，何能夷然？"藏笑曰："此实可畏，但吾年老，纵复阿旨附会，终不长生。然死本所不惜，故安之耳。"后法云谓众曰："尝于义理之中，未能相谢。一日之事，真可愧伏。"梁主崇信释门，宫阙恣其游践。主者以负扆南面域中一人，议以御坐之法，惟天子所升，沙门一不沾预。藏闻之，勃然厉色，即入金门上正殿，踞法座抗声曰："贫道昔为吴中顾郎，尚不惭御榻，况复乃祖定光，金轮释子也。檀越若杀贫道即杀，不虑无受生之处。若付在上方，狱中不妨行道。"即拂衣而起。梁主遂罢敕，任从前法。斯跨略天子，高岸释门，皆此类也。

[出处]　《续高僧传》卷第五《义解篇一·释智藏传》

[考证]　按《续高僧传》载此事于大同中，《佛祖统纪》又载于太清中。考智藏卒于普通三年，其不能见及大同与太清甚明。《续高僧传》本段之后接以"天监末年春，舍身大忏"。则此事在天监之时显然，故志之于此。

魏李崇请修国学　骠骑大将军李崇字继长，顿丘人。上表曰："臣闻世室明堂，显于周夏；二黉两学，盛自虞殷。所以宗配上帝以著莫大之严，宣布下土以彰则天之轨，养黄发以询格言，育青襟而敷典式，用能亨国久长，风徽万祀者也。故孔子称巍巍乎其有成功，郁郁乎其有文章，此其盛矣。爰暨亡秦，政失其道，坑儒灭学，以蔽黔首。国无黉序之风，野有非时之役。故九服分崩，祚终二世。炎汉勃兴，更修儒术。文景已降，礼乐复彰，化致升平，治几刑措。故西京有六学之美,东都有三本之盛。莫不纷纶掩蔼,响流无已。逮自魏晋,拨乱相因,兵戈之中,学校不绝,遗文灿然,方轨前代。仰惟高祖孝文皇帝,禀圣自天,道镜今古,徙驭嵩河,光宅函洛,模唐虞以革轨仪,规周汉以新品制,列教序于乡党,敦《诗》、《书》于郡国。使揖让之礼横被于崎岖,歌咏之音声溢于仄陋。但经始事殷,戎轩屡驾,未遑多就,弓剑弗追。世宗统历,聿遵先绪,永平之中,大兴版筑。续以水旱,戎马生郊,虽逮为山,还停一篑。窃惟皇迁中县,垂二十祀,而明堂礼乐之本,乃郁荆棘之林;胶序德义之基,空盈牧竖之迹;城隍严固之重,阙砖石之工;堳埒显望之要,少楼榭之饰。加以风雨稍侵,渐致亏坠。又府寺初营,颇亦壮美,然一造至今,更不修缮,厅宇凋杇,墙垣颓坏,皆非所谓追隆堂构,仪刑万国者也。伏闻朝议:以高祖大造区夏,道侔姬文,拟祀明堂,式配上帝。今若基宇不修,仍同丘亩,即使高皇神享,……宗事之典,有声无实,此臣子所以匪宁,亿兆所以失望也。臣又闻官方授能所以任事,事既任矣,酬之以禄。如此上无旷官之讥,下绝尸素之谤。今国子虽有学官之名,而无教授之实,何异兔丝燕麦,南箕北斗哉?昔刘向有言:'王者宜兴辟雍,陈礼乐,以风化天下。夫礼乐所以养人,刑法所以杀人,而有司勤勤请定刑法,至于礼乐则曰未敢,是则敢于杀人,不敢于养人也。'臣以为当今四海清平,九服宁晏,经国要重,理应先营。脱复稽延,而刘向之言征矣。但事不两兴,须有进退。以臣愚量:宜罢尚方雕靡之作,颇省永宁土木之功,并减瑶光财瓦之力,兼分石窟镌琢之劳,及诸事役非急者,三时农隙,修此数条。使辟雍之礼蔚尔而复兴,讽诵之音焕然而更作,美榭高墉严壮于外,槐宫棘宇显丽于中。道发明令,重遵乡饮,敦进郡学,精课经业。如此则元、凯可得之于上序,游、夏可致之于下国,岂不休钦?诚知佛理渊妙,含识所宗,然比之治要,容可小缓。苟使魏道熙绪,元首唯康,尔乃经营,未为晚也。"灵太后令曰:"省表,具悉体

国之诚。配飨大礼,为国之本,比以戎马在郊,未遑修缮。今四表
晏宁,年和岁稔,当敕有司,别议经始。"

　[出处]《魏书·李崇传》

　[考证]　按表中言及以高祖配享上帝之事,考《魏书·礼志》
此事议于熙平二年三月,故知崇之上表亦必在此年。

十七年　戊戌(518)　　　神龟元年

梁钟嵘撰《诗品》　嵘字仲伟,颍川长社人,与兄岏、弟屿并好
学有思理,初为中军临川王行参军,衡阳王元简出守会稽,引嵘为
宁朔记室,专掌文翰,时居士何胤筑室若邪山,山发洪水,漂拔树
石,此室独存。元简令嵘作《瑞室颂》以旌表之,辞甚典丽。至是迁
西中郎晋安王记室。嵘尝品古今五言诗,论其优劣,名为《诗评》。
其序曰:"气之动物,物之感人,故摇荡性情,形诸舞咏。欲以照烛
三才,晖丽万有。灵祇待之以致响,幽微藉之以昭告。动天地,感
鬼神,莫近于诗。昔《南风》之辞,《卿云》之颂,厥义夐矣。《夏歌》
曰:'郁陶乎予心。'《楚谣》曰:'名余曰正则。'虽诗体未全,然略是
五言之滥觞也。逮汉李陵,始著五言之目。古诗眇邈,人世难详,
推其文体,固是炎汉之制,非衰周之倡也。自王、扬、枚、马之徒,词
赋竞爽,而吟咏靡闻。从李都尉讫班婕妤,将百年间,有妇人焉,一
人而已。诗人之风,顿已缺丧。东京二百载中,惟有班固《咏史》,
质木无文。降及建安,曹公父子笃好斯文,平原兄弟,郁为文栋。
刘桢、王粲为其羽翼,次有攀龙托凤自致于属车者,盖将百计。彬
彬之盛,大备于时矣。尔后陵迟衰微,迄于有晋太康中,三张二陆、
两潘一左,勃尔复兴,踵武前王。风流未沫,亦文章之中兴也。永
嘉时,贵黄老,尚虚谈,于时篇什,理过其辞,淡乎寡味。爰及江表,
微波尚传,孙绰、许询、桓、庾诸公,诗皆平典,似《道德论》,建安之
风尽矣。先是郭景纯用俊上之才变创其体,刘越石仗清刚之气赞

成厥美。然彼众我寡,未能动俗。逮义熙中,谢益寿斐然继作。元嘉中,有谢灵运,才高词盛,富艳难踪,固已含跨刘、郭,陵轹潘、左。故知陈思为建安之杰,公干、仲宣为辅;陆机为太康之英,安仁、景阳为辅;谢客为元嘉之雄,颜延年为辅,斯皆五言之冠冕,文词之命世也。夫四言文约易广,取效《风》、《骚》,便可多得,每苦文繁而意少,故世罕习焉。五言居文词之要,是众作之有滋味者也。故云会于流俗,岂不以指事造形,穷情写物最为详切者邪?故诗有三义焉:一曰兴,二曰比,三曰赋,文已尽而意有余,兴也。因物喻志,比也。直书其事,寓言写物,赋也。弘斯三义,酌而用之,干之以风力,润之以丹彩,使味之者无极,闻之者动心,是诗之至也。若专用比兴,则患在意深,意深则辞踬。若但用赋体,则患在意浮,意浮则文散,嬉成流移,文无止泊,有芜漫之累矣。若乃春风春鸟,秋月秋蝉,夏云暑雨,冬月祁寒,斯四候之感诸诗者也。嘉会寄诗以亲,离群托诗以怨。至于楚臣去境,汉妾辞宫,或骨横朔野,或魂逐飞蓬,或负戈外戍,或杀气雄边。塞客衣单,孀闺泪尽。又士有解佩出朝,一去忘返;女有扬蛾入宠,再盼倾国。凡斯种种,感荡心灵,非陈诗何以展其义?非长歌何以骋其情?故曰:'《诗》可以群,可以怨。'使穷贱易安,幽居靡闷,莫尚于诗矣。故辞人作者,罔不爱好。今之士俗,斯风炽矣,裁能胜衣,甫就小学,必甘心而驰骛焉。于是庸音杂体,各为家法。至于膏腴子弟,耻文不逮,终朝点缀,分夜呻吟。独观谓为警策,众视终沦平钝。次有轻荡之徒,笑曹、刘为古拙,谓鲍照羲皇上人,谢朓今古独步。而师鲍照终不及'日中市朝满',学谢朓劣得'黄鸟度青枝',徒自弃于高听,无涉于文流矣。嵘观王公缙绅之士,每博论之余,何尝不以诗为口实。随其嗜欲,商榷不同,淄渑并泛,朱紫相夺,喧哗竞起,准的无依。近彭城刘士章俊赏之士,疾其淆乱,欲为当世诗品,口陈标榜,其文未遂,嵘感而作焉。昔九品论人,《七略》裁士,校以宾实,诚多未值。至若诗之为技,较尔可知,以类推之,殆同博弈。方今皇帝资生知之上才,体沈郁之幽思,文丽日月,学究天人。昔在贵游,已为称首。况八弦既掩,风靡云蒸,抱玉者连肩,握珠者踵武。固以睨汉魏而弗顾,吞晋宋于胸中,谅非农歌辕议,敢致流别。嵘之今录,庶周游于间里,均之于谈笑耳。"先是嵘尝求誉于沈约,约拒之。约卒,嵘为《诗品》评约云:"观休文众制,五言最优。……齐永明中,相王爱文,王元长等皆宗附约。于是谢朓未遒,江淹才尽,范云名级又微,故约称独步。虽文不至,其功丽亦一时之选也。……故当辞密于范,意浅于江也。"盖追宿憾以此报约也。顷之卒官。

[出处]　《梁书·文学·钟嵘传》《南史》卷七十二《文学·钟嵘传》《诗品》

[考证]　按《梁书·简文帝纪》,简文以是年征为西中郎将,领石头戍军事,寻复为宣惠将军、丹阳尹,加侍中。则简文之为西中郎将,盖不甚久。而嵘为西中郎记室卒官,当在简文为丹阳尹之前,至迟当为明年之事,盖普通元年简文又迁他职也。且沈约卒于天监十二年,《诗品》当作于是后,与本传所载情形相合,故志之于此。

魏元晖上《科录》　尚书左仆射元晖雅好文学,招集儒士崔鸿等撰录百家要事,上起伏羲,迄于晋宋,凡十四代。取其行事尤相似者共为一科,故名为《科录》,凡二百七十卷。至是晖疾笃,表上之。

[出处]　《魏书》卷十五《常山王遵传》《北史》卷十五《常山王遵传》

[考证]　按《史通·六家》叙梁武帝撰《通史》之后即云:"其后元魏济阳王晖业入著《科录》二百七十卷。其断限亦始自上古而终于宋年。其编次多依放《通史》,而取其行事尤相似者共为一科,故以《科录》为号。"考此说之误有二:撰《科录》乃晖之事,而以为晖

业,其误一也。《科录》成书先于《通史》,而云依仿《通史》,其误二也。

魏崔光上《神龟历》 光上表曰:"《春秋》载,天子有日官,诸侯有日御。又曰:履端于始,归余于终。皆所以推二气,考五运,成六位,定七曜,审八卦,立三才,正四序,以授百官于朝,万民于野。阴阳刚柔,仁义之道,罔不毕备。繇是先代重之,垂于典籍。及史迁、班固、司马彪著立书志,所论备矣。谨案历之作也,始自黄帝,辛卯为元。迄于大魏甲寅,历数千有余代,历祀数千。轨宪不等,远近殊术。其消息盈虚,觇步疏密,莫得而识焉。去延昌四年冬,中坚将军屯骑校尉张洪、故太史令张明豫息荡寇将军龙祥、校书郎李业兴等三家并上新历,各求申用。臣学缺章程,艺谢筹运,而窃职观阁,谬忝厥司。奏请广访诸儒,更取通数兼通经艺者及太史并集秘书,与史官同验疏密。并请宰辅群官临检得失。至于岁终,密者施用,奉诏听可。时太傅、太尉公、清河王臣怿等以天道至远,非卒可量,请立表候影,期之三载,乃采其长者,更议所从。又蒙敕许。于是洪等与前镇东府长史祖莹等研究其事。尔来三年,再历寒暑,积勤构思,大功获成。谨案洪等三人前上之历,并驸马都尉卢道虔、前太极采材军主卫洪显、殄寇将军太史令胡荣,及雍州沙门统道融、司州河南人樊仲遵、定州钜鹿人张僧豫所上,总合九家,共成一历。元起壬子,律始黄钟。考古合今,谓为最密。昔汉武帝元封中治历,改年为太初,即名《太初历》。魏文帝景初中治历,即名《景初历》。伏惟陛下道惟先天,功邈稽古,休符告征,灵蔡炳瑞。壬子北方,水之正位,龟为水畜,实符魏德,修母子应,义当《麟趾》,请定名为《神龟历》。今封以上呈,乞付有司,重加考议。"事可施用,并藏秘府,附于典志。明帝以历就,大赦改元,因名《正光历》,班于天下,其九家共修,以龙祥、业兴为主。

[出处]《魏书·律历志上》

　　［考证］　按《律历志》中有"去延昌四年……尔来三年"之语，故志之于此。盖光上历之后，复经二年考验，始颁行也。

　　魏崔光请修补洛阳石经　夏，崔光上表曰："《诗》称：'蔽芾甘棠，勿翦勿伐，邵伯所芟。'又云：'虽无老成人，尚有典刑。'《传》曰：'思其人犹爱其树，况用其道不恤其人。'是以《书》始稽古，《易》本山火。观于天文，以察时变；观于人文，以化成天下。孟子□实，匡、张训说。安世记箧于汾南，伯山抱卷于河右。元始孤论，充汉帝之坐；孟皇片字，悬魏王之帐。前哲之宝重坟籍，珍爱分篆，犹若此之至也。矧乃圣典鸿经，炳勒金石，理为国楷，义成家范，迹实世模，事则人轨，千载之格言，百王之盛烈，而令焚荒污毁，积榛棘而弗埽，为鼯鼬之所栖宿，童竖之所登踞者哉！诚可为痛心疾首，拊膺扼腕！伏惟皇帝陛下孝敬日休，自天纵睿，垂心初学，儒业方熙。皇太后钦明慈淑，临制统化，崇道重教，留神翰林，将披云台而问礼，拂麟阁以招贤。诚宜远开阙里，清彼孔堂，而使近在城闉，面接宫庙，旧校为墟，子衿永替，岂所谓建国君民，教学为先，京邑翼翼，四方是则也？寻石经之作，起自炎刘，继以曹氏《典论》，初乃三百余载，计末向二十纪矣。昔来虽屡经戎乱，犹未大崩侵如。闻往者刺史临州，多构图寺，道俗诸用，稍有发掘，基蹠泥灰，或出于此。皇都始迁，当可补复，军国务殷，遂不存检。官私隐显，渐加剥撤，播麦纳菽，秋春相因。□生蒿杞，时致火燎，由是经石弥减，文字增缺。职忝胄教，参掌经训，不能缮修颓坠，兴复生业，倍深惭耻。今求遣国子博士一人堪任干事者，专主周视，驱禁田牧，制其践秽，料阅碑牒，所失次第量厥补缀。"诏曰："此乃学者之根源，不朽之永格。垂范将来，宪章之本，便可一依公表。"光乃令国子博士李郁与助教韩神固、刘燮等勘校石经。其残缺者，计料石功，并字多少，欲补治之，于后灵太后废，遂寝。

　　［出处］　《魏书·崔光传》

魏遣沙门惠生使西域求佛书　　是年十一月冬,魏胡太后遣崇立寺比丘惠生与燉煌人宋云向西域求取经。

　　[出处]《洛阳伽蓝记》

十八年　己亥(519)　　　二年

梁释慧皎撰《高僧传》　释慧皎,会稽上虞人,学通内外,博训经律。住嘉祥寺,春夏宏法,秋冬著述,撰《涅槃义疏》十卷及《梵网经疏》行世。又以宝唱所撰《名僧传》,颇多浮沈,因遂开例成广,著《高僧传》一十四卷。其序云:"原夫至道冲漠,假蹄筌而后彰;玄致幽凝,藉师保以成用。是用圣迹迭兴,贤能异托。辩忠烈孝慈,以定名教之道;明《诗》、《书》、《礼》、《乐》,以成风俗之训。或忘功遗事,尚彼虚冲;或体任荣枯,重兹达命。而皆教但域中,功在近益。斯盖渐染之方,未奥尽其神性至若能仁之为训也。考业果之幽微,则循复三世;言至理之高妙,则贯绝百灵。若夫启《十地》以辩慧宗,显三谛以诠智府,穷神尽性之旨,管一枢极之致,余方亦犹群流之归巨壑,众星之拱北辰,懋哉邈矣!信难得以言尚。至乃教满三千,形遍六道,皆所以接引幽昏,为大利益。而以净秽异闻,升坠殊见,故秋方先音形之奉,东国后见闻之益,云龙表于夜明,风虎彰乎宵梦。洪风既扇,大化斯融。自尔西域名僧,往往而至。或传度经法,或教授禅道,或以异迹化人,或以神力拯物。自汉之梁,纪历弥远,世践六代,年将五百。此士桑门,含章秀发,群英间出,迭有其人,众家记录,叙载各异。沙门法济,偏叙高逸一迹。沙门法安,但列志节一行。沙门僧宝,止命游方一科。沙门法进,乃通撰论传。而辞事阙略,并皆互有繁简,出没成异。考之行事,未见其归。宋临川康王义庆《宣验记》及《幽明录》、太原王琰《冥祥记》、彭城刘悛《益部寺记》、沙门昙宗《京师寺记》、太原王延秀《感应传》、朱君台《征应传》、陶渊明《搜神录》，并傍出众僧，叙其风素，而皆是附见，亟多疏阙。齐竟陵文宣王《三宝记传》，或称《佛史》，或称《僧录》。既三宝共钞，辞旨相关，混滥难求，更为芜昧。琅瑘王巾所撰《僧史》，意似该综，而文体未足。沙门僧祐撰《三藏记》，止有三十余僧，所无甚众。中书郗景兴《东山僧传》、治中张孝季《庐山僧传》、中书陆明霞《沙门传》，各竞举一方，不通今古；务存一善，不及余行。逮于即时，亦继有作者。然或褒赞之下，过相揄扬；或叙事之中，空引辞费。求之实理，无的可称。或复嫌以繁广，删减其事。而抗迹之畴，多所遗削。谓出家之士，处国宾王，不应励然自远，高蹈独绝。辞荣弃爱，本以异俗为贤，若此而不论，竟何所纪？尝以暇日遇览群作，辄搜检杂录数十余家，及晋、宋、齐、梁春秋书史，秦、赵、燕、凉荒朝伪历，地理杂篇，孤文片记，并博谘故老，广访先达，校其有无，取其同异。始于汉明帝永平十年，终至梁天监十八年，凡四百五十三载，二百五十七人，又旁出附见者二百余人。开其德业，大为十例：一曰译经，二曰义解，三曰神异，四曰习禅，五曰明例，六曰遗身，七曰诵经，八曰兴福，九曰经师，十曰唱导。然法流东土，盖由传译之勋，或逾越沙险，或泛漾洪波，皆亡形殉道，委命弘法。震旦开明，一焉是赖，兹德可崇，故列之篇首。至若慧解开神，则道兼万亿；通感适化，则强暴以绥；靖念安禅，则功德森茂；弘赞毗尼，则禁行清洁；忘形遗体，则矜吝革心；歌诵法言，则幽显含庆；树兴福善，则遗像可传。凡此八科，并以轨迹不同，化洽殊异，而皆德效四依，功在三业，故为群经之所称美，众圣之所褒述。及夫讨核源流，商榷取舍，皆列诸赞论，备之后文。而论所著辞，微异恒体。始标大意，犹类前序；未辩时人，事同后仪。若间施前后，如谓烦杂，故总布一科之末，通称为论。其转读宣唱，虽源出非远，然而应机悟俗，实有偏功，故齐宋杂记，咸条列秀者。今之所取，必其制用超绝，及有一分通感,乃编之传末。如或异者,非所存焉。凡十科所叙,皆散在众记,今止删聚一处,故述而无作,俾夫披览于一本之内,可兼诸要。其有繁辞虚赞,或德不及称者,一皆省略。故述六代贤异,止为十三卷,并序录合十四轴,号曰《高僧传》。自前代所撰,多曰《名僧》。然名者本实之宾也。若实行潜光,则高而不名;寡德适时,则名而不高。名而不高,本非所纪;高而不名,则备今录。故省名音,代以高字。其间草创,或有遗逸,今此十四卷,备赞论者,意以为定,如未隐括,览者详焉。"梁末承圣二年,皎避侯景难,至溆城,少事讲说。明年二月舍化,春秋五十有八。江州僧正慧恭为首经营,葬于庐山禅阁寺墓。

[出处]《高僧传序》《高僧传》末附记 《高僧传二集》卷七《释慧皎传》①

魏张普惠谏其主崇佛法不亲郊庙　普惠字洪赈,常山九门人。为谏议大夫。以魏主不亲事朝,过崇佛法,郊庙之事多委有司,上疏曰:"臣闻明德恤祀,成汤光六百之祚;严父配天,孔子称周公其人也。故能馨香上闻,福传遐世。伏维陛下,重晖纂统,钦明文思,天地属心,百神伫望,故宜敦崇祀礼,咸秩无文。而告朔朝庙不亲于明堂,尝禘郊社多委于有司,观射游苑,跃马骋中,危而非典,岂清跸之意?殉不思之冥业,损巨费于生民。减禄削力,近供无事之僧;崇饰云殿,远邀未然之报。昧爽之臣,稽首于外;玄寂之众,遨游于内;愆礼忏时,人灵未穆。愚谓从朝夕之因,求祗劫之果,未若先万国之忻心以事其亲,使天下和平灾不生者也。伏愿淑慎威仪,万邦作式,躬致郊庙之虔,亲纡朔望之礼,释奠成均,竭心千亩,明发不寐,洁诚禋裸,孝悌可以通神明,德教可以光四海。则一人有喜,兆民赖之。然后精进三宝,

———————
① 《大正藏》本见于《续高僧传》卷六《释慧皎传》。

信心如来。道由礼深,故诸漏可尽;法随礼积,故彼岸可登。量撤僧寺不急之华,还复百官久折之秩。已兴之构,务从简成;将来之造,权令停息。仍旧亦可,何必改作? 庶节用爱人,法俗俱赖。臣学不经远,言多孟浪,忝职其忧,不敢默尔。"寻别敕付外,议释奠之礼。

　　［出处］《魏书·张普惠传》

卷之五下

普通元年　庚子(520)　　正光元年_{七月以前为神龟三年}

梁吴均卒　均撰《通史》,草本纪、世家功已毕,惟列传未就,以是年卒,时年五十二。

[出处]　《南史》卷七十二《文学·吴均传》　《梁书·文学上·吴均传》

[附录]　吴均著述表

《范晔后汉书注》九十卷_{本传}　　　《齐春秋》三十卷_{本传}

《庙记》十卷_{本传}　　　　　　　　《十二州记》十六卷_{本传}

《钱塘先贤传》五卷_{本传}　　　　　《续齐谐记》一卷_{《隋志》}

《两同书》一卷_{《唐志》}　　　　　　《续文释》五卷_{本传}

文集二十卷_{本传}

梁命王僧孺改定《百家谱》　先是尚书令沈约以为:"晋咸和初,苏峻作乱,文籍无遗。后起咸和二年,以至于宋,所书并皆详实。并在下省左右户曹,谓之晋籍,有东西二库。此籍既并精

详,实可宝惜。位宦高卑,皆可依案。宋元嘉二十七年,始以七
条征发。既立此科,人奸互起,伪状巧籍,岁月滋广。以至于齐,
患其不实,于是东堂校籍,置郎令史以掌之。竞行奸货,以新换
故。昨日卑细,今日便成士流。凡此奸巧,并出愚下,不辨年号,
不识官阶。或注隆安在元兴之后,或以义熙在宁康之前。此时
无此府,此时无此国。元兴唯有三年,而猥称四五。诏书甲子不
与长历相应。校籍诸郎,亦所不觉,不才令史,固自忘言。臣谓
齐宋二代,士庶不分,杂役减阙,职由于此。窃以晋籍所余,宜加
宝爱。"梁主以是留意谱籍,州郡多离其罪。因诏僧孺改定《百家
谱》。始晋太元中,员外散骑侍郎平阳贾弼笃好簿状,乃广集众
家,大搜群族,所撰十八州一百一十六郡,合七百一十二卷。凡
诸大品,略无遗阙。藏在秘阁,副在左户,及弼子太宰参军匪之、
匪之子长水校尉深,世传其业。太保王弘、领军将军刘湛并好其
书。弘日对千客,不犯一人之讳。湛为选曹,始撰百家以助铨
序,而伤于寡略。齐卫将军王俭复加去取,得繁省之衷。僧孺之
撰,通范阳张等九族以代雁门解等九姓。其东南诸族,别为一
部,不在百家之数焉。

　　[出处]　《南史》卷五十九《王僧孺传》

　　[考证]　按《梁书》王僧孺本传,僧孺"转北中郎南康王谘议参
军,入直西省,知撰谱事"。考《梁书·南康王绩传》,绩进号北中郎
将在天监十七年之后,则僧孺为其谘议参军,当在天监十七年之
后,撰谱事当更在后。故志之于此。

　　魏诏立国学　正月乙酉诏曰:"建国纬民,立教为本;尊师崇
道,兹典自昔。来岁仲阳,节和气润,释典孔、颜,乃其时也。有司
可豫缮国学,图饰圣贤。置官简性,择吉备礼。"将立国学,诏以三
品以上及五品清官之子以充生选。未及简置,仍复停寝。

　　[出处]　《魏书·肃宗孝明帝纪》、《儒林传》

魏议释道先后　魏主加朝服,大赦天下,召僧、尼、道士、女冠等殿前斋讫,侍中刘腾宣敕,请法师等与道士论议,以释弟子疑网。时清通观道士姜斌与融觉寺僧昙谟最对论。魏主曰:"佛与老子同时不?"斌曰:"老子西入化胡,佛时以充侍者,明是同时。"最曰:"何以知之?"斌曰:"按《老子开天经》,是以得知。"最曰:"老子当周何王几年而生? 周何王几年西入?"斌曰:"当周定王即位三年乙卯之岁,于楚国陈郡苦县厉乡曲仁里九月十四日夜子时生。至周简王四年丁丑岁,事周为守藏史。简王十三年迁为太史。至敬王元年庚辰岁,年八十五,见周德凌迟,遂与函关令尹喜西入化胡。斯足明矣。"最曰:"佛以周昭王二十四年四月八日生,穆王五十三年二月十五日灭度。计入涅槃后三百四十五年始到定王三年,老子方生。生已年八十五,至敬王元年,凡经四百二十五年,始与令尹喜西遁。据此则知年代悬殊,无乃谬乎!"斌曰:"若佛生周昭王之时,有何文记?"最曰:"《周书异记》、《汉法本内传》并有明文。"斌曰:"孔子既是制法圣人,当时于佛迥无文记,何耶?"最曰:"仁者识同管窥,览不弘远。案孔子有三备卜经,谓天地人也。佛之文言,出在中备。仁者早自披究,不有此迷。"斌曰:"孔子圣人,不言而知,何假卜乎?"最曰:"惟佛是众圣之王,四生之首,达一切含灵,前后二际,吉凶终始,不假卜观。自余小圣,虽晓未然之理,必藉蓍龟以通灵卦也。"侍中尚书令元义宣敕语:"道士姜斌论无宗旨,宜下席。"又问:"《开天经》何处得来? 是谁所说?"即遣中书侍郎魏收、字伯起,钜鹿下曲阳人。尚书郎祖莹等就观取经。魏主令议之。太尉丹阳王萧综、太傅李寔、卫尉许伯桃、吏部尚书邢栾、散骑常侍温子昇字鹏举,自云晋大将军温峤之后。等一百七十人读讫奏云:"老子止著五千文,更无言说。臣等所议,姜斌罪当惑众。"魏主加斌极刑,三藏法师菩提流支苦谏,乃止。配徙马邑。

［出处］　《广弘明集》卷一　《集古今佛道论衡》卷甲

［考证］　按此处佛教所持理论，虽较道教为圆满，然关于佛与老子相距之年代，当非殿前辩论之时，仓卒之间，所可算就。盖道教教义，本甚浅薄，不足以抗御佛教。不得不于历史中求根据，强合佛道为一，以使佛家无所开口。佛教徒对此，当早有对此辩难之文，及用之于仓卒之间，能收应付裕如之效，有以也。

魏源子恭请成明堂辟雍　时明堂辟雍并未建就，起部郎源子恭字灵顺，南凉之后。上书曰："臣闻辟台望气，轨物之德既高；方堂布政，范世之道斯远。是以书契之重，理冠于造化；推尊之美，事绝于生民。至如郊天缩帝，盖以对越上灵；宗祀配天，是用酬膺下土，大孝莫之能加。严父以兹为大，乃皇王之休业，有国之盛典。窃惟皇魏，居震统极，总宙驭宇，革制土中，垂式无外。自北徂南，同卜维于洛食；定鼎迁民，均气候于寒暑。高祖所以始基，世宗于是恢构。按功成作乐，治定制礼。乃访遗文，修废典，建明堂，立学校。兴一代之茂矩，标千载之英规。永平之中，始创雉构，基趾草昧，迄无成功。故尚书令任城王臣澄按故司空臣冲所造明堂样并连表，诏答两京模式，奏求营起。缘期发旨，即加葺缮。侍中、领军臣叉物动作官，宣赞授令。自兹厥后，方配兵人，或给一千，或与数百。进退节缩，曾无定准，欲望速了，理在难克。若使专役此功，长得营造，委成责办，容有就期。但所给之夫，本自寡少，诸处竞借，动即千计。虽有缮作之名，终无就功之实。爽垲荒茫，淹积年载，结架崇构，指就无兆。仍令肆觐之礼，掩抑而不进；养老之仪，寂寥而不返。构厦止于尺土，为山顿于一篑，良可惜欤。愚谓召民经始，必有子来之歌；兴造勿亟，将致不日之美。况本兵不多，兼之牵役，废此与彼，循环无极。便是辍创礼之重，资不急之费，废经国之功，供寺馆之役，求之远图，不亦阙乎？今诸寺大作，稍以粗举。并可彻减，专事经综，严勒工匠，务令克成。使祖宗有荐配之期，苍生睹礼乐之富。"书奏,从之。

　　[出处]《魏书·源贺传》

二年　辛丑(521)　　　二年

　　魏沙门惠生等还洛阳　是年二月,惠生等还洛阳,凡得经论一百七十部,皆大乘妙典,行于世。

　　[出处]《洛阳伽蓝记》《魏书·释老志》

　　魏郦道元作《水经注》　道元字善长,范阳人。以延昌四年为东荆州刺史,威猛为政,蛮人诣阙讼其刻峻,请前刺史寇祖礼及以遣戍兵七十人送道元还洛,二人并坐免官。后为河南尹。道元好学,历览奇书,至是,注汉桑钦《水经》,凡四十卷。其自序曰:"《易》称天以一生水,故气微于北方而为物之先也。《元中记》曰:天下之多者水也,浮天载地,高下无所不至,万物无所不润。及其气流届石,精薄肤寸,不崇朝而泽合灵宇者,神莫与并矣。是以达者不能测其渊冲而尽其鸿深也。昔大禹记著《山海》,周而不备。《地理》志其所录,简而不周。《尚书》、《本纪》与《职方》俱略,都赋所述,裁不宣意。《水经》虽粗辍津绪,又阙旁通,所谓各言其志而罕能备其宣导者矣。今寻图访赜者,极聆州域之说,而涉土游方者,寡能达其津照,纵仿佛前闻,不能不犹深屏营也。余少无寻山之趣,长违问津之性,识绝深经,道沦要博,进无访一知二之机,退无观隅三反之慧。独学无闻,古人伤其孤陋;捐丧辞书,达士嗟其面墙。默室求深,闭舟问远,故亦难矣。然毫管窥天,历筒时昭;饮河酌海,从性斯毕。窃以多暇,空倾岁月,辄述《水经》,广布前文。《大传》曰:大川相间,小川相属,东归于海,脉其枝流之吐纳,诊其沿路之所躔。访渎搜渠,缉而缀之,经有谬误者,考以附正。文所不载,非经水常源者,不在记注之限。但绵古芒昧,华戎代袭,郭邑空倾,川流戕改,殊名异目,世乃不同,川渠隐显,书图自贸。或乱流而摄诡号,或直绝而生通称,枉渚交奇,洄湍决渡,躔络枝烦,条贯系伙。十二经通,尚或难言,轻流细漾,固难辩究。正可自献迳见之心,备陈舆徒之说,其所不知,盖阙如也。所以撰证本经,附其枝要者,庶备忘误之私,求其寻省之易。"

[出处]　《北史》卷二十七《郦道元传》附于《郦范传》《水经注序》《永乐大典》本

[考证]　按《水经注》卷五《河水五》"河水南对玉门"下注云:"魏攻宋司州刺史毛德祖于虎牢……余顷因公至彼。"司州属河南地,则道元之方注《水经》,必在为河南尹时也。又《水经注》卷二十九《淝水注》:"余以延昌四年,蒙东荆州刺史……"其罢官必在后,而为河南尹当更在后。再考道元及《魏书·李崇传》,道元以正光六年随李崇在塞北,其为河南尹在其前,故知注《水经》乃正光中事也。

三年　壬寅(522)　　　三年

梁太子统成文集　统好士爱文,彭城刘孝绰与陈郡殷芸、字灌蔬,陈郡长平人。吴郡陆倕、琅琊王筠、字元礼,一字德柔,琅邪临沂人。王僧虔之孙。彭城到洽等同见宾礼。太子起乐贤堂,乃使画工先图孝绰。太子文章繁富,群才咸欲撰录,太子独使孝绰集而序之。

[出处]　《梁书·刘孝绰传》

[考证]　按刘孝绰序《昭明太子集》有云:"粤我大梁之二十一载……"可知其为此年之事,故志之于此。

梁郭祖深请简括僧尼　祖深,襄阳人,为后军行参军。时梁主大弘释典,将以易俗。祖深上封事曰:"都下佛寺,五百余所,穷极宏丽,僧尼十余万,资产丰沃,所在郡县,不可胜言。道人又有白徒,尼则皆畜养女,皆不贯人籍。天下户口,几忘其半。凡僧尼多非法,养女皆服罗纨,其蠹俗伤法,抑由于此。请精加检括,若无道行,皆使还俗附农。罢白徒养女,听畜奴婢,婢唯著青布衣。僧尼皆令蔬食。如此则法兴俗盛,国富人殷。不然,恐方来处处成寺,家家剃落,尺土一人,非复国有。"梁主虽不能用,然嘉其正直。

　　[出处]　《南史》卷七十《郭祖深传》

　　[考证]　按祖深上封事二十九条,此其一也。别条中有"皇基兆运,二十余载"之语,则当在普通二年之后。又言及左仆射王暕"在丧被起为吴郡,曾无辞让"。考王暕卒于普通四年,则祖深之上封事劾暕当在其前,故志之于此。

四年　癸卯(523)　　　　四年

梁阮孝绪作《七录》　孝绪作《七录》,自序曰:"……汉惠四年,始除挟书之律,其后外有太常、太史、博士之藏,内有延阁、广内、秘室之府。开献书之路,置写书之官。至孝成之世,颇有亡逸。乃使谒者陈农求遗书于天下,命光禄大夫刘向及子俶、歆等雠校篇籍。每一篇已,辄录而奏之。会向亡丧,帝使歆嗣其前业,乃徙温室中书于天禄阁上,歆遂总括群篇,奏其《七略》。及后汉兰台犹为书部,又于东观及仁寿阁撰集新记,校书郎班固、傅毅,并典秘籍,固乃因《七略》之辞,为《汉书·艺文志》。其后有著述者,袁山松亦录在其书。魏晋之世,文籍愈广,皆藏在秘书中外三阁。魏秘书郎郑默删定旧文,时之论者,谓为朱紫有别。晋领秘书监荀勖,因魏《中经》更著新簿,虽分为十有余卷,而总以四部别之。惠怀之乱,其书略尽。江左草创,十不一存。后虽鸠集,淆乱已甚。及著作佐郎李充,始加删正。因荀勖旧簿四部之法,而换其乙丙之书。设略众篇之名,总以甲乙为次。自时厥后,世相祖述。宋秘书监谢灵运、丞王俭、齐秘书丞王亮、监谢朏等,并有新进,更撰目录。宋秘书殷淳撰《大四部目》,俭又依别录之体,撰为《七志》。其中朝遗书,收集稍广,然所亡者犹大半焉。齐末兵火,延及秘阁,有梁之初,缺亡甚众。爰命秘书监任昉，躬加部集。又于文德殿内，别藏众书，使学士刘孝标等重加校进。乃分数术之文，更为一部，使奉朝请祖暅撰其名录，其尚书阁内别藏经史杂书，华林园又集释氏经论。自江左篇章之盛，未有逾于当今者也。孝绪少爱坟籍，长而弗倦。卧病闲居，傍无尘杂。晨光才启，缃囊已散。宵漏既分，绿帙方掩。犹不能穷究流略，探尽秘奥。每披录内，省多有缺。然其遗文隐记，颇好搜集。凡自晋宋以来，王公缙绅之馆，苟能蓄聚坟籍，必思致其名簿。凡在所遇，若见所闻，校之官目，多所遗漏。遂总集众家，更为新录。其方内经史，至于术伎，合为五录，谓之内篇。方外佛道，各为一录，谓之外篇。凡为录有七，故名《七录》。昔司马子长记数千年事，先哲愍其勤。虽复称为良史，犹有捃拾之责。况总括群书四万余卷，皆讨论研核，标判宗旨，才愧疏通，学惭博达，靡班嗣之赐书，微黄香之东观。傥欲寻检，内寡卷轴；如有疑滞，傍无沃启。其为纰缪，不亦多乎？将恐后之罪予者，岂不在于斯录？如有刊正，请俟君子。昔刘向校书，辄为一录，论其指归，辨其讹谬，随竟奏上，皆载在本书。时又别集众录，谓之《别录》，即今《别录》是也。子歆撮其指要，著为《七略》。其一篇，即六篇之总最，故以《辑略》为名。次《六艺略》，次《诸子略》，次《诗赋略》，次《兵书略》，次《数术略》，次《方伎略》。王俭《七志》，改《六艺》为《经典》，次《诸子》，次《诗赋》为《文翰》，次《兵书》为《军书》，次《数术》为《阴阳》，次《方伎》为《术艺》。以向、歆虽云《七略》，实有六条，故别立《图谱》一志，以全七限。其外又条《七略》及二汉《艺文志》中经簿所阙之书，并方外之经佛经、道经各为一录。虽继《七志》之后，而不在其数。今所撰《七录》，斟酌王、刘。王以《六艺》之称不足标榜经目，改为《经典》。今则从之，故序《经典录》为内篇第一。刘、王并以众史合于《春秋》，刘氏之世，史书甚寡，附见《春秋》，诚得其例。今众家纪传，倍于《经典》，犹从此志，实为繁芜。且《七略·诗赋》

不从《六艺》诗部,盖由其书既多,所以别为一略。今依拟斯例,分出众史,序《记传录》为内篇第二。《诸子》之称,刘、王并同。又刘有《兵书略》,王以兵字浅薄,军言深广,故改兵为军。窃谓古有兵革、兵戎、治兵、用兵之言,斯则武事之总名也,所以还改军从兵。兵书既少,不足别录,今附于子末,总以《子兵》为称,故序《子兵录》为内篇第三。王以《诗赋》之名不兼余制,故改为《文翰》。窃以顷世文词,总谓之集,变翰为集,于名尤显,故序《文集录》为内篇第四。王以《数术》之称,有繁杂之嫌,故改为《阴阳》。《方伎》之言,事无典据,又改为《艺术》,窃以《阴阳》偏有所系,不如《数术》之该通。《艺术》则滥六艺与数术,不逮《方伎》之要显,故还依刘氏,各守本名。但房中神仙,既入仙道,医经、经方,不足别创,故合《术伎》之称以名一录,为内篇第五。王氏《图谱》一志,刘《略》所无,刘《数术》中虽有历谱,而与今谱有异。窃以图画之篇,宜从所图为部,故随其名题,各附本录。谱既注记之类,宜与史体相参,故载于《记传》之末。自斯以上,皆内篇也。释氏之教,实被中土,讲说讽味,方轨孔籍。王氏虽载于篇,而不在志限。即理求事,未是所安,故序《佛法录》为外篇第一。仙道之书,由来尚矣。刘氏神仙,陈于《方伎》之末;王氏道经,书于《七志》之外,今合序《仙道录》为外篇第二。王则先道而后佛,今则先佛而后道,盖所宗有不同,亦由其教有浅深也。凡内外两篇,合为《七录》,天下之遗书秘记庶几穷于是矣。有梁普通四年,岁维单阏,仲春十有七日,于建康禁中里宅,始述此书。通人平原刘杳从余游,因说其事。杳有志积久,未获操笔。闻余已先著鞭,欣然会意。凡所抄集,尽以相与,广其闻见,实有力焉。斯亦康成之于传释尽归子慎之书也。”

　　[出处]《广弘明集》卷三

　　[附录]《七录》目录

《七录》目录

经典录内篇一
- 易部
- 尚书部
- 诗部
- 礼部
- 乐部
- 春秋部
- 论语部
- 孝经部
- 小学部

记传录内篇二
- 国史部
- 注历部
- 旧事部
- 职官部
- 仪典部
- 法制部
- 伪史部
- 杂传部
- 鬼神部
- 土地部
- 谱状部
- 簿录部

子兵录内篇三
- 儒部
- 道部
- 阴阳部
- 法部
- 名部
- 墨部
- 纵横部
- 杂部
- 农部
- 小说部
- 兵部

梁晋安王置高斋学士　庾肩吾字子慎,新野人。八岁能赋诗,为兄於陵字子介。所友爱。初为晋安王名纲,字世缵,即后日之简文帝。国常侍,仍迁王宣惠府行参军。自后王每徙镇,肩吾常随府。至是在雍州,被命与刘孝威、刘孝绰六弟。江伯摇、孔敬通、申子悦、徐防、徐摛、王囿、孔铄、鲍至等十人抄撰众籍,丰其果馔,号高斋学士。王为皇太子,庾肩吾兼东宫通事舍人,后为安西湘东王中录事,谘议参军,太子率更令,中庶子。

[出处]　《南史》卷五十《庾肩吾传》　《梁书》卷四十九《文学上·庾肩吾传》

六年　乙巳(525)　　　孝昌元年

梁徐勉上五礼　勉博通经史，多识前载，朝仪国典，昏冠吉凶，勉皆预图议。至是，上修五礼表曰："臣闻，立天之道，曰阴与阳，立人之道，曰仁与义。故称'导之以德，齐之以礼'。夫礼，所以安上治人，弘风训俗，经国家，利后嗣者也。唐虞三代，咸必由之。在乎有周，宪章尤备。因殷革夏，损益可知。虽复经礼三百，曲礼三千，经文三百，威仪三千，其大归有五，即宗伯所掌典礼，吉为上，凶次之，宾次之，军次之，嘉为下也。故祠祭不以礼则不齐不庄，丧纪不以礼则背死忘生者众，宾客不以礼则朝觐失其仪，军旅不以礼则致乱于师律，冠昏不以礼则男女失其时。为国修身，于斯攸急！洎周室大坏，王道既衰，官守斯文，日失其序。礼乐征伐，出自诸侯，《小雅》尽废，旧章缺矣。是以韩宣适鲁，知周公之德；叔侯在晋，辨郊劳之仪。战国纵横，政教愈泯；暴秦灭学，扫地无余。汉氏郁兴，日不暇给，犹命叔孙于外野，方知帝王之为贵。末叶纷纶，递有兴毁，或以武功锐志，或好黄老之言，礼义之式，于焉中止。及东京曹褒南宫制述，集其散略百有余篇。虽写以尺简，而终阙平奏。其后兵革相寻，异端互起，章句既沦，俎豆斯辍。方领矩步之容，事灭于旌鼓；兰台石室之文，用尽于帷盖。至乎晋初，爰定新礼，荀颉制之于前，挚虞删之于末。既而中原散乱，罕有所遗。江左草创，因循而已，厘革之风，是则未暇。伏维陛下睿明启运，先天改物，拨乱惟武，经时以文。作乐在乎功成，制礼弘于业定。光启二学，皇枝等于贵游；辟兹五馆，草莱升以好爵。爰自受命，迄于告成，盛德形容备矣，天下能事毕矣。明明穆穆，无德而称焉。至若玄符灵贶之祥，浮溟机山之赉，固亦日书左史，副在司存，今可得而略也。是以命彼群才,搜甘泉之法;延兹硕学,阐曲台之仪。淄上、淹中之儒,连踪继轨;负笈怀铅之彦,匪旦伊夕。谅以化穆三雍,人从五典,秩宗之教,勃焉以兴。伏寻所定五礼,起齐永明三年。太子步兵校尉伏曼容表求制一代礼乐,于时参议置新旧学士十人,止修五礼,谘禀卫将军丹阳尹王俭,学士亦分住郡中,制作历年犹未克就。及文宪薨殂,遗文散逸。后又以事付国子祭酒何胤,经涉九载,犹复未毕。建武四年,胤还东山,齐明帝敕委尚书令徐孝嗣,旧事本末,随在南第。永元中,孝嗣于此遇祸,又多零落。当时鸠敛所余,权付尚书左丞蔡仲熊、骁骑将军何佟之共掌其事。时修礼局住在国子学中门外。东昏之代,频有军火,其所散失,又逾泰半。天监元年,佟之启审省置之宜,敕使外详。时尚书参详,以天地初革,庶务权舆,宜俟隆平,徐议删撰。欲且省礼局,并还尚书仪曹。诏旨云:‘礼坏乐缺,故国异家殊。实宜以时修定,以为永准。但顷之修撰,以情取人,不以学进。其掌知者,以贵总一,不以稽古。所以历年不就,有名无实。此既经国所先,外可议其人,人定便即撰次。’于是尚书仆射沈约等参议,请五礼各置旧学士一人,人各自举学士二人相助抄撰。其中有疑者,依前汉石渠、后汉白虎,随源以闻,请旨断决。乃以旧学士右军记室参军明山宾掌吉礼,中军骑兵参军严植之掌凶礼,中军田曹行参军兼太常丞贺玚掌宾礼,征虏记室参军陆琏掌军礼,右军参军司马裴掌嘉礼,尚书左丞何佟之总参其事。佟之亡后,以镇北谘议参军伏暅代之,后又以暅代严植之掌凶礼。暅寻迁官,以五经博士缪昭掌凶礼。复以礼仪深广,记载残缺,宜须博论,共尽其致,更使镇军将军丹阳尹沈约、太常卿张充及臣三人同参厥务。臣又奉别敕,总知其事。末又使中书侍郎周舍、庾於陵二人复豫参知。若有疑义,所掌学士当职先立议,通谘五礼旧学士及参知,各言同异,条牒启闻,决之制旨。疑事既多,岁时又积,制旨裁断,其数不少。莫不网罗经诰,玉振金声,义贯幽微,理入神契，前儒所不释，后学所未闻。凡诸奏决，皆载篇首，具列圣旨，为不刊之则。洪规盛范，冠绝百王；茂实英声，方垂千载。宁孝宣之能拟？岂孝章之足云？五礼之职，事有繁简，及其列毕，不得同时。《嘉礼仪注》以天监六年五月七日上尚书，合十有二秩，百一十六卷，五百四十六①条。《宾礼仪注》以天监六年五月二十日上尚书，合十有七秩，一百三十三卷，五百四十五条。《军礼仪注》以天监九年十月二十九日上尚书，合十有八秩，一百八十九卷，二百四十条。《吉礼仪注》以天监十一年十一月十日上尚书，合二十有六秩，二百二十四卷，一千五条。《凶礼仪注》以天监十一年十一月十七日上尚书，合四十有七秩，五百一十四卷，五千六百九十三条。大凡一百二十秩，一千一百七十六卷，八千一十九条。又列副秘阁，及《五经》典书各一通，缮写校定，以普通五年二月始获洗毕。窃以撰正履礼，历代罕就。皇明在运，厥功克成。周代三千，举其盈数。今之八千，随事附益，质文相变，故其数兼倍，犹如八卦之爻因而重之，错综成六十四也。昔文武二王，所以纲纪周室，君临天下，公旦修之以致太平龙凤之瑞。自斯厥后，甫备兹日。孔子曰：'其有继周，虽百代可知。'岂所谓齐功比美者欤！臣以庸识，谬司其任，淹留历稔，允当斯责。兼勒成之初，未遑表上。实由才轻务广，思力不周，永言惭惕，无忘痌瘝。自今春舆驾将亲六师，搜寻军礼，阅其条章，靡不该备。所谓郁郁文哉，焕乎洋溢，信可以悬诸日月，颁之天下者矣。愚心喜忭，弥思陈述。兼前后联官，一时皆逝，臣虽幸存，耄已将及。虑皇世大典遂阙腾奏，不任下情，辄具载撰修始末，兼职掌人所成卷秩条目之数，谨拜表以闻。"诏曰："经礼大备，政典载弘，今诏有司案以行事也。"又诏曰："勉表如此，因革永厘，宪章孔备，功成业定，于是乎在。可以光被八表，施诸百代。俾万世之

---

① 《梁书》作"五百三十六"。

下,知斯文在斯,主者其按以遵行,勿有失坠。"

[出处]《梁书·徐勉传》

梁释法超讲《出要律仪》于平等殿 释法超姓孟氏,晋陵无锡人也。十一出家,住灵根寺。幼而聪颖,笃学无倦。从同学僧护修习经论,而雅有深思,幽求讨击,学论归仰。贫无衣食,乞丐自资。心性柔软,劳苦非虑。晚从安乐寺智称专攻《十诵》,致名命家语其折中者,数过二百。自称公殁后,独步京邑,中岁废业,颇失鸿绪,后复缀讲,众重殷矣。梁主谓律教乃是象运攸凭,觉慧阶渐,治身灭罪之要,三圣由之而归,必不得阙。如闭目夜行,常惧蹈诸坑堑,欲使僧尼于五篇七聚导意奖心。以超律学之秀,敕为都邑僧正。庶其宏扇有徒,仪表斯立。梁主又以律部繁广,临事难究,听览余隙,遍寻戒检,附世结文,撰为一十四卷,号曰《出要律仪》。以少许之词网罗众部,通下梁境,并依详用。至是,遍集知事及于名解,于平等殿敕超讲律。梁主亲临座听受成规,以众通道俗,恐陷于惢目,但略举纲要,宣示宏旨,三旬将满,文言便竟。所以导扬秘部,宏悟当机。遂得四众移心,朝宰胥悦。至七年冬,卒于天竺住寺,春秋七十有一,天子下敕流慰,并令有司葬钟山开善寺墓。

[出处]《续高僧传》卷第二十一《明律上·释法超传》

七年 丙午(526) 二年

梁刘之遴校《汉书》真本 之遴好古爱奇,初在荆州聚古器数十百种,有一器似瓯,可容一斛。上有金错字,时人无能知者。又献古器四种于宫:其第一种,镂铜鸥夷榼二枚,两耳有银镂铭云,建平二年造。其第二种,金银错镂古铸二枚,有篆铭云:秦容成侯适楚之岁造。其第三种,外国澡灌一口,铭云,元封二年龟兹国献。其第四种,古制澡盘一枚,铭云,初平二年造。时鄱阳嗣王范得班固所上《汉书》真本,献之东宫。皇太子令之遴与张缵、字伯绪。到溉、陆襄字师卿,吴郡吴人。等参校同异,之遴具异状十事。其大略云:"案古本《汉书》称永平十六年五月二十一日已酉郎班固上,而今本无上书年月日字。又案古本《叙传》号为中篇,今本称为《叙传》。又今本《叙传》载班彪事行,而古本云'稚生彪,自有传'。又今本纪及表、志、列传不相合为次,而古本相合为次,总成三十八卷。又今本《外戚》在《西域》后,古本《外戚》次帝纪下。又今本《高五子》、《文三王》、《景十三王》、《武六子》、《宣元六王》杂在诸传秩中,古本诸王悉次《外戚》下,在《陈项传》前。又今本《韩彭英卢吴》述云:'信惟饿隶,布实黥徒,越亦狗盗,芮尹江湖,云起龙骧,化为侯王。'古本述云:'淮阴毅毅,杖剑周章。邦之杰子,实惟彭、英。仕为侯王,云起龙骧。'又古本第三十七卷,解音释义以助雅诂,而今本无此卷也。"之遴好属文,多学古体,与河东裴子野、沛国刘显常共讨论古籍,因为交好。时《周易》、《尚书》、《礼记》、《毛诗》并有梁主义疏,唯《左氏传》尚阙。之遴乃著《春秋大义》十科、《左氏》十科、《三传同异》十科以献之。梁主大悦,诏答曰:"省所撰《春秋》义,比事论书,辞微旨远。编年之教,言阐义繁。丘明传洙泗之风,公羊宗西河之学,铎椒之解不追,瑕丘之说无取。继踵胡母,仲舒云盛。因修穀梁,千秋最笃。张苍之传左氏,贾谊之袭荀卿,源本分镳,指归殊致,详略纷然,其来旧矣。昔在弱年,乃经研昧,一从遗置,迄将五纪。兼晚冬暑促,机事罕暇,夜分求衣,未遑搜括。须待夏景,试取推寻,若温故可求别酬所问也。"

[出处] 《梁书·刘之遴传》《南史》卷五十《刘之遴传》

[考证] 按本传既称鄱阳嗣王范,则当在范之初嗣位时。范之嗣位在此年,其进《汉书》真本亦当在此年。且张缵此时为太子中舍人,陆襄此时为太子家令,俱居太子门下,故太子命其校对,情形甚合。至明年则缵出为宁远华容公长史,无缘参与是事,故志其事于此。

大通元年　丁未(527)　　　三年

梁明山宾、到洽、张率卒　先是,山宾与到洽俱为东宫学士,而

张率及陆倕，亦掌东宫管记。并为太子所敬礼。倕卒于普通七年，
年五十七，有集二十卷。山宾、洽、率亦于是年先后卒。宾年八十五，著《吉礼
仪注》二百二十四卷、《礼仪》二十卷、《孝经丧礼服仪》十五卷。洽年五十一，文集行于
世。率年五十三，著《文衡》十五卷、文集三十卷。太子与晋安王纲令曰："明
北兖、因山宾权摄北兖州事。到长史洽为贞威将军、云麾长史。遂相系凋落，
伤恻悲惋，不能已已。去岁陆太常倕为太常卿。殂殁，今兹二贤长
谢。陆生资忠履贞，冰清玉洁，文该四始，学遍九流。高情胜气，贞
然直上。明公儒学稽古，淳厚笃诚，立身行道，始终如一。傥值夫
子，必升孔堂。到子风神开爽，文义可观。当官莅事，介然无私。
皆海内之俊乂，东序之秘宝。此之嗟惜，更复何论！但游处周旋，
并淹岁序，造膝忠规，岂可胜说，幸免祇悔，实二三子之力也。谈对
如昨，音言在耳。零落相仍，皆成异物。每一念至，何时可言！天
下之宝，理宜恻怆。近张新安率为新安太守。又致故，其人才笔弘
雅，亦足嗟惜。随弟府朝，东西日久，尤当伤怀也。比人物零落，特
可潸慨，属有今信，乃复及之。"

　　[出处]　《梁书·明山宾传》、《到洽传》、《张率传》

二年　戊申(528)　　　　　孝庄帝

永安元年四月以前为孝明帝武泰
元年，以后为孝庄帝建
义元年，九月以后为永
安元年。

中大通元年　己酉(529)　二年

魏徐遵明为乱兵所杀　遵明字子判，华阴人也。身长八尺，
幼孤好学。年十七，随乡人毛灵和等诣山东求学。至上党，乃师
屯留王聪，受《毛诗》、《尚书》、《礼记》。一年便辞聪诣燕赵，师事
张吾贵。吾贵门徒甚盛，遵明伏膺数月，乃私谓其友人曰："张生

名高而义无检格，凡所讲说，不惬吾心，请更从师。"遂与平原田猛略就范阳孙买德受业，一年复欲去之。猛略谓遵明曰："君年少从师，每不终业，千里负帙，何去就之甚，如此用意，恐终无成。"遵明曰："吾今始知真师所在。"猛略曰："何在？"遵明乃指心曰："正在于此。"乃诣平原唐迁，纳之，居于蚕舍，读《孝经》、《论语》、《毛诗》、《尚书》、《三礼》，不出门院，凡经六年，时弹筝吹笛以自娱慰。又知阳平馆陶赵世业家有《服氏春秋》，是晋世永嘉旧本，遵明乃往读之，复经数载，因手撰《春秋义章》为三十卷。是后教授，门徒盖寡，久之乃盛。遵明每临讲坐，必持经执疏，然后敷陈，其学徒遂浸以成俗。遵明讲学于外二十余年，海内莫不宗仰。颇好聚敛，有损儒者之风。后广平王怀闻而征焉。至而寻退，不好京辇。孝昌末，南渡河，客于任城，以兖州有旧，因徙居焉。永安初，东道大使元罗表荐之，竟无礼辟。至是，元颢如洛，任城太守李湛将举义兵，遵明同其事，夜至民间，为乱兵所害，时年五十五。永熙二年，遵明弟子通直散骑常侍李业兴表曰："臣闻行道树德，非求利于当年；服义履仁，岂邀恩于没世？但天爵所存，果致式闾之礼；民望攸属，终有祠墓之荣。伏见故处士兖州徐遵明，生在衡泌，弗因世族之基；长于原野，匪乘雕镂之地，而托心渊旷，置情恬雅，处静无闷，居约不忧。故能垂帘自精，下帷独得，钻经纬之微言，研圣贤之妙旨。莫不入其门户，践其堂奥。信以称大儒于海内，擅明师于日下矣。是故眇眇四方，知音之类，延首慕德，跂踵依风。每精庐暂辟，杖策不远千里，束修受业，编录将逾万人。固已企盛烈于西河，拟高踪于北海。若慕奇好士，爱客尊贤，罢吏游梁，纷而成列。遵明以硕德重名，首蒙礼命，曳裾雅步，眷同置醴。黄门李郁，具所知明，方申荐奏之恩，处心守壑之志。潜居乐道，遂往不归。故北海王入洛之初，率土风靡。遵明确然守志，忠洁不渝，遂与太守李湛将诛叛逆，时有邂逅，受毙凶险。至诚高节，湮没无闻，朝野人士，相与嗟悼。伏维陛下远应龙序，俯执天衷，每端听而忘昃，常坐思而候晓。虽微功小善，片言一行，莫不衣裳加室，玉帛在门。况遵明冠盖一时，师表当世，溘焉冥没，旌纪寂寥，逝者长辞，无论荣价，文明叙物，敦厉斯在。臣托迹诸生，亲承顾昒，惟怀膺之义，感在三之重。是以越分陈愚，上喧幄座。特乞加以显谥，追以好爵，仰申朝廷尚德之风，下示学徒稽古之利。若宸鉴昭回,曲垂矜采,则荒坟千载,式贵生平。"卒无赠谥。

[出处] 《魏书》卷八十四《儒林·徐遵明传》

[附录] 徐遵明传经表

一、徐遵明师承表

郦　铨　　王　聪——毛灵和

牛天祐——张吾贵——徐遵明

刘　兰——唐　迁

孙买德——田猛略

崔灵恩——温子昇

（后入南朝）

二、徐遵明传《易》表

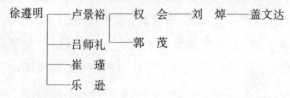

徐遵明——卢景裕——权　会——刘　焯——盖文达

——吕师礼——郭　茂

——崔　瑾

——乐　逊

三、徐遵明传《书》表

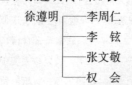

徐遵明——李周仁

——李　铉

——张文敬

——权　会

四、徐遵明传《三礼》表

徐遵明——李　铉——刁　柔

——祖　儁——张买奴

——田元凤——鲍季详

——冯　伟——邢　峙

——纪显敬——刘　昼——孙灵晖

——吕黄龙——熊安生——郭仲坚

——夏怀敬——丁恃德

五、徐遵明传《服氏春秋》表

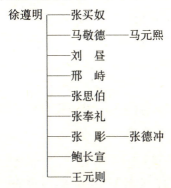

徐遵明 ——— 张买奴

　　　　马敬德 ——— 马元熙

　　　　刘　昼

　　　　邢　峙

　　　　张思伯

　　　　张奉礼

　　　　张　彫 ——— 张德冲

　　　　鲍长宣

　　　　王元则

二年　庚戌(530)　三年十月,尔朱兆等立长广王晔,年号建明。

梁以萧子显为黄门长　子显字景阳,齐豫章王嶷第八子也,由黄门郎迁长,兼侍中。梁主雅爱子显才,又嘉其容止吐纳。每御筵侍坐,偏顾访焉。尝从容谓曰:"我造《通史》。此书若成,众史可废。"子显对曰:"仲尼赞《易》道,黜《八索》;述《职方》,除《九丘》。圣制符同,复在兹日。"时以为名对。

〔出处〕《梁书·萧子恪传》

魏令高道穆编次秘书图籍　道穆名恭之,以字行,渤海蓨人。魏主令道穆监仪注,又诏曰:"秘书图籍所在,内典□书,又加缮写。缃素委积,盖有年载,出内繁芜,多致零落。可令御史中尉兼给事黄门侍郎道穆惣集帐目,并牒儒学之士,编比次第。"

〔出处〕《魏书·高崇传》

梁裴子野卒　子野初为著作郎,兼东宫通事舍人,后迁中书侍郎,转鸿胪卿,寻领步兵校尉。凡在禁省十余年,默静自守,未尝有所请谒。外家及中表贫乏,所得奉悉分给之。无宅,借官地二亩,起茅屋数间。妻子恒苦饥寒,唯以教诲为本。子侄祗畏,若奉严君,刘显常以师道推高之。末年深信释教,终身饭麦食蔬。至是卒官,年六十二。先是子野自占死期,不过庚戌岁。是年自省移病,诣同官刘之亨曰:"吾其逝矣。"遗命务存俭约。梁主悼惜,为之流涕。赠散骑常侍,即日举哀。先是五等君及侍中以上乃有谥,及子野特以令望见嘉,赐谥贞子。及葬,湘东王为之墓志铭,陈于藏内,邵陵王又立墓志,埋于羡道,羡道列志,自此始焉。

[出处]　《南史》卷三十三《裴子野传》　《梁书·裴子野传》

[附录]　裴子野著述表

《丧服传》一卷《隋志》。《梁书》本传作三卷①,《南史》本传作二卷。

《续裴氏家传》三卷《梁书》本传作三卷,《南史》本传作二卷。

《抄合后汉事》四十余卷本传

《宋略》二十卷本传、《隋志》

《众僧传》二十卷本传、《隋志》

《百官九品》二卷本传

《附益谥法》一卷本传

《方国使图》一卷本传

《类林》三卷《唐志》

集十四卷《隋志》。本传作二十卷。

《齐梁春秋》草创未就而子野卒。

前废帝

三年　辛亥(531)　　　　**建明二年**二月改元为普泰。十月高欢立后废帝朗,年号中兴。

梁太子统卒　是年三月,太子游后池,乘雕文舸摘芙蓉,姬人荡舟,没溺而得出,因动股。恐贻梁主忧,深诫不言,以寝疾闻。梁主敕看问,辄自力手书启。及稍笃,左右欲启闻,犹不许曰:"云何

---

① 　《梁书》作"《集注丧服》、《续裴氏家传》各二卷"。

令至尊知我如此恶!"因便呜咽。四月乙巳暴恶,驰启梁主,比至已卒,时年三十一。梁主临哭尽哀,诏敛以衮冕,谥曰昭明。五月庚寅,葬安宁陵。诏司徒左长史王筠为哀册文。太子仁德素著,及卒,朝野惋愕,都下男女奔走宫门,号泣满路。四方氓庶及疆徼之人,闻丧皆痛哭。所著《文集》二十卷,又撰古今典诰文言为《正序》十卷,五言诗之善者为《英华集》二十卷,《文选》三十卷。初,太子母丁贵嫔卒,太子遣人求得善墓地,将斩草,有卖地者因阉人俞三副求市,若得三百万,许以百万与之。三副密启梁主,言太子所得地不如今所得地于梁主吉。梁主末年多忌,便命市之。葬毕,有道士善图墓云:"地不利长子,若厌伏或可申延。"乃为蜡鹅及诸物埋墓侧长子位。有宫监鲍邈之、魏雅者,二人初并为太子所爱,邈之晚见疏于雅。密启梁主云:"雅为太子厌祷。"梁主密遣检掘,果得鹅等物。大惊,将穷其事,徐勉固谏得止。于是唯诛道士。由此太子迄终以此惭恨,故其嗣不立。

[出处]　《南史》卷五十三《昭明太子传》

梁何胤卒　胤卒,年八十六。先是胤疾,妻江氏梦神告曰:"汝夫寿尽,既有至德,应获延期,尔当代之。"妻觉说焉,俄得患而卒,胤疾乃瘳。至是,胤梦见一神女,并八十许人,并衣帕行列至前,俱拜床下。觉又见之,便命营凶具,既而疾动,因不自治。

[出处]　《南史》卷三十《何胤传》　《梁书·处士·何点传》

[附录]　何胤著述表

《周易注》十卷《南史》、《梁书》本传。《隋志》。

《毛诗总集》六卷《南史》、《梁书》本传。《隋志》。

《毛诗隐义》十卷《南史》、《梁书》本传。《隋志》。

《礼记隐义》二十卷《南史》、《梁书》本传

《礼答问》五十五卷《南史》、《梁书》本传。《隋志》作五十卷。

《士丧仪注》九卷《隋志》

《政论》十卷《隋志》

《百法论》一卷《南史》、《梁书》本传

《十二门论》一卷《南史》、《梁书》本传

梁太子纲撰《长春义记》　纲召新城许懋与诸儒参录《长春义记》，又多使沈文阿字国卫，吴兴武康人。撮异闻以广之。后成一百卷。

[出处]　《梁书·许懋传》　《南史》卷六十《许懋传》　《陈书·沈文阿传》　《梁书·简文帝纪》

魏羊深请修国学　时胶序废替，名教陵迟，侍中羊深字文渊，太山平阳人。上疏曰："臣闻崇礼建学，列代之所修；尊经重道，百王所不易。是以均塾洞启，昭明之颂载扬；胶序大辟，都穆之咏斯显。伏维大魏乘乾统物，钦若奉时；模唐轨虞，率由前训。重以高祖继圣垂衣，儒风载蔚，得才之盛，如彼薪楷。固以追隆周而并驱，驾炎汉而独迈。宣皇下武，式遵旧章，用能揄扬盛烈，聿修厥美。自兹已降，世极道消，风猷稍远，浇薄方兢，退让寂寥，驰竞靡节，进必吏能，升非学艺。是使刀笔小用，计日而期荣；专经大才，甘心于陋巷。然治之为本，所贵得贤，苟值其人，岂拘常检。三代两汉，异时间出。或释褐中林，郁登卿尹；或投竿钓渚，径升公相。事炳丹青，义在往策。彼哉往乎，不可胜纪。窃以今之所用，弗修前矩。至如当世通儒，冠时盛德，见征不过四门，登庸不越九品。以此取士，求之济治，譬犹却行以及前，之燕而向楚，积习之不可者，其所由来渐矣。昔鲁兴泮宫，颂声爰发；郑废学校，《国风》以讥。将以纳民轨物，莫始于经礼，《菁莪》育才，义光于篇什。自兵乱以来，垂将十载，干戈日陈，俎豆斯阙，四海荒凉，民物凋弊，名教顿亏，风流殆尽。世之陵夷，可为叹息。陛下中兴纂历，理运惟新，方隅稍康，实惟文德。但礼贤崇让之科，治世未备；还淳返朴之化，起言斯缪。夫先黄老而退《六经》，史迁终其成蠹；贵玄虚而贱儒术，应氏所以亢言。臣虽不敏，敢忘前载！且魏武在戎，尚修学校；宣尼确论，造

次必儒。臣愚以为宜重修国学，广延胄子，使函丈之教日闻，释奠
之礼不阙。并诏天下郡国，兴立儒教，考课之程，咸依旧典。苟经
明行修，宜擢以不次。抑斗筲喋喋之才，进大雅汪汪之德。博收鸿
生，以光顾问；縶维奇异，共精得失。使区寰之内，竞务仁义之风；
荒散之余，渐知礼乐之用，岂不美哉！臣诚暗短，敢慕前训，用稽古
义，上尘听览。伏愿陛下垂就日之监，齐非烟之化，傥以臣言可采，
乞特施行。"魏主善之。

　　［出处］《魏书·羊深传》

孝武帝

四年　壬子(532)　　　**永熙元年**四月以前为中兴二年，以后
为太昌元年，十二月改元永
兴，寻改为永熙。

　　梁置《孝经》助教　初，萧子显于三年以本官领国子博士。梁
主制《孝经义》，未列学官。子显在职，表置助教一人，生十人。又
启撰梁主集，并《普通北伐记》，迁国子祭酒，加侍中，于学递述梁主
《五经义》。明年，迁吏部尚书，侍中如故。

　　［出处］《梁书·武帝纪》、《萧子显传》《南史·萧子显传》

五年　癸丑(533)　　　二年

　　魏诏裴景融撰《四部要略》　裴景融字孔明，河东闻喜人，笃学
好属文。正光初，举秀才，射策高第，除太学博士。永安中，秘书监
李凯以才学，启除著作佐郎，稍迁辅国将军、谏议大夫，仍领著作。
至是，诏撰《四部要略》，令景融专典。竟无所成。元象中，仅同高岳以为录
事参军，后坐事免官，武定四年冬病卒，年五十①。景融卑退廉谨，无竞于时。虽才不称

────────────

① 《魏书》作"五十二"。

学而缉缀无倦,文词汛滥,理会处寡,所作文章,别有集录,又造《邺都》、《晋都赋》云。

[出处]　《魏书·裴延儁传》

西魏	东魏
孝武帝	孝静帝

六年　甲寅(534)　　永熙三年　　天平元年

梁太子纲撰《法宝联璧》　梁太子纲耽内教,初在雍州,撰《法宝联璧》二百余卷。别令释宝唱缀比,区别其类,遍略之流。至是书成,湘东王绎为之序曰:"……我副君业迈宣尼,道高启筮之作;声超姬发,宁假卞兰之颂。譬衡华之峻极,如渤澥之波澜。显忠立孝,行修言道,博施尚仁,动微成务,智察舞鸡,爻分封蚁。爰初登仕,明试以功,德加三辅,威行九流。董师虎据,操钺蝉冕。津卿济沈,物仰平分之恩;沂岱邛岷,民思后来之政。陈苍留反裘之化,淮海高墨帻之声。威渐黄支,化行赤谷,南通舜玉,北平尧柳,朝鲜航海,夜郎款塞。然后体道方震,雨施云行,汉用戊申,晋惟庚午,增晖前曜,独擅元贞。恩若春风,惠如冬日。履道为舆,策贤成驷,降意韦编,留神缃帙。许商算术,王围射谱,南龟异说,东驰杂赋,任良弈棋,羡门式法,箴兴琴剑,铭自盘盂,无不若指诸掌,寻泾辩渭,重以凤艳风飞,鸾文飚竖,纤者入无伦,大者含元气。韵调律吕,藻震玄黄,岂俟取赞彦先,询问雅主? 至于鹿园深义,龙宫奥说,远命学徒,亲登讲肆。词为宪章,言成楷式。往复王粲,事轶魏储,酬答蔡谟,道高晋两。似悬钟之应响,犹衢樽之待酌。率尔者踵武,逖听者风声。是使金坚秘法,宝冥夕梦,无怀不灭,华胥夜感。自非建慧桥,明智剑,薰戒香,沐定水,何以空积忽微,历贤劫而终现;黍累回干,蕴珠藏而方传? 加以大秦之籍,非符八体;康居之篆,有异六爻。二乘始辟,譬马传兔;一体同归,弃犀崇象。润业滋多,见思平积,本有凝邈,了正相因。虽谈假绩,不摄单影。即此后心,还纵初焰。俱宗出倒，莲华起乎淤泥；并会集藏，明珠曜于贫女。性相常空，般若无五时之说；不生烦恼，涅槃为万德之宗。无不酌其菁华，撮其旨要，采彼玳鳞，拾兹翠羽。润珠随水，抵玉昆山。每至鹤关旦启，黄绮之俦朝集；鱼灯夕朗，陈吴之徒晚侍。皆仰禀神规，躬承睿旨，爰锡嘉名，谓之《联璧》。联含珠而可拟，璧与日而方升。以今岁次摄提，星在监德，百法明门，于兹总备。千金不刊，独高斯典。合二百二十卷，号曰《法宝联璧》。虽玉杯繁露，若依兼葭；金台凿楹，似吞云梦。绎自伏柿西河，摄官南国。十回凤琯，一奉龙光。笔削未勤，徒荣卜商之序；稽古盛则，文惭安国之制。"其作者有太子中庶子陆罩、侍中国子祭酒南兰陵侯萧子显等三十人，以比王象、刘劭之《皇览》焉。

　　[出处]　《续高僧传》卷第一《释宝唱传》《广弘明集》卷第二十三①　《南史》卷四十八《陆杲传》

　　[考证]　按《广弘明集·法宝联璧序》后列有诸人年岁，载湘东王绎年二十七。按《梁书·元帝纪》推之，知其二十七岁在此年。故知《法宝联璧》作成亦必在此年也。

<table>
<tr><td></td><td>西魏</td><td>东魏</td></tr>
</table>

大同元年　乙卯(535)　文帝大统元年　天平二年

梁隐士赵伯休得梵本《善见律毗婆沙》　隐士赵伯休于庐山遇律师弘度，得梵本《善见律毗婆沙》，上有众圣点记。云：佛灭后，优波离结集律藏。以其年七月十五日自恣竟，于律藏前便下一点，年年如是。波离以后，师师相付。至僧伽跋陀罗将律藏至广州。当齐永明七年庚午七月十五日自恣竟，即下一点，其年凡得九百七十五点。伯休问曰："永明七年后，云何不点？"度曰："已前皆得道人

────────────

① 《大正藏》本见于《广弘明集》卷第二十。

手自下点,吾徒凡夫,止可奉持耳。"伯休因点记推至大同初,凡一千二十年。与传记参合,世尊生灭之年皆不同,盖其宗承有异也。

[出处]　《佛祖统纪》卷第三十七

梁刘缓为湘东王记室　缓字含度,少知名,历官安西湘东王记室。性虚远,有气调,风流迭宕。时西府盛集文学,而缓居其首。缓常与戴诜造道士孟道养_{字孝元,初名援,平昌人。}研论元理,各叹伏,以为迈绝。缓常云:"不须名位,所须衣食,不用身后之誉,唯重目前知见。"除通直郎,俄迁征南湘东王中录事,后随府江州,卒。戴诜著有《论语述义》二十卷、《老子义疏》九卷、《老子西升经义》一卷、《庄子义疏》八卷。

[出处]　《南史》卷七十二列传六十二《刘昭传》 《梁书》卷四十九《文学·刘昭传》 《太平御览·道部·道士篇》引《老氏圣记》

二年　丙辰(536)　　　二年　　　三年

梁使萧子云撰定郊庙歌辞　初,梁郊庙未革,牲牷乐辞皆沈约撰。至是承用,子云始建言宜改,启曰:"伏惟圣敬率由,尊严郊庙,得西邻之心,知周、孔之迹,载革牢俎,德通神明。黍稷蘋藻,竭诚严配,经国制度,方悬日月,垂训百王,于是乎在。臣比兼职斋官,见伶人所歌,犹用未革,牲前曲圜丘视燎尚言'式备牲牷',北郊《诚雅》亦奏'牲云孔备'。清庙登歌而称'我牲以洁',三朝食举犹咏'朱尾碧麟',声被鼓钟,未符盛制。臣职司儒训,意以为疑,未审应改定乐辞以不?"答曰:"此是主者守株,宜急改也。"仍使子云撰定,敕曰:"郊庙歌辞应须典诰大语,不得杂用子史文章浅言。"而沈约所撰,亦多舛谬。子云答敕曰:"殷荐朝飨,乐以雅名,理应正采《五经》,圣人成教。而汉来此制,不全用经典。约之所撰,弥复浅杂。臣前所易约十曲,惟知牲牷既革,宜改歌辞。而犹承例不嫌,流俗乖体。既奉令旨,始得发矇。臣夙本庸滞,昭然忽朗,谨依成旨。悉改约制。惟用《五经》为本,其次《尔雅》、《周易》、《尚书》、《大戴礼》即是经诰之流，愚意亦取兼用。臣又寻唐虞诸书，殷《颂》周《雅》，称美是一，而复各述时事。大梁革服，偃武修文，制礼作乐，义高三正。而约撰歌辞，惟浸称圣德之美，了不序皇朝制作事。《雅》、《颂》前例，于体为违。伏以圣旨所定乐论钟律纬绪，文思深微，命世一出，方悬日月。不刊之典，礼乐之教，致治所成，谨一二采缀，各随事显义，以明制作之美。覃思累日，今始克就，谨以上呈。"敕并施用。子云善草隶书，为世楷法，自云善效钟元常、王逸少而微变字体。答敕云："臣昔不能拔赏，随世所贵，规摹子敬，多历年所。年二十六著《晋史》，至《二王列传》，欲作论语草隶法，言不尽意，遂不能成，略指论飞白而已。十许年来，始见敕旨《论书》一卷，商略笔势，洞彻字体。又以逸少之不及元常，犹子敬之不及逸少。自此研思，方悟隶式，始变子敬，全范元常。逮尔以来，自觉功进。"其书迹雅为梁主所重，尝论子云书曰："笔力劲骏，心手相应，巧逾杜度，美过崔实，当与元常并驱争先。"其见赏如此。

［出处］《梁书·萧子云传》

梁太子纲置文德省学士　纲开文德省，置学士。庾肩吾子信、徐摛子陵、吴郡张良公①、北地傅弘、东海鲍至等充其选。初，齐永明中，王融、谢朓、沈约文章始用四声，以为新变。至是，转拘声韵，弥为丽靡，复逾往时。纲与湘东王绎书论之曰："吾辈亦无所游赏，止事披阅。性既好文，时复短咏。虽是庸音，不能阁笔。有惭伎痒，更同故态。比见京师文体，懦钝殊常，竞学浮疏，争事阐缓。玄冬修夜，思所不得。既殊比兴，正背《风》、《骚》。若夫六典三礼，所施则有地；吉凶嘉宾，用之则有所。未闻吟咏情性，反拟《内则》之篇；操笔写志，更摹《酒诰》之作。迟迟春日，翻学《归藏》；湛湛江水，遂同《大传》。吾既拙于为文，不敢轻有掎摭。但以当世之作，历方古之才人，远则扬、马、曹、王，近则潘、陆、颜、谢。而观其遣辞用心，了不相似。若以今文为是，则古文为非；若以昔贤可称，则今

---

① 《南史》、《梁书》"张良公"作"张长公"。

体宜弃。俱为盍各，则未之敢许。又时有效谢康乐、裴鸿胪文者，亦颇有惑焉。何者？谢客吐言天拔，出于自然，时有不拘，是其糟粕。裴氏乃是良史之才，了无篇什之美。是为学谢则不届其精华，但得其冗长；师裴则蔑绝其所长，唯得其所短。谢故巧不可阶，裴亦质不宜慕。故胸驰臆断之侣，好名忘实之类，方分肉于仁兽，逞郤克于《邯郸》。入鲍忘臭，效尤致祸。决羽谢生，岂三千之可及；伏膺裴氏，惧两唐之不传。故玉徽金铣，反为拙目所嗤；巴人下里，更合郢中之听。阳春高而不和，妙声绝而不寻。竟不精讨锱铢，核量文质，有异巧心，终愧妍手。是以握瑜怀玉之士，瞻郑邦而知退；章甫翠履之人，望闽乡而叹息。诗既若此，笔又如之。徒以烟墨不言，受其驱染；纸札无情，任其摇襞。甚矣哉！文之横流，一至于此。至如近世谢朓、沈约之诗，任昉、陆倕之笔，斯实文章之冠冕，述作之楷模。张士简之赋，周升逸之辩，亦成佳手，难可复遇。文章未坠，必有英绝。领袖之者，非弟而谁？每欲论之，无可与语。思吾子建，一共商搉。辩兹清浊，使如泾渭；论兹月旦，类彼汝南。朱白既定，雌黄有别。使夫怀鼠知惭，滥竽自耻。譬斯袁绍，畏见子将；同彼盗牛，遥羞王烈，相思不见，吾劳如何！”

　　〔出处〕《南史》卷五十《庾肩吾传》《梁书·文学上·庾肩吾传》①

　　梁隐士陶弘景卒　弘景善辟谷导引之法，自隐居四十许年，年逾八十而有壮容。仙书云：“眼方者寿千岁。”弘景末年，一眼有时而方。曾梦佛授其菩提记云：“名为胜力菩萨。”乃诣鄮县阿育王塔，自誓受五大戒。后晋安王纲临南徐州，钦其风素，召至后堂，以葛巾进见，与谈论数日而去，纲甚异之。天监中，献丹于梁主。中大通初，又献二刀，其一名善胜，一名成胜，并为佳宝。无疾自知应

---

① “文学上”原作“儒林”，据《梁书》改。

逝,逆克亡日,仍为《告逝诗》。至是卒,年八十五。颜色不变,屈申如常。香气累日,氤氲满山。遗令:"既没不须沐浴,不须施床。止两重席于地,因所著旧衣,上加生祴裙及臂衣靺冠巾法服,左肘录铃,右肘药铃,佩符络,左腋下绕腰穿环结于前,钗符于髻上,通以大袈裟覆衾蒙首足。明器有车马、道人、道士,并在门中。道人左,道士右。百日内夜常然灯,旦常香火。"弟子遵而行之。诏赠太中大夫,谥曰贞白先生。仍遣舍人监护丧事。弘景妙解术数,逆知梁祚覆没,预制诗云:"夷甫任散诞,平叔坐论空,岂悟昭阳殿,遂作单于宫?"诗秘在箧里,化后,门人方稍出之。大同末,人士竞谈玄理,不习武事,后侯景篡,果在昭阳殿。初,弘景母梦青龙无尾,自己升天。弘景果不妻无子。从兄以子松乔嗣。

[出处]　《南史》卷七十六《隐逸下·陶弘景传》　《梁书·处士·陶弘景传》　《云笈七签》卷一百七《梁茅山贞白先生传》

[附录]　陶弘景著述表

《学苑》十秩百卷弘景常云:"群书芜杂,欲探一事,不可遍检。"乃钞古今要用,以类相从,为一百五十条,名曰《学苑》。比于《皇览》,十倍该备。

《尚书序注》《本起录》

《毛诗序注》一卷《隋志》。《本起录》云:"注《尚书》、《毛诗序》,共一卷。"

《三礼目录注》一卷《隋志》。又见《本起录》。

《孝经集注》一卷《隋志》

《论语集注》十卷《隋志》。《本起录》云:"《孝经》、《论语》集注并自意共一秩,十二卷。"

《帝王年历》五卷《唐志》。《本起录》云:"起三皇至汲冢竹书为正,检五十家书历异同共撰之也。"

《古今州郡记》三卷《本起录》云:"并造西域图一张。"《南史》本传作《古今州郡图记》①。

《草堂法师传》一卷《唐志》

---

①　中华书局本《南史》亦无"图"字。

《三国志赞述》一卷《本起录》

《员仪集》三卷《本起录》

《玉匮记》三卷《本起录》云："说名山福地事。"《南史》本传。

《图像集要》《南史》本传

《老子内外集注》四卷《本起录》云："并自立意。"《唐志》。

《抱朴子注》二十卷《本起录》

《世语阙字》二卷《本起录》云："依陆文更以意造《世语》所阙者。"

《续临川康王世说》二卷《本起录》

《太公孙吴书略注》二卷《本起录》

《天仪说要》一卷《隋志》

《七曜新旧术》二卷《本起录》

《占筮略要》一卷《本起录》云："有十三法。"

《风雨水旱饥疫占要》一卷《本起录》云："有十法。"

《算数艺术杂事》一卷《本起录》

《举百事吉凶历》一卷《本起录》

《登真隐诀》三帙《本起录》云："二十四卷，此一诀皆是修行上真道经要妙秘事，不以出世。"《唐志》作一十五卷。

《真诰》一帙七卷《本起录》云："此一诰并是晋兴宁中众真降授杨、许手书遗迹，顾居士已撰，多有漏谬，更诠次叙注之尔，不出外闻。"《唐志》十卷。

《本草经注》七卷《本起录》、《唐志》

《肘后百一方》三卷《本起录》云："增补葛氏。"《隋志》引《七录》作九卷①。《旧唐志》有《补肘后救卒备急方》六卷。

《效验施用药方》五卷《本起录》。《旧唐志》作十卷。

《合丹药诸法式节度》一卷《本起录》

《集金丹药白要方》一卷《本起录》

---

① 《隋志》作"《补阙肘后百一方》"。

《服云母诸石药消化三十六水法》一卷《本起录》

《服草木杂药法》一卷《本起录》

《断谷秘方》一卷《本起录》

《灵方秘奥》一卷《本起录》

《消除三尸诸要法》一卷《本起录》

《撰集服炁导引法》一卷《本起录》

《集人间诸却灾患法》一卷《本起录》

《梦记》一卷《本起录》云："此一记先生自记所梦征想事，不以示人。"

《周氏冥通记》一卷《旧唐志》

《真人水镜》十卷《旧唐志》

《握镜》一卷《旧唐志》

集三十卷《隋志》

内集十五卷《隋志》

梁刘杳、阮孝绪卒　正月，阮孝绪自筮卦："吾寿与刘著作同年。"是年秋，刘杳卒，年五十。杳治身清俭，无所嗜好，不自伐，不论人短长。及睹释氏经教，常行慈忍。天监十七年，自居母忧，便长断腥膻，持斋蔬食。及临终，遗命敛以法服，载以露车，还葬旧墓，随得一地容棺而已，不得设灵筵祭酹。其子遵行之。孝绪闻杳卒，曰："刘侯逝矣，吾其几何！"以十月卒，年五十八。太子纲隆恩厚赠，子恕等述先志，不受。门人追论德行，谥曰文贞处士。

　　[出处]《梁书·文学下·刘杳传》《南史》卷四十九《刘杳传》《梁书·处士·阮孝绪传》《南史》卷七十六《隐逸下·阮孝绪传》《广弘明集》卷三

　　[附录一]　刘杳著述表

《要雅》五卷《南史》本传

《楚辞草木疏》一卷《南史》本传

《高士传》二卷《南史》本传

《东宫新旧记》三十卷《南史》本传

《古今四部书目》五卷《南史》本传

《寿光书苑》二百卷《隋志》

文集十五卷《南史》本传

[附录二]　阮孝绪著述表

《文字集略》六卷《广弘明集》、《隋志》

《正史削繁》《广弘明集》

《七录》十二卷《广弘明集》、《七录》

《高隐传》《广弘明集》

《古今世代录》《广弘明集》

《序录》《广弘明集》

《杂文》《广弘明集》

《声纬》《广弘明集》

三年　丁巳(537)　　三年　　四年

梁萧子显卒　子显出为仁威将军、吴兴太守,至郡未几卒,时年四十九。诏曰:"仁威将军、吴兴太守子显,神韵峻举,宗中佳器。分竹未久,奄到丧殒,恻怆于怀。可赠侍中、中书令,今便举哀。"及葬请谥,手诏:"恃才傲物,宜谥曰骄。"子显尝为《自序》,其略云:"余为邵陵王友,忝还京师。远思前比,即楚之唐、宋,梁之严、邹。追寻平生,颇好辞藻。虽在名无成,求心已足。若乃登高目极,临水送归,风动春朝,月明秋夜,早雁初莺,开花落叶,有来斯应,每不能已也,且前世贾、傅、崔、马、邯郸、缪、路之徒,并以文章显,所以屡上歌颂,自比古人。天监六年,始豫九日朝宴,稠人广坐,独受旨云:'今云物甚美,卿得不斐然赋诗!'诗既成,又降帝旨曰:'可谓才子!'余退谓人曰:'一顾之恩,非望而至,遂方贾谊何如哉,未易当也。'每有制作,特寡思功,须其自来,不以力构。少来所为诗赋,则

《鸿序》一作，体兼众制，文备多方，颇为好事所传，故虚声易远。"

　　[出处]　《南史》卷四十二《齐高帝诸子上》《梁书·萧子显传》

　　[附录]　萧子显著述表

《后汉书》一百卷本传、《隋志》　　　　《晋史草》三十卷《隋志》

《齐书》六十卷本传、《隋志》　　　　　《普通北伐记》五卷本传

《孝经敬爱义》一卷《隋志》　　　　　　《贵俭传》三十卷本传

文集二十卷本传

东魏侍读李业兴使梁　　业兴与兼散骑常侍李谐、兼吏部郎卢元明使梁，梁散骑常侍朱异问业兴曰："魏洛中委粟山是南郊邪？"业兴曰："委粟是圆丘，非南郊。"异曰："北间郊丘异所，是用郑义；我此中用王义。"业兴曰："然，洛京郊丘之处专用郑解。"异曰："若然，女子逆降傍亲，亦从郑以不？"业兴曰："此之一事，亦不专从。若卿此间用王义，除禫应用二十五月，何以王俭丧礼禫用二十七月也？"异遂不答。业兴曰："我昨见明堂，四柱方屋，都无九五之室，当是裴頠所制。明堂上圆下方，裴唯除室耳。今此上不圆何也？"异曰："圆方之说，经典无文，何怪于方？"业兴曰："圆方之言，出处甚明，卿自不见。见卿录梁主《孝经义》，亦云上圆下方，卿言岂非自相矛楯？"异曰："若然，圆方竟出何经？"业兴曰："出《孝经援神契》。"异曰："纬候之书，何用信也？"业兴曰："卿若不信，灵威仰、叶光纪之类，经典亦无出者，卿复信不？"异不答。梁主亲问业兴曰："闻卿善于经义，儒玄之中，何所通达？"业兴曰："少为书生，止读五典，至于深义，不辨通释。"梁主问："《诗·周南》王者之风，系之周公；《召南》仁贤之风，系之召公，何名为系？"业兴对曰："郑注《仪礼》云：昔大王、王季居于歧阳，躬行《召南》之教，以兴王业。及文王行今《周南》之教以受命，作邑于酆。分其故地，属之二公，名为系。"梁主又问："若是故，地应自统摄，何由分封二公？"业兴曰："文

王为诸侯之时,所化之本国,今既登九五之尊,不可复守诸侯之地,故分封二公。"梁主又问:"《乾卦》初称'潜龙',二称'见龙',至五'飞龙',初可名为虎?"问意小乖。业兴对:"学识肤浅,不足仰酬。"梁主又问:"《尚书》正月上日受终文祖,此是何正?"业兴对:"此是夏正月。"梁主言:"何以得知?"业兴曰:"案《尚书中候·运行篇》云'日月营始',故知夏正。"梁主又问:"尧时以何月为正?"业兴对:"自尧以上,书典不载,实所不知。"梁主又云:"'寅宾出日',即是正月。'日中星鸟以殷仲春',即是二月。此出《尧典》,何得云尧时不知用何正也?"业兴对:"虽三正不同,言时节者皆据夏时正月。《周礼》仲春二月会男女之无夫家者,虽自《周书》,月亦夏时。尧之日月,亦当如此。但所见不深,无以辨析明问。"梁主又曰:"《礼》,原壤之母死,孔子助其沐椁,原壤叩木而歌曰:'久矣不托音,狸首之班然,执女手之卷然。'孔子圣人,而与原壤为友!"业兴对曰:"孔子即自解,言亲者不失其为亲,故者不失其为故。"又问:"原壤何处人?"业兴对曰:"郑注云:'原壤,孔子幼少之旧。'故是鲁人。"梁主又问:"孔子圣人,所存必可法。原壤不孝,有逆人伦。何以存故旧之小节,废不孝之大罪?"业兴对曰:"原壤所行,事自彰著,幼少之交,非是今始。既无大故,何容弃之? 孔子深敦故旧之义,于理无失。"梁主又问:"孔子圣人,何以书原壤之事垂法万代?"业兴对曰:"此是后人所录,非孔子自制。犹合葬于防,如此之类,《礼记》之中,动有百数。"梁主又问:"《易》曰太极,是有无?"业兴对:"所传太极是有,素不玄学,何敢辄酬?"还兼散骑常侍,加中军大将军。

　　[出处]　《魏书·儒林·李业兴传》

四年　戊午(538)　　四年　　元象元年

　　梁刘勰出家为僧　刘勰为文,长于佛理,京师寺塔及名僧碑志,必请勰制文。有敕与慧震沙门于定林寺撰经,证功毕,遂求出

家,先燔须发自誓,敕许之,乃于寺变服,改名惠地,未期而卒,文集
行于世。

[出处] 《佛祖统纪》卷第三十七　《梁书》卷五十《刘勰传》
《南史》卷七十二列传六十二《刘勰传》

　　梁皇侃上《礼记义疏》　皇侃,吴郡人也,青州刺史皇象九世
孙。少好学,师事贺玚,精力专门,尽通其业,尤明《三礼》、《孝经》、
《论语》。起家兼国子助教,于学讲说,听者数百人。撰《礼记义疏》
五十卷,以是年十二月丁亥上之。诏付秘阁。顷之,召入寿光殿,
讲《礼记义》,梁主善之,拜员外散骑侍郎,兼助教如故。

[出处] 《梁书·武帝纪》、《儒林·皇侃传》

五年　己未(539)　五年　兴和元年五月以前为元象二年

　　西魏寇儁钞集经籍　儁字祖儁,上谷昌平人。初为东魏洛州
刺史。至是,将家及亲属四百余口入关,拜秘书监。时军国草创,
坟典散逸。儁始选置令史,钞集经籍,四部群书,稍得周备。

[出处] 《周书·寇儁传》

六年　庚申(540)　六年　二年

　　西魏柳虬议史官密书善恶　丞相府记室柳虬字仲蟠。以史官
密书善恶,未足惩劝,乃上疏曰:"古者人君立史官,非但记事而已,
盖所以为监诫也。动则左史书之,言则右史书之,彰善瘅恶,以树
风声。故南史抗节,表崔杼之罪;董狐书法,明赵盾之愆。是知直
笔于朝,其来久矣。而汉魏以还,密为记注。徒闻后世,无益当时,
非所谓将顺其美,匡救其恶者也。且著述之人,密书其事,纵能直
笔,人莫之知。何止物生横议,亦自异端互起。故班固致受金之
名,陈寿有求米之论。著汉魏者非一氏,造晋史者至数家,后代纷
纭,莫知准的。伏惟陛下则天稽古,劳心庶政,开诽谤之路,纳忠谠

之言,诸史官记事者,请皆当朝显言其状,然后付之史阁。庶令是非明著,得失无隐。使闻善者日修,有过者知惧。敢以愚管,轻冒上闻,乞以瞽言,访之众议。"事遂施行。

［出处］《周书·柳虯传》

七年　辛酉(541)　　七年　　三年

梁立士林馆　十二月丙辰,梁于宫城西立士林馆,延集学者。会稽虞荔字山披,会稽余姚人。乃制碑奏上,梁主命勒之于馆,仍用荔为士林学士。

［出处］《梁书·武帝纪下》《陈书·虞荔传》

八年　壬戌(542)　　八年　　四年

梁主立其所撰《正言》于学　梁主撰《孔子正言章句》二十卷,国子祭酒到溉表求立于学,请置《正言》助教二人,学生二十人。尚书左丞贺琛字国宝,会稽山阴人。又请加置博士一人。

［出处］《南史》卷二十五《到溉传》《陈书·袁宪传》

梁周弘正启其主《周易疑义》　弘正字思行,汝南安城人,周舍兄子,是时为国子博士,于士林馆讲授,听者倾朝野。启梁主《周易疑义》五十条,又请释《乾》、《坤》、二《系》曰:"臣闻《易》称立象以尽意,系辞以尽言。然后知圣人之情,几可见矣。自非含微体极,尽化穷神,岂能通志成务,探赜致远? 而宣尼比之桎梏,绝韦编于漆字;轩辕之所听荧,遗玄珠于赤水。伏维陛下一日万几,匪劳神于瞬息;凝心妙本,常自得于天真。圣智无以隐其几深,明神无以沦其不测。至若爻画之苞于《六经》,文辞之穷于两《系》。名儒剧谈以历载,鸿生抵掌以终年。莫有试游其藩,未尝一见其涘。自制旨降谈,裁成《易》道,析至微于秋毫,涣曾冰于幽谷。臣亲承音旨,职司宣授,后进诜诜,不无传业。但《乾》、《坤》之蕴未剖,《系》表之妙莫诠。使一经深致,尚多所惑。臣不涯庸浅,轻率短陋,谨与受业诸生清河张讥等三百一十二人,于《乾》、《坤》、二《系》,象爻未启。伏愿听览之闲,曲垂提训。得使微臣钻仰,成其笃习;后昆好事,专门有奉。自惟多幸,欢沐道于尧年,肄业终身,不知老之将至。天尊不闻,而冒陈请,冰谷置怀,罔识攸厝。"诏答曰:"设卦观象,事远文高,作《系》表言,辞深理奥。东鲁绝编之思,西伯幽忧之作。事逾三古,人更七圣。自商瞿禀承,子庸传授,篇简湮没,岁月辽远。田生表菑川之誉,梁丘擅琅琊之学。代郡范生、山阳王氏,人藏荆山之宝,各尽玄言之趣。说或去取,意有详略,近搢绅之学,咸有稽疑,随答所问,已具别解,知与张讥等三百一十二人须释《乾》、《坤》、《文言》及二《系》。万机小暇,试当讨论。"

　　[出处]　《陈书·周弘正传》

九年　癸亥(543)　　九年　　武定元年

梁顾野王上《玉篇》于临贺王　野王字希冯,吴郡吴人。祖子乔,东中郎武陵王府参军事。父烜,信威临贺王记室,兼本郡五官掾,以儒术知名。野王幼好学,七岁读《五经》,略知大旨。九岁能属文,尝制《日赋》,领军朱异见而奇之。年十二,随父之建安,撰《建安地记》二篇。长而遍观经史,精记嘿识,天文地理、蓍龟占候、虫篆奇字,无所不通。大同四年,除太学博士,迁中领军临贺王府记室参军。至是上呈《玉篇》,其序曰:"昔在庖牺,始成八卦。暨乎苍颉,肇创六爻,政罢结绳,教兴书契,天粟昼零,市妖夜哭,由来尚矣。爰至玄龟龙马,负河洛之图;赤雀素麟,摽受终之命。凤羽为字,掌理成书,岂但人功? 亦犹天授。故能传流奥典,钩深至赜,扬显圣谟,耀光洪范。文遗百代,则礼乐可知;驿宣万里,则心言可述;授民轨物,则县方象魏;兴功命众,则誓威师旅。律存三尺,政仰八成,听称责于附别,执士师于两造,勒功名于钟鼎,颂美德于神祗。故百官以治，万民以察，雕金镂玉，升崧岱而告平；污竹裁缣，写宪章而授政。莫不以版牍施于经纬，文字表于无穷者矣。所以垂帷闭户而觌遐年之世，藏形晦迹而识远方之风。遵览篆素以测九垓，则靡差肤寸；详观记录以游八裔，则不谬毫厘，鉴水镜于往谟，遗元龟于今体。仰瞻景行，式备昔文，戒慎荒邪，用存古典，设教施法，无以尚兹，经世治俗，岂先乎此！但微言既绝，大旨亦乖。五典三坟，竞开异义；六书八体，今古殊形。或字各而训同，或文均而释异，百家所谈，差互不少；字书卷轴，舛错尤多。难用训求，易生疑惑。猥承明命，预缵过庭。总会众篇，校雠群籍，以成一家之制，文字之训备矣。而学惭精博，闻见尤寡，才非通敏，理辞弥踬，既谬先踪，且乖圣旨。谨当端笏拥篲，以俟嘉猷。"

[出处]　《陈书·顾野王传》《宋本玉编序》

十年　甲子(544)　　十年　　二年

东魏杜弼上《老子道德经》注　弼字辅玄，中山曲阳人，初从高欢，奉使诣阙。东魏主见之于九龙殿，曰："朕始读《庄子》，便值秦名，定是体道得真，玄同齐物。闻卿精学，聊有所问。经中佛性、法性为一为异？"弼对曰："佛性、法性，止是一理。"诏又问曰："佛性既非法性，何得为一？"对曰："性无不在，故不说二。"诏又问曰："说者皆言法性宽，佛性狭，宽狭既别，非二如何？"弼又对曰："在宽成宽，在狭成狭，若论性体，非宽非狭。"诏问曰："既言成宽成狭，何得非宽非狭？若定是狭，亦不能成宽。"对曰："以非宽狭，故能成宽狭。宽狭所成虽异，能成恒一。"魏主悦称善，乃引入经书库，赐《地持经》一部，帛一百匹。至是，高淹为并州刺史，高欢又命弼带并州骠骑府长史。弼性好名理，探味玄宗，自在军旅，带经从役。注《老子道德经》二卷，表上之曰："臣闻乘风理弋，追逸羽于高云；临波命钩，引沉鳞于大壑。苟得其道，为工其事。在物既尔，理亦固然。

窃唯《道》、《德》二经,阐明幽极,旨冥动寂,用周凡圣。论行也,清净柔弱;语迹也,成功致治。实众流之江海,乃群艺之本根。臣少览经书,偏所笃好,虽从役军府,而不舍游息。钻味既久,斐文矗如有所见,比之前注,微谓异于旧说。情发于中而彰诸外,轻以管窥,遂成穿凿。无取于游刃,有惭于运斤,不足破秋毫之论,何以解连环之结?本欲止于门内,贻厥童蒙。兼以近资愚鄙,私备忘阙。不悟姑射凝神,汾阳流照。盖高之听卑,迩言在际。春末奉旨,猥蒙垂诱。令上所注《老子》。谨冒封呈,并序如别。"诏答曰:"李君游神冥窅,独观恍惚,玄同造化,宗极群有。从中被外,周应可以裁成;自己及物,运行可以资用。隆家宁国,义属斯文。卿才思优洽,业尚通远,息栖儒门,驰骋玄肆。既启专家之学,且畅释老之言。户列门张,途通径达,理事兼申,能用俱表,彼贤所未悟,遗老所未闻。旨极精微,言穷深妙。朕有味二经,倦于旧说,历览新注,所得已多。嘉尚之来,良非一绪。已敕杀青,编藏之延阁。"又上一本于高欢,一本于高澄。

　　[出处]《北齐书·杜弼传》

十一年　乙丑(545)　　十一年　　三年

梁皇侃卒　侃性至孝,常日限诵《孝经》二遍以拟《观世音经》。丁母忧,解职还乡里。平西邵陵王钦其学,厚礼迎之。侃既至,因感心疾,以是年卒于夏首,时年五十八。

　　[出处]《梁书·儒林·皇侃传》
　　[附录]　皇侃著述表

《丧服文句义疏》十卷	《丧服问答目》十三卷
《礼记义疏》九十九卷	《礼记讲疏》四十八卷
《孝经义疏》三卷	《论语义疏》十卷

中大同元年　丙寅(546)　　　十二年　　　四年

西魏正定古今文字　西魏宇文泰以隶书纰缪,命丞相府法曹参军赵文深与黎季明、名景熙,名以字行,河间鄚人。沈遐等依《说文》及《字林》刊定六体,成一万余言,行于世。

[出处]　《周书·艺术·黎景熙传》、《赵文深传》

东魏移洛阳石经于邺　八月,东魏高欢命移洛阳汉魏石经于邺。行至河阳,值岸崩,遂没于水。其得至邺者,仅五十二枚。

[出处]　《魏书·孝静帝纪》　《隋书·经籍志》　《封演闻见记》

[考证]　按《北齐书·文宣帝纪》"往者文襄皇帝所建蔡邕石经五十二枚",《孝昭帝纪》"文襄帝所运石经",文襄者高澄也。盖高欢于本年八月虽有是命,而当军马倥偬之际,当无暇即实行迁移。至明年正月,欢卒。则移经者当为高澄,故《北齐书》云然。

东魏高欢简硕学以教诸子　欢令其子澄在邺妙简硕学以教诸子,澄以李铉字宝鼎,渤海南皮人。应旨,征诣晋阳。时中山石曜、字伯[1]曜,中山安喜人。北平阳绚、北海[2]王晞、清河崔瞻、广平宋钦道及工书人韩毅同在东馆,师友诸王。铉以去圣久远,文字多有乖谬,感孔子必也正名之言,乃喟然有刊正之意。于讲授之暇,遂览《说文》,爰及《仓》、《雅》,删正六艺经注中谬字,名曰《字辨》。

[出处]　《北齐书·李铉传》

太清元年　丁卯(547)　　　十三年　　　五年

梁荀济上书请废佛法　济字子通,颍川人,世居江左。博涉众书,志调矫俗。初与梁主布衣相知,及梁主即位,仕不及济。

---

①　《北齐书》"伯曜"作"白曜"。

②　"北海"原作"北平",据《北齐书》改。

梁主曰："个人虽有才,乱俗好反不可用。"济以不得志,常怀悒快。见梁主信重释门,寺像崇盛,便于时上书论佛教贪淫奢侈妖妄。又讥同泰寺营费太甚,必为灾患。表略云:"……三坟五典,帝皇之称首;四维六纪,终古之规模。及汉武祀金人,莽新以建国;桓灵祀浮图,阉竖以控权。三国由兹鼎峙,五胡仍其荐食。衣冠奔于江东,戎教兴于中壤,使父子之亲隔,君臣之义乖,夫妇之和旷,友朋之信绝,海内散乱三百年矣。……稽古之诏未闻,崇邪之命重沓。岁时禘祫,未尝亲享,竹脯面牲,欻诬宗庙。违黄屋之尊,就苍头之役,朝夕敬妖怪之胡鬼,曲躬供贪淫之贼秃,耽信邪胡,谄祭淫祀,恐非聪明正直而可以福祐陛下者也。……臣请言得失,推校是非。案释氏源流,本中国所斥,投之荒裔以御魑魅者也。乃至舜时窜梼杌于三危,《左传》允姓之奸居于瓜州是也。杜预以允姓阴戎之别祖,与三苗俱放于三危。《汉书·西域传》,塞种本允姓之戎,世居燉煌,为月氏迫逐,遂往葱岭南奔。又谓悬度、贤豆、身毒、天毒仍讹转以塞种为释种,其实一也。允姓与三苗比居,教迹和洽。其释种不行忠孝仁义,贪诈甚者,号之为佛。佛者戾也,或名为勃,勃者乱也。而陛下以中华之盛胄,方尊姚、石、羌、胡之轨躅,窃不取一也。……又案释迦出世,剖胁而诞,摩耶遂殂,事符枭镜。年长争立,内不自安,背父叛君,逆节弥甚。达多投石,难陀引弓,变革常道,自饿形骸,安能济物?聚合凶徒,易衣削发,设言虚诞,不足承禀。九十六道,此道最贪。叶彼淫愚,众多崇信。至是琉璃诛释,瞿昙路左视之,在生亲尚不存,既殁疏何能救?斯即不行忠孝。若天下习之,陛上则无以自处,不取者二也。……自古帝师诸侯宾友,千载一逢,犹如旦暮,贤明希世,宇宙独立。今仍削发千群,不臣万众,称为帝师,未之可也。姚、石玉食三千佛寺,琼宫八百,供敬厚矣,终获苗胤屠灭。宋齐以降,莫惩前失。……僧出寒微,规免租役，无期诣道，志在贪淫，窃盗华典，倾夺朝权，凡有十等：一曰营缮广厦，僭拟皇居也。二曰兴建大室，庄饰胡像，僭比明堂宗祀也。三曰广译妖言，劝行流布，轹帝王之诏敕也。四曰交纳帛布，卖天堂五福之虚果，夺大君之德赏也。五曰豫征收赎免地狱六极之谬殃，夺人主之刑罚也。六曰自称三宝，假托四依，坐傲君王，此取威之术也。七曰多建寺像，广度僧尼，此定霸之基也。八曰三长六纪，四大法集，此别行正朔，密行征发也。九曰设乐以诱愚小，俳优以招远会，陈佛土安乐，斥王化危苦，此变俗移风，征租税也。十曰法席聚会，邪谋变通，称意赠金，毁破遭谤，此吕尚之六韬秘策也。凡此十事，不容有一。萌兆微露，即合诛夷。今乃恣意流行，排我王化，方又击鸿钟于高台，期阙庭之箭漏，挂幡盖于长刹，仿充庭之卤簿，征玉食以斋会，杂王宫之享燕，唱高越之赞呗，象食举之登歌；叹功德则比陈词之祝史，受俦施则等束帛之等差，设威仪则效旌旗之文物，凡诸举措，窃拟朝仪。陛下方更倾储供寺，万乘拟附庸之仪；肃拜僧尼，三事执陪臣之礼。宠既隆矣，侮亦剧矣，臣不取者四也。……陛下以因果有必定之期，报应无迁延之业，故崇重像法，供施弥隆，劳民伐木，烧掘蝼蚁，损伤和气，岂顾大觉之慈悲乎？胡鬼堪能致福，可废儒道；释秃足能除祸，屏绝干戈。今乃重关以备不虞，击柝以争空地。杀蝼蚁而营功德，既乖释典；崇妖邪而行谄祭，又亏名教。五尺牧竖，犹知不疑，四海之尊，义无二三其德，臣为陛下不取五也。……秦正受诳于三山，汉彻见欺于五利，信顺妖讹，一至于此。不察情伪，岂惩前失？……今僧尼不耕不偶，俱断生育；傲君陵亲，违礼损化，一不经也。……凡在生灵，夫妇配合，产育男女。胡法反之，多营泥木，专求布施，宁非巨戾，二不经也。奸胡矫诈，自称大觉，而比丘徒党，行淫杀子，僧尼悉然。害蝼蚁而起浮图，费财力而构堂宇。若牟尼能照而故纵淫杀，便是诈称慈悲；徒能照而不能救，又是大觉于群生无益，而天下不觉，三不经也。……胡法悭贪，惟财是与，直是行三毒而害万方，未见修六度而隆三宝，四不经也。……佛家遗教，不耕垦田，不贮财谷，乞食纳衣，头陀为务。今则不然，数十万众，无心兰若从教，不耕者众，天下有饥乏之忧；遗教设法不行，何须此法？进退未为尽理，五不经也。……《涅槃》发问，世尊灭后，经教若为得与波旬经别。观此发问，则瞿昙存日，门徒不能分辨真伪，况中华避役奸诈之侣，焉不迷惑者？……宋齐两代，重佛敬僧，国移庙改……但是佛妖僧伪，奸诈为心，堕胎杀子，昏淫乱道，故使宋齐磨灭。今宋齐寺像见在，陛下承事，则宋齐之变不言而显矣。今僧尼坐夏不杀蝼蚁者，爱含生之命也。而傲君父，妄仁于昆虫也；堕胎杀子，反养于蚊虻也。夫易者，君臣、夫妇、父子，三纲六纪也。今释氏君不君乃至子不子，纲纪紊乱矣。……"书奏，梁主大怒，集朝士将加显戮。济遂密逃于魏。济欲匡静帝，事露，为高澄烧杀之，时年八十余矣。

[出处]《广弘明集》卷第七　《北史·文苑·荀济传》

[考证]　按《广弘明集》载济为齐文襄烧杀。齐文襄者高澄也，澄之在东魏执政，在梁武末年，故志其事于此。

二年　戊辰(548)　　十四年　　六年

天竺沙门拘那罗陀至建康　拘那罗陀，陈言亲依，或云波罗末陀，译云真谛，并梵文之名字也。本西天竺优禅尼国人。景行澄明，器宇清肃，风神爽拔，悠然自得。群藏广部，罔不厝怀，艺术异能，偏素谙练。虽遵融佛理，而以通道知名。远涉艰关，无惮夷险。历游诸国，随机利见。时梁主敕直后张汜等送扶南献使返国，仍请名德三藏大乘诸论《杂华经》等。真谛远闻行化，仪轨圣贤，搜选名匠，惠益民品。彼国乃屈真谛并赍经论，恭膺梁旨，既素蓄在心，涣然闻命。以大同十二年达于南海。沿路所经，乃停两载。至是年闰八月，始届京邑。梁主面申顶礼，于宝云殿竭诚供养。谛欲传翻经教，不羡秦时，更出新文，有逾齐日。属道销梁季，寇羯凭陵，法为时崩，不果宣述。谛步入东土，又往富春令陆元哲，创奉问津，将事传译，招延英秀沙门宝琼等二十余人，翻《十七地论》，适得五卷。而国难未靖，侧附通传。后栖遑靡托，随方出经。

[出处]　《续高僧传》卷第一《拘那罗陀传》

东魏罢诸道士之无才术者　诸道士罕能精至，又无才术可高，有司执奏罢之。其有道术如河东张远游、河间赵静通等，大将军高澄别置馆京师而礼接焉。

[出处]　《魏书·释老志》

三年　己巳(549)　　十五年　　七年

梁主崩　梁主制于侯景，所求不供，忧愤寝疾，遂于五月甲辰①崩。梁主少而笃学，洞达玄儒，虽万机多务，犹卷不辍手。燃烛侧光，常至戊夜。制旨《孝经义》、《周易讲疏》及《六十四卦》、二《系》、《文言》、《序卦》等义，《毛诗答问》、《春秋答问》、《尚书大义》、《中庸讲疏》、《孔子正言》、《老子讲疏》凡二百余卷。王侯朝臣皆奉表质疑，梁主皆为解释。修饰国学，增广生员，立五馆，置五经博士。天监初，何佟之、贺玚、严植之、明山宾等覆述制旨，并撰吉、凶、军、宾、嘉五礼凡一千余卷，皆称制断疑焉。大同中，于台西立士林馆，领军朱异、太府卿贺琛、舍人孔子祛等递互讲述。皇太子宣城王亦于东宫宣猷堂及扬州廨开讲，于是四方郡国，趋学向风，云集于京师矣。兼笃信佛法，尤长释典，制《涅槃》、《大品》、《净名》、《三慧》诸经义记复数百卷。听览余闲，即于重云殿及同泰寺

_____

① 《梁书》、《南史》"甲辰"作"丙辰"。

讲说。名僧硕学，四部听众，常万余人。又天情睿敏，下笔成章，千赋百诗，直疏便就。皆文质彬彬，超迈今古。诏、铭、赞、诔、箴、颂、笺、奏，爰初在田洎登宝位，凡诸文集又百二十卷。六艺备闲，棋登逸品，阴阳纬候，卜筮占决，并悉称善。又撰《金策》三十卷，草隶尺牍，骑射弓马，莫不奇妙。勤于政务，孜孜无怠。每至冬月，四更既竟，即敕把烛看事，执笔触寒，手为皴裂。纠奸摘伏，洞尽物情。然仁爱不断，亲亲及所爱，愆犯多有纵舍。故政刑弛紊。每决死罪，常有哀矜涕泣，然后可奏。日止一食，膳无鲜腴，惟豆羹粝食而已。庶事繁拥，日偎移中，便嗽口以过。身衣布衣，木绵皂帐，一冠三载，一被二年。自五十外，便断房室，后宫职司贵妃以下，六宫袆褕三翟之外，皆衣不曳地，旁无锦绮。不饮酒，不听音声，非宗庙祭祀、大会飨宴及诸法事，未尝作乐。性方正，虽居小殿暗室，恒理衣冠，小坐押褥，盛夏暑月，未尝褰袒。不正容止，不与人相见，虽亲内竖小臣，亦如遇大宾也。

　　［出处］《梁书·武帝纪》《南史·梁武帝纪》

　　［附录］　梁武帝著述表

《周易大义》二十一卷

《周易讲疏》三十五卷

《周易系辞义疏》一卷

《尚书大义》二十卷

《毛诗大义》十一卷

《礼记大义》十卷

《中庸讲疏》一卷

《乐社大义》十卷

《乐论》三卷

《乐义》十一卷梁主集朝臣撰。

《钟律纬》六卷

《春秋答问》

《孝经义疏》十八卷

《孔子正言》二十卷

《孝子传》三十卷《唐志》

《杂孝子传》二卷《唐志》

《老子讲疏》六卷

《兵书钞》一卷

《兵书要钞》一卷

《棋法》一卷

《金策》三十卷《梁书》本纪。《南史》作《金海》。

《坐右方》十卷《唐志》

集三十二卷

诗赋三十卷①

杂文集九卷

别集目录二卷

《净业赋》三卷

《历代赋》十卷

《围棋赋》一卷

《制旨连珠》

梁萧诏撰《太清纪》　萧诏以太清初为舍人，台城既陷，乃奉诏西奔。及至江陵，人士多至往寻觅，令诏说城内事。诏不能人人为说，乃疏一卷。客问者，便示之。湘东王闻而取看，谓曰："昔王韶之为《隆安纪》十卷，记晋末之乱离。今之萧诏，亦可为《太清纪》十卷矣。"乃更为《太清纪》，其诸议论，多谢吴为之。诏既承旨撰著，多非实录。

---

① 《隋志》作"二十卷"。

［出处］《册府元龟》卷五六二

	北齐
简文帝	文宣帝
大宝元年　庚午(550) 十六年	天保元年

北齐造《天保历》　齐主既即位，命散骑侍郎宋景业广宗人。造《天保历》。景业奏依《握诚图》及《元命包》，言齐受录之期，当魏终之纪，得乘三十五以为蔀，应六百七十六以为章。齐主大悦，乃施用之。期历统曰，上元甲子至天保元年庚午，积十一万五百六，算外。章岁六百七十六，度法二万三千六百六十，斗分五千七百八十七，历余十六万二千二百六十一。

［出处］《隋书·律历中》

北齐置昭玄上统　昭玄一曹，纯掌僧录。以沙门法上为大统。令史员置五十余人，所部僧尼二百余万，四万余寺，咸禀风教。齐主筑坛具礼，尊为国师。布发于地，令上统践之升坐，后妃重臣皆受菩提戒。

［出处］《续高僧传》卷第八《释法上传》《佛祖统纪》卷第三十八

北齐修立黉序　八月，齐主诏：“郡国修立黉序，广延髦俊，敦述儒风。其国子学生亦仰依旧诠补，服膺师说，研习《礼经》。往者，文襄皇帝所建蔡邕石经五十二枚，即宜移置学馆，依次修立。”

［出处］《北齐书·文宣帝纪》

北齐杜弼、邢邵论名理　弼以预定策之功，迁骠骑将军卫尉卿，别封长安县伯。尝与邢邵字子才，河间鄚人。�从东山共论名理。邢以“人死还生，恐为蛇画足”。弼答曰：“盖谓人死归无，非有能生之力。然物之未生，本亦无也。无而能有，不以为疑。因前生后，复何独致怪？”邢云：“圣人设教，本由劝奖，故惧以将来，理望各遂其性。"弼曰:"圣人合德天地,齐信四时,言则为经,行则为法。而云以虚示物,以诡劝民,将同鱼腹之书,有异凿楹之诰。安能使北辰降光,谓龙宫韫椟? 就如所论,福果可以铄铸性灵,弘奖风教,为益之大,莫极于斯。此即真教,何谓非实?"邢云:"死之言澌,精神尽也。"弼曰:"此所言澌,如射箭尽,手中尽也。《小雅》曰:'无草不死。'《月令》又云:'靡草死。'动植虽殊,亦此之类。无情之草,尚得还生;含灵之物,何妨再造? 若云草死犹有种在,则复人死亦有识。识种不见谓以为无者,神之在形,亦非自瞩,离朱之明不能睹。虽孟轲观眸,贤愚可察;钟生听曲,山川呈状;乃神之功,岂神之质? 犹玉帛之非礼,钟鼓之非乐。以此而推,义斯见矣。"邢曰:"季札言无不之,亦言散尽,若复聚而为物,不得言无不之也。"弼曰:"骨肉下归于土,魂气则无不之。此乃形坠魂游,往而非尽。如鸟出巢,如蛇出穴。由其尚有,故无所不之。若今无也,之将焉适? 延陵有察微之识,知其不随于形;仲尼发习礼之叹,美其斯与形别。若许以廓然,然则人皆季子。不谓高论执此为无?"邢云:"神之在人,犹光之在烛。烛尽则光穷,人死则神灭。"弼曰:"旧学前儒,每有斯语,群疑众惑,咸由此起。盖辩之者未精,思之者不笃。窃有未见,可以核诸,烛则因质生光,质大光亦大。人则神不系于形,形小神不小。故仲尼之智必不短于长狄,孟德之雄乃远奇于崔琰。神之于形,亦由君之有国。国实君之所统,君非国之所生。不与同生,孰云俱灭?"邢云:"舍此适彼,生生恒在。周、孔自应同庄周之鼓缶,和桑扈之循歌。"弼曰:"共阴而息,尚有将别之悲;穷辙以游,亦兴中途之叹。况曰联体同气,化为异物? 称情之服,何害于圣?"邢云:"鹰化为鸠,鼠变为鴽,黄母为鳖,皆是生之类也。类化而相生,犹光出此烛,复然彼烛。"弼曰:"鹰未化为鸠,鸠则非有。鼠既二有,_{疑句有误}何可两立? 光去此烛,得燃彼烛;神去此形,亦托彼形,又何惑哉?"邢云:"欲使土化为人,木生眼鼻,造化神明,不应如此。"弼曰:"腐草为萤,老木为蝎,造化不能,谁其然也?"其后别与邢书云:"夫建言明理,宜出典证,而违孔背释,独为君子。若不师圣,物各有心,马首欲东,谁其能御? 奚取于适衷? 何贵于得一? 逸韵虽高,管见未喻。"前后往复再三,邵理屈而止。

〔出处〕《北齐书·杜弼传》

二年　辛未(551)　　十七年　　二年

梁主纲为侯景所杀　是年八月,侯景遣其卫尉彭儁、厢公王僧贵入殿废梁主,并杀皇太子大器等,矫为梁主诏,以为次当支庶,宜归正嫡,禅位于豫章王栋,使吕季略送诏令梁主写之。梁主书至"先帝念神器之重,思社稷之固,越升非次,遂主震方",呜咽不能自止,贼众皆为掩泣。乃幽梁主于永福省。栋即位,改元天正。梁主之初即位也,制年号,将曰文明,以外制强臣,取《周易》"内文明而外柔顺"之义。恐贼觉,乃改为大宝。虽在蒙尘,尚引诸儒论道说义,披寻坟史,未尝暂释。及见南康王会理诛,知不久,指所居殿谓舍人殷不害曰:"庞涓死此下。"又曰:"吾昨梦吞土,试思之。"不害曰:"昔重耳馈块,卒反晋国。陛下所梦,将符是乎?"梁主曰:"傥幽冥有征,冀斯言不妄。"初,景纳梁主女溧阳公主,公主有美色。景惑之,妨于政事。王伟每以为言,景以告主,主出恶言。伟知之,惧见谮,乃谋废梁主而后间主,苦劝行杀以绝众心。十月壬寅,王伟乃与彭儁、王修纂进觞于梁主曰:"丞相以陛下幽忧既久,使臣上寿。"梁主笑曰:"已禅帝位,何得言陛下? 此寿酒将不尽此乎?"于是儁等并赍酒肴、曲项琵琶与梁主极饮,梁主知将见杀,乃尽酣,谓曰:"不图为乐一至于斯!"既醉而寝,伟乃出。儁进土囊,王修纂坐上,乃崩。伟撤户扉为棺,迁殡于城北酒库中。梁主自幽絷之后,贼乃撤内外侍卫,使突骑围守墙垣,悉有枳棘,无复纸,乃书壁及板鄣为文。自序云:"有梁正士兰陵萧世缵,立身行道,终始若一,风雨如晦,鸡鸣不已。弗欺暗室,岂况三光? 数至于此,命也如何!"
又为文数百篇。崩后,王伟见之,恶其辞切,即使刮去。有随伟入
者,诵其《连珠》三首,诗四篇,其一曰:"恍忽烟霞散,飂飚松柏阴。幽山白杨
古,野路黄尘深。终无千月命,安用九丹金? 阙里长芜没,苍天空照心。"绝句五篇,
文并凄怆。梁主幼而敏睿,识悟过人,六岁便属文。武帝惊其早
就,弗之信也。乃于御前面试,辞采甚美。武帝叹曰:"尝以东阿为
虚,今则信矣。"及长,器宇宽弘,未尝见喜愠色。尊严若神,方颐丰
下。须鬓如画,直发委地,双眉翠色,项毛左旋,连钱入背。手执玉
如意,不相分辨。昒睐则目光烛人,读书十行俱下。九流百氏,经
目必记;篇章辞赋,操笔立成。博综儒书,善言玄理。自年十一,便
能亲庶务,历试藩政,所在有称。及居监抚,多所弘宥,文案簿领,
纤毫必察。引纳文学之士,赏接无倦。恒讨论篇籍,继以文章。尝
于玄圃述武帝所制《五经》讲疏,听者倾朝野。雅好赋诗,其自序
云:"余七岁有诗癖,长而不倦。"然文伤于轻艳,当时号曰宫体。

[出处]《梁书·简文帝纪》《南史·简文帝纪》《广弘明
集》卷第四十①

[附录] 梁简文帝著述表

《毛诗国风义》二十卷

《礼大义》二十卷

《左氏传例苑》十八卷《唐志》

《春秋发题》一卷

《孝经义疏》五卷

《长春义记》一百卷

《昭明太子传》五卷

《诸王传》三十卷

---

① 《大正藏》本见于《广弘明集》卷第三十。

《老子义》二十卷《梁书》本纪。又《隋志》引《七录》有《老子私记》十卷，未知是否此书。

《庄子义》二十卷《梁书》本纪。《隋志》①有《庄子内篇讲疏》八卷，未知是否此书。

《简文谈疏》六卷

《法宝连璧》三百卷

《谢客文泾渭》三卷

《玉简》五十卷

《光明符》十二卷

《易林》十七卷

《灶经》二卷《南史》本纪。《隋志》作十四卷。

《沐浴经》三卷

《马槊谱》一卷

《棋品》五卷

《弹棋谱》一卷

《新增白泽图》五卷

《如意方》十卷

文集一百卷《南史》本纪。《隋志》作八十五卷。

齐诏魏收撰《魏史》　初，齐主令群臣各言志，收曰："臣愿得直笔东观，早成《魏书》。"故除中书令，兼著作郎，使专撰《魏史》之任。又诏平原王高隆之总监之，署名而已。齐主敕收曰："好直笔，我终不作魏太武诛史官。"始魏初邓渊撰《代记》十余卷。其后崔浩典史，游、允、程骏、李彪、崔光、李琰之徒，世修其业。浩为编年体，彪始分作纪、表、志、传，书犹未出。宣武时，命邢峦追撰《孝文起居

_____

① 《隋志》载："《庄子内篇讲疏》八卷，周弘正撰。"又载："《庄子讲疏》十卷，梁简文帝撰。本二十卷，今阙。"

注》，书至太和十四年，又命崔鸿、王遵业补续焉。下讫孝明，事甚委悉，济阴王晖业撰《辨宗室录》三十卷。收于是与通直常侍房延祐、司空司马辛元植、国子博士刁柔、裴昂之、尚书郎高孝干专总斟酌，以成《魏书》。辨定名称，随条甄举，又搜采亡遗，缀续后事，备一代史籍，表而上闻之。勒成一代大典，凡十二纪，九十二列传，合一百一十卷。

[出处]《北齐书·魏收传》

齐人刻石经于太原风洞　风洞在太原西三里风峪口，洞方五丈。齐人建石佛于内，环列所刻《华严经》，凡石柱一百二十六。而积岁既久，虺蝎居之，虽好游者，勿敢入焉。

[考证]　按顾亭林《金石文字记》谓此经刻于天保二年，当别有据，故从之而志于此。今碑文漫涣，刻经题名可知者仅许智通妻宋十娘、许五娘女许三娘而已。然此处工程甚巨，绝非个人之力所能负担，疑别有要人假政府之力以为首倡，今不可考矣。

[附录一]　《太原县志》："风洞在县西三里风峪口，洞方五丈。有司以三月祭。旧有风神亭，噶中丞后建亭屋数间。洞中石柱一百二十有六。四面皆刻佛经，朱彝尊有记。"

[附录二]　《山西通志》："风洞在太原县西三里风峪口，砖甃洞一穴，方五丈，有司以三月祀，否则多风。穴中三柱，四壁镌《华严经》。"

世祖孝元皇帝　　　　　　废帝
承圣元年　壬申(552)　　　元年　　三年

梁命周弘正等校秘书　侯景既平，司徒王僧辩表送建康秘阁旧事八万卷于江陵。乃诏比校部分为正御、副御、重杂三本。左民尚书周弘正、黄门郎彭僧朗、直省学士王珪、戴陵校经部。左仆射王褒、字子渊，琅邪临沂人。吏部尚书宗怀正、员外郎颜之推、字介，琅邪临沂人。父勰,湘东王镇西府谘议参军。世善《周官》、《左氏》学。之推早传家业,年十二,值梁主绎自讲庄老,便预门徒,虚谈非其所好,还习《礼》、《传》,博览群书,无不该洽,词情典丽,甚为西府所称。世子方诸出镇郢州,以之推掌管记,值侯景陷郢州,频欲杀之,赖其行台郎中王则以获免,被囚送建康。侯景平,还江陵,绎已即位,以之推为散骑侍郎,奏舍人事。**直学士刘仁英校史部。廷尉卿殷不害、御史中丞王孝纯、中书郎邓茷、金部郎中徐报校子部。右卫将军庾信、**字子山,庾肩吾之子。肩吾为梁太子中庶子,掌管记。东海徐摛为左卫率,摛子陵及信并为抄撰学士。父子在东宫,出入禁闼,恩礼莫与比隆。既有盛才,文并绮艳,故世号为徐庾体焉。当时后进,竞相模范,每有一文,京都莫不传诵。**中书郎王固、晋安王文学宗菩业、直省学士周确校集部。**

[出处] 《北齐书·文苑·颜之推传》注 《陈书·周弘正传》《北周书·庾信传》、《王褒传》

西魏命薛寘修国史 寘,河东汾阴人,领著作佐郎,修国史。寻拜中书侍郎,修《起居注》。迁中书令。

[出处] 《周书·薛寘传》

二年 癸酉(553) 二年 四年

梁主撰《金楼子》 梁主喜撰述,以是年成《金楼子》十卷。又喜搜集坟籍,四十年中,凡得八万卷。其《聚书篇》曰:"初出阁,在西省,蒙敕旨赉《五经》正副本。为琅琊郡时,蒙敕给书,并私有缮写。为东州时,写得《史》、《汉》、《三国志》、《晋书》,又写刘选部孺家谢通直彦远家书,又遣人至吴兴郡就夏侯亶写得书,又写得虞太中阐家书。为丹阳时,启请先宫书,又就新渝上黄新吴写格五戏得少许。为扬州时,就吴中诸士大夫写得《起居注》,又得徐简肃勉《起居注》。前在荆州时,晋安王子时镇雍州,启请书写。比应入蜀,又写得书。又遣州民宗孟坚下都市得书,又得鲍中记泉上书。安成炀王于湘州薨,又遣人就写得书。刘大南郡之遴、小南郡之亨、江夏乐法才、别驾庾乔宗仲回、主簿庾格、僧正法持缱经书，是其家者皆写得。又得招提琰法师众义疏及众经序，又得头陀寺昙智法师阴阳、卜祝、冢宅等书，又得州民朱澹远送异书，又于长沙寺经藏就京公写得四部，又于江州江革家得元嘉前后书五帙，又就姚凯书得三帙，又就江录处得四帙，足为一部，合二十部，一百一十五卷，并是元嘉书纸，墨极精奇。又聚得元嘉《后汉》并《史记》、《续汉》、《春秋》、《周官》、《尚书》及诸子集等可一千余卷，又聚得细书《周易》、《尚书》、《周官》、《仪礼》、《礼记》、《毛诗》、《春秋》各一部。又使孔昂写得《前汉》、《后汉》、《史记》、《三国志》、《晋阳秋》、《庄子》、《老子》、《肘后方》、《离骚》等合六百三十四卷，悉在一巾箱中，书极精细。还石城为戍军时，写得元儒众家义疏。为江州时，又写萧谘议贲、刘中纪缓、周录事宏直等书。时罗乡侯萧说于安成失守，又遣王谘议僧辩取得说书。又值吴平光侯广州下遣何集曹沔写得书，又值衡山侯雍州下又写得书，又兰左卫钦从南郑还，又写兰书，往往未渡江时书，或是此间制作，甚新奇，张湘州缵经饷书，如樊光注《尔雅》之例是也。张豫章绾经饷书，如《高僧传》之例是也。范鄱阳胥经饷书，如高诱注《战国策》之例是也。隐士王缜之经饷书，如《童子传》之例是也。又就东林寺智表法师写得书法书。初得韦护军叡饷数卷，次又殷贞子钧饷，尔后又遣范普市得法书，又使潘菩提市得法书，并是二王书也。郡五官虞曝大有古迹，可五百许卷，并留之。伏事客房篆又有三百许卷，并留之。因尔遂蓄诸迹。又就会稽宏普惠皎道人搜聚之，及临汝灵侯益州还，遂有所办。后又有乐彦春、刘之遴等书将五千卷，又得南平嗣王书，又得张雍州书，又得桂阳藩王书，又得留之远书。吾今年四十六岁，自聚书来四十年，得书八万卷，河间之侔汉室，颇谓过之矣。"

　　［出处］《金楼子·聚书篇》

恭帝

三年　甲戌(554)　　元年　　五年

西魏伐梁，陷江陵，执梁主杀之　西魏大发兵伐梁，时梁主方于龙光殿述《老子义》。武宁太守宗均告魏兵且至，领军胡僧祐、黄罗汉曰："两国无隙，必应不尔。"乃遣侍中王琛使魏。魏师至樊邓，梁王詧帅众会之。初，梁主伐岳阳王詧，詧降魏，魏以为梁王。梁主乃停讲戒严。琛至石梵，驰报黄罗汉曰："境上帖然，前言皆儿戏耳。"梁主乃复讲，百官戎服以听。及魏师济汉，梁主始出城行栅，插木为之，周六十里。魏军至栅下，筑长围。梁主巡城，犹口占为诗，群臣亦有和者。及军败，反者开西门纳魏师，梁主退保金城，知事不济，入东阁行殿，命舍人高善宝焚古今图书十四万卷，欲自投火，与之俱灭。宫人引衣，遂及火灭尽。并以宝剑斫柱令折，叹曰："文武之道，今夜穷矣。"命御史中丞王孝祀作降文。梁主遂乘白马素衣出东门，抽剑击阖曰："萧世诚一至此乎！"詧使铁骑拥之入营，囚于乌幔之下。梁主求酒饮之，制诗四绝。其一曰："南风且绝唱，西陵最可悲，今日还蒿里，终非封禅时。"其二曰："人世逢百六，天道异贞恒，何言异蝼蚁，一旦捐鹍鹏。"其三曰："松风侵晓哀，霜氛当夜来，寂寥千载后，谁畏轩辕台。"其四曰："夜长无岁月，安知秋与春，原陵五树杏，空得动耕人。"梁王詧遣尚书傅準监行刑，梁主谓之曰："卿幸为我宣行。"準捧诗，流泪不能禁。詧使以布帊缠尸，敛以蒲席，束以白茅，以车一乘，葬于津阳门外。太子元良及始安王方略等皆见害。魏遂收府库珍宝及宋浑天仪、梁铜晷表，及诸法物。尽俘王公以下，及选百姓男女数万口为奴婢，分赏三军，小弱者皆杀之。梁主聪悟俊朗，天才英发，出言为论，音响若钟。年五六岁，武帝尝问所读书，对曰："能诵《曲礼》。"武帝使诵之，即诵上篇，左右莫不惊叹。初生患眼，医疗必增。武帝自下意疗之，遂盲一目。及长好学，博极群书。武帝尝问曰："孙策在江东，于时年几？"答曰：

"十七。"曰："正是汝年。"梁主性不好声色，颇慕高名，为荆州刺史，起州学宣尼庙。尝置儒林参军一人，劝学从事二人，生三十人，加禀饩。又工书善画，自图宣尼像，为之赞而书之，时人谓之三绝。与裴子野、刘显、萧子云、张缵及当时才秀为布衣交，常自比诸葛亮、桓温，惟缵许焉。性好矫饰，多猜忌，于名无所假，人微有胜己者，必加毁害。其姑义兴昭长公主子王铨兄弟八九人，有盛名，梁主妒害其美，遂改宠姬王氏兄王珩名琳以同其父名。忌刘之遴学，使人鸩之。如此者甚众，虽骨肉亦遍被其祸。始居文宣太后忧，依丁兰作木母。及武帝崩，秘丧逾年，乃发凶问，方刻檀为像，置于百福殿内，事事甚谨。朝夕进蔬食，动静必启闻，迹其虚矫如此。性爱书籍，既患目，多不自执卷。置读书左右，番次上直，昼夜为常，略无休已。虽睡，卷犹不释，五人各伺一更，恒致达晓。常眠熟大鼾，左右有睡，读失次第，或偷卷度纸，梁主必惊觉，更令追读，加以榎楚。虽戎略殷凑，机务繁多，军书羽檄，文章诏诰，点毫便就，殆不游手。常曰："我韬于文士，愧于武夫。"论者以为得言。及城陷，焚书，或问何意，梁主曰："读书万卷，犹有今日，故焚之。"自此江南典籍遗阙者众矣。

[出处]《梁书·元帝纪》《南史·梁元帝纪》《御览》六百十九引《三国典略》

[附录]　梁元帝著述表

《连山》三帙三十卷梁主年在弱冠著此书，至于立年，其功始就，躬亲笔削，极有其劳。

《金楼秘诀》一帙二十二卷梁主撰，即连杂事无奇也。

《周易义疏》三帙三十卷梁主奉述制义，私小小措意也。《梁书》本纪作《讲疏》三十卷①。

---

① 《梁书》作"十卷"。

《礼杂私记》五帙五十卷十七卷未成。

《注前汉书》十二帙一百十五卷

《补阙子》十卷《隋志》

《湘东鸿烈》十卷《隋志》

《孝德传》三帙三十卷梁主合众家《孝子传》成此。《隋志》卷同。

《忠臣传》三帙三十卷梁主自为序。

《显忠录》二十卷《金楼子》不载,见《隋志》。

《丹阳尹传》一帙十卷梁主为尹京时自撰,《隋志》卷同。

《仙异传》一帙三卷梁主年小时自撰,其书多不经。

《黄妳自序》一帙三卷梁主小时自撰,此书不经。

《全德志》一帙一卷《梁书》本纪,《隋志》同。

《怀旧志》一帙一卷《梁书》本纪同,《南史》本纪作《怀旧传》二卷。《隋志》作九卷。

《研神记》一帙一卷梁主自为序,付刘毅纂次。《隋志》十卷。

《孝子义疏》一帙十卷奉述制旨,并自小小措意。案《梁书》武帝、元帝各有《老子讲疏》四卷,未知是此书之讹否。

《玉韬》一帙十卷梁主出牧渚宫时撰。

《贡职图》一帙一卷

《语对》三帙三十卷

《同姓同名录》一帙一卷

《式苑》一帙三卷《梁书》本纪有《式赞》三卷,苑字疑讹。

《荆南志》一帙二卷《梁书》本纪一卷,《隋志》二卷。

《江州记》一帙三卷

《长州苑记》一帙三卷梁主与刘之亨等撰。

《宝帐仙方》一帙三卷

《药方》一帙十卷

集三帙三十卷

《碑集》十帙百卷

《内典博要》三帙三十卷

北齐樊逊请沙汰释道　樊逊字士谦①,河东北猗氏人。梁州
表举逊为秀才,是年正月制诏问曰:"朕闻专精九液,鹤辣玄州之
境;苦心六岁,释担烦恼之津。或注神鬼之术,明尸解之方;或说
因缘之要,见泥洹之道。是以太一阐法,竟于轻举;如来证理,环
于寂灭。自祖龙寝迹,刘庄感梦,从此以后,纷然遂广。至有委亲
遗累,弃国忘家,馆舍盈于山薮,伽蓝遍于州郡。若黄金可化,淮
南不应就戮。神威自在,央掘岂得为鲸? 若以御龙非实,荆山有
攀髯之恋。控象为虚,瀍洛瘤夜光之诡。是非之契,朕实惑焉。
乃有缁衣之众,参半于平俗;黄服之徒,数过于正户。所以国给为
此不充,王用因兹取乏。欲择其正道,蠲其左术,一则有润邦家,
二则无惑群品。且积竞繇来,行之已久,顿于中路,沙汰实难。至
如两家升降,二途修短,可指言优劣,无首鼠其辞。"逊对曰:"臣闻
天道性命,圣人所不言。盖以理绝涉求,难为称谓。伯阳《道德》
之论,庄周《逍遥》之旨,遗言取意,犹有可寻。至若玉简金书,神
经秘录,三尸九转之奇,绛雪玄霜之异;淮南成道,犬吠云中;王乔
得仙,剑飞天上,皆是凭虚之说,海枣之谈,求之如系风,学之如捕
影。而燕君、齐后、秦皇、汉帝,信彼方士,冀遇其真。徐福去而不
归,栾大往而无获。犹谓升霞倒影,抵掌可期;祭鬼求神,庶或不
死。江璧既返,还入骊山之墓;龙媒已至,终下茂陵之坟。方知刘
向之信洪宝,没有余责;王充之非黄帝,此为不朽。又末叶已来,
大存佛教,写经西土,画像南宫。昆池地墨,以为烧劫之灰;春秋
夜明,谓是降神之日。法王自在,变化无穷,置世界于微尘,纳须
弥于黍米。盖理本虚无,示诸方便。而妖妄之辈,苟求出家。药

---

① 《北齐书》"士谦"作"孝谦"。

王燔躯，波仑《弘明集》作仑，《北齐书》作斯。洒血，假未能然，尤当克念，《北齐书》念作命。宁有改形易貌，有异世人，恣意放情，还同俗物？龙宫余论，鹿野前言，此而得容，道风将坠。伏惟陛下受天明命，屈己济民，山鬼效灵，海神率职。湘中石燕，沐时雨而群飞；台上铜乌，僸《北齐书》僸作噁。和风而独噭。以周都洛邑，治在镐京；汉宅咸阳，魂归丰沛，汾晋之地，王迹惟始，眷言游幸，且劳经略。犹复降情文苑，斟酌百家，想执玉于瑶池，念求珠于赤水。窃以王母献环，由感舜《北齐书》作周。德；上天赐珮，实报禹功。二班勒史，两马制书，不见三世之辞，无闻一乘之旨。帝乐王礼，尚有时而沿《北齐书》沿作浴。革；左道怪民，亦何疑于沙汰？”

　　[出处]　《大正藏》第五十二卷《史传部四·广弘明集》卷第二十四　《北齐书》卷四十五《文苑·樊逊传》

　　北齐魏收上《魏书》　是年三月，魏收奏上《魏书》。秋，除梁州刺史。收以志未成，奏请终业，许之。十一月，复撰十志，《天象》四卷，《地形》三卷，《律历》二卷，《礼乐》四卷，《食货》一卷，《刑罚》一卷，《灵征》二卷，《官氏》二卷，《释老》一卷，凡二十卷。续于纪传，合一百三十卷，分为十二帙。其史三十五例，二十五序，九十四论，前后二表一启焉。所引史官，恐其凌逼，唯取学流先相依附者。房延祐、辛元植、睦仲让虽夙涉朝位，并非史才。刁柔、裴昂之以儒业见知，全不堪编缉。高孝干以左道求进。修史诸人，祖宗姻戚多被书录，饰以美言。收性颇急，不甚能平。夙有怨者，多没其善。每言：“何物小子敢共魏收作色！举之则使上天，按之当使入地。”初，收在高欢时为太常少卿，修国史，得阳休之助，因谢休之曰：“无以谢德，当为卿作佳传。”休之父固魏世为北平太守，以贪虐为中尉李平所弹获罪，载在《魏起居注》。收书云：“固为北平，甚有惠政，坐公事免官。”又云：“李平深相敬重。”尔朱荣于魏世为贼，收以高氏出自尔朱，且纳荣子金，故减其恶而增其善。论云:"若修德义之风,则韩、彭、伊、霍夫何足数!"时论既言收著史不平,齐主诏收于尚书省与诸家子孙共加论讨。前后投诉百有余人,云遗其家世职位,或云其家不见记录,或云妄有非毁,收皆随状答之。范阳卢斐父同附出族祖玄传下,顿丘李庶家传称其本是梁国家人。斐、庶讥议云:"史书不直。"收性急,不胜其愤,启诬其欲加屠害。齐主大怒,亲自诘责。斐曰:"臣父仕魏,位至仪同,功业显著,名闻天下。与收无亲,遂不立传。博陵崔绰,位止本郡功曹,更无事迹。是收外亲,乃为传首。"收曰:"绰虽无位,名义可嘉,所以合传。"齐主曰:"卿何由知其好人?"收曰:"高允曾为绰赞,称其道德。"齐主曰:"司空才士,为人作赞,正应称扬。亦如卿为人作文章,道其好者,岂能皆实?"收无以对,战栗而已。但齐主先重收才,不欲加罪。时太原王松年亦谤史,及斐、庶并获罪,各被鞭配甲坊,或因以致死。卢思道亦抵罪。然犹以群口沸腾,敕魏史且勿实行。令群官博议,听有家事者入署,不实者陈牒。于是众口喧然,号为秽史。投牒者相次,收无以抗之。时左仆射杨愔、右仆射高德正二人势倾朝野,与收皆亲,收遂为其家并作传。二人不欲言史不实,抑塞诉辞。终齐主之世,更不重论。又尚书陆操尝谓愔曰:"魏收《魏书》,可谓博物宏才,有大功于魏世。"愔谓收曰:"此谓不刊之书,传之万古。但恨论及诸家枝叶亲姻,过为繁碎,与旧史体例不同耳。"收曰:"往因中原丧乱,人士谱牒,遗逸略尽,是以具书其枝派,望公观过知仁,以免尤责。"

　　[出处]《北齐书·魏收传》

敬帝

绍泰元年　乙亥(555)　　二年　　六年

北齐罢道士　九月下诏曰:"法门不二,真宗在一,求之正路,寂泊为本。祭酒道者,世中假妄,俗人未悟,仍有祇崇。曲蘖是味,清虚焉在?胸脯斯甘,慈悲永隔。上异仁祠,下乖祭典。皆宜禁绝,不复遵事。颁敕远近,咸使知闻。其道士归伏者,并付昭玄大统上法师听度出家,不发心者,可令染剃。"

[出处]　《集古今佛道论衡》卷甲　《续高僧传》卷第二十三《释昙显传》

[考证]　按齐主于去岁问樊逊等沙汰释道之事,则已有于释道二者择善而从之意。则今岁罢道,无可致疑,惟各书所载,有令沙门与陆修静校对道术之事,考修静已卒于宋时,不得复于梁末至北朝。且其事荒诞无稽,不足置信。疑由沙门等因此诏书附会造成,今不采。

太平元年　丙子(556)　　三年　　七年

西魏置六官　初,宇文泰以汉魏官繁,思革前弊。大统中,乃命苏绰、卢辩,依《周礼》改创其事。又命薛寘共详定之。至是撰次方毕,乃行之。

[出处]　《周书·文帝纪下》、《薛寘传》

北齐诏樊逊等校定群书　北齐主诏令校定群书,供皇太子。樊逊与冀州秀才高乾和、瀛州秀才马敬德、许散愁、韩同宝、洛州秀才傅怀德、怀州秀才古道子、广平郡孝廉李汉子、渤海郡孝廉鲍长暄、阳平郡孝廉景孙、前梁州府主簿王九元、前开府水曹参军周子深等十一人同被尚书召,共刊定。时秘府书籍,纰缪者多。逊乃议曰:"按汉中垒校尉刘向受诏校书,每一书竟,表上辄言:臣向书,长水校尉臣参书,大夫公、太常博士书,中外书,合若干卷。以相比校,然后杀青。今所雠校,供拟极重,出自兰台,御诸甲馆。向之故事,见存府阁,即欲刊定,必籍众本。太常卿邢子才、太子少傅魏收、吏部尚书辛术、司农少卿穆子容、前黄门郎司马子瑞、故国子祭酒李业兴,并是多书之家。请牒借本,参校得失。"秘书监尉瑾移尚书都坐,凡得别本三千余卷。《五经》诸史,殆无遗阙。

[出处]　《北齐书·文苑·樊逊传》

北天竺沙门那连提黎耶舍译经于北齐邺京　那连提黎耶舍,此言尊称,北天竺乌场国人。正音应云邬荼,其王与佛同氏,亦姓释迦,刹帝利种,此云土田主也。舍年十七,发意出家,寻值名师,备闻正教。二十有一,得受具篇。闻诸宿老叹佛景迹,或云某国有钵,某国有衣,顶骨牙齿,神变非一。遂即起心,愿得瞻奉。以戒初受,须知律相,既满五夏,发足游方。所以天梯石台之迹,龙庙宝塔之方,广周诸国,并亲顶礼,仅无遗逸。复北背雪山,南穷师子。历览圣迹,仍旋旧壤。至是游方东土,届于京邺。齐王礼遇隆重,安置天平寺中,请为翻经。三藏殿内,梵本千有余夹,敕送于寺。处以上房,为建道场,供穷珍妙,别立厨库,以表尊崇。又敕昭玄大统沙门法上等二十余人,监掌翻译。昭玄沙门都瞿昙般若流支长子达摩阇那(齐言法智)、居士万天懿传语。懿元鲜卑,姓万俟氏,少出家师婆罗门,而聪慧有志力,善梵书语,攻咒符术,由是故名,预参传焉。初翻众经五十余卷,《大世论三十论》一卷、《菩萨见实三昧经》十四卷、《月藏经》一十二卷、《月灯三昧经》十一卷、《大悲经》五卷、《须弥藏经》二卷、《然灯经》一卷、《法胜阿毗昙论》七卷。大兴正法,弘畅众心。齐主重法殊异,躬礼梵本,顾谓群臣曰:"此乃三宝洪基,故宜偏敬。"其奉信推诚,为如此也。耶舍每于宣译之暇,时陈神咒,冥求显助,立功多矣。未几授昭玄都,俄转为统。所获供禄,不专自资,好起慈惠,乐兴福业,设供饭僧,施诸贫乏。狱囚系畜,咸将济之。市廛闹所,多造义井,亲自漉水,津给众生。又于汲郡西山建立三寺,依泉旁谷,制极山美。又收养疾病,男女别坊,四事供承,务令周给。又往突厥客馆,劝持六斋,羊料放行,受行素食。又曾遇病,百日不起。齐主及后,躬问起居,耶舍叹曰:"我本外客,德行未隆,乘舆今降,重法故尔。内抚其心,惭惧交集。"

[出处]　《续高僧传》卷第二《译经篇二·那连提黎耶舍传》
《历代三宝纪》卷第九

卷之六

陈　　　　　　　　　　　北周

高祖武皇帝　　　　　　　孝闵帝

永定元年　丁丑(557)　元年_{九月以后为明帝元年}　八年

陈系梁国子博士沈文阿，既而赦之　文阿以梁绍泰元年为国
子博士，寻领步兵校尉，兼掌仪礼。自太清之乱，台阁故事无有在
者。文阿父峻，梁武时尝掌朝仪，颇有遗藁。于是斟酌裁撰，礼度
皆自之出。至是，陈主即位，文阿辄弃官还武康。陈主大怒，发使
往诛之。时文阿宗人沈恪为郡，请使者宽其死。即面缚颈，致于陈
主前。陈主视而笑曰："腐儒复何为者?"遂赦之。

　　［出处］《陈书·儒林·沈文阿传》

二年　戊寅(558)　　明帝二年　　九年

陈杜之伟等撰梁史　初，梁武帝时，沈约与给事中周兴嗣、步
兵校尉鲍行卿、秘书监谢昊相承撰录梁史，已有百篇。值承圣沦

没,并从焚荡。陈主为丞相,素闻杜之伟名,之伟字子大,吴郡钱唐人。召补记室参军,迁中书侍郎,领大著作,撰梁史。陈主即位,之伟除鸿胪卿,余并如故。之伟启求解著作曰:"臣以绍泰元年忝中书侍郎,掌国史,于今四载。臣本庸贱,谬蒙眄识,思报恩奖,不敢废官。皇历惟新,驱驭轩昊,记言记事,未易其人,著作之材,更宜选众。御史中丞沈炯、尚书左丞徐陵、梁前兼大著作虞荔、梁前黄门侍郎孔奂,或清文赡笔,或强识稽古,迁、董之任,允属群才。臣无容遽变市朝,再妨贤路。尧朝皆让,诚不可追。陈力就列,庶几知免。"优敕不许。寻转大匠卿,迁太中大夫,仍敕撰梁史。徐陵字孝穆,徐摛之子。孔奂字休文,会稽山阴人。

[出处] 《陈书·文学·杜之伟传》《史通·正史》

明帝

三年　己卯(559)　　武成元年　　十年

陈置西省学士　闰四月甲午,诏依前代置西省学士,兼以伎术者预焉。

[出处] 《陈书·高祖纪下》

周刊校经史　周主幼而好学,博览群书,善属文,词彩温丽。至是,集公卿以下有文学者王褒、江陵陷时,褒没于周。宗懔字元懔,南阳涅阳人。为梁元帝吏部尚书,江陵陷,与王褒俱入关。等八十余人于麟趾殿刊校经史。又捃采众书,自羲农已来,讫于魏末,叙为《世谱》,凡五百卷。萧捴字智遐,梁安成王秀之子。亦预焉。

[出处] 《周书·明帝纪》、《萧捴传》、《宗懔传》

废帝

世祖文皇帝　　　　　　　　**孝昭皇帝**

天嘉元年　庚辰(560)　二年　皇建元年八月以前为废帝
乾明元年

犍陀啰国沙门阇那崛多至周长安　阇那崛多,此云德志,北贤豆犍陀啰国人也，此云香行国焉。居富留沙富逻城，此云丈夫宫也。刹帝利种，姓金步，此云项也，谓如孔雀之项，彼国以为贵姓。父名跋阇逻婆啰，此云金刚坚也。少怀远量，长垂清范，位居宰辅，燮理国政。崛多昆季五人，身居最小，宿植德本，早发道心，适在髫龀，便愿出家。二亲深识其度，不违其请。本国有寺，名曰大林，遂往归投，因蒙度脱。其郁波第耶（此云常近受持者，今所谓和尚，此乃于阗之讹略也。）名曰嗜那耶舍，此云胜名，专修宴坐，妙穷定业。其阿遮利耶（此云传授，或云正行，即所谓阿阇梨也，亦近国之讹略耳。）名曰阇若那跋达啰，此云智贤，遍通三学，偏明律藏。崛多自出家后，孝敬专诚，教诲积年，指归通观。然以贤豆圣境，灵迹尚存，便随本师，具得瞻奉。时年二十有七，受戒三夏，师徒结志，游方弘法。初有十人，同契出境，路由迦臂施国，淹留岁序。国王敦请其师，奉为法主，益利颇周。将事巡历，便逾大雪山西足，固是天险之峻极也，至厌怛国。既初至止，野旷民希，所须食饮，无人营造。崛多遂舍具戒，竭力供侍，数经时艰，冥灵所祐，幸免灾横。又经渴罗槃陀及于阗等国，属遭夏雨寒雪，暂时停住。既无弘演，栖寓非久，又达吐谷浑国，便至鄯州，于时即西魏后元年也。虽历艰危，心逾猛厉，发踪跋涉，三载于兹，十人之中，过半亡没，所余四人，仅存至此。以是年届长安，止草堂寺。师徒游化，已果来心；更登净坛，再受具足。精诚从道，尤甚由来。稍参京辇，渐通华语。寻从本师胜名，被周主诏延入后园，共论佛法。殊礼别供，充诸禁中。思欲通法，无由自展。具情上启，即蒙别敕，为造四天王寺，听在居住。自兹已后，乃翻新经。既非弘泰，羁縻而已，所以接先阙本，传度梵文，即《十一面观音》、《金仙问经》等是也。会谯王宇文俭镇蜀，复请同行，于彼三年，恒任益州僧主，住龙渊寺。又翻观音偈、《佛语经》。建德隳运，像教不弘，五众一期同斯俗服。武帝下敕追入京辇，重加爵禄，逼从仪礼。秉操铿然，守死无惧。帝愍其贞亮，哀而放归。路出甘州，北由突厥，阇黎智贤还西灭度，崛多及以和尚乃为突厥所留。未久之间,和尚迁化,只影孤寄,莫知所安,赖以北狄君民,颇弘福利,因斯飘寓,随方利物。

[出处] 《续高僧传》卷第二《译经篇二·阇那崛多传》

北齐诏国子寺置生员　八月甲午北齐下诏曰:"国子寺可备立官属,依旧置生员,讲习经典,岁时考试。其文襄帝所运石经,宜即施列于学馆。外州大学,亦仰典司勤加督课。"

[出处] 《北齐书·孝昭帝纪》

北齐建天龙寺于太原方山　方山在太原西南三十里,齐人于其麓建天龙寺,开石室数龛,迄于唐代,陆续开至二十余龛。刻石备于其内,后人遂呼方山为天龙山焉。

[出处] 《太原县志》

[附录一] 《太原县志》别条:"方山在县西南三十里,今呼为天龙山,盖因北齐所建天龙寺而因以名之也。山上有石佛阁,曰漫山阁。其佛就山石为之,高数丈,覆以飞阁。左为白龙洞,洞内一泉,为祷雨之所。其上有北齐神武避暑遗址。王廷筠诗云:'挂镜台西挂玉龙,半山飞雪舞天风,寒云直上三千尺,人道高欢避暑宫。'是也。又有上洞下洞,石佛无数。"

[附录二] 天龙山佛洞表

地点	洞	开凿时代
	第一洞	北齐
	第二洞	北齐
	第三洞	北齐
	第四洞	北齐
东　峰	第五洞	唐初
	第六洞	唐初
	第七洞	唐初
	第八洞	隋开皇四年

（续表）

地点	洞	开凿时代
西　峰	第九洞	唐初
	第十洞	隋
	第十一洞	唐初
	第十二洞	唐初
	第十三洞	唐初
	第十四洞	唐初
	第十五洞	唐初
	第十六洞	隋
	第十七洞	唐初
	第十八洞	唐初
	第十九洞	唐初
	第二十洞	唐初
	第二十一洞	唐初

武帝　　　　武成帝

二年　辛巳(561)　保定元年　大宁元年十一月以前为皇
建二年

三年　壬午(562)　二年　　河清元年四月以前为大宁
二年

陈沈不害上书请立国学　自梁季丧乱至是，国学未立，嘉德殿
学士沈不害字孝和，吴兴武康人。上书曰："臣闻立人建国，莫尚于尊
儒；成俗化民，必崇于教学。故东胶西序，事隆乎三代；环林璧水，
业盛于两京。自淳源既远，浇波已扇，物之感人无穷，人之逐欲无
节。是以设训垂范，启导心灵，譬彼染蓝，类诸琢玉。然后人伦以
睦，卑高有序，忠孝之理既明，君臣之道攸固。执礼自基，鲁公所以

难侮；歌乐已细，郑伯于是前亡。干戚舞而有苗至，泮宫成而淮夷服。长想洙泗之风，载怀淹稷之盛。有国有家，莫不尚已。梁太清季年，数钟否剥，戎狄外侵，奸回内衅，朝闻鼓鼙，夕炤烽火。洪儒硕学，解散甚于坑夷；《五典》、《九丘》，湮灭逾乎帷盖。成均自斯坠业，瞽宗于是不修。哀成之祠，弗陈祼享；释菜之礼，无称俎豆。颂声寂寞，遂逾一纪。后生敦悦，不见函丈之仪；晚学钻仰，徒深倚席之叹。陛下继历升统，握镜临宇。道洽寰中，威加无外，浊流已清，重氛载廓，含生熙阜，品庶咸亨。宜其弘振礼乐，建立庠序，式稽古典，纡迹儒宫。选公卿门子，皆入于学。助教博士，朝夕讲肄。使担簦负笈，锵锵接衽，方领矩步，济济成林。如切如磋，闻《诗》闻《礼》，一年可以功倍，三冬于是足用。故能擢秀雄州，扬庭观国。入仕登朝，资优学以自辅；莅官从政，有经业以治身。辖驾列庭，青紫拾地。古者王世子之贵，犹与国子齿。坠及汉储，兹礼不坠；暨乎两晋，斯事弥隆，所以见师严而道尊者也。皇太子天纵圣知，无待审喻，犹宜晦迹俯同，专经请业，奠爵前师，肃若旧典。昔阙里之堂，草莱自辟，旧宅之内，丝竹流音。前圣遗烈，深以炯戒。况复江表无虞，海外有截，岂得不开阐大猷，恢弘至道？宁可使玄教儒风，弗兴圣世；盛德大业，遂蕴尧年？臣末学小生，词无足算。轻献瞽言，伏增悚惕。"诏答曰："省表闻之。自旧章弛废，微言将绝，朕嗣膺宝业，念在缉熙。而兵革未息，军国草创，常恐前朝令典，一朝泯灭。卿才思优洽，文理可求，弘惜大体，殷勤名教。付外详议，依事施行。"

　　［出处］《陈书·沈不害传》

四年　癸未(563)　　三年　　二年

陈沈文阿卒　文阿初为通直散骑常侍，兼国子博士，领羽林监，于东宫讲《孝经》、《论语》。至是卒，年六十一，诏赠廷尉。所著书并行于世,儒者多传其学。

[出处]　《陈书·儒林·沈文阿传》　《南史》卷七十一《儒林·沈文阿传》

[附录]　沈文阿著述表

《春秋左氏经传义略》二十五卷

《经典大义》十二卷《隋志》。本传十八卷。

《经典玄儒大义序录》二卷《隋志》

《丧服经传义疏》四卷《唐志》

《丧服发题》二卷《唐志》

《仪礼》八十余卷

《礼记义记》《南史》本传

《孝经义记》《南史》本传

《论语义记》《南史》本传

沙门真谛译《摄大乘论》及《唯识论》等于广州　真谛虽传经论,道缺情离,本意不申,更观机坏,遂欲泛舶往棱伽修国。道俗虔请,结誓留之,而刺史欧阳穆公頠延住制旨寺,谛顾西还无指,便与前梁旧齿,重核所翻。其有文旨乖竞者,皆镕冶成范,始末轮通。会杨都建元寺沙门僧宗、法准、僧忍律师等钦闻新教,远浮江表,亲承芳问。谛欣其来意,乃为翻《摄大乘论》三卷、《论释》十五卷、或十八卷。《义疏》八卷。沙门智恺为之序曰:"夫至道弘旷,无思不洽;大悲平等,诱进靡穷。德被含生,理非偏漏,但迷涂易久,沦惑难息,若先谈出世,则疑性莫启。故设教立方,各随性欲。唐虞之前,图谋简少;姬周以后,经诰弘多。虽复制礼作训,并导之以俗法;而真假妙趣,尚冥然而未睹。故迹隐葱岭以西,教秘沧海之外。自汉室受命,方稍东渐;爰及晋朝,斯风乃盛。梁有天下,弥具兴隆。历千祀其将半,涉七代而迄今。法首导清源于前,童寿振芳尘于后。安叡骋壮思以发义端,生肇擅玄言以释幽致。虽并策分镳,同澜比派,而深浅竞驰,昭晦相杂。自兹以降,笃好逾广,莫不异轨同奔,传相祖习。而去取随情,开抑殊轸。慧恺志惭负橐,勤愧聚萤,谬得齿迹学徒,禀承训义。游寓讲肆,多历年所,名师胜友,备得谘询。但综涉疏浅,钻仰无术,寻波讨源,多所未悟。此盖虑穷于文字,思迷于弘旨,明发兴嗟,负心非一。每欲顺风问道,而未知厥路。有三藏法师,是优禅尼国婆罗门种,姓颇罗堕,名拘罗那他,此土翻译,称曰亲衣。识鉴渊旷,风表俊越,天才高杰,神辩闲纵,道气逸群,德音迈俗。少游诸国,历事众师,先习外典,治通书奥,苞四韦于怀抱,吞六论于胸衿。学穷三藏,贯练五部,研究大乘,备尽深极。法师既博综坟籍,妙达幽微,每欲振玄宗于他域,启法门于未悟,以身许道,无惮远游,跨万里犹比邻,越四海如咫尺。以梁太清二年方届建邺,仍值梁季混淆,横流荐及。法师因此避地东西,遂使大法拥而不畅。末至九江,返游五岭,凡所翻译,卷轴未多,后适闽越,敷说不少。法师每怀慷慨,所叹知音者希。故伯牙绝弦,卞和泣璧,良由妙旨之典难辩,盈尺之珍罕别。法师游方既久,欲旋返旧国,经涂所亘,遂达番禺。仪同三司、广州刺史、阳山郡公欧阳颁,睿表岳灵,德洞河府,经文纬武,匡道佐时。康流民于百越,建正法于五岭,钦法师之高行,慕大士之胜规,奉请为菩萨戒师,恭承尽弟子之礼。恺昔尝受业,已少涤沈蔽,伏膺未久,便致睽违,今重奉值,倍怀蹈舞。复欲餐和禀德,访道陈疑,虽殷勤三请,而不蒙允遂,恍然失图,心魂靡托。衡州刺史阳山公世子欧阳纥,风业峻整,威武贞拔,该阅文史,深达治要,崇澜内湛,清辉外溢,钦贤味道,笃信爱奇,躬为请主,兼申礼事。法师乃欣然受请,许为翻译。制旨寺主慧智法师,戒行清白,道气宏壮,志业闲赡,触途必举,匡济不穷,轮免靡息。征南长史袁敬,德履冲明,志托夷远,徽献清简,冰桂齐质,弼谐蕃政,民誉早闻。兼深重佛法,崇情至理。黑白二贤,为经始檀越。辰次昭阳,岁维协洽,月旅姑洗,神纪句芒,于广州制旨寺，便就翻译。法师既妙解声论，善识方言，词有以而必彰，义无微而不畅。席间函丈，终朝靡息。恺谨笔受，随出随书。一章一句，备尽研窍，释义若竟，方乃著文。然翻译之事殊难，不可存于华绮。若乃一字参差，则理趣胡越，乃可令质而得义，不可使文而失旨，故今所翻，文质相半。与僧忍等同共禀学，夙夜匪懈，无弃寸阴。即以其年树檀之月，文义俱竟。本论三卷、释论十二卷、义疏八卷，合二十三卷。此论乃是大乘之宗旨，正法之秘奥，妙义云兴，清词海溢。深固幽远，二乘由此迷坠；旷壮该含，十地之所宗学。如来灭后，将千一百余年。弥勒菩萨，投适时机，降云俯接，忘已屈应，为阿僧伽法师广释大乘中义。阿僧伽者，此言无著。法师得一会道，体二居宗，该玄鉴极，凝神物表。欲敷阐至理，故制造斯论。唯识微言，因兹得显，三性妙趣，由此而彰。冠冕彝伦，舟航有识。本论即无著法师之所造也。法师次弟婆薮槃豆，此曰天亲，道亚生知，德备藏性，风格峻峙，神气爽发。禀厥兄之雅训，习大乘之弘旨。无著法师所造诸论，词致渊玄，理趣难晓，将恐后学复成纰紊，故制释论，以解本文。笼小乘于形内，挫外道于笔端。自斯以后，迄于像季，方等圆教，乃盛宣通。慧恺不揆虚薄，情虑庸浅，乃欲泛芥舟于巨壑，策驽足于修路，遮累毫成仞，聚爝为明。有识君子，幸宜寻阅，其道必然无失坠也。"先是菩提流支于北翻出《唯识论》，是年正月十六日，慧恺又请法师重出此论。行翻行讲，至三月五日方竟。此论外国本有义疏，翻得两卷。三藏法师更释本文，慧恺注记，又得两卷。其序曰："《唯识论》者，乃是诸佛甚深境界，非是凡夫二乘所知。然此论始末，明三种空。何者为三？一者人无我空，二者因缘法体空，三者真归佛性空。我空者，我本自无，但凡夫之人愚痴颠倒，于五阴中妄计为有。何以知无？凡夫依心识妄想分别，于五阴因缘法中见我为有。然此我相，于五阴中实不可得。若尔般若观此五阴中一二离二，实体不可得，犹如兔角。若有此我于一中住者，应于一中见，应于异中见，应于和合中见。云何一中无我者？以有常无常过故。若有我与五阴一者，五阴无常我亦应无常。复有我若与阴一者，我是常故阴亦应常。若我与阴二者，一边即同前无常，一边即同前常。若离二边者，此亦不然，离于二边别相不可得，是故实无神我。如是知者名入人无我空。因缘法体空者，谓诸色等因缘法，以随俗因缘起。云何随俗因缘起？世人见牛，起于牛想不起马想；见马，起于马想不起牛想。色等法中亦复如是，见柱起柱想不起色想，见色起色想不起柱想。如薪火相待无实，以离于薪更无实火，以离于火更无实薪。于薪更无实火，以离于火更无实薪。于薪更无实火能作薪因，以离于火更无实薪能作火因。而见火说假名薪，见薪说假名火，以相待成故。如是能成所成，而不离能成因而有所成，不离所成因而有能成。如彼薪火能成所成亦实无，是名因缘法体空。真如法空者，所谓佛性清净之体古今一定，故经云佛性者名为第一义空。所言空者，体无万相故。言其空无万相者，无有世间色等有为法，故无万相，非是同于无性法，以其真如法体。是故经云：去八解脱，名不空空，是故不同无法空也。若如是观，是名解真如法空。《唯识论》言唯识者，明但有内心无色香外诸境界。何以得知？如人目有肤翳，妄见毛轮、犍闼婆城等种种诸色，实无前境界。但虚妄见有如是诸众生等外诸境界，故言唯识。若尔但应言破色，不应言破心。此亦有义，心有二种。一者相应心，二者不相应心。相应心者，谓无常妄识虚妄分别，与烦恼结使相应，名相应心。不相应心者，所谓常住第一义谛，古今一相自性清净心。今言破心者，唯破妄识烦恼相应心，不破佛性清净心，故得言破心也。”

[出处]　《续高僧传》卷一《译经篇初·拘那罗陀传》《大正藏》第三十一卷《真谛译摄大乘论》、《大乘唯识论》

[考证]　按本传称谛欲泛舶往棱修伽国，道俗虔请，结誓留之，

遂停南越,至天嘉四年,僧宗等始南来。又称:"至三年九月,发自梁安,泛舶西引,业风赋命,飘还广州。十二月中,上南海岸,刺史欧阳穆公颙延住制旨寺,请翻新文。"依各经序观之,知谛之译经,实在天嘉四年。则三年之飘还广州,于情理为近。惟本文于三年之前,又有四年一段文字,殊不可解。此盖一事分见两处,文辞小异,道宣遂误认为二事而俱载之。实则真谛未有二次出发之事也。

五年 甲申(564) 四年 三年

陈傅缚作《明道论》 傅缚字宜事,北地灵州人也。父彝,梁临沂令。缚幼聪敏,七岁诵古诗赋,至十余万言。长好学,能属文。梁太清末,丁母忧,在兵乱中,居丧尽礼,哀毁骨立,士友以此称之。后依湘州刺史萧循。循颇好士,广集坟籍。缚肆志寻阅,因博通群书。王琳闻其名,引为府记室。琳败,随琳将孙瑒还都。时陈主使颜晃赐瑒杂物,瑒托缚启谢,词理优洽,文无加点。晃还言之陈主,召为撰史学士,除司空府记室参军,迁骠骑安成王中记室,撰史如故。缚笃信佛教,从兴皇寺惠朗法师受《三论》,尽通其学。时有大心暠法师,著《无诤论》以诋之。缚乃为《明道论》,用释其难。其略曰:"《无诤论》言比有弘《三论》者,雷同诃诋,恣言罪状,历毁诸师,非斥众学。论中道而执偏心,语忘怀而竞独胜。方学数论,更为仇敌,仇敌既构,诤斗大生。以此之心,而成罪业。罪业不止,岂不重增生死,大苦聚集? 答曰:《三论》之兴,为日久矣。龙树创其源,除内学之偏见;提婆扬其旨,荡外道之邪执。欲使大化流而不拥,玄风阐而无坠。其言旷,其意远,其道博,其流深。斯固龙象之腾骧,鲲鹏之抟运,蹇乘决羽,岂能觊望其间哉? 顷代浇薄,时无旷士,苟习小学,以化蒙心。渐染成俗,遂迷正路。唯竞穿凿,各肆营造,枝叶徒繁,本源日翳,一师解释,复异一师,更改旧宗,各立新意。同学之中,取痌复别,如是展转,添糅倍多。总而用之,心无的准;择而行之,何者为正? 岂不浑沌伤窍,嘉树弊牙? 虽复人说非马,家握灵蛇,以无当之厄,同画地之饼矣。其于失道,不亦宜乎? 摄山之学,则不如是。守一遵本,无改作之过;约文申意,杜臆断之情。言无豫说,理非宿构,睹缘尔乃应,见敌然后动。纵横络绎,忽恍杳冥。或弥纶而不穷,或消散而无所。焕乎有文章,纵朕不可得;深乎不可量,即事而非远。凡相酬对,随理详核,有何嫉诈,干犯诸师。且诸师所说,为是可毁? 为不可毁? 若可毁者,毁故为衰;若不可毁,毁自不及。法师何独蔽护不听毁乎? 且教有大小,备在圣诰,大乘之文,则指斥小道。今弘大法,宁得不言大乘之意邪? 斯则褒贬之事,从弘放学;与夺之辞,依经议论。何得见佛说而信顺,在我语而忤逆? 无诤平等,心如是邪? 且忿恚烦恼,凡夫恒性;失理之徒,率皆有此。岂可以三修未惬,六师怀恨,而蕴涅槃妙法,永不宣扬? 但冀其忿愤之心既极,恬淡之寤自成耳。人面不同,其心亦异,或有辞意相反,或有心口相符,岂得必谓他人说中道而心偏执,己行无诤,外不违而内平等? 仇敌斗讼,岂我事焉? 罪业聚集,斗诤者所畏耳。《无诤论》言,摄山大师,诱进化导,则不如此,即习行于无诤者也。导悟之德既往,淳一之风已浇,竞胜之心,阿毁之曲,盛于兹矣。吾愿息诤以通道,让胜以忘德,何必排拂异家,生其恚怒者乎? 若以中道之心行于《成实》,亦能不诤;若以偏著之心说于《中论》,亦得有诤。固知诤与不诤,偏在一法。答曰:摄山大师实无诤矣,但法师所赏,未衷其节。彼静守幽谷,寂尔无为。凡有训勉,莫匪同志,从容语嘿,物无间然。故其意虽深,其言甚约。今之敷畅,地势不然。处王城之隅,居聚落之内,呼吸顾望之客,唇吻纵横之士。奋锋颖,励羽翼,明目张胆,被坚执锐,骋异家,衔别解,窥伺间隙,邀冀长短。与相酬对,捔其轻重,岂得默默无言,唯唯应命? 必须捣摭同异,发挝玼瑕,忘身而弘道,忤俗而通教,以此为病,益知未达。若令大师当此之地,亦何必默己而为法师所贵邪?

法师又言：'吾愿息净以通道，让胜以忘德。'道德之事，不止在净与不净，让与不让也。此语直是人间所重，法师慕而言之，竟未知胜若为可让也。若他人道高，则自胜不劳让矣；他人道劣，则虽让而无益矣。欲让之辞，将非虚设？中道之心，无处不可；《成实》、《三论》，何事致乖？但须息守株之解，除胶柱之意，是事皆中也。言旨言净与不净偏在一法，何为独褒无净邪？讵非矛楯？《无净论》言邪正得失、胜负是非必主于心矣，非谓所说之法而有定相论胜劣也。若异论是非，以偏著为失言，无是无非，消彼得失，以此论为胜妙者，他论所不及，此亦为失也。何者？凡心所破，岂无心于能破？则胜负之心不忘，宁不存胜者乎？斯则矜我为得。弃他之失，即有取舍，大生是非，便是增净。答曰：言为心使，心受言诠，和合根尘，鼓动风气，故成语也。事必由心，实如来说。至于心造伪以使口，口行诈以应心，外和而内险，言随而意逆。求利养，引声名，入道之人，在家之士，斯辈非一。圣人所以曲陈教诫，深致防杜，说见在之殃咎，叙将来之患害，此文明著，甚于日月。犹有忘爱躯，冒峻制，蹈汤炭，甘齑粉，必行而不顾也。岂能悦无净之作而回首革音邪？若弘道之人，宣化之士，心知胜也，口言胜也，心知劣也，口言劣也，亦无所苞藏，亦无所忌惮，但直心而行之耳。他道虽劣，圣人之教也；己德虽优，亦圣人之教也。我胜则圣人胜，他劣则圣人劣，圣人之优劣，盖根缘所宜尔。于彼于此，何所厚薄哉？虽复终日按剑，极夜击柝，瞋目以争得失，作气以求胜负，在谁处乎？有心之与无心，徒欲分别虚空耳，何意不许我论说而使我谦退？此谓鹍鹏已翔于寥廓，而虞者犹窥薮泽而求之。嗟乎！丈夫当弘斯道矣。《无净论》言，无净之道，通于内外。子所言须净者，此用末而救本，失本而营末者也。今为子言之，何则？若依外典，寻书契之前，至淳之世，朴质其心，行不言之教。当于此时，民至老死不相往来。而各得其所，复有何净乎？固知本来不净，是物之真矣。答曰：净与无净,不可偏执;本之与末,又安可知? 由来不净,宁知非末? 于今而净,何验非本? 夫居后而望前则为前,居前而望后则为后。而前后之事,犹如彼此,彼呼此为彼,此呼彼为彼,彼此之名,的居谁处? 以此言之,万事可知矣。本末前后,是非善恶,可恒守邪? 何得自信聪明,废他耳目? 夫水泡生灭,火轮旋转,入牢穿,受羁绁,生忧畏,起烦恼。其失何哉? 不与道相应而起诸见故也。相应者则不然,无为也,无不为也。善恶不能偕,而未曾离善恶;生死不能至,亦终然在生死,故得永离而任放焉。是以圣人念绕栓之不脱,愍黏胶之难离,故殷勤教示,备诸便巧,希向之徒,涉求有类。虽麟角难成,象形易失,宁得不仿佛遐路,勉励短晨? 且当念己身之善恶,莫揣他物,而欲分别,而言我聪明,我知见,我计校,我思惟。以此而言,亦为疏矣。他人者实难测,或可是凡夫真尔,亦可是圣人俯同时俗所宜见,果报所应睹,安得肆胸衿,尽情性,而生讥诮乎? 正应虚己而游乎世,俯仰于电露之间耳。明月在天,众水咸见;清风在林,群籁毕响,吾岂逆物哉? 不入鲍鱼,不甘腐鼠,吾岂同物哉? 谁能知我,共行斯路。浩浩堂堂乎,岂复见有净为非,无净为是? 此则净者自净,无净者自无净,吾俱取而用之,宁劳法师费功夫,点笔纸,但申于无净? 弟子疲唇舌,消晷漏,唯对于明道戏论于糟粕哉? 必欲且考真伪,暂观得失,无过依圣贤之言,检行藏之理,始终研究,表里综核,使浮辞无所用,诈道自然消,请待后筵,以观其妙矣。"寻以本官兼通直散骑侍郎,使齐还,除散骑侍郎,镇南始兴王谘议参军,兼东宫管记,历太子庶子、仆,兼管记如故。

[出处]《陈书·傅縡传》

后主

六年　乙酉(565)　五年　　天统元年四月以前为河清四年

周征沈重至长安　周主以后梁沈重字德厚,吴兴武康人。经明行修，乃遣宣纳上士柳裘至后梁征之，仍致书曰："皇帝问梁都官尚书沈重，观夫八圣六君，七情十义，殊方所以会轨，异代于是率官。莫不趣大顺之遥涂，履中和之盛致。及青缃起焰，素篆从风，文逐世疏，义随运舛。大礼存于玉帛之间，至乐形于钟鼓之外。虽分蛇聚纬，郁郁之辞盖阙；当涂典午，抑抑之旨无闻。有周开基，爰踪圣哲，拯苍生之已沦，补文物之将坠，天爵具修，人纪咸理。朕黉奉神器，恭惟宝阙，常思复礼殷周之年，迁化唐虞之世。惧三千尚乖于治俗，九变未叶于移风。欲定画一之文，思杜二家之说。知卿学冠儒宗，行标士则，卞宝复润于荆阴，随照更明于汉浦。是用瘼瘵增劳，瞻望轸念，爰致束帛之聘，命翘车之招。所谓凤举鸿翻，俄而萃止。明斯隐滞，合彼异同。上庠弗坠于微言，中经罔阙于逸义，近取无独善之讥，远应有兼济之美，可不盛欤！昔申涪鲐背，方辞东国；公孙黄发，始造西京。遂使道为艺基，功参治本。今者一征，谅兼其二。若居形声而去影响，尚迷邦而忘观国，非所谓也。"又敕襄州总管卫公直敦喻遣之，在途供给，务从优厚。于是重至长安，诏令讨论《五经》并校定钟律。

　　［出处］《周书·儒林·沈重传》

天康元年　丙戌（566）　　天和元年　　二年

周甄鸾造《天和历》[①]　　自西魏入关，尚行《正光历》法。周明帝武成元年，始诏有司造周历。于是露门学士明克让、麟趾学士庾季才及诸日者采祖暅旧议，通简南北之术。自斯已后，颇睹其谬。故周齐并时，而历差一日。克让儒者，不处日官，以其书下于太史。至是，甄鸾造《天和历》：上元甲寅至天和元年丙戌，积八十七万五千七百九十二，算外。章岁三百九十一，蔀法二万三千四百六十，

————————

① 见《隋书·律历志》。

日法二十九万一百六十,朔余十五万三千九百九十一,斗分五千七百三十一,会余九万三千五百一十六,历余一十六万八百三十,冬至斗十五度。参用推步,终于宣政元年。

废帝

光大元年　　丁亥(567)　　　二年　　　三年

周立露门学　　七月甲辰,周立露门学,置生七十二人。

[出处]《周书·武帝纪上》

周卫元嵩上书议佛法　　元嵩本河东人,远祖从宦,遂家于蜀。梁末出家,为亡名法师弟子。聪颖不偶,尝以夜静侍傍曰:"世人汹汹,贵耳贱目,即知皂白,其可得哉?"名曰:"汝欲名声,若不佯狂,不可得也。"嵩心然之,遂佯狂漫走,人逐成群,触物擒咏。周历二十余年,亡名入关,移住野安,自制琴声,为天女怨心风弄,亦有传其声者。尝谓兄曰:"蜀土狭小,不足展怀,欲游上京,与国士抗对,兄意如何?"兄曰:"当今王褒、庾信,名振四海,汝何所知?自取折辱。"答曰:"彼多读书,自为文什,至于天才大略,非其分也。兄但听看。"即率尔造关,为无过所,乃著俗服。关中却回,防者执之。嵩诈曰:"我是长安于公家人,欲逃往蜀耳。"关家迭送至京。于公曾在蜀,忽得相见,与之交游,贵胜名士,靡所不诣。上书议佛法,略云:"唐虞之化,无浮图以治国,而国得安。齐梁之时,有寺舍以化民,而民不立者,未合道也。若言民坏不由寺舍,国治岂在浮图?但教民心合道耳。民合道则国安,道滋民则治立。是以齐梁竞像法而起九级连云,唐虞忧庶人而累土阶接地。然齐梁非无功于寺舍,而阼不延;唐虞岂有业于浮图?而治得久。但利民益国则会佛心耳。夫佛心者,以大慈为本。安乐含生,终不苦役黎元。虔敬泥木,损伤有识,荫益无情。而大周启运,继历膺图,总六合在一心,齐日月而双照,养四生如厚地,覆万姓同玄天,实三皇之中兴,嗟兆民之始遇,成五帝之新立,庆黎庶之逢时。岂不慕唐虞之胜风,遗齐梁之末法?嵩请造平延大寺,容贮四海万姓,不劝立曲见伽蓝,偏安二乘五部。夫平延寺者,无选道俗,罔择亲疏。爰润黎元,等无持毁。以城隍为寺塔,即周主是如来,用郭邑作僧坊,和夫妻为圣众。勤用蚕以充户课,供政课以报国恩。推令德作三纲,遵耆老为上座,选仁智充执事,求勇略作法师。行十善以伏未宁,示无贪以断偷劫。于是衣寒露,养孤生,匹鳏夫,配寡妇,矜老病,免贫穷,赏忠孝之门,伐凶逆之党,进清简之士,退谄佞之臣。使六合无怨纣之声,八荒有歌周之咏,飞沈安其巢穴,水陆任其长生。……请有德贫人免丁输课,无行富僧输课免丁。输课免丁,则诸僧必望停课,争断悭贪;贫人免丁,则众人必望免丁,竞修忠孝。此则兴佛法而安国家,实非灭三宝而危百姓也。"有十五条,总是事意:劝行平等非灭佛法;劝不平等是灭佛法;劝行大乘;劝念贫穷,劝舍悭贪;劝人发露;劝益国民;劝燎为民;劝人和合;劝恩爱会;劝立市利;劝行敬养;劝寺无军人;劝立无贪三藏,劝少立三藏,劝僧训僧,劝敬大乘诫。上列事条,反则灭法,顺则兴教。并陈表状及佛道二论,立主客论大小。嵩以理通我,不事二家,惟事周祖。以二家空立其言,而周帝亲行其事,故我事帝不事佛道。立词烦广,三十余纸,大略以慈救为先,弹僧奢泰,不崇德度。嵩自此还俗,周祖纳其言。

　　[出处]　《大正藏》第五十卷《史传部二·续高僧传》卷第二十五、第五十二卷《史传部四·广弘明集》卷第七

　　二年　戊子(568)　　　　三年　　四年
　　宣帝
　　太建元年　己丑(569)　　　四年　　五年
　　沙门真谛卒于岭表　　初,谛于光大二年六月,厌世浮杂,情弊

形骸,未若佩理资神,早生胜壤。遂入南海北山,将捐身命。时智恺正讲《俱舍》,闻告驰往,道俗奔赴,相继山川。刺史又遣使人伺卫防遏,躬自稽颡,致留三日,方纾本情,因尔迎还,止于王园寺。时宗、恺诸僧欲延还建业,会扬辇硕望恐夺时荣,乃奏曰:"岭表所译众部,多明无尘唯识,言乖治术,有蔽国风。不隶诸华,可流荒服。"陈主然之。故南海新文,有藏陈世。谛以是年遘疾,少时遗诀,严正勖示因果,书传累纸,其文付弟子智休。至正月十一日午时迁化,时年七十有一。明日于潮亭焚身起塔。十三日,僧宗、法准等各赍经论还返匡山。自谛来东夏,虽广出众经,偏宗摄论。故讨寻教旨,通览所译,则彼此相发,绮缋铺显。故随处翻传,亲流疏解,依止胜相。后疏并是僧宗所陈,躬对本师,重为释旨,增减或异,大义无亏。宗公别著行状,广行于世。且谛之梁,时逢丧乱,感竭运终,道津静济,流离宏化,随方卷行。至于部帙或分,译人时别。始自梁武之末,终于陈宣之初,凡二十三载,所出经论记传六十四部,合二百七十八卷。微附华饰,盛显隋唐。余有未译梵本书,并多罗树叶,凡有二百四十夹。若依陈纸翻之,则列二万余卷。所译讫者,止是数甲之文,并在广州制旨、王园两寺。

[出处] 《续高僧传》卷第一《译经篇初·拘那罗陀传》

周议三教优劣废立　三月十五日,周主召有德众僧、名儒、道士、文武百官二千余人于正殿,周主升御座,亲量三教优劣废立。众议纷纭,各随情见较其大抵,无与相抗者。月之二十日,又依前集,众论乖咎,是非滋生,并莫简帝心,索然而退。四月初,又广召道俗,令极言陈理。又敕司隶大夫甄鸾,详佛道二教,定其先后深浅同异。鸾乃上《笑道论》三卷,合二十六条,用笑三洞之名,及笑称经①三十六部。文极详据,事多扬激。至五月十日,周主又大集

---

① 《续高僧传》"笑称经"作"笑经称"。

群臣，详鸾上论，以为伤蠹道士，即于殿庭焚之。大中兴寺释道安慨时俗之混并，悼史籍之沈罔，乃作《二教论》。取拟武帝，详三教之极，文成一卷，篇分十二。初《归宗显本篇》："有客问曰：'仆闻风流倾坠，《六经》所以缉修；夸尚滋彰，二篇所以述作。故优柔弘润于物必济曰儒，用之不匮于物必通曰道，斯皆孔、老之神功，可得而详矣。近览释教，文博义丰。观其汲引，则恂恂善诱；要其旨趣，则亹亹兹良。然则三教虽殊，劝善义一；途迹诚异，理会则同。至如老嗟身患，孔叹川逝，固欲后外以致存生，感往以知物化，何异释典之厌身无常之说哉？但拘滞之流，未驰高观，不能齐天地于一指，均是非于一气，致令谈论之际，每有不同。此所谓匿摩尼于胎瞉，掩大明于重夜，伤莫二之淳风，塞洞一之玄旨，祈之于弥劫，奚可值哉！'主人曰：'子之穷辩，未尽理也。夫万化本于生生，而生生者无生；三才兆于始始，而始始者无始。然则无生无始，物之性也；有化有生，人之聚也。聚虽一体，而形神两异；散虽质别，而心数弗亡。故救形之教，教称为外；济神之教，教称为内。是以《智论》有内外两经，《仁王》辩内外两论，《方等》明内外两律，《百论》言内外二道。若通论内外，则该彼华夷；若局命此方，则可云儒释。释教为内，儒教为外，备彰圣典，非为诞谬。详览载籍，寻讨源流，教唯有二，宁得有三！何者？昔玄古朴素，坟典之诰未弘；淳风稍离，丘索之文乃著。故包论七典，统括九流，咸为治国之谟，并是修身之术。若派而别之，则应为九教；总而合之，则同属儒宗。论其官也，各王朝之一职。谈其籍也，普皇家之一书。子欲于一化之内，令九流争川；大道之世，使小成竞辩，岂不上伤皇极莫二之风，下开拘放鄙荡之弊？真所谓巨蠹鸿猷眩曜朝野矣。佛教者，穷理尽性之格言，出世入真之正辙，论其文则部分十二，语其旨则四种悉檀。理妙域中，固非名号所及；化擅系表，又非情智所寻。至于遣累落筌，陶神尽照，近超生死，远证泥洹，播阐五乘，接群机之深浅；该明六道，辩善恶之升沈。复祈出世，而理无不周；迩及王化，而事无不尽。能博能要，不质不文，自非天下之至灵，孰能与斯教哉？虽复儒道千家，农黔百氏，取舍驱驰，未及其度者也。唯释氏之教，理富权实。有余不了，称之曰权；无余了义，号之为实。通言善诱，何名妙赏。子谓三教虽殊，劝善义一，余谓善有精粗，优劣宜异。精者超百化而高升，粗者修九居而未息，安可同年而语其胜负哉？又云教迹诚异，理会则同，爰引世训，以符玄教。此盖悠悠之所昧，未暨其本矣。教者何耶？筌理之谓。理者何耶？教之所诠。教若果异，理岂得同？理若必同，教宁得异？筌不期鱼，蹄不为兔，将为名乎？理同安在？夫厚生情笃，身患之诚遂兴；不悟迁流，逝川之叹乃作。并是域内之至谈，非逾方之巨唱。何者？推色尽于极微，老氏之所未辩；究心穷于生灭，宣尼又所未言，可谓瞻之似尽而察之未极者也。经曰：分别色心，有无量相，非诸二乘所知。且二乘之与大行，俱越妄想之乡，菩萨则惠兼九道，声闻则独善一身，其犹露润之比巨壑，微尘之比须弥，况凡夫识想，何得齐乎？故经曰：无以日光等彼萤火。若夫以齐而齐不齐者未齐矣，以齐而齐于齐者未齐焉。余闻善齐天下者，以不齐而齐天下者也，何须夷岳实渊，然后方平；续凫截鹤，于焉始等？此盖狷夫之野议，岂达士之贞观乎？故谚曰：紫实昧朱，狂斯滥哲。请广其类，上至天子，下至庶人，莫不资色心以成躯，禀阴阳而化体，不可以色心是等而便混以智愚，阴阳义齐则同之于贵贱，此之不可，至理皎然。虽欲齐之，其义安在？'"周主为张宾构譖，意遣释宗，初览安论，通问僚宰。文据卓然，莫敢排斥。当时废立遂寝，诚有所推。

　　[出处]《高僧传二集》卷三十①

――――――――

① 《大正藏》本见于《续高僧传》卷二十三。

二年　庚寅(570)　　五年　　武平元年

陈徐伯阳为《文会友诗集序》　伯阳字隐忍,东海人也。父僧权,梁东宫通事舍人,领秘书,以善书知名。伯阳敏而好学,善色养,进止有节。年十五,以文笔称。学《春秋左氏》。家有史书,所读者近三千余卷。试策高第尚书板,补梁河东王国右常侍、东宫学士、临川嗣王府墨曹参军。大同中,出为候官令,甚得民和。侯景之乱,伯阳浮海南至广州,依于萧勃。勃平还都,仍将家属之吴郡。天嘉二年,诏侍晋安王读,寻除司空侯安都府记室,参军事。安都素闻其名,见之,降席为礼。甘露降乐游苑,诏赐安都,令伯阳为谢表,文帝览而奇之。至是,宣帝在位。伯阳与中记室李爽、记室张正见,字见赜,清河东武城人。左户郎贺彻、学士阮卓、黄门郎萧诠、三公郎王由礼、处士马枢,字要理,扶风眉人。记室祖孙登、比部贺循、长史刘删等为文会之友。后有蔡凝、刘助、陈暄、孔范亦预焉,皆一时之士也。游宴赋诗,勒成卷轴,伯阳为其集序,盛传于世。

[出处]　《陈书·文学·徐伯阳传》《南史》卷七十二《文学·徐伯阳传》

周以宇文迪为大将军　迪字尔固突,宇文泰之子也。少好经史,解属文。武成初,封滕国公,邑万户。至是,拜大将军。迪为《道教实花序》曰:“混成元胎,先天地而生;玄妙自然,在开辟之外。可道非道,因金箓以诠言;上德不德,寄玉京而阐说。高不可揆,深不可源,阂之而彰三光,舒之而绵六合。广矣大矣,于得尽其钩深;恍兮惚兮,安可穷其象物。十善之戒,四极之科,金简玉字之声,琼笈银题之旨。升玄内教,灵宝上清,五老赤书之篇,七圣紫文之记。故以晖诸篆籀,焕彼图牒,玄经阒籍,可得而谈者焉。若乃包含天地,陶育乾坤,无大不大,无小不小,随之而不见其后,迎之而不见其前,周流六虚,希微三气。无上大道,游于空洞之上;梵形天尊,见于龙汉之劫。日在丁卯,拜东华之青童;辰次庚寅,虔台山之静默。汉史外载道有三十七家,九十三篇。斯止略序宗涂,匪探奥赜,讵详金液之异,未悟石函之奇。见之者尚迷,闻之者犹豫。非有天尊之说,曾无大圣之言。岂下四药之丹,罕识五光之彩。区区琐琐,盍各而言。"建德初,迪进位柱国。三年,进爵为王,至大象二年冬,为隋文帝所害,有集九卷行于世。

　　[出处]《周书》卷十三《宇文迪传》《初学记》二十三 《隋书·经籍志》

三年　辛卯(571)　　六年　　二年

　　周以沈重为露门博士　沈重尝于紫极殿讲三教义,朝士、儒生、桑门、道士至者二千余人。重辞义优洽,枢机明辩。凡所解释,咸为诸儒所推。至是,授骠骑大将军、开府仪同三司、露门博士。仍于露门馆为皇太子讲论。

　　[出处]《周书·儒林·沈重传》

四年　壬辰(572)　　建德元年　　三年

　　北周释僧勔诣阙辨道教　释僧勔未详氏族,住新州愿果寺。周主崇尚老氏,受其符录。凡有大醮,周主必具其巾褐,同其拜伏。而道经诞妄,言无本据,国虽奉事,未详雠校。遂不远乡关,躬闻帝阙,面陈至理,以邪正相参。浇情趋竞,未辩真伪,更递毁誉,乃著论十有八条,难道本宗。又以三科释其前执,贤圣既序,凡位皎然。其词略云:"勔以世之滥述云:老子、尹喜西度,化胡出家。老子为说经戒,尹喜作佛教化胡人。又称是鬼谷先生撰,南山四皓注。未善寻者,莫不信从以为口实。异哉此传,君子尚不可罔,况贬大圣者乎。今具陈此说非真,人世差错,假托名字,亦乃言不及义,翻辱老子。意者胜人达士,不出此言。将是无识异道,夸竞佛法,假托鬼谷、四皓之名,附尹喜传后,作此异论,用迷昏俗。窃闻传而不习,夫子不许;妄作者凶,老君所诫,此之巨患,增长三途。宜应纠正，救其此失。然教有内外，用生疑假；人有圣贤，多述本迹。故班固《汉书》，品人九等：孔丘之徒，为上上类，例皆是圣；李老之俦，为中上类，例皆是贤。何晏、王弼云：老未及圣，此则贤圣天分，优劣自显。故魏文之博悟也，黄初三年下敕云：'告豫州刺史，老聃贤人，未宜先孔子，不知鲁郡为孔子立庙成否？汉桓帝不师圣法，正以嬖臣而事老子，欲以求福，良足笑也。此祠之兴由桓帝，武皇帝以老子贤人，不毁其屋。朕亦以此亭当路，行来者辄往瞻视，而楼屋倾颓，傥能压人，故令修整。昨过视之，殊整顿，恐小人谓此为神，妄往祷祝，违犯常禁。宜宣告吏民，咸使知闻。'据斯以言，程露久矣。世多愚人，不寻前达，故有此弊耳。今考据年月，群达诚言，区别人世，并内经外典并对条例，览详卷首，邪正自显。"虽复著论周世，垂名朝野，通人罕遇，终以事迷，竟不行用。及后法毁，逃难不测所终。

　　[出处]　《续高僧传》卷第二十三《护法篇上·释僧勔传》

　　[考证]　按僧勔所言，虽力抑道教，而全为儒家之语，不似代佛教张目者。意者当时三教次序未立，僧勔见帝过崇道教，遂举其所不甚恶之儒教以抑之欤。

北齐撰《修文殿御览》　二月，左仆射祖珽奏撰御览，遂诏珽及特进魏收、太子太师徐之才、中书令崔劼、散骑常侍张雕、中书监阳休之监撰。珽等奏追通直散骑侍郎韦道逊、陆乂、太子舍人王邵、卫尉丞李孝基、殿中侍御史魏澹、字彦深，钜鹿下曲阳人。中散大夫刘仲威、袁奭、国子博士朱才、奉车都尉陆道闲、考功郎中崔子枢、左外兵郎薛道衡、并省主客郎中卢思道、司空东阁祭酒崔德立、太傅行参军崔儦、太学博士诸葛汉、奉朝请郑公超、殿中侍御史郑子信等入馆撰书。并敕萧放、萧悫、颜之推江陵陷后，之推由梁归齐。等同入撰例。复命散骑常侍封孝琰、前乐陵太守郑元礼、卫尉少卿杜台卿、字少山，杜弼之子。通直散骑常侍杨《北齐书》杨作王。训、前南兖州刺

史《北齐书》作兖州长史。羊肃、通直散骑侍郎马元熙、并省三公郎中刘
珉、开府行参军李师正、温君悠入馆,亦令撰书。八月书成,斑上表
进之曰:"昔魏文帝命韦诞诸人撰著《皇览》,包括群言,区分义别。
陛下听览余日,眷言缃素,究兰台之籍,穷策府之文。以为观书贵
博,博而贵要,省日兼功,期于易简。前者修文殿令臣等讨寻旧典,
撰录诸书,谨馨庸短,登即篇次。放天地之数为五十部,象乾坤之
策成三百六十卷。昔汉时诸儒集论经传,奏之白虎阁,因名《白虎
通》。窃缘斯义,仍曰《修文殿御览》。今缮写已毕,并目上呈,伏愿
天鉴,赐垂裁览。"齐王命付史阁。初,齐武成令宋士素录古来帝王
言行要事三卷,名为《御览》,置于齐主巾箱。阳休之创意取《芳林
遍略》,加《十六国春秋》、《六经拾遗录》、《魏史第书》。以士素所撰
之名,称为《元洲苑御览》,后改《圣寿堂御览》。至是,斑等又改为
《修文殿》上之。徐之才谓人曰:"此可谓床上之床,屋下之屋也。"

　　[出处] 《北齐书》卷八《后主纪》、《文苑传》序　《北史》卷八
十三《文苑传》序　《太平御览》卷六百一引《三国典略》

五年　癸巳(573)　　二年　　四年

周辨释三教　十二月癸巳,周集群臣及沙门、道士等,周主升
高座,辨释三教先后,以儒教为先,道教为次,佛教为后。

　　[出处] 《周书·武帝纪上》

北齐置文林馆　北齐后主虽溺于群小,然颇好咏诗。幼时尝
读诗赋,语人云:"终有解作此理不?"初因画屏风,敕通直郎萧放
及晋陵王孝式录古贤烈士及近代轻艳诸诗,以充图画。齐主弥
重之,复追齐州录事参军萧悫、赵州功曹参军颜之推同人撰录,
犹依霸朝,谓之馆客。放及之推意欲更广其事,又因祖斑辅政,
爱重之推,又托邓长颙渐说后主,属意斯文。武平三年,祖斑奏
立文林馆。是年二月丙午,遂立文林馆,更招引文学士,谓之待

诏文林馆焉。

　　［出处］《北齐书》卷八《后主纪》、《文苑传》序

　　北齐诏史官更撰《魏书》　五月丙子，齐主以魏收已卒，诏中书监阳休之裁正其所撰《魏书》。休之以收叙其家事稍美，且寡才学浅，近岁时竟不措手，惟削去嫡庶一百余人。

　　［出处］《北齐书》卷八《帝纪第八》《册府元龟》卷五六二

六年　甲午(574)　　三年　　五年

　　陈周弘正卒　自陈主即位，弘正迁特进，重领国子祭酒，豫州大中正，加扶。太建五年，授尚书右仆射，祭酒、中正如故。寻敕侍东宫，讲《论语》、《孝经》。太子以弘正朝廷旧臣，德望素重，于是降情屈礼，横经请益，有师资之敬焉。弘正特善玄言，兼明释典，虽硕学名僧，莫不请质疑滞。至是，卒于官，时年七十九。诏曰："追远褒德，抑有恒规。故尚书右仆射、领国子祭酒、豫州大中正弘正，识宇凝深，艺业通备，辞林义府，国老民宗，道映庠门，望高礼阁。卒然殂殒，朕用恻然。可赠侍中、中书监，丧事所须，量加资给。便出临哭。谥曰简子。"

　　［出处］《陈书·周弘正传》《南史》卷三十四《周弘正传》
　　［附录］　周弘正著述表
　　《周易讲疏》十六卷见本传(《隋志》作《周易义疏》十六卷)
　　《论语疏》十一卷见本传
　　《老子疏》五卷见本传
　　《庄子疏》八卷见本传(《隋志》作《庄子内篇讲疏》八卷)
　　《孝经疏》二卷见本传(《隋志》作《孝经私记》二卷)
　　集二十卷见本传
　　陈沙门智周等十一人往西方求经
　　［出处］《佛祖统纪》卷第三十七

周废佛道　周主欲废佛法,存道教,乃下诏集诸僧道,试取优长者留,庸浅者废。于是诏华野高僧、方岳道士,大集京师。于太极殿陈设高座,周主自躬临。敕道士先登。时有道长张宾,最为首长,登高唱言曰:"原夫大道清虚,淳一无杂,祈恩请愿,上通天曹,白日升仙,寿与天地同毕。风教先被中夏,无始无终,含生赖之以得长生。洪恩厚利,不可较量。岂如佛法虚幻,言过其实? 不容本土,客寓中华。百姓无知,信其诡说。今日欲定臧否,可出头来看襄城公何妥,自行如意。"座首少林寺等行禅师发愤而起。诸僧止之曰:"今日事大,天帝在此,不可造次。知禅师为佛法大海,然应对之间,复须机辩。众共谋议,若非蜀炫,智炫,益州成都人,俗姓徐氏。少小出家,入京听学数年,遂擅名京洛,学众推崇,请令覆讲,若泻瓶无遗。无以对扬。"共推如意以将付炫。炫既为众所推,又忿张宾浪语。安庠而起,徐升论座。坐定,执如意谓张宾曰:"先生向者所陈大道清虚,淳一无杂,又云先被中夏者,未知风教之起,起自何时? 所说之教,于何处说? 又言佛法不容本土,客寓中华。可辩道是何时生,佛是何时出。"宾曰:"圣人出世,有何定时? 说教兴行,有何定处? 道教旧来本有,佛法近自西来。"炫曰:"若言无时,亦应无出。若无定处,亦应无说。旧来本有,非复清虚。上请天曹,岂得无杂? 寿与天地同毕,岂得无始无终?"宾曰:"道人浪语! 为前王无识,留汝辈得至于今。今日圣帝,尽须杀却。"周主恶其理屈,令舍人谓之曰:"宾师且下。"周主自升高座言曰:"佛法中有三种不净,纳耶输陀罗,生罗睺罗,此主不净一也。经律中许僧受食三种净肉,此教不净二也。僧多罪过,好行淫佚。佛在世时,徒众不和,递相攻伐,此众不净三也。主法众俱不净,朕意将除之以息虚幻。道法中无此事,朕将留之以助国化。"顾谓炫法师曰:"能解此三难,真是好人。"炫应声谓曰:"陛下所陈,并引经论,诚非谬言。但见道法之中,三种不净,又甚于此。按天尊处紫微宫,恒侍五百童女,此主不净,甚于耶输陀罗之一人。道士教中，章醮请福之时，必须鹿脯百柈，清酒十斛，此教不净，又甚于三种净肉。道士罪过，代代皆有，千古乱常，姜斌犯法，此又甚于众僧。僧众自知罪过，乃言佛法可除。犹如至尊享国，严设科条，不妨逆子叛臣相继而出。岂得以臣逆子叛，遂欲空大宝之位耶？大宝之位，固不可以臣子叛逆而空，佛法正真，岂得以众僧犯罪而废？"炫雅调抑扬，言音朗润，虽处大节，曾无惧颜。周主愕然良久，谓炫曰："所言天尊侍五百童女，出何经？"炫曰："出道《三皇经》。"炫曰①："陛下自不见，非是经上无文。今欲废佛存道，犹如以庶代嫡。"周主动色而下，因如内。群臣僧众皆惊曰："语触天帝，何以自保？"以周武非嫡故。炫曰："主辱臣死。就戮如归，有何可惧？乍可早亡，游神净土，岂与无道之君同生于世乎？"众皆壮其言。明日出敕，二教俱废，经像悉毁，罢沙门、道士，并令还俗。并禁诸淫祀，非祀典所载者尽除之。于是国境僧道反服者二百余万，未经逾月，复下诏曰："至道弘深，混成无际，体包空有，理极幽玄。但歧路既分，源流愈远，淳离朴散，形器斯乖。遂使三墨八儒，朱紫交竞。九流七略，异说相腾。道隐小成，其来旧矣。不有会归，争驱靡息。今可立通道观，圣哲微言，先贤典训，金科玉篆，秘赜玄文，可以济养黎元、扶成教义者，并宜弘阐，一以贯之。俾夫玩培堘者识嵩岱之崇崛，守碛砾者悟渤澥之泓澄，不亦可乎？所司量置员数，俸力务异恒式，主者施行。"于时员置百二十人，监护吏力各有差。并选择李门人有名当世者，著衣冠笏，名通道观学士。既以彦琮等为学士，又以道安有宿望，欲官之。安以死拒，号恸不食而终。法师静蔼闻诏下，诣阙奉表求见。周主引对，极陈毁教报应之事，周主改容谢遣之，遂遁入终南山，号泣七日。坐磐石，引刀自条其肉，挂肠胃于松枝，捧心而卒。白乳旁流，凝于石上，闻

---

① 《续高僧传》"炫曰"前有："帝曰：'《三皇经》何曾有此语？'"

者莫不流涕。于是沙门静嵩、灵侃等三百人皆相率归南朝。周主令驸马蔡凝宣敕曰："法师等善明治乱,归寄有序,宜于都郭大寺安居,所司供给。"

[出处]《周书·武帝纪》《续高僧传》卷第二十四① 《广弘明集》卷第十 《佛祖统纪》卷第三十七、卷第三十八

七年　乙未(575)　　四年　　　六年

北齐阳休之除正尚书右仆射　休之除正尚书右仆射,未几,又领中书监。休之本怀平坦,为士友所称。晚节说祖珽撰《御览》,书成,加特进。是年珽被黜,便布言于朝廷,云先有嫌隙。及邓长颙、颜之推奏立文林馆,之推本意,不欲令耆旧贵人居之。休之便相附会,与少年朝请、参军之徒同入待诏。又魏收监史之日,立《高祖本纪》,取平四胡之岁为齐元。收在齐州,恐史官改夺其意,上表论之。武平中,收还朝,敕集朝贤议其事。休之立议,从天保为限断。魏收存日,犹两议未决。收死后,便讽动内外,发诏从其议。至是领中书监,便谓人云:"我已三为中书监,用此何为?"凡此诸事,为识者所讥。

[出处]《北齐书》卷四十二《阳休之传》

北齐章仇子陀上疏请废佛法　章仇子陀,魏郡人,为儒林学士。于时崇重佛法,造制穷极。凡厥良沃,悉为僧有。倾竭府藏,充佛福田,俗士不及。子陀微宦,固非所幸,乃上疏陈曰:"帝王上事昊天,下字黎庶,君臣夫妇,纲纪有本。自魏晋以来,胡妖乱华,背君叛父,不妻不夫。而奸荡奢侈,控御威福。坐受加敬,轻欺士俗。妃主昼入僧房,子弟夜宿尼室。……臣不惶不恐,不避鼎镬,辄沐浴舆衬,奉表以闻。"有十余纸。书奏,齐主震怒,欲杀之。高那肱曰:"此汉觅名欲得死,陛下若斫伊头,落汉术内。可长禁,令

---

① 《大正藏》本见于《续高僧传》卷二十三。

自死。"从之。经二年,周武平齐,出之。隋初犹存。

[出处] 《大正藏》第五十二卷《史传部四·广弘明集》卷第七

八年　丙申(576)　五年　隆化元年<small>十二月以前为武平七年</small>

高句丽国僧至北齐　北齐沙门统师释法上景行既宣,逸响遐被,致有高句丽国大丞相王高德乃深怀正法,崇重大乘,欲播此释风,被于海曲。然莫测法教始末缘由,西徂东壤,年世帝代。故具录事条,遣僧向邺,启所未闻事。叙略云:"释迦文佛入涅槃来,至今几年? 又于天竺几年方到汉地? 初到何帝? 年号是何? 又齐陈佛法谁先传告? 从尔至今,历几年帝? 远请具注。"并问《十地》、《智论》等人法所传。上答略云:"佛以姬周昭王二十四年甲寅岁生,十九出家,三十成道。当穆王二十四年癸未之岁,穆王闻西方有化人出,即便西入而竟不还,以此为验。四十九年在世,灭度已来,至今齐代武平七年丙申,凡经一千四百六十五年。后汉明帝永平十年,经法初来。魏晋相传,至今流布。"上广答缘绪,文极指订,今所举者,仅其梗概耳。

[出处] 《续高僧传》卷第八《义解篇四·释法上传》

后主

九年　丁酉(577)　六年　　丞光元年

周灭齐,平齐佛教　周主以是年春东平齐,召前修大德并赴殿集。周主升御座序废立义云:"朕受天命,宁一区宇,世弘三教,其风愈远,考定至理,多愆陶化,今并废之。然其《六经》儒教,文弘治术,于世有宜,故须存立。且自真佛无像,则在太虚遥敬表心,佛经广叹,而有图塔崇丽,造之致福。此实无情,何能恩惠? 愚民响信,倾竭珍财,广兴寺塔,既虚引费,不足以留。凡是经像,悉皆废灭。父母恩重,沙门不敬,勃逆之甚,国法岂容! 并退还家,用崇孝始。

朕意如此,诸大德谓理何如?"于时沙门大统法上等五百余人咸以
王威震赫,决谏不从,佥各默然。下敕频催答诏,而相看失色,都无
答者。清化寺释慧远乃出众答曰:"陛下统临大域,得一居尊,随俗
致词,宪章三教。诏云真佛无像,诚如天旨。但耳目生灵,赖经闻
佛,藉像表真,今若废之,无以兴敬。"周主曰:"虚空真佛,咸自知
之,未假经像。"远曰:"汉明已前,经像未至,此土众生何故不知虚
空真佛?"周主时无答。远曰:"若不藉经教自知有法,三皇以前,未
有文字,人应自知五常等法,尔时诸人,何为但识其母,不识其父,
同于禽兽?"周主亦无答。远又曰:"若以形像无情,事之无福故须
废者,国家七庙之像岂是有情? 而妄相尊事。"周主不答前难,诡通
后难,乃云:"佛经外国之法,此国不用。七庙上代所立,朕亦不以
为是,将同废之。"远曰:"若以外国之经废而不用者,仲尼所说出自
鲁国,秦晋之地亦应废而不学。又若以七庙为非将欲废者,则是不
尊祖考。祖考不尊,昭穆失序,则《五经》无用。前存儒教,其义安
在,尔则三教同废,将何治国?"周主曰:"鲁邦之与秦晋,虽封域乃
殊,莫非王者一化,故不类佛经。"七庙之难,周主无以通。远曰:
"若以秦鲁同遵一化经教通行者,震旦之与天竺,国界虽殊,莫不同
在阎浮。四海之内,轮王一化,何不同遵佛经,而今独废?"周主又
不答。远曰:"陛下向云退僧还家崇教养者,《孔经》亦云:立身行道
以显父母,即是孝行,何必还家方名为孝?"周主曰:"父母恩重,交
资色养,弃亲向疏,未成至孝。"远曰:"若如来言,陛下左右皆有二
亲,何不放之,乃使长役五年不见父母?"周主曰:"朕亦依蕃,上下
得归侍奉。"远曰:"佛亦听僧冬夏随缘修道,春秋归家侍养。故目
连乞食饷母,如来担棺临葬,此理大通,未可独废。"周主又无答。
远抗声曰:"陛下今恃王力自在,破灭三宝,是邪见人,阿鼻地狱不
择贵贱,陛下何得不怖?"周主勃然大怒,面有瞋相,直视于远曰:
"但令百姓得乐,朕亦不辞地狱诸苦。"远曰:"陛下以邪法化人,现

种苦业，当共陛下同趣阿鼻，何处有乐可得？"周主理屈言前，所规意盛，更无所答。乃下敕云："僧等且还，后当更集。"时魏齐东川佛法崇盛，见成寺庙出四十千，周主并赐王公充为第宅。五众释门减三百万，皆复军民，还归编户。融刮佛像，焚烧经教，三宝福财，簿录入官，登即赏赐，分散荡尽。

　　[出处]《高僧传二集》卷十① 《广弘明集》卷十

　　周沈重至后梁　重自以入朝既久，且年过时制，表请还梁。周主优诏答之曰："开府汉南杞梓，每轸虚衿；江东竹箭，亟疲延首。故束帛聘申，蒲轮征伏。加以梁朝旧齿，结绶三世，沐浴荣光，祇承宠渥。不忘恋本，深足嘉尚。而楚材晋用，岂无先哲？方事求贤，义乖来肃。"重固请，乃许焉。遣小司门上士杨注送之，梁主萧岿拜重散骑常侍、太常卿。

　　[出处]《周书·儒林·沈重传》

十年　戊戌(578)　　　宣政元年
宣帝
十一年　己亥(579)　　　大象元年二月以前为大成元年

　　周徙邺城石经于洛阳　二月辛卯之诏也。

　　[出处]《周书·宣帝纪》

　　周马显等上《丙寅元历》　太史上士马显等上《丙寅元历》，奏曰："臣案九章五纪之旨，三统四分之说，咸以节宣发敛，考详晷纬，布政授时，以为皇极者也。而乾维难测，斗宪易差，盈缩之期致舛，咎征之道斯盈。宁止蛇或乘龙，水能沴火，因亦玉羊掩曜，金鸡丧精，王化关以盛衰，有国由其隆替。历之时义，于斯为重。自炎汉以还，迄于有魏，运经四代，事涉千年。日御天官，不乏于世；命元

---

① 《大正藏》本见于《续高僧传》卷八。

班朔,互有沿改。验近则叠璧应辰,经远则连珠失次。义难循旧,其在兹乎。大周受图膺录,牢笼万古,时夏乘殷,斟酌前代。历变壬子,元用甲寅。高祖武皇帝索隐探赜,尽性穷理,以为此历虽行,未臻其妙。爰降诏旨,博访时贤,并敕太史上士马显等更事刊定,务得其宜。然术艺之士,各封异见,凡所上历,合有八家。精粗蹐驳,未能尽善。去年冬,孝宣皇帝乃诏臣等监考疏密,更令同造。谨案史曹旧簿及诸家法数,弃短取长,共定今术。开元发统,肇自丙寅。至于两曜亏食,五星伏见,参校积时,最为精密。庶铁炭轻重,无失寒燠之宜;灰箭飞浮,不爽阴阳之度。上元丙寅至大象元年己亥,积四万一千五百五十四,算上。日法五万三千五百六十三,亦名蔀会法。章岁四百四十八,斗分三千一百六十七,蔀法一万二千九百九十二,章中为章会法,日法五万三千五百六十三,历余二万九千六百九十三,会日百七十三,会余一万六千六百一十九,冬至日在斗十二度。小周余盈缩,积其历术,别推入蔀会,分用阳律四百九十九,阴率九。每十二月下,各有日月蚀转分,推步加减之,乃为定蚀大小余,而求加时之正。”其术遂施行。

　　[出处]《隋书·律历志中》

　　十二年　庚子(580)　　　二年

　　周复佛道　六月庚申,周下诏复行佛道二教,旧沙门、道士精诚自守者,简令入道。

　　[出处]《周书·静帝纪》

隋

高祖文皇帝

　　三年　辛丑(581)　　开皇元年<small>二月以前为北周静帝大定元年</small>

陈顾野王卒　初，野王迁黄门侍郎、光禄卿，知五礼事，余官并如故。至是卒，年六十三。诏赠秘书监。至德二年，又赠右卫将军。野王少以笃学至性知名，在朝无过辞失色。观其容貌，似不能言。及其励精力行，皆人所莫及。

［出处］《陈书·顾野王传》

［附录］　顾野王著述表

《玉篇》三十卷

《舆地志》三十卷

《符瑞图》十卷

《顾氏谱传》十卷

《分野枢要》一卷

《续洞冥记》一卷

《玄象》一卷

《通史要略》一百卷

《周史纪传》二百卷本传云："又撰《通史要略》一百卷、《国史纪传》二百卷，未就而卒。"

文集二十卷

十四年　壬寅(582)　　　　二年

陈何之元撰《梁典》　之元，庐江灊人，初为始兴王叔陵谘议参军，是年叔陵诛，之元乃屏绝人事，锐精著述。以为梁氏肇自武皇，终于敬帝，其兴亡之运，盛衰之迹，足以垂鉴戒，定褒贬。究其始终，起齐永元元年，迄于王琳遇获，七十五年行事，草创为三十卷，号曰《梁典》。其序曰："记事之史，其流不一；编年之作，无若《春秋》，则鲁史之书，非帝皇之籍也。案三皇之简为三坟，五帝之策为五典，此典义所由生也。至乃《尚书》述唐帝为《尧典》，虞帝为《舜典》，斯又经文明据，是以典之为义久矣哉！若夫马《史》、班《汉》，述帝称纪,自兹厥后,因相祖习。及陈寿所撰,名之曰志,总其三国,分路扬镳。唯何法盛《晋书》,变帝纪为帝典,既云师古,在理为优。故今之所作,称为《梁典》。梁有天下,自中大同以前,区宇宁宴。太清以后,寇盗交侵。首尾而言,未为尽美。故开此一书,分为六意:以高祖创基,因乎齐末,寻宗讨本,起自永元,今以前如干卷为《追述》。高祖生自布衣,长于敝俗,知风教之臧否,识民黎之情伪。爰逮君临,弘斯政术,四纪之内,实云殷阜。今以如干卷为《太平》。世不常夷,时无恒治,非自我后,仍属横流。今以如干卷为《叙乱》。洎高祖晏驾之年,太宗幽辱之岁,讴歌狱讼,向西陕不向东都。不庭之民,流逸之士,征伐礼乐,归世祖不归太宗。拨乱反正,厥庸斯在,治定功成,其勋有属,今以如干卷为《世祖》。至于四海困穷,五德升替,则敬皇帝绍立,仍以禅陈,今以如干卷为《敬帝》。骠骑王琳,崇立后嗣,虽不达天命,然是其忠节,今以如干卷为《后嗣主》。至在太宗,虽加美谥,而大宝之号,世所不遵,盖以拘于贼景故也。承圣纪历,自接太清,神笔诏书,非宜辄改,详之后论,盖有理焉。夫事有始终,人有业行,本末之间,颇宜诠叙。案臧荣绪称,史无断才,犹起居注耳。由此而言,实资详悉。又编年而举其岁次者,盖取分明而易寻也。若夫猃狁孔炽,鲠我中原,始自一君,终为二主,事有相涉,言成混漫。今以未分之前为北魏;既分之后,高氏所辅为东魏,宇文所挟为西魏,所以相分别也。重以盖彰殊体,繁省异文,其间损益,颇有凡例。"

　　[出处]《陈书·文学·何之元传》

后主

至德元年　癸卯(583)　　　　三年

　　陈陆德明撰《经典释文》　德明名元朗,以字行,苏州吴人。初受学于周弘正,善言玄理。太建中,太子征四方名儒讲于承光殿,德明年始弱冠,往参焉。国子祭酒徐孝克开讲,恃贵纵辨,众莫敢当。德明独与抗对,合朝赏叹。解褐始兴王国左常侍,迁国子助教。至是,作《经典释文》,其自序云:"夫书音之作,作者多矣。前儒撰著,光乎篇籍,其来既久,诚无间然。但降圣以还,不免偏尚,质文详略,互有不同。汉魏迄今,遗文可见。或专出己意,或祖述旧音,各师成心,制作如面。加以楚夏声异,南北语殊,是非信其所闻,轻重因其所习。后学钻仰,罕逢指要。夫筌蹄所寄,唯在文言,差若毫厘,谬便千里。夫子有言:必也正名乎,名不正则言不顺,言不顺则事不成,故君子名之必可言也,言之必可行也。斯富哉言乎! 大矣盛矣,无得而称矣。然人禀二仪之淳和,含五行之秀气,虽复挺生天纵,必资学以知道。故唐尧师于许由,周文学于虢叔。上圣且犹有学,而况其余乎? 至于处鲍居兰,玩所先入。染丝斫梓,功在初变。器成采定,难复改移。一薰一莸,十年有臭。岂可易哉? 岂可易哉? 余少爱坟典,留意艺文,虽志怀物外,而情存著述。粤以癸卯之岁,承乏上庠,循省旧音,苦其太简。况微言久绝,大义愈乖,攻乎异端,竞生穿凿。不在其位,不谋其政,既职司其忧,宁可视成而已? 遂因暇景,救其不逮。研精六籍,采摭九流;搜访异同,校之《苍》、《雅》。辄撰集五典《孝经》、《论语》及《老》、《庄》、《尔雅》等音,合为三峡三十卷,号曰《经典释文》。古今并录,括其枢要,经注毕详,训义兼辩。质而不野,繁而非芜,示传一家之学,用贻后嗣。令奉以周旋,不敢坠失。与我同志,亦无隐焉。但代匠指南,固取诮于博识,既述而不作,言其所用,复何伤云尔。"其条例云:"先儒旧音,多不音注。然注既释经,经由注显。若读注不晓,则经义难明,混而音之,寻讨未易。今以墨书经本,朱字辩注,用相分别,使较然可求。旧音皆录经文全句,徒烦翰墨。今则各标篇章于上,摘字为音,虑有相乱,方复具录。唯《孝经》童蒙始学,《老子》众本多乖,是以二书特纪全句。《五经》人所常习,理有大

宗,义行于世,无烦规缕。至于《庄》、《老》,读学者稀,故于此书微
为详悉。又《尔雅》之作,本释《五经》,既解者不同,故亦略存其异。
文字音训,今古不同,前儒作音,多不依注,注者自读,亦未兼通。
今之所撰,微加斟酌,若典籍常用,会理合时,便即遵承,标之于首。
其音堪互用,义可并行,或字存多音,众家别读,苟有所取,靡不毕
书,各题姓氏,以相甄识。义乖于经,亦不悉记。其或音一音者,盖
出于浅近,示传闻见,览者察其衷焉。然古人音书,止为譬况之说。
孙炎始为反语,魏朝以降,蔓衍实繁。世变人移,音讹字替。如徐
仙民反易为神石,郭景纯反馦为羽盐,刘昌宗用承音乘,许叔重读
皿为猛,若斯之俦,今亦存之音内。既不敢遗旧,且欲俟之来哲。
书音之用,本示童蒙。前儒或用假借字为音,更令学者疑昧。余今
所撰,务从易识,援引众训,读者取其意义,亦不全写旧文。典籍之
文,虽夫子删定,子思读《诗》,师资已别,而况其余乎? 郑康成云:
其始书之也,仓卒无其字,或以音类比方假借为之,趣于近之而已。
受之者非一邦之人,人用其乡,同言异字,同字异言,于兹遂生矣。
战国交争,儒术用息;秦皇灭学,加以坑焚;先圣之风,扫地尽矣。
汉兴,改秦之弊,广收篇籍,孝武之后,经术大隆。然承秦焚书,口
相传授,一经之学,数家竞爽,章句既异,踳驳非一。后汉党人既
诛,儒者多坐流废。后遂私行金货,定兰台漆书经字以合其私文。
灵帝乃诏诸儒正定《五经》于石碑之上,为古文、篆、隶三体书法,以
相参检,树之学门,使天下取则。未盈一纪,寻复废焉。班固云:
'后世经传,既已乖离,传学者又不思多闻阙疑之义,而务碎义逃
难,便词巧说,安其所习,毁所不见,终以自弊,此学者之大患也。'
诚哉是焉! 余既撰音,须定纰缪,若两本俱用,二理兼通,今并出
之,以明同异。其泾渭相乱,朱紫可分,亦悉书之,随加刊正。复有
他经别本,词反义乖,而又存之者,示博异闻耳。经籍文字,相承已
久,至如悦字作说,闲字为间,智但作知,汝止为女,若此之类,今并

依旧音之。然音书之体，本在借假，或经中过多，或寻文易了，则翻音正字以辩借音，各于经内求之，自然可见。其两音之者，恐人惑故也。《尚书》之字，本为隶古，既是隶写古文，则不全为古字。今宋齐旧本及徐、李等音，所有古字，盖亦无几。穿凿之徒，务欲立异，依傍字部，改变经文，疑惑后生，不可承用。今皆依旧为音，其字有别体，则见之音内，然亦兼采《说文》字诂以示同异者也。春秋人名字、氏族及地名，或前后互出，或经传更见，如此之类，不可具举。若国异名同及假借之字，兼相去辽远，不容疏略，皆斟酌折中，务使得宜。《尔雅》本释典坟，字读须逐《五经》。而近代学徒，好生异见，政音易字，皆采杂书。唯止信其所闻，不复考其本末。且六文八体，各有其义；形声会意，宁拘一揆？岂必飞鸟即须安鸟，水族便应著鱼，虫属要作虫旁，草类皆从两中？如此之类，实不可依，今并校量，不从流俗。方言差别，固自不同，河北江南，最为巨异，或失在浮清，或滞于沈浊，今之去取，冀袪兹弊。亦恐还是觳音，更成无辩。夫质有精粗，谓之好恶，并如字。心有爱憎，称为好恶，上呼报反，下乌路反。当体即云名誉，音预。论情则曰毁誉。音馀。及夫自败蒲迈反。败他蒲败反。之殊，自坏呼怪反。坏音怪。撤之异，此等或近代始分，或古已为别，相仍积习，有自来矣。余承师说，皆辩析之。比人言者，多为一例。如而靡异，邪不定之词。也助句之词。弗殊，莫辩复扶又反，重也。复，音服，反也。宁论过古禾反，经过。过。古卧反，超过。又以登升共为一韵，攻公分作两音，如此之俦，恐非为得，将来君子，幸留心焉。《五经》字体，乖替者多。至如黿鼍从黾，乱辞从舌，席下为带，恶上安西，析旁著片，離边作禹，直是字讹，不乱余读。如寵丑陇反。字为寵，力孔反。錫思历反。字为錫，音阳。用支普卜反。《字林》普角反。代文，武云反。将无音无。混无，音既。若斯之流，便成两失。又来旁作力，俗以为约敕字，《说文》以为劳倈之字。水旁作曷，俗以为饥渴字，字书以为水竭之字。如此之类，改便惊俗，止不可不知耳。”

　　〔出处〕 《旧唐书·儒学上·陆德明传》《唐书·儒学上·
陆德明传》《经典释文·叙录》

　　〔考证〕 按本传所谓始兴王,即名叔陵者也。叔陵以太建十
四年谋逆诛,则德明之为其国左常侍当在其前。自序谓:"癸卯之
岁,承乏上庠。"盖是时方迁国子助教也。

　　后梁沈重卒　重以周大象二年,来朝于周。至是重卒,年八十
四。隋主遣舍人萧子宝祭以少牢,赠使持节、上开府仪同三司、许
州刺史。重学业该博,为当世儒宗。至于阴阳图纬,道经释典,靡
不毕综,又多所撰述,咸得其指要。

　　〔出处〕 《周书·儒林·沈重传》

　　〔附录〕 沈重著述表

《周礼义》三十一卷见本传。 《隋志》作"《周官礼义疏》四十卷"。

《仪礼义》三十五卷

《礼记义》三十卷见本传。 《隋志》作"《礼记义疏》四十卷"。

《毛诗义》二十八卷

《丧服经义》五卷

《周礼音》一卷

《仪礼音》一卷

《礼记音》二卷

《毛诗音》二卷

《乐律义》四卷《隋志》

二年　甲辰(584)　　　四年

　　隋张宾上新历　初,《丙寅元历》施行时,隋主作辅,方行禅代
之事,欲以符命曜于天下。道士张宾揣知其意,自云玄象洞晓星
历,因盛言有代谢之征。又称隋主仪非人臣之相。由是大被知遇,
恒在幕府。及受禅之初,擢宾为华州刺史,使与仪同刘晖、骠骑将

军董琳、索卢县公刘祐、前太史上士马显、太学博士郑元伟、前保章上士任悦、开府掾张彻、前荡边将军张胄之、校书郎衡洪建、太史监候粟相、太史司历郭翟、刘宜、兼算学博士张乾叙、门下参人王君瑞、荀隆伯等议造新历。仍令太常卿卢贲监之。宾等依何承天法微加增损。是年二月撰成奏上。下诏曰："张宾等存心算术，通洽古今，每有陈闻，多所启沃。毕功表奏，具已披览。使后月复育，不出前晦之宵；前月之余，罕留后朔之旦。减朓就朒，悬殊旧准。月行表里，厥途乃异。日交弗食，由循阳道。验时转算，不越纤毫，遂听前修，斯秘未启。有一于此，实为精密。宜颁天下，依法施用。"

　　[出处]《隋书·律历志中》

　　[附录]　张宾历法

　　上元甲子己巳至开皇四年：岁在甲辰积四百一十二万九千一算上　蔀法：一十万二千九百六十　章岁：四百二十九　章月：五千三百六　通月：五百三十七万二千二百九　日法：一十八万一千九百二十　斗分：二万五千六十三　会月：一千二百九十七　会率：二百二十一

三年　乙巳(585)　　　　五年

沙门阇那崛多居隋长安译经　初，齐僧宝暹、道邃、僧昙等十人以武平六年相结同行，采经西域。往返七载，将事东归，凡获梵本二百六十部。回至突厥，俄而齐亡，遂与阇那崛多同处，讲道相娱。所赍新经，请翻名题，勘旧录目，转觉巧便，有异前人。暹等内诚，各私庆幸，获宝遇匠，德无虚行。同誓焚香，共契宣布。隋室受禅，佛法即兴，暹等赍经，先来应运。开皇元年季冬，届止长安。敕付所司，访人令译。二年仲春，便就传述。夏中诏曰："殷之五迁，恐民尽死。是则域吉凶之土，制短长之命，谋新去故，如农望秋。龙首之山，川原秀丽，卉木滋阜，宜建都邑定鼎之基，永固无穷之

业。"在兹可域,城曰大兴城,殿曰大兴殿,门曰大兴门,县曰大兴
县,园苑池沼其号并同,寺曰大兴善也。于此寺中,传度法本。时
阇那崛多仍住北狄。至是,大兴善寺沙门昙延等三十余人,以躬当
翻译,音义乖越,乘崛多在北,乃奏请还。隋主乃别敕追延。崛多
西归已绝,流滞十年,深思明世,重遇三宝。忽蒙远访,欣愿交并,
即与使乎同来入国,于时隋主巡幸洛阳,于彼奉谒。隋主大悦,赐
问频仍。未还京阙,寻敕敷译,新至梵本,众部弥多,或经或书,且
内且外,诸有翻传,必以崛多为主。金以崛多言识异方,字晓殊俗,
故得宣辩自运,不劳传度。理会义门,句圆词体,文意粗定,诠本便
成。笔受之徒,不费其力。试比先达,抑亦继之。(及耶舍奄化,专当元
匠。于大兴善更召婆罗门僧达摩笈多,并敕居士高天奴、高和仁兄弟等同传梵语。又
置十大德沙门僧休、法粲、法经、慧藏、洪遵、慧远、法纂、僧晖、明穆、昙迁等监掌翻事,
诠定宗旨。沙门明穆、彦琮重对梵本,再审覆勘,整理文义。)

　　[出处]　《续高僧传》卷第二《译经篇二·阇那崛多传》

四年　丙午(586)　　　　六年

　　隋移洛阳石经于长安　初,周移石经还洛阳,至是,复自洛阳
运至长安。置于秘书内省。文字磨灭,莫能知者。刘焯、刘炫奉敕
论义,深挫诸儒,咸怀妒恨,遂为飞章所谤除名。

　　[出处]　《北史·儒林下·刘焯传》《封氏闻见记》

祯明元年　丁未(587)　　　　七年

　　陈张讥为国子博士　初,讥于天嘉中为国子助教,是时周弘正
在国学发《周易》题,弘正第四弟弘直亦在讲席。讥与弘正论议,弘
正乃屈。弘直危坐厉声助其申理。讥乃正色谓弘直曰:"今日义
集,辩正名理,虽知兄弟急难,四公不得有助。"弘直曰:"仆助君师,
何为不可!"举座以为笑乐。弘正常谓人曰:"吾每登座,见张讥在

席,使人凛然。"宣帝世,历建安王府记室参军兼东宫学士,转武陵王限内记室,学士如故。后主在东宫,集官僚置宴。时造玉柄麈尾新成。后主亲执之曰:"当今虽复多士如林,至于堪捉此者,独张讥耳。"即手授讥,仍令于温文殿讲《庄》、《老》。宣帝幸宫临听,赐御所服衣一袭。后主即位,领南平府谘议参军、东宫学士。迁国子博士,学士如故。后主尝幸钟山开善寺,召从臣坐于寺西南松林下,敕召讥竖义,时索麈尾未至,后主敕取松枝,手以属讥曰:"可代麈尾。"顾谓群臣曰:"此即是张讥后事。"陈亡入隋,终于长安,年七十六。讥性恬静,不求荣利,尝慕闲逸,所居室营山池,植花果,讲《周易》、《老》、《庄》而教授焉。吴郡陆元朗、朱孟博、一乘寺沙门法才、法云寺沙门慧休、至真观道士姚绥,皆传其业。

[出处]　《陈书·儒林·张讥传》《南史》卷七十一《儒林·张讥传》

[附录]　张讥著述表

《周易义》三十卷	《尚书义》十五卷
《毛诗义》二十卷	《孝经义》八卷
《论语义》二十卷	《老子义》十一卷
《庄子内篇义》十二卷	《庄子外篇义》二十卷
《庄子杂篇义》十卷	《玄部通义》十二卷
《游玄桂林》二十四卷	

二年　戊申(588)　　　八年

陈王元规讲学于江州　元规字正范,太原晋阳人。少好学,从沈文阿受业,十八通《春秋左氏》、《孝经》、《论语》、《丧服》。梁中大通元年,诏策《春秋》,举高第,时名儒咸称赏之。官至中军宣城王府记室参军。及侯景寇乱,携家属还会稽。天嘉中,除始兴王府功曹参军,领国子助教,转镇东鄱阳王府记室参军,领助教如故。后主在东宫,引为学士,亲受《礼记》、《左传》、《丧服》等义,赏赐优厚,迁国子祭酒。新安王伯固尝因入宫,适会元规将讲,乃启请执经,时论以为荣。俄除尚书祠部郎。自梁代诸仆,相传为《左氏》学者,皆以贾逵、服虔之义难驳杜预,凡一百八十条。元规引经通析,无复疑滞。每国家议吉凶大礼,常参预焉。后为南平王府限内参军。王为江州,元规随府之镇,四方学徒不远千里来请道者,常数十百人。陈亡入隋,为秦王府东阁祭酒,年七十四,卒于广陵。

　　[出处]　《陈书·儒林·王元规传》　《南史》卷七十一《儒林·王元规传》

索　引

凡　例

一、本书索引，分为人名索引及分类索引二大类。人名索引又分为普通人名索引及佛教人名索引。分类索引又分为政府之设施、宗教之流传、个人之著述三部。

一、普通人名索引人名之排列，以其姓氏笔画之简繁为次①。佛教人名索引则以人名末一字笔画简繁为次。

一、每人名之下，注以见于本书之西元。其有年代在后而事迹预述于他人事迹之内者，则将此年用〔　〕括之。有年代在前而追述于他人事迹之内者，则用（　）括之。

一、各类题目之下，亦注以西元，不复加以预述、追述之区别。

---

① 是书原为繁体，现改为简体字后，姓氏笔画之简繁顺序已发生很大变化，今以简体字之姓氏笔画繁简为次，重新排列。佛教人名索引亦作同样改动。

目 录

索引一　人名索引

A　普通人名索引

索引二 分类索引

A 政府之设施

一 设立学校及研究学术机关_{附禁止及讨论学术}

二　奖励编纂事宜

1.　修史

三　定礼乐制度

五　招隐逸

B　宗教之流传

甲　佛教

一　经典东来

宝暹等求法 575（见于 585 年条目）

二　翻译经典

1. 华严部
《华严经》418
《十住经》407、413
《大方广菩萨十地经》472、482
2. 宝积部
《小无量寿》413
《胜鬘经》436
《菩萨藏经》413
《菩萨见实三昧经》556
3. 大集部
《大集经》414
《须弥藏经》556
《月藏经》556
4. 法华部
《法华经》406
《法鼓经》436
《无量义经》485
5. 涅槃部
《涅槃经》414、421
《大云经》414
《方等泥洹经》418
《大般泥洹经》418
《大悲经》556

四　发挥教义

乙　道教

东魏罢诸道士之无才术者 548

北齐罢道士 555

北周宇文逌作《道教实花序》570

北周僧勔诣阙辨道教 572

C 个人之著述

（一）著述表

图书在版编目(CIP)数据

东晋南北朝学术编年 / 刘汝霖著. —上海:
华东师范大学出版社,2009
(经典与解释.中国传统)
ISBN 978-7-5617-7144-0

I. 东⋯ II. 刘⋯ III. 学术思想－思想史－中国－魏晋
南北朝时代 IV. B235

中国版本图书馆 CIP 数据核字(2009)第 137692 号

华东师范大学出版社六点分社

企划人 倪为国

中国传统 经典与解释

东晋南北朝学术编年

刘汝霖 著

统 筹	储德天
责任编辑	审校部编辑工作组
特约编辑	杨宇声
封面设计	吴正亚
责任制作	肖梅兰

出版发行 华东师范大学出版社
社 址 上海市中山北路 3663 号 邮编 200062
电话总机 021－62450163 转各部门 行政传真 021－62572105
客服电话 021－62865537(兼传真)
门市(邮购)电话 021－62869887
门市地址 上海市中山北路 3663 号华东师范大学校内先锋路口
网 址 www. ecnupress. com. cn

印 刷 者 上海市印刷十厂有限公司
开 本 890×1240 1/32
插 页 2
印 张 16.25
字 数 320 千字
版 次 2010 年 5 月第 1 版
印 次 2010 年 5 月第 1 次
书 号 ISBN 978-7-5617-7144-0/B·503
定 价 34.80 元

出版人 朱杰人

(如发现本版图书有印订质量问题,请寄回本社客服中心调换或者电话021-62865537 联系)